D1718263

Evangelischer Taschenkatechismus

Herausgegeben
von
Winrich C.-W. Clasen, Michael Meyer-Blanck
und
Günter Ruddat

Mit einem Geleitwort von Manfred Kock

Die Deutsche Bibliothek – CIP-Einheitsaufnahme

Evangelischer Taschenkatechismus / hrsg. von Winrich C.-W. Clasen ...
Mit einem Geleitw. von Manfred Kock. – Orig.-Ausg. – Rheinbach : CMZ;
Birnbach : Verl. am Birnbach, 2001

ISBN 3-87062-055-2 (kart.)
ISBN 3-87062-056-0 (Gb.)

Originalausgabe

© 2001 by CMZ-Verlag Winrich C.-W. Clasen,
Kallenturm 2, 53359 Rheinbach, Tel. 02226-912626, Fax 02226-912627
und
Verlag am Birnbach GmbH,
Zum Heisterholz 10, 57612 Birnbach, Tel. 02681-3794, Fax 02681-70597

Alle Rechte vorbehalten

Satz (Garamond 11,5 auf 13) mit WordPerfect für Windows 8:
Winrich C.-W. Clasen, Rheinbach

Lithos:
Verlag am Birnbach GmbH, Birnbach

Papier (UPM Book, 90 g/m², 1,8f. Vol.):
Stora Enso, Helsinki

Umschlaggestaltung:
Kerstin Clasen, Rheinbach

Gesamtherstellung:
Johannishof Druck- und Verlagsges. mbH, Rodenberg / Preses Nams, Riga

ISBN 3-87062-055-2 (CMZ-Verlag) kart.
ISBN 3-87062-056-0 (CMZ-Verlag) geb.

Bestell-Nr. 0057-4004 (Verlag am Birnbach) kart.
Bestell-Nr. 0057-4005 (Verlag am Birnbach) geb.

20010117

www.cmz.de

Inhaltsverzeichnis

Inhaltsverzeichnis

Inhaltsverzeichnis

Geleitwort

Seid allezeit bereit zur Verantwortung vor jedermann, der von euch Rechenschaft fordert über die Hoffnung, die in euch ist. (1. Petrus 3, 15)

Mit diesen Worten werden alle Christinnen und Christen dazu aufgefordert, von ihrem Glauben zu sprechen. Doch wie sollen sie Auskunft über ihren Glauben geben können, wenn ihnen die Grundlage dafür fehlt?

Evangelischer Glaube ist seit der Reformation des 16. Jahrhunderts immer auch um das Wissen und Verstehen bemüht gewesen. Es liegt auf der Hand, daß dieses Bemühen in einer Gesellschaft mit größerer religiöser und weltanschaulicher Vielfalt noch wichtiger ist als in einer Zeit, da die Gesellschaft selbstverständlich christlich war. Religiöser Dialog setzt nicht nur den guten Willen voraus, sondern auch grundlegende Kenntnisse über die eigene Tradition. Außerdem sollen sich die dem Christentum ferner Stehenden und Andersgläubige (wie die Muslime) über christliche Inhalte informieren können; das Gespräch zwischen verschiedenen religiösen Orientierungen wird auch dadurch ermöglicht.

Mit dem *Evangelischen Taschenkatechismus* liegt nun eine aktuelle Bestandsaufnahme des protestantischen Glaubens in der Sprache von heute vor, die für Christen wie Nichtchristen lesbar sein soll. 79 Stichworte sollen dazu helfen, Kompetenz in Glaubensfragen zu erwerben.

Damit wird dem Sachverhalt Rechnung getragen, daß mit der Konfirmation jeder Christ als Theologe im weiteren Sinne ernst zu nehmen ist. Das entspricht dem evangelischen Prinzip vom Priestertum aller Getauften. Der Leser und die Leserin finden darum in den kurzen Artikeln dieses Buches eine Verbindung der Theologie von Gemeindegliedern und der Erkenntnisse theologischer Wissenschaft.

Geleitwort

In einer Zeit, da der Glaube aus der öffentlichen Diskussion zu verschwinden droht, ist es um so wichtiger, daß die Evangelische Kirche den Menschen gegenüber in ihrer Sprache und ihren Inhalten verständlich bleibt. Dazu soll auch der Evangelische Taschenkatechismus beitragen. Ich wünsche ihm eine große Verbreitung, damit der evangelische Glaube seine prägende Kraft in unserer Gegenwart durch viele Menschen entfalten kann.

Manfred Kock

Präses der Evangelischen Kirche im Rheinland und Ratsvorsitzender der Evangelischen Kirche in Deutschland

Vorwort

Der *Evangelische Taschenkatechismus* (ETK) versucht in kurzer Form zusammenzufassen, was zu wissen für Menschen wichtig ist, die sich als Christinnen und Christen verstehen oder die an Fragen des christlichen Glaubens interessiert sind. Die Kürze der Artikel soll dem gezielten Nachschlagen wie dem zusammenhängenden Lesen dienen.

Wir stellen uns als Leserinnen und Leser vor: Gemeindeglieder, ehren- und hauptamtliche Mitarbeitende, z.B. in Gemeindeleitungen, Gesprächskreise, Taufeltern und Brautpaare, aber auch Schülerinnen und Schüler sowie Menschen, die der Kirche fern stehen und sich über das evangelische Christsein eingehender informieren wollen.

Die acht Kapitel dieses Buches gehen von der Kirchengemeinde aus und vertiefen deren Wahrnehmung durch die Glaubenslehre und durch die Bibel (Kapitel 1-3). Es folgt ein Blick nach innen auf Gottesdienst und Kirchenjahr (Kapitel 4 und 5) und ein Blick über die Kirchenmauern hinweg auf andere Religionen, Alltag und Gesellschaft (Kapitel 6-8).

Der *Kleine Katechismus* Dr. Martin Luthers von 1529 oder der *Heidelberger Katechismus* von 1563 konnten als »Unterrichtsbuch« zusammenstellen, was damals vom Glauben zu lernen war. Dieser *Evangelische Taschenkatechismus* kann einen solchen zusammenfassenden Charakter nicht beanspruchen. Es handelt sich auch nicht um das Werk einer offiziell berufenen kirchlichen Kommission, sondern um eine Gemeinschaftsarbeit von theologischen und humanwissenschaftlichen Lehrerinnen und Lehrern aus der Hochschul- und Gemeindepraxis. Die Artikel (etwa zu den biblischen Forschungsergebnissen) sind dabei trotz der notwendigen Knappheit auf dem neuesten wissenschaftlichen Stand, so daß eine verläßliche Information möglich ist.

Der Wunsch nach Dialogen mit anderen Religionen kommt beispielhaft darin zum Ausdruck, daß der Artikel über den Buddhismus »aus erster Hand« von einem deutschen Zen-Meister für den ETK verfaßt worden ist. Ansonsten sind alle Artikel aus evangelischer Sicht geschrieben, wobei evangelisch bekanntlich immer zugleich ökumenisch bedeutet. Denn evangelisch ist vor allem das Interesse am Leben aus dem Evangelium Jesu Christi und erst in zweiter Linie der Blick auf die daraus entstehende Institution Kirche.

Um auch die Vielfalt an Glaubensaussagen innerhalb der Evangelischen Kirche zu zeigen, haben wir die Artikel in der jeweiligen Sprachform ihrer Verfasserin oder ihres Verfassers belassen.

Jedes der acht Kapitel des ETK wird mit einer Abbildung aus der europäischen Malerei vom Mittelalter bis zur Neuzeit eingeleitet. Kurze Hinweise ordnen das Werk in seinen kunsthistorischen und theologischen Zusammenhang ein.

Ein Sachregister und ein Bibelstellenregister erleichtern den Einblick in die Querverbindungen des ETK; ergänzende Literaturangaben zu jedem Artikel stiften zum Weiterdenken an.

Am Schluß bleibt der Dank an alle Autorinnen und Autoren, die Begrenzungen oder sogar Kürzungen hinnehmen mußten, an Kerstin Clasen, die die Texte zu den Abbildungen verfaßt hat, und an Kirsten Blanck sowie Joachim Witte, die das Manuskript Korrektur gelesen haben.

Bonn, Bochum und Rheinbach, am Reformationstag 2000

Winrich C.-W. Clasen
Michael Meyer-Blanck
Günter Ruddat

1.
Gemeinde

Vincent van Gogh (1853-1890): *Die Kirche von Anvers-sur-Oise*, 1890, Öl auf Leinwand, 94 x 74 cm; Musée d'Orsay, Paris.

Das Kirchengebäude ist sichtbares, manifestes Zentrum des Gemeindelebens; um die Kirche herum gruppieren sich die Häuser und Höfe vergangener Zeiten.

Van Gogh, der zur Zeit der Impressionisten lebte, ist gestalterisch einen gänzlich eigenen Weg gegangen, der vor allem Elemente expressiven Ausdrucks enthält. Van Gogh wählte die gotische Kirche von Anvers-sur-Oise als Motiv und machte sie zum alleinigen Bildinhalt. In expressiv greller Farbigkeit und mit deutlich sichtbarem Pinselstrich gemalt, erhebt sie sich aufstrebend zum Himmel, ist aber in ihren Grün- und Gelbtönen mit der Bodenfläche verbunden, steht kontrastierend vor dem tiefen Nachtblau des Himmels. Dessen Farben jedoch werden in den Kirchenfenstern aufgenommen, wie um auch diese Verbindung zu symbolisieren.

Eine Gemeinde ist so etwas wie eine kleinere Einheit von Kirche. Die Einzelgemeinde ist vollwertige Kirche. Sie ist finanziell selbständig, hat das Recht auf alle kirchlichen Handlungen; sie ist demnach nur organisatorisch mit dem größeren Kirchenwesen verbunden.

Wenn man den Veranstaltungskalender einer Kirchengemeinde liest, dann springen einem vor allem die vielen Kreise ins Auge, die sich im Laufe der Woche gruppieren. Fragt man jedoch danach, was eine Gemeinde zur Gemeinde macht, so ist in erster Linie an die zum Gottesdienst versammelte Gemeinde zu denken. Eine der wichtigsten Bekenntnisschriften, die Augsburgische Konfession von 1530, beschreibt die Gemeinde als Zusammenkunft von Menschen, die Gottes Wort in der Predigt hören, die taufen und das Abendmahl feiern. Das auf den ersten Blick formal wirkende Kriterium der gottesdienstlichen Versammlung wird von der Sache her begründet, die hier geschieht. Die Gemeinde wird dadurch Gemeinde, daß in ihr das Evangelium laut wird: die gute Nachricht von der grenzenlosen Zuwendung Gottes zu den Menschen. Gemeinde ist demnach vor allem Gottesdienstgemeinde. Wichtig ist nicht nur, daß überhaupt ein Gottesdienst stattfindet, sondern was im Gottesdienst geschieht: daß das Evangelium rein – im Wortlaut der Bekenntnisschrift: pur – zur Sprache kommt, als Geschenk Gottes, nicht als etwas, was etwa an Bedingungen geknüpft wäre und sich der Mensch erst verdienen müsse. Martin Luther schreibt: »das Euangelium ist ein lauter geschenck, gab und heil, welchs uns nur den sack heist her halten und uns lassen geben«.

Die Gemeinschaft der Heiligen, wie die christliche Gemeinde im Glaubensbekenntnis heißt, wird durch den Heiligen Geist begründet. Heilige sind die Gläubigen nicht etwa, weil sie bessere Menschen wären als andere. Der Geschenkcharakter der Liebe Gottes ist es vielmehr, der die Versammelten zu Heiligen macht. Deshalb wird das Evangelium auch eine Gotteskraft genannt (Römer 1, 16), die die Menschen ergreift und verwandelt.

Heilige werden die Christen bereits im Neuen Testament genannt. Darüber hinaus findet sich hier eine Fülle von Bildern für die christliche Gemeinde. Der Gemeinde in Korinth schreibt Paulus ein besonders schönes Bild auf den Leib. Streit und harte Auseinandersetzung gab es in Korinth. Dennoch sagt Paulus von dieser zerstrittenen Gemeinde, daß sie »ein Leib« sei, so wie auch ihr Herr – Christus – einer ist und die vielen unterschiedlichen Glieder der Gemeinde – Juden und Griechen, Sklaven und Freie – mit dem einen Heiligen Geist getauft und in die Gemeinde integriert sind. Auf dieses Begründetsein im Handeln Gottes kann sich die Gemeinde auch dann verlassen, wenn es Streit gibt. Die Bezogenheit auf Christus als ihren Herrn muß für die Gemeinde aber auch eine Richtschnur sein für alles, was in ihr geschieht, und kann daher eine Perspektive zur Überwindung von Auseinandersetzungen eröffnen. Denn der Leib bildet zwar eine Einheit, aber doch nur so, daß für alle seine Glieder gesorgt wird. Es gibt kein mehr oder weniger Wichtig-Sein. Augen, Ohren, Hände und Füße – alle Glieder sind gleich wichtig für die Funktion des Gesamtorganismus. Und das Bild vom Leib und seinen Gliedern zeigt, wie gut es ist, daß wir Menschen so unterschiedlich sind: Jeder und jede kann etwas Besonderes, seine und ihre Fähigkeiten und Ideen in die Gemeinde einbringen. Dadurch wird der ganze Leib bereichert. Was auch immer wir gut können, zuhören oder reden, singen oder beten, anderen helfen oder uns helfen lassen, die Finanzgeschäfte in die Hand nehmen, die Kirche renovieren oder einfach nur da sein: alle unsere Fähigkeiten sind von unüberschätzbarem Wert. Jeder und jede von uns hat Charisma (1. Korinther 12).

Diese Hochschätzung der Fähigkeiten des einzelnen und die Einsicht in die Gleichwertigkeit aller in der Gemeinde wird mit dem Begriff des »Priestertums aller Gläubigen« (1. Petrus 2, 9) verbunden. Martin Luther hat ihn gegen eine Hierarchie der Ämter neu zur Geltung gebracht. »Was aus der Taufe gekrochen ist, das darf sich rühmen, daß es schon zu Priester, Bischof und Papst geweiht sei«, sagt der Reformator kritisch gegen die Behauptung einer besonderen Heiligkeit der geweihten Priester. Alle getauften Christen sind auch in geistlichen Fragen gleich. Jeder könnte Pfarrer/-in sein. Aber dieses Amt – wie alle andere Ämter auch – kann und soll nur von dem ausgeübt werden, der dazu – wiederum von der Gemeinde – beauftragt wird. Schon im Neuen Testament werden weitere Ämter in der Gemeinde genannt. Im 19. Jahrhundert kam es flächendeckend in deutschen und ausländischen evangelischen Kirchen zur Beteiligung gewählter Gemeindeorgane an der Leitung. Die auf Zeit in das Ehrenamt gewählten Gemeindeglieder bilden gemeinsam mit dem Pfarrer das Entscheidungsgremium der Gemeinde und werden auch in übergemeindliche Gremien entsendet. Leiten heißt, verantwortlich zu sein für das, was in der Gemeinde geschieht und was geschehen soll. Letztlich sind alle Gemeindeglieder dafür verantwortlich, daß die Gemeinde sich am Evangelium orientiert und sich nicht gegenüber der Öffentlichkeit verschließt. Die Gemeindeglieder, die regelmäßig am Gemeindeleben teilnehmen, müssen offen bleiben gegenüber denen, die eher selten die Angebote ihrer Gemeinde aufsuchen. Und die, denen etwas nicht gefällt, sollten nicht einfach wegbleiben, sondern ihre Kritik fruchtbar machen.

Gemeinde kann ganz unterschiedlich sein und wird auch ganz unterschiedlich erlebt. Sie ist Teil der Freizeitgestaltung, sie kann ein Zufluchtsort sein, in ihr kann Gemeinschaft gesucht und gefunden werden. Sie ist Begleitung in schönen und schwierigen Lebensphasen. Gemeinde ist auch ein Freiraum, der von uns mit Leben gefüllt werden will (»ein haus in das wünsche kommen dürfen/ bekleidet oder nackt«, Dorothee Sölle).

Birgit Weyel

Karl Foitzik, Mitarbeit in Kirche und Gemeinde. Grundlagen, Didaktik, Arbeitsfelder, Stuttgart 1998; *Heike Schmoll* (Hg.), Kirche ohne Zukunft? Evangelische Kirche – Wege aus der Krise, Berlin 1999.

Kirche

Was eine Kirche sei – ein Kind wird als Antwort auf diese Frage hin das typische Gebäude aufmalen und vielleicht erläutern: »Da wohnt Gott.« Kirche ist ein besonderer Ort, anders als Wohnstuben und Vortragssäle. Gott wohnt überall, aber Kirchbauten erleichtern doch, sich auf seine Gegenwart einzustellen.

Kirchen stehen traditionellerweise weit sichtbar am zentralen Platz, haben dabei aber inzwischen Konkurrenz durch die »Konsumtempel« der Banken und Kaufhäuser bekommen. Doch weiterhin sind sie oft das Identifikationssymbol für das Gemeinwesen (z.B. Kölner Dom, Dresdner Frauenkirche); Familien kehren zurück zu »ihrer« Kirche, wo Feiern ihrer Familie stattfanden, Individuen kehren aus der Hektik draußen ein in die Oase für stille Besinnung.

Auf dem Reichstag zu Augsburg 1530 brachten die Vertreter reformatorisch gesinnter Städte und Länder vor, was ihrem Verständnis nach Kirche sei: Versammlung der Gläubigen, bei der das Evangelium gepredigt und das Sakrament gefeiert wird. Und sie setzten noch nach: Es reicht aus, Kirche so zu definieren. Nicht ein bestimmtes Gebäude muß es unbedingt sein, nicht eine bestimmte Rechtsform oder Hierarchie, sondern: »Wo zwei oder drei in meinem Namen versammelt sind, da bin ich mitten unter ihnen« (Matthäus 18, 20), so hatte es Jesus versprochen.

Kirche als Gottesdienst basiert nicht auf bestimmten äußeren Formen und Formeln, so hilfreich diese auch sind. Vielmehr hängt alles daran, »daß das Wort im Schwange geht« (Martin Luther). Indiz für heilsame Kommunikation zwischen Gott und Mensch ist, daß das biblische Wort erklingt. Entscheidend ist dabei, daß die Botschaft der Bibel auch verstanden wird, mithilfe von Worten, Musik und Lied, Zeichen aller Art, daß sie ins Herz geht – als Gottes Trost, Ermahnung, Zukunftgeben. Menschen antworten, indem sie feiernd Glauben und Bekenntnis zum Ausdruck bringen.

Genauso gehört zur Kirche als Geschehen auch die Antwort durch das Tun, den Gottesdienst im Alltag. Menschen zu helfen und sie zu bilden, die Verhältnisse gerechter zu gestalten – das sind Aufgaben, die jede Gesellschaft zu bewältigen versucht und an denen sich Kirche beteiligt. Beim Tun ist freilich die Kirchlichkeit weniger eindeutig als beim Gottesdienstfeiern. Indirekt wirkt sich Kirche aus in der Kultur der Gesellschaft – über Menschen, die mehr oder weniger aus christlicher Überzeugung ethisch handeln (z.B. Telefonseelsorge, Hospizbewegung), über Traditionen des Denkens und Handelns, die die Verhältnisse auch dann noch bestimmen, wenn ihre christliche Herkunft vielen gar nicht mehr bewußt ist (z.B. Sozialstaat, Sonntag), über kirchliche und christliche Organisationen (z.B. Diakonie, Brot für die Welt).

Kirche kann besser Glauben weitergeben und in der Welt wirken, wenn sie auf Dauer angelegt ist, wenn sie Ordnungen und Strukturen ausbildet und wenn sie die sie kennzeichnenden Ideen klar ausformuliert. Aus Geschehen wird unausweichlich Institution. Für Deutschland kennzeichnend ist die Dominanz zweier Kirchen, der katholischen Kirche und der evangelischen Landeskirche einer jeweiligen Region (jeweils insgesamt ca. 27 Millionen der Bevölkerung). Der vieldeutige und mißverständliche Begriff Volkskirche bildet den Wandel der Verhältnisse heute nicht mehr ab (unter 50% an Mitgliedern aus beiden Konfessionen in manchen Großstädten Westdeutschlands, nur 8% Evangelische in manchen früher protestantischen Regionen Ostdeutschlands). Vielleicht sollte man einfach von Großkirchen sprechen.

Im 16. Jahrhundert bestimmte der Landesherr, welches Bekenntnis in seinem Herrschaftsgebiet gelten sollte: katholisch, lutherisch oder reformiert. Mit dem Ende der Kleinstaaterei und dem Aufstieg Preußens (reformierter Landesherr mit lutherischen Gebieten) entstand eine dritte evangelische Konfessionsgruppe, in der Lutheraner und Reformierte zusammengefaßt wurden: unierte Landeskirchen. Die Evangelische Kirche in Deutschland (EKD) wurde 1948 gegründet als Bund verschiedener Kirchen; die meisten lutherischen Landeskirchen schlossen sich 1948 zur VELKD (Vereinigte Evangelisch-

1. Gemeinde

lutherische Kirche Deutschlands) zusammen; die Unierten bilden
die Evangelische Kirche der Union (EKU, seit 1954, in Nachfolge
der Unionskirche auf dem Gebiet Preußens); die Reformierten blieben bei der seit 1884 bestehenden lockereren Koordination im Reformierten Bund. In der Tat haben sich die Lehrdifferenzen weitgehend abgeschliffen, bemerkbar sind Unterschiede am ehesten in der
Liturgie. Nach einer Klärung insbesondere im Abendmahlsverständ-
nis besteht seit 1974 innerhalb der EKD Abendmahlsgemeinschaft
und gelten die unterschiedlichen Bekenntnisstände ihrer Landeskirchen nicht mehr als kirchentrennend. Zieht ein Evangelischer aus
Hamburg nach Bonn, so wird er automatischen vom Lutheraner
zum Unierten. Zum Ökumenischen Rat der Kirchen (ÖRK, 1948
gegründet) gehören die meisten größeren christlichen Kirchen der
Welt; die römisch-katholische Kirche wählte den Beobachterstatus.
Die meisten Kirchen in Deutschland einschließlich der kleinen
sonstigen evangelischen Kirchen (sog. Freikirchen) und der Depen-
dancen z.B. vieler orthodoxer Auslandskirchen kommen in der
Arbeitsgemeinschaft christlicher Kirchen (ACK) zu Gesprächen und
Absprachen zusammen.

Von den im Bereich der EKD insgesamt ca. 200.000 hauptamtlich
Beschäftigten sind ca. 25.000 Theologinnen und Theologen (Stand
1992). Der Personalhaushalt macht den weitaus größten Posten bei
den laufenden Ausgaben aus. Mitglieder einer Institution sind von
den professionell durchgeführten Aufgaben entlastet. Die institutionelle Logik erwartet von ihnen finanzielle Unterstützung (Kirchensteuer) und eine gewisse Beteiligung (vgl. die Teilnahme an Taufe,
Trauung, Bestattung und großen Festen wie Weihnachten). Wie
auch in anderen Großorganisationen (Gewerkschaften, Parteien,
ADAC) ist die distanzierte Mitgliedschaft die gängigste Form geworden. Kirchenmitglieder nehmen nur sporadisch am Gottesdienst teil
und glauben und leben anders, als es die Kirche lehrt. Die sogenannte Kerngemeinde der Aktiven und inhaltlich voll Überein-
stimmenden ist demgegenüber klein. Kirchenmitgliedschaft wird
erworben durch die Taufe, weitere Rechte (z.B. Patenamt, Wahl-
recht) kommen später dazu, z.T. mit der Konfirmation. Im Rahmen

allgemeiner Institutionenmüdigkeit ist bei distanzierten Mitgliedern auch die Bereitschaft zum Kirchenaustritt größer geworden, rund 1% der Mitglieder verlassen die Kirche jährlich. Strukturelle Bedingungen können durch noch so begeisternde Missionsprogramme nicht aufgehoben werden. Aber es tut gut, wenn Professionelle und Kerngemeinde sich aus Interesse für die Mehrheit der Mitglieder um persönliche Kontakte, Verständlichkeit im Ausdruck und Einsicht in die Logik distanzierter Mitgliedschaft bemühen.

Institutionen machen ihre Abläufe beständig durch Recht und durch Leitung. Kirche hat nach innen ein eigenes Recht, das Kirchenrecht, ausgebildet, in das der Staat nicht eingreift, und hat das Verhältnis zum Staat durch eigene Verträge zwischen Kirche und Staat fixiert. In der Leitungsstruktur der evangelischen Kirche mischen sich heute drei Prinzipien der Leitung, das erste stärker reformierter, das zweite lutherischer, das dritte vor allem preußischer Herkunft.

1. *Das presbyterial-synodale Prinzip – Leitung von unten und durch Laien* (von »Presbyter«, dem neutestamentlichen Wort für Älteste): Gewählte Gemeindepresbyter sind Mitglieder in Kreissynoden und Landessynoden, die die wesentlichen Entscheidungen fällen und die Leitung der Kirche (Name dann: Präses oder Kirchenpräsident/in) wählen.

2. *Das episkopale Prinzip – Leitung durch das geistliche Amt* (von »episcopos«, dem neutestamentlichen Wort für den geistlichen Aufseher): Wie eine geistliche Verantwortung aus der Ordination auf Schrift und Bekenntnis in der Gemeindeleitung besteht, so auch für die mittlere Ebene (Bezeichnungen: Propst/Pröpstin, Dekan/-in, Superintendent/-in) und die Landeskirche (Bischof/Bischöfin).

3. *Das konsistoriale System – Leitung durch ein behördlich strukturiertes Landeskirchenamt* (von »Konsistorium«, Kirchenverwaltungsbehörde, in der Geistliche und Ministerialbeamte als Teil eines staatlichen Ministeriums zusammenarbeiten). Nach dem Ende des Staatskirchensystems wurde 1919 die Rechtsform der »Körperschaft öffentlichen Rechts« eingerichtet, bei der die Landeskirchen weiterhin bestimmte, ansonsten staatliche Rechte (Steuereinzug, Rechtsset-

zungsbefugnis) behalten. Die Kirchengesetze sehen für Gesetzes-
initiativen und Beschlüsse in der Regel ein Zusammenwirken aller
drei Leitungsinstanzen vor, um zu »einmütigen« Entscheidungen zu
kommen. Zur Zeit gibt es viele offene Fragen: Synoden verhalten
sich zunehmend wie Parlamente mit Parteien, obwohl man dies
eigentlich ablehnt. Was passiert, wenn Bischöfe einen Synodenbe-
schluß mit Hinweis auf Bekenntnis- und Schriftwidrigkeit für nicht
wirksam erklären? Wandelt sich auch die Kirche von einer Behörde
zum Unternehmen, und was für Konsequenzen hat das für die
Leitungsstruktur?

Heilig ist Kirche nicht an sich, als Gebäude, als personales Geschehen, als Institution, sondern darin, daß sie auf Gott verweist.
Kirche als Gebäude gibt eine Ahnung davon, daß das Gemeinwesen
mit seiner Geschichte, daß Familienglück und jeder einzelne von
Gott als dem Ursprung herkommen und zu ihm hingehen. Kirche
als personales Geschehen zeigt an, daß in vorbildlichen Einzelnen
und bekennenden und tätigen Gruppen Gottes Geist mit seinen
vielfältigen Gaben nahekommt. Kirche als Institution zeigt an, daß
in den verschiedenen Kirchen in Lehre und Nachfolge das Ringen
geführt wird um die Wahrheit als der Wahrheit, die Jesu Christus ist.

Eberhard Hauschildt

Klaus Engelhardt u.a. (Hg.), Fremde Heimat Kirche. Die dritte EKD-
Erhebung über Kirchenmitgliedschaft, Gütersloh 1997; *Wolfgang
Huber*, Kirche in der Zeitenwende, Gütersloh 1998.

Pfarrer/Pfarrerin

In der evangelischen Kirche haben prinzipiell alle Christinnen und Christen das Recht und die Aufgabe, das Evangelium zu verkünden und für ihren Glauben einzutreten. Der Pfarrer bzw. die Pfarrerin hat von Berufs wegen diesen Auftrag. Das heißt, der Pfarrer und die Pfarrerin werden eigens dazu ausgebildet, freigestellt und bezahlt, um die Aufgaben von Seelsorge und Verkündigung in einer Gemeinde verbindlich und sachgerecht wahrzunehmen. Pfarrerinnen und Pfarrer stehen nach reformatorischem Verständnis deshalb in keiner Weise »über« den anderen Gemeindegliedern. Sie sind Gott auch nicht näher. Mit der Ordination wird ihnen lediglich das öffentliche Amt der Wortverkündigung übertragen. Durch das Pfarramt soll sichergestellt werden, daß in einer Gemeinde für alle wichtigen geistlichen Fragen und Aufgaben eine Person erreichbar ist, die sich zuständig fühlt und sich im Unterschied zu Gemeindegliedern, die in anderen Berufen tätig sind, auch Zeit nehmen kann.

In aller Regel ist das Studium der Theologie Vorbedingung für den Pfarrberuf. Es soll eine angemessene Qualität der Verkündigung gewährleisten. Für evangelische Pfarrerinnen und Pfarrer ist die Bibel Grundlage ihrer Verkündigung. Deshalb lernen sie zu Beginn des Studiums die biblischen Ursprachen Griechisch und Hebräisch kennen, um die Bibel sachgerecht auslegen zu können. Das Theologiestudium dient insgesamt dazu, über den christlichen Glauben nachzudenken, ihn sich verstehend anzueignen und in Auseinandersetzung mit der Tradition, aber auch mit gegenwärtigen Fragen und Problemstellungen, weitergeben zu können. An das universitäre Studium schließt sich eine zweite Ausbildungsphase (Vikariat) an, die vor allem auf die praktischen Erfordernisse des Pfarrberufs bezogen ist.

Obwohl es in der reformatorischen Lehre keine prinzipiellen Einwände gegen Frauen im Pfarramt gab, werden Frauen in der

1. Gemeinde

evangelischen Kirche in Deutschland erst seit Ende der sechziger Jahre mit allen Rechten und Pflichten ordiniert und ins Pfarramt eingesetzt. Mittlerweile gibt es sehr viele Pfarrerinnen und zunehmend auch Bischöfinnen und Oberkirchenrätinnen in den Kirchenleitungen.

Eine Pfarrerin oder ein Pfarrer hat den sonntäglichen Gottesdienst zu halten und ist zuständig für alle Trauungen, Taufen und Beerdigungen im eigenen Seelsorgebezirk. In der Seelsorge besucht der Pfarrer bzw. die Pfarrerin viele ältere Gemeindeglieder anläßlich ihres Geburtstages, aber auch Trauernde und Kranke oder Konfirmanden- und Taufeltern. Immer häufiger begleitet der Pfarrer/die Pfarrerin darüber hinaus regelmäßig Menschen in sozialer und seelischer Not. In der gemeindlichen Bildungsarbeit steht der Konfirmandenunterricht an erster Stelle. In manchen Landeskirchen kommt der Religionsunterricht an unterschiedlichen Schularten dazu. Neben den zentralen Aufgaben in Verkündigung, Seelsorge und Unterricht gehören auch viele organisatorische Aufgaben zum Pfarramt. Vor allem die pfarramtliche Geschäftsführung und Gemeindeleitung ist zu nennen, aber auch die Mitarbeit in verschiedenen Kreisen, Gremien und übergemeindlichen Gruppen. Gerade in diesem Bereich haben die Aufgaben eines Pfarrers bzw. einer Pfarrerin in den letzten Jahrzehnten stark zugenommen. Eine besondere Herausforderung stellt die Mitarbeitergewinnung, -begleitung und -fortbildung dar. Anläßlich zurückgehender Gemeindegliederzahlen überlegen immer mehr Pfarrerinnen und Pfarrer, was sie konkret tun können, um neue Mitglieder zu gewinnen oder distanzierte Kirchenmitglieder in ihrer Kirchenmitgliedschaft zu bestärken. Es bedarf dabei viel Phantasie und Sachverstand, um die Überzeugungskraft und Leistungsfähigkeit des christlichen Glaubens in der modernen Gesellschaft deutlich zu machen.

Die Vielfalt pfarramtlicher Aufgaben hat darüber hinaus zu einer beruflichen Spezialisierung geführt. So gibt es heute viele Pfarrerinnen und Pfarrer, die in Sonderbereichen tätig sind. Viele arbeiten in Institutionen, in denen Menschen vom »normalen Leben« abgeschnitten sind wie in der Klinik-, Gefängnis- oder Militärseelsorge.

Darüber hinaus gibt es Pfarrerinnen und Pfarrer in Schulen, es gibt Jugendpfarrer, Diakonie- und Industriepfarrerinnen usw. So verschieden die Tätigkeitsbereiche von Pfarrerinnen und Pfarrern auch sind, alle versuchen auf je ihre Weise, das Evangelium von Jesus Christus weiterzugeben und Menschen im Horizont des christlichen Glaubens engagiert, umsichtig und seelsorgerlich zu begleiten.

Pfarrerinnen und Pfarrer sind in ihrem Beruf in hohem Maß selbständig und können in vieler Hinsicht selbst entscheiden, was zu tun ist, welche Schwerpunkte sie setzen und in welcher Weise sie ihren Aufgaben nachkommen wollen. Dieser ungewöhnliche Freiraum gehört zu den Besonderheiten des Pfarrberufs. Zugleich ist der Pfarrberuf auch besonderen Anforderungen ausgesetzt. Anders als viele andere Berufsguppen hat der Pfarrer/die Pfarrerin ganz unmittelbar mit Menschen zu tun, die sich dem Pfarrer bzw. der Pfarrerin in heiklen Situationen ihres Lebens oder mit persönlichen Fragen anvertrauen. Der Pfarrer bzw. die Pfarrerin muß deshalb vertrauenswürdig und verschwiegen sein und in besonders dringenden Fällen auch in der Nacht oder am Wochenende erreichbar sein. Beruf und Leben, Freizeit und Arbeitszeit sind für Pfarrerinnen und Pfarrer deshalb nicht eindeutig voneinander zu trennen. Angesichts der Unübersichtlichkeit der modernen Gesellschaft ist besonders hervorzuheben, daß nicht zuletzt in der öffentlichen Person und Lebensführung einer Pfarrerin bzw. eines Pfarrers anschaulich und greifbar wird, wie christlicher Glaube heute gelebt werden kann.

Isolde Karle

Richard Riess (Hg.), Haus in der Zeit. Das evangelische Pfarrhaus heute, München, ²1992; Dem Himmel so nah – dem Pfarramt so fern. Erste evangelische Theologinnen im geistlichen Amt, bearb. v. *Hannelore Erhart* u.a., Neukirchen-Vluyn 1996.

Gemeindepädagogik

In der Apostelgeschichte fragt Philippus einen Hofbeamten aus Äthiopien, der sich in das Buch des Propheten Jesaja vertieft hat: »Verstehst du auch, was du liest?« Dieser antwortet: »Wie sollte ich es denn können, wenn mich niemand anleitet?« Daraufhin erklärt Philippus den Sinn des alttestamentlichen Textes und legt das Evangelium von Jesus Christus aus (Apostelgeschichte 8, 27-39).

Diese Szene, die auch an die lebendige Lehrtätigkeit Jesu erinnert (z.B. Matthäus 13, 53-58), veranschaulicht ein zentrales Tätigkeitsfeld der Gemeinde, das im Anschluß an den Apostel Paulus (Galater 6, 6) als Katechumenat oder Katechetik, d.h. Unterweisung im Glauben, bezeichnet worden ist und in der Alten Kirche vor allem den Unterricht vor der Taufe meinte. Berühmt geworden ist Martin Luthers *Kleiner Katechismus* (1529), der die zentralen Glaubensinhalte im Wechsel von Frage und Antwort entwickelt, um den Hausvätern und Pfarrern als Unterrichtsgrundlage zu dienen.

Die gesellschaftlichen Veränderungen der Moderne zwingen die Gemeinde, sich verstärkt um die gegenwartsbezogene Vermittlung christlicher Überlieferung zu bemühen, weil immer weniger Menschen von den institutionalisierten Bereichen kirchlichen Lebens wie Gottesdienst, Seelsorge, Diakonie und Konfirmandenunterricht erreicht werden. So kann der in den siebziger Jahren des 20. Jahrhunderts geprägte Begriff »Gemeindepädagogik« als Reaktion auf drohende oder schon vollzogene Traditionsabbrüche verstanden werden. Die Gemeinde wollte sich im umfassenden Sinn neu als »Lernort« und »Lerngemeinschaft« begreifen. Die Menschen sollten bewußt im Zusammenhang ihrer Lebensgeschichte und unter Berücksichtigung der besonderen Anforderungen der verschiedenen Altersstufen und Adressatenkreise angesprochen und in den Prozeß der »Kommunikation des Evangeliums« (Gottfried Adam/Rainer Lachmann) einbezogen werden. Dabei wurden die Erkenntnisse anderer Wissenschaften wie Pädagogik, Psychologie und Soziologie für die Gemeindearbeit fruchtbar gemacht und in die Ausbildung von Gemeindepädagogen an Fachhochschulen einbezogen.

Die Aufgaben der Gemeindepädagogik beginnen bereits bei der Anregung und Begleitung religiöser *Erziehung in den Familien*. Gerade wenn es um den Anfang religiöser Erziehung geht, muß der Zusammenhang von Leben, Glauben und Lernen besonders beachtet werden. Zum einen vermitteln Eltern ihren Kindern auf verschiedensten Wegen – oft auch unausgesprochen –, woran sie selbst ihr Herz hängen, zum andern regen die Kinder durch ihre Fragen die Eltern zum neuen Nachdenken über religiöse Probleme an und wecken die Bereitschaft zur gezielten Auseinandersetzung und Inanspruchnahme fachlicher Beratung. Besondere Anknüpfungspunkte für Gesprächsangebote, thematische Elternabende und Projekte ergeben sich im Anschluß an die biographischen Einschnitte wie Taufe, Kindergarten, Schulanfang. Eltern können zudem aktiv im Kindergottesdienst mitarbeiten. An diesem nehmen Kinder im Alter von drei Jahren bis zum Vorkonfirmandenalter teil. In der inhaltlichen Gestaltung verbindet er Elemente des Lernens und der gottesdienstlichen Feier, um die Kinder unter Bezugnahme auf ihre Lebenswirklichkeit und Erfahrungsmöglichkeit durch kreatives Erzählen, Spielen, Basteln, Singen und Beten mit biblischen Texten und kirchlichen Ausdrucksformen bekannt und vertraut zu machen. Das Erarbeitete kommt häufig in Familiengottesdiensten zur Darstellung. In vielen Gemeinden finden darüber hinaus in den Ferienzeiten Kinderbibelwochen statt, in denen konzentriert zu bestimmten Themen gearbeitet wird und vor allem das gemeinsame Erleben in der Gruppe gepflegt wird.

Das klassische Feld der Gemeindepädagogik, der *Konfirmandenunterricht* mit der Konfirmation, wird in einem eigenen Artikel behandelt. Deshalb werden hier nur diejenigen Aspekte genannt, die den Unterschied zum schulischen Religionsunterricht markieren. Neben der gedanklichen Aufarbeitung und kritischen Befragung christlicher Überlieferung können Elemente des christlichen Glaubens meditativ erschlossen und die rituellen Dimensionen von

1. Gemeinde

Taufe und Abendmahl erlebt werden. Gemeinsame Fahrten ermöglichen intensive Erfahrungen im Zusammenhang von Leben und Glauben. Gemeindepraktika bzw. -projekte können den direkten Handlungsbezug des Gelernten aufzeigen. Während also in der Konfirmandenzeit das Sammeln eigener, unmittelbarer Erfahrungen im Horizont der eigenen Lebensfragen und der Orientierungsangebote des christlichen Glaubens gefördert werden soll, wird im *schulischen Religionsunterricht* eher an Erfahrungen anknüpft, die die Schüler aus ihren verschiedenen Lebensbereichen schon mitbringen und die für die interpretierende, reflektierende Auseinandersetzung mit den Unterrichtsinhalten interessant sein können. Der evangelische Religionsunterricht, der nach Artikel 7, 3 des Grundgesetzes der Bundesrepublik Deutschland in Übereinstimmung mit den Grundsätzen der evangelischen Kirche erteilt wird, ist ein ordentliches Lehrfach, das unter Aufsicht des Staates steht und in der Regel von staatlich ausgebildeten Lehrkräften verantwortet wird.

Eine besondere Chance des Religionsunterrichts besteht jedoch darin, nicht kirchlich gebundene Schüler und Schülerinnen zu erreichen, ihre Fragen nach Sinn aufzunehmen und mit christlichen Deutungsmustern in Beziehung zu setzen. Vielfach profitiert die Gemeindepädagogik von neuen schulischen Unterrichtskonzepten, die sie in entsprechend abgewandelter Form auf die unterrichtlichen Anteile der Konfirmandenarbeit überträgt. Auf der anderen Seite läßt sich eine zunehmende Öffnung der Schule für den Kontakt mit anderen Lernorten beobachten, zu denen auch die Gemeinde gehören kann (z.B. Projektwochen, Exkursionen zu diakonischen Einrichtungen, Kirchenraumpädagogik).

Eine besondere Herausforderung der Gemeindepädagogik stellt die *Jugendarbeit* dar. Die unübersichtliche Vielfalt jugendlicher Lebensstile, ihre kritische Distanz zur Kirche, die nachlassende Bereitschaft, sich langfristig verbindlich festzulegen und nicht zuletzt die große Konkurrenz auf dem Freizeitsektor erschweren die Entwicklung eines angemessenen, einladenden Konzeptes. Am vielversprechendsten erscheint die auf einen offenen Bildungsprozeß hin angelegte »Begleitung« (Christof Bäumler), die projektbezogen jugendspezifische Angebote macht, die das Streben nach Selbständigkeit unterstützen und gezielt Sinn- und Handlungsperspektiven eröffnen. Interessante Anknüpfungsmöglichkeiten bieten dabei sowohl die Verbindung mit gesellschaftspolitischem Engagement als auch die Wahrnehmung der religiösen Bedürfnisse Jugendlicher. So belegen Studien nicht nur die Faszination von Sakralbauten, sondern vor allem die ausdrückliche Suche nach Spiritualität, auf die mit Angeboten der christlichen Tradition reagiert werden kann.

Das Spektrum evangelischer *Erwachsenenbildung* ist sehr weit und umfaßt beispielsweise theologische Bildung für Laien, Eltern- und Familienarbeit, politische Bildung, berufliche Fort- und Weiterbildung haupt- und nebenamtlicher Mitarbeiter/-innen, Seminararbeit an Akademien mit Themen aus allen kulturellen Bereichen, Randgruppenarbeit in Strafanstalten. Auch mit Blick auf die alten Menschen werden besondere gemeindliche Bildungsangebote entwickelt. Neben der Aufnahme entsprechender Themen wird die Pflege der Geselligkeit selbst als Bildungsprozeß begriffen, der der Vereinsamung und Abstumpfung entgegenwirkt.

Ohne der Gefahr zu erliegen, mit dem Lern- und Bildungsverständnis die gesamte Wirklichkeit des Gemeindelebens erfassen zu wollen, kann die Gemeindepädagogik auch zukünftig neue Impulse geben. Henning Schröer regt z.B. an, sich noch intensiver auf die »Gemeinde auf Zeit« und ihre Äußerungsformen einzulassen und die Aufgaben der Gemeinde/Kirche in der Erlebnis- und Mediengesellschaft genauer zu bestimmen.

Martina Kumlehn

Gottfried Adam/Rainer Lachmann (Hg.), Gemeindepädagogisches Kompendium, Göttingen ²1994; *Karl Foitzik/Elsbe Goßmann*, Gemeinde 2000. Wenn Vielfalt Gestalt gewinnt, Gütersloh 1995.

Kindergarten

Wenn er gern betet, lernt und fromm ist, so soll er auch in den Garten kommen, Lippus und Jost auch, und wenn sie alle kommen, so werden sie Pfeifen, Pauken, Lauten und allerlei Saitenspiel haben, auch Tanzen und mit kleinen Armbrüsten schießen. Wer heutzutage eine Tageseinrichtung für Kinder besucht, der wird – hoffentlich mit Ausnahme des Armbrustschießens – einiges von dem erleben können, was schon Martin Luther 1530 in einem Brief an seinen Sohn Johannes beschreibt: einen Garten für Kinder. Friedrich Fröbel hat den Begriff des Kindergartens schließlich geprägt, als er 1840 im thüringischen Blankenburg ausgerufen haben soll:»Kindergarten soll die Anstalt heißen!«Zudem entdeckte er das Spiel als die kindgerechte Form, sich mit der Welt und der eigenen Person auseinanderzusetzen. Fröbel wollte eine Art Musteranstalt schaffen, um Kinder durch Spielen zu bilden.

Anders als Fröbel waren schon 1770 einige Frauen um Louise Scheppler (1763-1837) und ihren Pfarrer Johann Friedrich Oberlin (1740-1826) auf die Bedürfnisse von Kindern und die Erziehungshilfe für Familien aufmerksam geworden. Es entstanden nach dem Vorbild von Sara Banzet in den Dörfern des elsässischen Steintals Strick- und Kleinkinderschulen und alsbald Bewahranstalten für unbeaufsichtigte Kinder. Oberlin kann deshalb als »Erfinder« des Evangelischen Kindergartens gelten, weil er die Lebensumstände der Kinder und ihrer Familien verbessern wollte und den Kindergarten als Teil der Kirchengemeinde verstand.

1836 entdeckten Henriette Frickenhaus und Theodor Fliedner in Kaiserswerth in der Diakonisse diejenige, die sich der Erziehung von Kindern außerhalb der Familie widmen konnte: die ausgebildete Kinderschwester. Fliedner sah sein Ziel in der religiösen Erziehung und in der Besserung verwahrloster Kinder. Es ging ihm vornehmlich um das seelische Wohl der Kinder. Durch die Ausbreitung von

Diakonissenmutterhäusern konnte bald ein enges Netz an christlichen Kleinkinderschulen entstehen. Das Erlernen von Sprache, das Spielen, das Singen, Erzählen und Hören biblischer Geschichten, das Lernen von Versen und das Beten, aber auch die seelsorgerliche Begleitung der Eltern und die Unterstützung in deren Erziehung waren zu dieser Zeit bereits Vorläufer heutiger Erziehungsentwürfe.

Das Reichsjugendwohlfahrtsgesetz unterstellte die öffentliche Kleinkindererziehung 1922/24 den Jugendämtern. Die Nationale Volkswohlfahrt (NSV) schaltete alle Einrichtungen gleich. Freie Trägereinrichtungen wie Waldorf- und Montessori-Kindergärten wurden verboten. Kirchliche Kindergärten konnten nur deshalb überleben, weil die Nationalsozialisten der Auseinandersetzung mit den Kirchen aus dem Wege gingen. Nach dem Krieg nahmen die Freien Träger die Arbeit wieder auf. Es entstanden Notbetreuungseinrichtungen, um Kinder zu ernähren und zu bewahren.

Neben dem sozialen Aspekt der Kindergartenarbeit kam 1957 der Aspekt der Bildung hinzu. In der Zeit der Bildungsreform seit dem Ende der sechziger Jahre nahmen die Kirchlichen Kindergärten eine besondere Stellung ein. Sie blieben Schutzraum für Kinder gegen gesellschaftliche Vereinnahmungen und suchten sich an den Bedürfnissen der Kinder zu orientieren. Diese Reform wurde durch Fortbildungen von Erzieherinnen und durch Fachberatungen für Kindergärten entwickelt.

Der situationsorientierte Ansatz der 70er Jahre führte dies fort, indem er Kinder mit der Situationen ihres derzeitigen und zukünftigen Lebens vertraut machte und sie zu eigenständigem Denken und Handeln anleitete. Der Kindergarten war längst nicht mehr »Bewahranstalt«. Er war ein »Garten«, in dem altersgemischte Gruppen mit drei- bis sechsjährigen Kindern zusammen groß wurden. Erfahrungsbereiche wie Rollenspiele und kreatives Gestalten, aber auch die Beschäftigung mit emotionalen Themen wie Trauer, Angst, Freude, Geburt ergänzten die traditionelle Puppenecke oder den Bauteppich. Das Kind mit seinen Gaben und Fragen wurde zum Mittelpunkt und der Kindergarten selber zum Ort pädagogischer Möglichkeiten.

1. Gemeinde

Das offene Kindergartenkonzept der 90er Jahre führt dies bis heute weiter. Es berücksichtigt insbesondere die veränderte Lebens- und Familiensituation von Kindern. Kinder, die Lärm, Umwelteinflüssen und Medienkonsum ausgesetzt sind, werden entlastet. Kinder, die das Spielen nur noch aus organisierten Kontakten kennen, entdecken das freie Spielen neu. Behinderte und nichtbehinderte Kinder können – angeregt insbesondere durch Maria Montessori (1870-1952) – miteinander für ihr Leben lernen; Kinder und Eltern anderer religiöser und kultureller Zusammenhänge begegnen sich. Familien und Alleinerziehende werden in unterschiedlicher Weise an der Gestaltung beteiligt; sie können pädagogischen Rat, praktische Hilfen und Kontakte untereinander und zu Gruppen der Gemeinde erhalten. Familienfreundliche Öffnungszeiten bemühen sich um ihre Lebenssituation.

Dementsprechend wichtig ist die Ausbildung der Erzieherinnen und Erieher. Sie findet in der Regel in drei Abschnitten statt. Voraussetzung ist die Fachoberschulreife. Auf ein einjähriges Vorpraktikum in einer Tageseinrichtung für Kinder folgt der Besuch der Fachschule für Sozialpädagogik. Anschließend leistet die angehende Erzieherin ihr Anerkennungsjahr (Berufspraktikum) in einer Tageseinrichtung (Kindergarten, Hort, Heim usw.) und wird dabei durch die Fachschule begleitet. Nach diesem Jahr ist die staatliche Anerkennung zur Erzieherin erreicht.

Im Jahr 2000 arbeiten mehr als 57.000 Mitarbeiter/-innen für 500.000 Kinder in etwa 9.000 Tageseinrichtungen evangelischer Trägerschaft. Im Jahr 1994 entfielen auf die alten Bundesländer 8.053 Einrichtungen mit 467.467 und auf die neuen und das ehemalige Ostberlin 588 Einrichtungen mit 31.624 Plätzen.

Die Finanzierung der evangelischen Kindergärten durch die Landeskirchen erfolgt in den einzelnen Bundesländern unterschiedlich. In NRW beispielsweise liegt das Elternaufkommen bei etwa 15%. Nach Abzug der Elternbeiträge tragen Kommunen und Land 80%, die Kirchengemeinden 20% der Gesamtkosten. Die Höhe der Elternbeiträge für den Platz in einer Tageseinrichtung richtet sich nach den jeweiligen Anforderungen (z.B. Über-Mittag-Betreuung,

Betreuung von Säuglingen und Kleinkindern, Horte für Schulkinder).

Der Evangelische Kindergarten ist schließlich in besonderem Maße Teil der Kirchengemeinde. Er möchte vorleben, daß die christliche Gemeinde sich den Schwachen zuwendet und insbesondere auf die Bedürfnisse der Kinder eingeht. Die Gemeinde steht dabei immer vor der Frage, wie sie unter den gesellschaftlichen Veränderungen die christliche Verantwortung für Kinder und Familien gestalten kann. Mit der Taufe der Kinder übernimmt sie die Verpflichtung, Eltern in der christlichen Erziehung zu begleiten und Hilfen zum eigenen Glauben zu geben. So werden Kindern biblische Geschichten erzählt, sie beten und singen gemeinsam, feiern Feste und Gottesdienste, auch mit anderen Generationen der Gemeinde. Der Evangelische Kindergarten bietet Kindern Raum, sich als von Gott geliebte Menschen mit ihren je eigenen Bedürfnissen, Wünschen und Gefühlen zu verstehen. Darin unterscheidet er sich von den Einrichtungen anderer Träger: er ist der »Garten«, wie schon Luther andeutet, in dem Kinder lernen, das Vertrauen auf sich, auf andere und auf Gott zu setzen. Hier können sie anderen Menschen und Gott auf eine Weise begegnen, wie es ihnen nie mehr wieder im Leben angeboten wird.

Ernst-Martin Barth

Friedrich Schmidt, Der evangelische Kindergarten als Nachbarschaftszentrum in der Gemeinde, Waltrop 1999; *G. Schnitzspahn*, Der evangelische Kindergarten, Stuttgart, Berlin, Köln 1999.

Seelsorge

Auf die Seelsorge der Kirche ist die öffentliche Aufmerksamkeit in jüngster Zeit mehrfach durch die Notfallseelsorge gelenkt worden. Seelsorger haben bei Zugunglücken den Verletzten beigestanden und haben die Angehörigen der Opfer wie die professionellen Helfer der Feuerwehr und Rettungsdienste begleitet.

Viele haben wahrgenommen: Die Seelsorge hilft Menschen in einer spezifischen Not, sie hat das Ziel, den seelisch Verletzten so beizustehen, daß sie den Weg in eine ausgewogene Lebenshaltung zurückfinden. Hierzu gehört auch, sich den aufgeworfenen religiösen Fragen zu stellen; das Unbeantwortbare nicht beantworten zu wollen, aber zugleich aus dem christlichen Gottesvertrauen heraus an Schmerz und Tod nicht vorbeizusehen und auf diese Weise Lebenshilfe und Glaubenshilfe zu schenken.

Seelsorge ist ein Teil und eine Dimension des kirchlichen Handelns und Lebens. Die Sorge um den Nächsten ist ein Akt der christlichen Nächstenliebe. Ihre Voraussetzung ist das Evangelium, »daß die Welt in Christus mit Gott versprochen ist«. Ihr Ziel ist »Hilfe zur Lebensgewißheit«, und zwar im Blick auf die besondere Qualität eines unverwechselbaren Daseins; auf Maßstäbe, an denen sich ein Mensch orientieren kann; und im Blick auf seine Zugehörigkeit zu einer Vertrauensgemeinschaft.

Die kirchliche Seelsorge ist einerseits an besonderen Gruppen orientiert. Neben der Notfallseelsorge ist etwa an die Blinden-, Gehörlosen- oder Urlauberseelsorge zu denken. Die Kirche entsendet Seelsorgerinnen und Seelsorger auch in Kliniken und Anstalten, in die Hochschulen und zu Polizei, Grenzschutz und Bundeswehr.

Eine besondere Stellung hat die Telefonseelsorge, zu deren Bedingungen die Anonymität gehört. Sie geschieht in Anlehnung an die Kirche, wird aber nicht von ihr selbst wahrgenommen. Der Begriff »Seelsorge« hat hier wie andernorts (etwa in Selbsthilfegruppen) insofern eine »säkularisierende« Erweiterung erfahren, als nicht unbedingt das Evangelium als ihre Voraussetzung anzunehmen ist. Die Telefonseelsorge hat das allgemeine Ziel der Lebenshilfe, namentlich der Selbstmordverhütung. In Deutschland stand 1956 an ihrem Anfang die Initiative des Berliner Theologen und Mediziners Klaus Thomas.

Die Seelsorge hat andererseits ihren ursprünglichen Platz innerhalb der Gemeinde.

Als die praktische Gestalt der Seelsorge gilt allgemein das Gespräch. Das Gespräch kann die Form brieflichen und telefonischen Austauschs, gar der Kommunikation über das Internet haben (»Online-Seelsorge«) und auf diese Weise über eine Gemeinde hinausreichen. Umgekehrt ist innerhalb einer Gemeinde auch anderes als das Gespräch für die Seelsorge von Bedeutung. Die gottesdienstliche Fürbitte wie auch die Fürbitte des einzelnen können zu einer konkreten Seelsorge ebenso gehören wie die Predigt, die Abendmahlsfeier, die Amtshandlungen, der kirchliche Unterricht, der Besuchsdienst, Gesprächsabende, Meditation, die diakonischen Einrichtungen der Gemeinde. Alle Bereiche kirchlichen Wirkens – bis hin zum Bücherdienst in einem Krankenhaus – können eine seelsorgerliche Dimension haben.

In der Regel sind es Krisensituationen, in denen der Seelsorger und die Seelsorgerin um Hilfe gebeten werden. Aber auch eine allgemeine Trostlosigkeit kann zur Bitte um Seelsorge führen, eine Bedrängnis, die nicht durch schwierige Lebensbedingungen veranlaßt ist und nicht durch Glück und Erfolg aufgehoben wird.

Ebenso wichtig ist die »kleine« Seelsorge: Menschen erzählen ihrem Pfarrer etwas von ihrem Ergehen und ihren Fragen; oft wollen sie nur dies: daß er es weiß und daß er sie auf seine Weise begleitet. Und wenn weitreichende Probleme berührt werden, heißt das nicht: Ich will jetzt eine Antwort hören, sondern oft genug: Kannst du an dieser Frage Anteil haben, aus dem heraus, was du denkst und glaubst?

Die Anliegen können aus allen Bereichen des Lebens kommen. Sie sind nicht zuletzt Fragen des Glaubens im unmittelbaren Sinne.

1. Gemeinde

Die religiöse Dimension ist nicht nur der Horizont, in dem die seelsorgerliche Arbeit geschieht, sondern sie ist auch eine Bestimmtheit des Seelischen selbst. Daß neben der psychologischen Hilfestellung eine Vertiefung des Religiösen der Sinn der Seelsorge ist, ist erst jüngst wieder betont worden.

Hier ist daran zu erinnern, daß das Schuldbekenntnis und die Vergebung zur Seelsorge gehören. Auch wenn das Schuldbekenntnis in der Evangelischen Kirche häufiger wohl die Gestalt eines gottesdienstlichen Gebets als die einer persönlichen Beichte hat, so stellt sich in ernsthaftem seelsorgerlichen Gespräch oft die Frage schuldhaften Versagens, und das Erbarmen Gottes ist verantwortlich in eine konkrete Lebenssituation hinein zuzusprechen.

Die Seelsorge wird in den unterschiedlichen Situationen, in denen sie geschieht, hier explizit als Verkündigung und Besinnung auf Gottes Wort geschehen, dort implizit und funktional Gestalt finden im Bleiben eines Menschen bei dem anderen. Man denke an die Freunde Hiobs, die bei ihm auf der Erde saßen – sieben Tage und sieben Nächte – und schwiegen (Hiob 2, 12).

Die Seelsorge bedarf der Geduld. Sie setzt die Bereitschaft voraus, aufzusuchen, wo eine Seele Schaden genommen haben kann mitten in den Gütern dieser Welt (vgl. Matthäus 16, 26). Geduld ist hier: auf einen Menschen warten zu können (eine Wahrheit braucht manchmal viel Zeit) und: auf Gott.

Seelsorge heißt, liebevoll tiefer zu sehen und im Vertrauen auf den Gott, der in den Gleichnissen Jesu sichtbar ist als der gütige Vater, über manches Erschrecken hinweg bei dem Menschen zu bleiben, der Hilfe sucht.

»Hilfe zur Lebensgewißheit« setzt voraus, daß die Seelsorgerin und der Seelsorger sich den Grundfragen der menschlichen Existenz und des christlichen Glaubens selbst aussetzen und sich der faktischen Situation des anderen Menschen nicht entziehen.

Manche Fragen, wie etwa die nach der »Wahrheit am Krankenbett«, sind immer wieder neu zu prüfen, zum Beispiel an den Einsichten der Theologie und Philosophie über die Geschichtlichkeit der Wahrheit.

Die Nähe der Seelsorge zu Psychologie und Therapie wird in der Fachliteratur unterschiedlich bewertet, so daß in der Seelsorgeausbildung verschiedene Modelle vermittelt werden. Wichtiger als das Methodische ist das aber Personale. Gegebenenfalls müssen die Seelsorgerin und der Seelsorger bereit sein, jemandem den Weg zu diakonischen Einrichtungen oder etwa zu einer Ehe- und Erziehungsberatungsstelle der Kirche zu ebnen und auch herauszufinden, ob die angesprochenen Probleme die Beratung und Therapie durch einen Mediziner nötig machen. Seelsorger, Mediziner, Psychologen wie Mitarbeiterinnen und Mitarbeiter der Diakonie wirken zusammen an der Aufgabe der Christenmenschen, einander ins Leben und in die Freiheit zu führen.

Stephan Bitter

Christian Möller (Hg.), Geschichte der Seelsorge in Einzelportraits, 3 Bde., Göttingen 1994-1996; *Klaus Winkler*, Seelsorge, Berlin/New York 1997.

Diakonie

Das altgriechische Wort »diakonein« steht für »bei Tisch bedienen, für etwas sorgen, im Auftrag eines Höhergestellten arbeiten«. Die Christen haben es zum internationalen Begriff gemacht. Christus radikalisiert die Diakonie zum Dienst an allen Menschen, nicht nur den Nahestehenden (Matthäus 5, 42-45), und ist Vorbild im helfend-dienenden Miteinander (z.B. Lukas 22, 24). Gott hat sich in seinem Sohn zum heilenden und versöhnenden Diener der Menschen gemacht (vgl. Markus 10, 45). Diakonie ist insofern nicht nur ein christliches Tätigkeitsfeld, nicht einmal nur »Wesens- und Lebensäußerung der Kirche« (so die Grundordnung der EKD); sie ist das Wesen Christi, das Wesen Gottes selbst.

Alltägliche Diakonie – Kennzeichen von Menschen. Diakonie als helfendes Handeln stellt sich ganz alltäglich ein, auch ohne religiöse Motive: unhinterfragte Sitten des gegenseitigen Helfens (z.B. nachbarschaftliches Blumengießen in der Urlaubszeit), Helfen aus Liebe in der Familie (Eltern sorgen für die kleinen Kinder, erwachsene Kinder für altgewordene Eltern), soziale Netzwerke (z.B. Selbsthilfegruppen). Solche Diakonie gehört zur guten Schöpfung Gottes. Sie ist Überlebensstrategie, aus der Hilfebedürftigkeit der Menschen geboren. Betroffenheit und Selbstverwirklichung sind dabei keine ehrenrührigen Motive für diakonisches Engagement. Helfen und Sich-Helfen gibt es nicht ohne die Risiken, die Abhängigkeiten mit sich bringen.

Diakonische Motivation – Kennzeichen von Christen. Christsein hat diakonische Folgen (vgl. Markus 10, 21). Im Römischen Reich fielen die Christen dadurch auf, daß sie sich um die Toten und die Alten kümmerten. Über die Jahrhunderte verschob sich die Motivation für Diakonie: Mit dem sogenannten Ablaß wollte man durch Geldzahlungen für diakonische Zwecke, zuletzt sogar für den Bau des Petersdoms in Rom, seine Sündenstrafen im Fegefeuer verkleinern.

Dagegen setzte Luther 1517 die These, daß »der, welcher seinen Nächsten darben sieht und dessen ungeachtet Ablaß löst, [...] Gottes Ungnade auf sich lädt«. Nicht Eigennutz, nicht Furcht um das eigene Heil, sondern Dankbarkeit Gott gegenüber ist das wahrhaft christliche Motiv für Diakonie. Das macht frei, beim Helfen sich am größtmöglichen Nutzen für den Hilfebedürftigen zu orientieren.

Durch die Auflösung der Klöster mit der Reformation verloren die damaligen Hospitäler weitgehend ihr Personal und es hörten die wohltätigen Stiftungen von Reichen auf, die etwas für sich tun wollten. Erst im 19. Jahrhundert nahm die evangelische Diakonie einen wirklichen Aufschwung – durch einzelne, die aus ihrem christlichen Glauben neue Ideen für das Helfen entwickelten und zu den Gründermüttern und Gründervätern der modernen Diakonie wurden. Die Hamburger Senatorentochter Amalie Sieveking entwickelte ab 1831 gegen Widerstände die Idee von christlichen Krankenschwestern. In der Urgemeinde hatten Diakone ein gemeindeleitendes Amt inne, das auch Verkündigung umfaßte (Apostelgeschichte 6-7) und von Frauen wahrgenommen werden konnte (Römer 16, 1f.). Daraus war später eine bloße Vorstufe zur Priesterweihe geworden. Der rheinische Pfarrer Theodor Fliedner erarbeitete ab 1837 zusammen mit seiner Frau Friederike in kreativer Anknüpfung an die urchristlichen Verhältnisse, an Erfahrungen aus Holland und England sowie an Sievekings Krankenschwesteridee das Berufsbild der Diakonisse – des ersten Frauenberufs mit Fachausbildung. Die Zahl der Diakonissen stieg bald sprunghaft an. Seit den 1960er Jahren stirbt dieser Beruf langsam aus – Zölibat, Tracht, Bindung auf Lebenszeit schrecken ab.

Das parallel zur Diakonisse entstandene Berufsbild des Diakons (ohne Zölibat und Tracht) war – angesichts der beruflichen Alternativen für Männer – nie so erfolgreich (immer nur ca. 1/10 der Zahlen der Diakonissen). Zunehmend nach dem 2. Weltkrieg wurden Diakone für pädagogische Gemeindearbeit ausgebildet, später ebenso auch Frauen (Diakoninnen). Heute ist das Diakonenamt meist eine kirchliche Zusatzqualifikation für einen staatlichen Berufsabschluß, vor allem den des Sozialarbeiters.

1. Gemeinde

Die Diakonie des 19. Jahrhunderts organisierte sich jenseits der kirchlichen Hierarchie in freien Vereinen und gründete Anstalten mit Heimen als Familienersatz für Strafgefangene, Waisen, Kranke, Behinderte. Vom Gründungsstandort mit seinem Diakonissenmutterhaus aus konnten andernorts Filialen eröffnet werden. Auf Initiative Johann Hinrich Wicherns kam es ab 1848 zur deutschlandweiten Koordination unter dem Namen »Innere Mission«. Nach 1945 wurde – nicht zuletzt angesichts von diakonischen Finanzskandalen in den 20er Jahren und Mängeln im diakonischen Schutz für Behinderte gegenüber dem Nationalsozialismus – die Verbindung von vereinsrechtlicher Diakonie und Kirche gestärkt. Kirchen weltweit, ebenso in Deutschland, gründeten eigene diakonische kirchliche Hilfswerke. »Brot für die Welt« (ab 1959, getragen von den evangelischen Landes- und Freikirchen) gibt gesammelte Spenden an geprüfte Projekte der Hilfe zur Selbsthilfe in Entwicklungsländern.

Seit 1975 haben sich die unabhängige vereinsartige Diakonie und die Diakonie von Landeskirchen in Deutschland unter einem wieder vereinsrechtlich organisierten Dach zusammengefunden, dem Diakonischen Werk. 1999 arbeiteten 420.000 hauptamtlich Beschäftigte in der Diakonie.

Wohlfahrtsverband und diakonische Unternehmen – Kennzeichen von Christentum. Der Sozialstaat hat sich die diakonische Idee von der Verantwortlichkeit für die soziale Lage seiner Menschen zu eigen gemacht. Nun besteht Rechtsanspruch auf Hilfeleistungen. Die Diakonie als einer der Wohlfahrtsverbände führt sie für den Staat durch, finanziell weitgehend abgesichert durch Pflegesatzzahlungen, aber auch gebunden an damit gesetzte Regularien.

Die Diakonie unterhält 363.000 Plätze in Heimen und Krankenhäusern, dazu 680.000 Plätze in Tageseinrichtungen; zu ihr gehören die Hälfte aller Behindertenplätze in Deutschland (Stand 1999). Demgegenüber verblaßt der kirchliche und evangelische Hintergrund: Spenden der christlichen Gemeinden für ihre diakonische Einrichtung sind längst nicht mehr überlebensnotwendig; die Diakonissen sterben langsam aus. Die innere Bindung der Mitarbeitenden zur Diakonie ist so volkskirchlich geworden wie die der Kirchenmitglieder in ihrer Mehrheit zur Kirche.

Seit den 1980er Jahren wird das soziale Handeln immer marktförmiger, nicht zuletzt auch in Angleichung an die Verhältnisse in anderen Ländern der Europäischen Union. Bei der Konkurrenz auf dem Sozialmarkt, auch zwischen den einzelnen diakonischen Einrichtungen, überlebt nur, wer unternehmerische Strukturen und Effektivität einführt.

Was hat die Diakonie gegenüber Konkurrenten Besonderes zu bieten? Das evangelische, das christliche Profil diakonischer Unternehmen in einer multikultureller und multireligiöser werdenden Gesellschaft kann darin liegen, daß hier die religiöse und ethische Dimension des Helfens besonders beachtet wird, daß Hilfeabnehmer ebenso wie die Mitarbeitenden Raum finden, ihren eigenen spirituellen Weg zu finden. Das evangelische Verständnis von Diakonie wird dabei zum Angebot zur je eigenen Aneignung.

Gemeindediakonie ist stark bei nichtprofessioneller, ganzheitlicher und ambulanter Hilfe vor Ort. Die sozialstaatliche und unternehmerische Diakonie ist stark in der professionellen, spezialisierten und zentralisierten Hilfe. Diakonie als Gestalt des Christentums kommt von der christlichen Kirche her, wird aber nicht mehr von ihr regiert, hat hohes gesellschaftliches Ansehen und legitimiert so Kirche, ist eine öffentliche Angelegenheit im säkularen Staat (Gemeinsamkeiten zwischen Caritas und Diakonie sind dabei offensichtlicher als ihre Unterschiede). Ihr Stand ist auf Dauer nicht unabhängig davon, ein wie hoher Anteil der Gesellschaftsmitglieder sich christlichen Kirchen auf die eine oder andere Weise verbunden weiß.

Eberhard Hauschildt

Edouard Kohler, Kirche als Diakonie, Neukirchen 1991; *Werner Rannenberg*, Tagesordnungspunkt Diakonie, Hannover 1996.

Mission

Wer Menschen auf Mission anspricht, erntet häufig mildes Lächeln (»das ist doch überholt!«) oder erfährt, daß Mission Wegbereiterin von Kolonialismus und Kulturzerstörung war. Journalisten und Reisende finden solche Vor-Urteile schnell bestätigt. Genaueres Hinsehen lohnt: Wer Afrikaner und Asiaten nach ihrer Erfahrung mit Mission befragt, hört: »Ohne Mission lebten wir weiter in Angst, wären Krankheiten vollständig ausgeliefert, bildungsmäßig auf einem sehr niedrigen Stand und der Globalisierung noch massiver ausgesetzt als ohnehin.« Wer in Seoul/Korea eine enorm wachsende Gemeinde mit 200.000 Gemeindegliedern besucht, von denen sonntäglich über 50.000 in die angebotenen drei Gottesdienste kommen, der beginnt dann zu fragen: Was ist Mission heute?

Grundlage der ehemals sog. Äußeren Mission oder Welt-Mission ist der »Missionsbefehl« Jesu in Matthäus 28, 18-20: »Gehet hin und machet zu Jüngern alle Völker: Taufet sie auf den Namen des Vaters und des Sohnes und des heiligen Geistes und lehret sie halten alles, was ich euch befohlen habe.« Wichtig sind außerdem folgende Texte des Neuen Testaments: Die Beauftragung der Jünger Jesu (Markus 6, 7ff.; Matthäus 10, 5ff.) und die Verkündigung des Apostels Paulus und seiner Mitarbeitenden (Apostelgeschichte 13-21: Missionsreisen). Der Begriff Mission/Sendung fehlt im Neuen Testament, aber missionarisches Handeln wird ausführlich als Aufgabe beschrieben.

So motiviert haben einzelne Pastoren und Laien im 18. und vor allem im 19. Jahrhundert begonnen, unter unsäglichen Opfern Mission unter den Heidenvölkern zu treiben. Viele haben dabei ihr Leben in jungen Jahren verloren. Das Opfer der sie begleitenden Frauen und Missionsschwestern ist bisher nur ansatzweise gewürdigt worden, wie auch die Mission einheimischer Evangelisten und Pastoren. Dabei ist es zum Export westlicher Moral- und Wertvorstellungen, zur Vorbereitung und Kooperation mit Kolonialmächten

sowie zur Zerstörung einheimischer Kultur gekommen (Posaunenchöre statt Trommeln!). Weil jeder Missionar aber neben der Bibel
auch Handwerkszeug und Grundschulbücher mitbrachte, kam es
ebenso zum »Import« von Gesundheits- und Bildungsprogrammen.
Mission brachte aber nicht nur den Heiden das Evangelium, sondern die Innere Mission (heute Diakonie/Caritas) nahm sich der
sozialen Nöte der Menschen an. Später entwickelte sich die Volks-
Mission als missionarische Bewegung im eigenen Volk.

Die Äußere Mission bildet – zusammen mit dem CVJM und der
Weltstudentenbewegung – eine entscheidende Wurzel der Ökumenischen Bewegung (seit 1910). Missionare und Missionsgesellschaften führten in zahlreichen internationalen Missionskonferenzen
(zuletzt in Salvador da Bahia/Brasilien 1996 unter dem Thema »Das
Evangelium in verschiedenen Kulturen«) den internationalen Dialog
über Mission.

Aus der Arbeit von Missionaren und Missionsgesellschaften
(später Missionswerken) gingen zahlreiche, inzwischen selbständige
Kirchen in Afrika, Asien, der Karibik, dem pazifischen Raum und
Amerika hervor. Seit ca. 40 Jahren wird deutlich, daß auch der Nor-
den und Westen zum Missionsgebiet geworden ist (Mission auf
sechs Kontinenten). Inzwischen haben zahlreiche Kirchen aus
Afrika und Asien Deutschland als Missionsland entdeckt und bilden
nicht nur Gemeinden für Menschen im Exil, sondern auch aktive
Missionsgemeinden in Deutschland.

Gestritten wird intensiv über das richtige Missions-Verständnis,
dabei in besonderer Weise über das Verhältnis zwischen Evangelisation und Mission ebenso wie über das Verhältnis von Mission und
kirchlicher Entwicklungszusammenarbeit (früher Entwicklungshil-
fe). Evangelisation (evangelisch) bzw. Evangelisierung (katholisch)
ist auf die Verkündigung des Evangeliums und die persönliche
Bekehrung von einzelnen aus. Entwicklungszusammenarbeit orientiert sich an den sozialen und wirtschaftlichen Bedürfnissen menschlichen Lebens bzw. den sozialen, kulturellen, wirtschaftlichen und
politischen Menschenrechten. Mission wird häufig noch mit Evangelisation gleichgesetzt, ist aber angemessen nur ganzheitlich und

umfassend zu denken: Mission ist eine Grunddimension von Kirche. Gemeinden und Kirchen, die nicht missionarisch sind, sind nicht Kirchen im christlichen Sinne! Mitarbeit in der Gemeinde am Ort – mit missionarischen und ökumenischen Augen – ist deshalb Aufgabe jedes Christen und jeder Christin. Exemplarisch sei das Verständnis von Mission der an der Vereinten Evangelischen Mission (VEM) beteiligten 33 Kirchen in Afrika, Asien und Deutschland zitiert:

»Die beteiligten Kirchen verkünden Jesus Christus als Herrn und Heiland aller Menschen und stellen sich den gegenwärtigen missionarischen Herausforderungen. In einer zerrissenen Welt wollen sie Glieder des einen Leibes Jesu Christi bleiben und darum

– zu einer anbetenden, lernenden und dienenden Gemeinschaft zusammenwachsen,

– Gaben, Einsichten und Verantwortung teilen,

– alle Menschen zu Umkehr und neuem Leben rufen,

– im Eintreten für Gerechtigkeit, Frieden und Bewahrung der Schöpfung das Reich Gottes bezeugen.«

Wichtige Akteure sind heute kleinere Missionsgesellschaften oder größere Missionswerke wie die VEM, das Ev. Missionswerk Südwestdeutschland (EMS), das Ev.-luth., das Bayrische oder Nordelbische Missionswerk sowie auf katholischer Seite Missio Aachen und München. Wichtige Arbeit im Bereich kirchlicher Entwicklungszusammenarbeit leisten Organisationen wie Brot für die Welt, die Kindernothilfe, Misereor und Adveniat – häufig in Absprache oder auch in konkreter Zusammenarbeit.

Besondere Aufmerksamkeit gewinnt seit vielen Jahren die Frage nach der notwendigen Inkulturation des Evangeliums. Ökumenisch-missionarische Lieder haben – auch über die Kirchentage – deutsche Gemeinden und ihre Gesangbücher erheblich bereichert. Andererseits ist die Feier des Abendmahls mit Kokosnüssen und Kokosmilch in der entsprechenden Kultur ebenso selbstverständlich wie mit Wein/Saft und Brot bei uns.

Nicht erst im Zeitalter der Globalisierung sind Mission und Dialog keine grundsätzlichen, einander ausschließenden Gegensätze: In einer zunehmend multikulturellen Gesellschaft ist Dialog mit Menschen anderer – als christlicher – Religion ein humanitäres und soziales Gebot. Religiöse Vielfalt kann einander ergänzen und wechselseitig bereichern, wenn Christen respektvoll in den Dialog mit Menschen anderer religiöser Überzeugungen eintreten und gemeinsam gegen Fremdenfeindlichkeit und Rassismus öffentlich einstehen. Allerdings sollten Christinnen und Christen sich mit ihrem Glauben deutlich zu erkennen geben. Dann werden sie auch die missionarische Dimension von Kirche Jesu Christi spiegeln. Für Menschen in multireligiösen Gesellschaften wie Tanzania und Indonesien sind die Kirchen geübt, Mission und Dialog miteinander fruchtbar zu verknüpfen, ohne daß Alleinvertretungsansprüche Dialog unmöglich machen oder das christliche Zeugnis verdunkelt wird.

Umstritten ist die Frage, ob Juden-Mission nach dem Holocaust oder grundsätzlich theologisch überholt oder verboten ist. Jüngere kirchliche Beschlüsse (etwa der Ev. Kirche im Rheinland oder von Westfalen) haben bekräftigt, daß Judenmission theologisch nicht legitim ist. Juden und Christen leben aus denselben Wurzeln. Die Evangelische Kirche »bezeugt die Treue Gottes, der an der Erwählung seines Volkes Israel festhält. Mit Israel hofft sie auf einen neuen Himmel und eine neue Erde«, heißt es dementsprechend in der ergänzten Grundordnung der Ev. Kirche im Rheinland.

Jörg Baumgarten

Studienhefte zu verschiedenen Themen: »Weltmission heute« bzw. »Jahrbuch Mission«, beide erhältlich beim Ev. Missionswerk in Deutschland e.V., Normannenweg 17-21, 20537 Hamburg, Tel. 040/2 54 56-0, Fax 040/2 54 29 87, eMail: gf@emw-d.de; *Sylvia Mallinkrodt-Neidhardt*, Mission heute. Von Seelenfängern und Menschenfischern, Gütersloh 2000.

Kirchentag

Bisher hat es drei Institutionen mit dem Namen »Deutscher Evangelischer Kirchentag« gegeben. Der Kirchentag von 1848-1872 entstand als Reaktion auf die Revolution von 1848. Er wurde als Verein von Laien und kirchlichen Amtsträgern gleichermaßen getragen und gab dem Bedürfnis nach nationaler und kirchlicher Einheit angesichts zunehmender sozialer Probleme und wachsender Entkirchlichung Ausdruck. Johann Hinrich Wichern (1808-1881) hielt dort 1848 seine berühmte Rede zur Gründung der Inneren Mission. Dieser Kirchentag entwickelte sich monarchistisch.

Der Kirchentag von 1919 bzw. 1922-1930 war eine kirchenamtliche Zusammenkunft. Nach der Trennung von Kirche und Staat 1918 diente er der offiziellen Repräsentation des »Deutschen Evangelischen Kirchenbundes«. Er wurde von zunehmendem Nationalismus geprägt.

Der Kirchentag der Gegenwart wurde am 31.7.1949 in Hannover vom späteren Bundespräsidenten Gustav Heinemann (1899-1976) als »Einrichtung in Permanenz« proklamiert. Sein Gründer und erster Präsident war der aus Pommern stammende Jurist Reinold von Thadden-Trieglaff (1891-1976), der auch in der Ökumenischen Bewegung sehr aktiv war. Er verband mit dem Kirchentag, dem er in Fulda sein ständiges Büro gab, folgende Ziele: Der Kirchentag will die Laien als Schnittstelle zwischen Kirche und Welt und damit als Träger von Mission stärken und zurüsten. Er stellt ein Begegnungsforum für den gesamten deutschen Protestantismus dar und will die weltweite Ökumene erfahrbar machen. Er will das Erbe der »Bekennenden Kirche« für die nachkriegsdeutsche demokratisch-pluralistische Gesellschaft weiterführen. Er versteht sich schließlich als ein Instrument von Kirchenreform.

Von 1949-1961 wird der Kirchentag von der deutsch-deutschen Frage geprägt und stellt sich der Welt, der er Hoffnung und Antwort zu geben versucht, mehr oder weniger geschlossen gegenüber. Seine Berliner Losung »Wir sind doch Brüder« (1951) drückt das Zusammengehörigkeitsgefühl jener Zeit aus, deren Höhepunkt 1954 die Schlußversammlung in Leipzig mit 650.000 Teilnehmenden war. Nach dem Mauerbau 1961 verliert er seine gesamtdeutsche Klammerfunktion.

Unübersehbar mit der Dortmunder Losung »Mit Konflikten leben« (1963) steht nun die pluralistische Gesellschaft der BRD mit ihren Schwierigkeiten im Mittelpunkt. Die Kirchenreform kommt auf die Tagesordnung. Der Veranstaltungsstil des Kirchentages wandelt sich: weniger Vorträge – mehr Diskussion. So wird er zu einem Forum des Protestantismus, der nicht mehr der Welt gegenübersteht, sondern an ihren Problemen teilhat. Seit 1973, seinem zahlenmäßigen Tiefpunkt, wo es in Düsseldorf nur noch 7.500 Dauerteilnehmende gab, hat sich der Kirchentag stark gewandelt, insbesondere durch seine neu eingerichteten Partizipationsmöglichkeiten mit dem »Markt der Möglichkeiten« und anderen kommunikativen Veranstaltungen, in denen Teilnehmende ihr Leben und ihren Glauben darstellen und mitteilen können. Seit Hamburg 1981 wird der Kirchentag zu einem wichtigen Multiplikationsfaktor für die Friedensbewegung in der BRD sowie für den ökumenischen konziliaren Prozeß.

In der DDR entwickeln sich nach 1961 regionale Kirchentage auf verschiedenen Ebenen, die stärker Kongreßcharakter haben. Höhepunkt waren hier die sieben Kirchentage zum 500. Geburtstag Martin Luthers 1983.

Die gesamtdeutsche Funktion des Kirchentags spielt nach der Wiedervereinigung 1990 wieder eine Rolle, auch wenn sie nicht so spektakulär wahrgenommen wird wie in den 50er Jahren. Seit den 80er Jahren liegt die Teilnehmendenzahl bei über 100.000. Gegenwärtig ist wieder ein leichter Rückgang zu verzeichnen. Dennoch wird der Kirchentag auch weiterhin seiner für viele Teilnehmenden wesentlichen Funktion als erlebte und erlebbare Kirche gerecht.

Als eingetragener Verein ist der Kirchentag unabhängig von der Kirche. Seit 1959 findet er in der BRD alle zwei Jahre für fünf Tage

1. Gemeinde

im Juni in wechselnden Messestädten statt. Die biblisch-theologische Arbeit, die gesellschaftlich-politische Verantwortung und das gottesdienstlich-seelsorgerliche Erleben spiegeln sich in der Grobstruktur der Veranstaltungstage wider. Während die Bibelarbeiten bis heute konkurrenzlos die Tage eröffnen, werden die gesellschaftlichen Probleme durch Vorträge und Diskussionsveranstaltungen bis in den frühen Abend hinein erörtert. Die Abende sind kulturellen und liturgischen Veranstaltungen vorbehalten.

Von Beginn an wurde der Kirchentag als »Laienbewegung« beschrieben, der von der klerikal-parochialen Gestalt von Kirche unterschieden ist und auf Freiwilligkeit basiert. Seine Einladung ergeht an »Unbekannt«. Von Anfang an war er als Massenversammlung ebenso geplant wie umstritten. Aber nur als Massenereignis stellt er ein Medienereignis dar und bildet so eine wesentliche öffentliche Erscheinungsform von Kirche im Protestantismus. Den Kirchentag gibt es in dieser Form nur in der für die BRD typischen Volkskirche, weil er das in ihr ungenutzte Potential von Freiwilligen zur Geltung bringt. In den 60er Jahren wird der Kirchentag auch »Forum des Protestantismus« und »evangelische Zeitansage« genannt, was seine protestantische Freiheit zur Geltung bringt und das Kontroversprinzip als Problemlösungsverfahren fördert. Seine Kennzeichnung als evangelische Wallfahrt schließlich bringt seine Erlebnisqualität für die Teilnehmenden zur Geltung. Die Stärke des Kirchentags besteht darin, daß er durch das Erleben Fakten schafft, die die theologische Lehre allenfalls nach-denken läßt. Man darf gespannt sein, was sich in diesem Punkt beim großen ökumenischen Kirchentag 2003 in Berlin tut.

Harald Schroeter-Wittke

Harald Schroeter, Kirchentag als vor-läufige Kirche. Der Kirchentag als eine besondere Gestalt des Christseins zwischen Kirche und Welt, Stuttgart u.a. 1993; *Rüdiger Runge / Margot Käßmann* (Hg.), Kirche in Bewegung. 50 Jahre Deutscher Evangelischer Kirchentag, Gütersloh 1999.

Ökumene

Die verschiedenen Bedeutungen von Ökumene heute lassen sich wie folgt skizzieren:

1. In Deutschland denkt man vor allem an das *Verhältnis von evangelischer und katholischer Kirche*. Hier ist ein bilaterales Verständnis vorherrschend. Durch gemeinsame Gespräche und Aktionen ist man sich nahe gekommen. Seit dem Besuch von Papst Johannes Paul II. in der Bundesrepublik 1980 hat man die im Reformationsjahrhundert ausgesprochenen gegenseitigen Lehrverurteilungen bearbeitet. International führten diese Gespräche dazu, zwischen dem Lutherischen Weltbund und dem vatikanischen Einheitsrat eine Gemeinsame Erklärung zur Rechtfertigung zu erarbeiten. Nach heftigen Auseinandersetzungen konnte am Reformationstag 1999 in Augsburg eine Gemeinsame Feststellung unterzeichnet werden. Das Ringen um Aussagen zum Herzstück reformatorischen Christentums zeigt, daß es der Ökumene nicht um schiedlich-friedliches Miteinander oder faule Kompromisse geht, sondern um den Versuch, so viel Gemeinsames wie möglich zu erarbeiten. Auf internationaler Ebene gibt es viele bilaterale Gespräche.

2. Daneben steht die *multilaterale Ökumene*, die in Deutschland ihren Ausdruck in der Arbeitsgemeinschaft Christlicher Kirchen (ACK) gefunden hat. Sie wurde 1948 von den ev. Landes- und Freikirchen gegründet und 1974 durch den Beitritt der katholischen Kirche und orthodoxer Kirchen wesentlich erweitert. Die ACK-Kirchen bringen durch ihre Zusammenarbeit zum Ausdruck, daß sie sich in der Gemeinschaft der einen Kirche Jesu Christi gegenseitig in die Pflicht genommen wissen, das eine Evangelium vor der Welt zu bezeugen, obwohl es noch erhebliche Unterschiede im Verständnis z.B. von Kirche, Amt, Taufe oder Abendmahl gibt. Auf internationaler Ebene hat sich die multilaterale Ökumene regional als Konferenz Europäischer Kirchen (KEK) und als Ökumenischer Rat der

1. Gemeinde

Kirchen (ÖRK) weltweit organisiert. Die KEK entstand im kalten Krieg, weil man nicht gewillt war, die Christenheit durch den Eisernen Vorhang zerreißen zu lassen. Der ÖRK wurde nach den Wirren des 2. Weltkrieges 1948 in Amsterdam geschaffen.

Die ökumenische Bewegung ist allerdings älter. Ihre drei Quellen sind die Weltmissionskonferenz 1910 in Edinburgh, die »Bewegung für praktisches Christentum« und die »Bewegung für Glauben und Kirchenverfassung«, die 1925 bzw. 1927 zusammenkamen. Deren Anliegen sind im ÖRK integriert, so daß dieser das besondere Instrument der Ökumene ist. Diese hat anfänglich durch die Studenten- und Jugendbewegungen Ende des 19. Jahrhunderts und den Weltgebetstag der Frauen erhebliche Anstöße erfahren.

Zur multilateralen Ökumene gehört auch die »Leuenberger Konkordie«, durch die 1973/1974 die reformatorischen Kirchen Europas Kirchengemeinschaft erklärten und der seit 1994 auch die Evangelisch-methodistische Kirche zugerechnet wird. Auf der Grundlage eines gemeinsamen Verständnisses des Evangeliums und der Sakramente gewähren sich die selbständig bleibenden Kirchen gegenseitig Kanzel- und Abendmahlsgemeinschaft.

Das Wort Ökumene findet auch auf den Bereich einer Zusammenarbeit Anwendung: In der »Kommission für Glauben und Kirchenverfassung« des ÖRK werden strittige theologische Fragen behandelt. Sie ist »größer« als der ÖRK, weil ihr Mitglieder aus Kirchen angehören, die keine Mitgliedschaft im ÖRK unterhalten; so stellt die römisch-katholische Kirche 10% der Kommissionsmitglieder.

3. Daneben gibt es eine »*Gerechtigkeitsökumene*«. Sie behandelt die großen Fragen der Menschheit, wie sie z.B. im konziliaren Prozeß zu »Gerechtigkeit, Frieden und Bewahrung der Schöpfung« (ab 1983) zur Sprache gekommen sind. Neben offiziellen Kirchenvertretern sind kirchliche Gruppen beteiligt, etwa Dritte-Welt-Gruppen, Friedensgruppen, Umweltgruppen. Die Sprache ist nicht diplomatisch, sondern plakativ oder »prophetisch«. Man will die öffentliche Aufmerksamkeit auf sich lenken, um Bewußtseinsveränderungen herbeizuführen. Man kann auch eine »Ökumene der Spiritualität« wahrnehmen. Die Frömmigkeit sucht nach neuen Ausdrucks-

formen, etwa durch Tanz, neue Lieder, neuen Umgang mit der Heiligen Schrift, Gebetstreffen u.ä. Im weiteren Sinn läßt sich die Ev. Allianz dazuzählen, in der es um gemeinsames Beten und Evangelisieren geht. Eine sehr locker organisierte Form der Ökumene ist etwa der »Kreis charismatischer Leiter«. Das Charismatische verbindet zutiefst, die Konfession ist dagegen sekundär.

4. Neben diesen offiziellen und inoffiziellen Gestaltwerdungen der Ökumene verfolgen einzelne Kirchen eigene *ökumenische Ideen*, am ausgeprägtesten die katholische Kirche. Sie hat im Zweiten Vatikanischen Konzil (1962-1965) ihre Prinzipien benannt, so daß sich ein eigener römisch-katholischer »Ökumenismus« von den Texten des Konzils bis zur Enzyklika des Papstes zur Ökumene (»Ut unum sint«) durchhält. Ziel ist die Einheit der einen Kirche unter dem einen Hirten. Diesen päpstlichen Anspruch lehnen alle anderen Kirchen ab.

Die einzelnen Weltbünde wie der Lutherische und der Reformierte Weltbund, der Weltrat Methodistischer Kirchen, der Baptistische Weltbund, die Mennonitische Weltkonferenz oder ähnliche Organisationen der Pfingstler und der Adventisten, aber auch der Orthodoxie sowie der Anglikaner dienen nicht nur den Konfessionsfamilien selbst, sondern leisten für die Ökumene wertvolle Beiträge. Sie sind keine konfessionalistischen Störenfriede, sondern Wegbereiter der Ökumene; denn diese kann nur lebendig bleiben, wenn die Dialogpartner wissen, welches konfessionelle Profil sie vertreten. Die Sekretäre der »Weltweiten Christlichen Gemeinschaften« treffen sich regelmäßig einmal pro Jahr.

Eine Vielzahl von Pfingstkirchen, charismatischen und evangelikalen Kirchen und eine unübersehbare Zahl von unabhängigen Kirchen in Afrika hat bisher wenig Beachtung gefunden, ist aber zahlenmäßig groß und wächst. Sie sind wenig oder gar nicht in ökumenische Netze eingebunden, müßten aber stärker von der ökumenischen Bewegung wahrgenommen werden. Der gegenwärtige Generalsekretär des ÖRK, Konrad Raiser, hat den Vorschlag gemacht, ein »ökumenisches Forum« einzurichten, auf dem sich neben den Mitgliedskirchen des ÖRK auch Nicht-Mitgliedskirchen, wie die

1. Gemeinde

römische Kirche oder auch die vielen Pfingstkirchen, treffen könnten, um gemeinsame Anliegen zu beraten.

Erich Geldbach

Reinhard Frieling, Der Weg des ökumenischen Gedankens. Eine Ökumenekunde, Göttingen 1992; *Konrad Raiser*, Ernstfall des Glaubens. Kirche sein im 21. Jahrhundert (Bensheimer Hefte 90), Göttingen 1999.

2.
Glauben

Rogier van der Weyden (1399/1400-1464): *Columba-Altar*, um 1450-1455, rechter Flügel, Darbringung im Tempel, Eichenholz, 138 x 70 cm; Alte Pinakothek, München.

Der Columba-Altar stellt eine für die Zeit ungewöhnliche Bildzusammenstellung für ein Triptychon dar, wandeln die beiden Flügelbilder doch nicht das weihnachtliche Hauptthema der Magieranbetung ab, sondern stellen mit der Verkündigung (linke Tafel) und der Darbringung Jesu im Tempel (rechte Tafel) eigene Themen vor.

Van der Weydens Altarbild verknüpft auf erstaunliche Weise den niederländischen Realismus Mitte des 15. Jahrhunderts mit der christlichen Heilsverkündigung: so wird die Darbringungsszene in die Seitenkapelle eines Rundbaus mit romanischer Wandgliederung und frühgotischen Strebepfeilern an den Außenseiten verlegt; der Betrachter erblickt durch geöffnete Türen ausschnitthaft gotische Stadtarchitektur. Die kostbaren zeitgenössischen Gewänder der dargestellten Figuren lassen das Ereignis ebenfalls zeit- und ortsnah erscheinen. Mit der Statistenfigur der hocheleganten Kammerzofe, die ihren Körper aus der Reihung der Hauptfiguren herausdreht und sich sozusagen zum Betrachter wendet, ist van der Weyden eine außergewöhnliche Figurengestaltung gelungen.

Vor dem Altar scheinen die Figuren in eine stille Meditation über die Worte des alten Propheten Simeon versunken, der in dem Kind Jesus den Messias erkennt, auf den er glaubend und auf Gott vertrauend gewartet hat: »Herr, nun lässest du deinen Diener im Frieden fahren, wie du gesagt hast; denn meine Augen haben deinen Heiland gesehen.« (Lukas 2, 29 und 30)

Vom historischen Jesus trennt uns der garstige Graben der Geschichte. Und dennoch gibt es christlichen Glauben nicht ohne die Überzeugung, daß dieser Jesus lebt und uns gegenwärtig und zukünftig ist. Er lebt nicht nur im übertragenen Sinn, wie etwa Mozart durch seine Musik unter uns »lebt«. Und er lebt auch nicht im Sinne eines Jenseitsglaubens, der den Toten in der einen oder anderen Weise Unsterblichkeit zuerkennt. Sein neues, ewiges Leben stellt vielmehr die Vorwegnahme des Zieles dar, das aller Schöpfung von ihrem Schöpfer zugedacht ist. Den Gekreuzigten hat Gott auferweckt als »Erstling« der von ihm zu erlösenden Menschen, ja der ganzen Welt.

Nach Ostern haben die Christen die Geschichte Jesu von Nazareth als Teil der Geschichte Gottes selbst beschrieben und gelangten so zur Christologie, der glaubenden Beschreibung Jesu als des eingeborenen Sohnes Gottes, unseres Herrn, wie es im Apostolischen Glaubensbekenntnis heißt. Von solchen Bekenntnissen zu Jesus als dem Christus (griech.: dem Gesalbten, das heißt dem Messias, dem endzeitlichen König Israels und der Welt) ist die Rede, wenn man nicht nur über den historischen Jesus von Nazareth spricht, sondern über Jesus Christus. Sätze über Jesus Christus meinen von daher keine historischen Forschungsergebnisse, sondern geglaubte Geschichte.

So ist insbesondere Jesu Auferstehung kein Ereignis, das mit den Mitteln historisch-kritischer Forschung auszumachen wäre – auch wenn diese sozusagen die Ränder dieses bislang einmaligen Geschehens erkennen kann. Vielmehr sprengt es derlei Erkenntnisdimensionen, weil es im Erkennen seiner Wahrheit um die Erkenntnis Gottes selbst geht. Nach neutestamentlichem Verständnis hat Gott seinen Sohn auferweckt, in dem er selbst Mensch geworden, ja die ganze Welt geschaffen hat. Darum betet die Christenheit Jesus

Christus selbst zusammen mit dem Vater und seinem Geist als dreieinigen Gott an. Im Auferstandenen ist also nicht nur ein Toter spirituell gegenwärtig, sondern der leiblich Auferweckte, in dem der Glaubende Gott selbst begegnet.

Daher spricht Christus nach dem Johannes-Evangelium: »Ich bin der Weg, die Wahrheit und das Leben. Niemand kommt zum Vater denn durch mich« (14, 6). Im Leben, Sterben und Auferstehen Jesu erschließt sich Gott selbst in unüberholbarer Weise. Dem Matthäus-Evangelium zufolge erklärt Jesus: »Alle Dinge sind mir übergeben von meinem Vater; und niemand kennt den Sohn denn nur der Vater; und niemand kennt den Vater denn nur der Sohn und wem es der Sohn will offenbaren« (11, 27). In Jesus Christus zeigt Gott sein menschliches Gesicht, sein inneres Wesen als reine Liebe.

Freilich steht das Bekenntnis zu ihm vor einem schwierigen Problem: Wenn Jesus Christus alle Dinge übergeben sind, wenn er alle Macht im Himmel und auf Erden hat (Matthäus 28, 18), ja wenn alles in ihm besteht (Kolosser 1, 17), warum sieht dann die Welt so gar nicht danach aus? Immerhin ist man sich auch schon im Neuen Testament bewußt: »Jetzt sehen wir noch nicht, daß ihm alles untertan ist« (Hebräer 2, 9). Aber wie ist mit dem Widerspruch umzugehen? Handelt es sich bei den Christusbekenntnissen nur um religiösen Lobpreis, der nüchtern betrachtet keinen Anhalt an der Realität hat?

Die Botschaft von Kreuz und der Auferstehung Jesu enthält selbst einen Hinweis auf die Antwort. Gottes Sohn ist den bitteren Weg in die Welt und damit in den Tod gegangen, weil er sich auf diese Weise heilvoll mit der vergänglichen Schöpfung verbunden hat. Deren Vergänglichkeit charakterisiert ihr Dasein als ein von Gott zunächst klar unterschiedenes. Das Wesen Gottes als Liebe ist auf ein Gegenüber aus, das wirklich anderes ist als er selbst. Als solches anderes kann es nur Nichtgöttliches sein: Darum »ist die Kreatur unterworfen der Vergänglichkeit – ohne ihren Willen, sondern um des willen, wer sie unterworfen hat – auf Hoffnung« (Römer 8, 20). Das Ziel des Weges Gottes mit seiner Schöpfung ist das Geschenk seiner Liebesgemeinschaft mit ihr, ihre Erlösung zu ewigem Leben. Dann wird das andere zwar immer noch anderes sein, aber so, daß darin Gott sein wird »alles in allem« (1. Korinther 15, 28).

Weil Gott diesen schmerzlichen Weg mit seiner Schöpfung um der Liebe willen gehen muß, läßt er sie in ihrer Entfremdung nicht allein, sondern nimmt selbst in seinem Sohn an ihrem Leiden teil. Mit der Auferweckung Jesu Christi signalisiert er, daß das Kreuz zum Ziel der Herrlichkeit führt. Darum bleibt aber auch der Auferstandene als der Gekreuzigte zu glauben und zu erkennen (Johannes 20, 27). Er trägt weiterhin alles Leiden mit – in bleibender Verantwortung als der Schöpfungsmittler von Ewigkeit her. Bis zum Ende der Zeit bejaht er den Entfremdungszustand der Welt, deren universale Erlösung er selbst als der Auferstandene verbürgt. Dem Herrn der Kirche ist also tatsächlich alle Macht im Himmel und auf Erden gegeben, ohne daß er bislang umfassend Gebrauch davon macht. Die Wirklichkeit steht im Zeichen seines Kreuzes und seiner Auferstehung – auf Hoffnung hin.

Er selbst erweist sich in dieser Erkenntnisperspektive als das Geheimnis der Welt. Man hat deshalb im 20. Jahrhundert des öfteren vom »kosmischen Christus« gesprochen. Allerdings ist das in recht unterschiedlichen Bedeutungsvarianten geschehen. In der Theosophie, die diesen Begriff als erste eingeführt und bekanntgemacht hat, ist mit dem »kosmischen Christus« ein überirdisches Wesen gemeint, das mit dem geschichtlichen Jesus nur locker verbunden ist und im Zuge evolutiven Voranschreitens auch in anderen Gestalten der Religionsgeschichte erschienen sein soll. Die aus der Theosophie hervorgegangene Anthroposophie Rudolf Steiners lehnt zwar solch mehrfache Inkarnationen des »Logos« ab, konstruiert jedoch eine okkult interpretierte Jesusfigur, die mit dem neutestamentlich gemeinten Jesus von Nazareth nur noch wenig gemein hat. In den esoterischen Bewegungen des 20. Jahrhunderts hat solch spiritualistisches Reden vom »kosmischen Christus« seine variantenreiche Fortsetzung gefunden.

Demgegenüber hat sich seit Mitte des 20. Jahrhunderts verstärkt ein kirchlicher Theologie verantwortetes Reden vom »kosmischen

Christus« durchgesetzt. Namentlich der katholische Naturwissenschaftler, Theologe und Philosoph Teilhard de Chardin (1881-1955) ist in diesem Zusammenhang zu nennen. Ohne Zweifel gehen die Grundmotive einer »kosmischen Christologie« aufs Neue Testament zurück, insbesondere auf Johannes 1 und Kolosser 1. Der Begriff selbst aber ist unter Umständen mißverständlich und bedarf allemal einer eindeutigen Auslegung und Näherbestimmung. Die theologische Diskussion in dieser Hinsicht hält an.

Als Geheimnis der Welt ist Jesus Christus auch deren Zukunft; es gibt den christlichen Glauben nicht ohne die Hoffnung auf die künftige Offenbarung des gegenwärtig Geglaubten. Zugleich ist Jesus Christus damit das Geheimnis eines jeden menschlichen Selbst. Kann niemand sich selbst erkennen, ohne einen Begriff von Gott und der Welt zu haben, so vermittelt die Erkenntnis Gottes und der Welt im kosmisch relevanten Christus wahre Selbsterkenntnis. Nicht nur die Entfremdung von Gott durch Leiden und Vergänglichkeit, sondern auch die durch Sünde und Schuld ist durch die Identifikation des Gekreuzigten mit unserem Dasein aufgehoben. Darum darf die Gegenwart Christi immer neu suchen, wer im Glauben an ihn steht. Selbst Unglauben oder Kleinglauben hindern nicht den Rückweg zu ihm, dessen Weg zu uns gezeigt hat, daß seine Liebe keine Grenzen kennt.

Werner Thiede

Jürgen Moltmann, Wer ist Christus für uns heute? Gütersloh 1994; *Karl-Heinrich Bieritz*, Grundwissen Theologie: Jesus Christus, Gütersloh 1997.

Heiliger Geist

Daß sich nichts Gewisses über den Heiligen Geist und sein Wirken sagen lasse, ist eine verbreitete Meinung in vielen Kirchen, vor allem in der westlichen Welt. Sie beruft sich gern auf Johannes 3, 8: »Der Wind weht, wo er will, und du hörst sein Brausen, weißt aber nicht, woher er kommt und wohin er geht. So ist jeder, der aus dem Geist geboren ist.« Der Geist und die aus dem Geist Geborenen sind – wie der Wind – nicht zu fassen. Dem scheint zu entsprechen, daß in der Bibel das Wort für Geist (*ruach* im Alten Testament und *pneuma* im Neuen Testament) auch den Wind bezeichnen kann. Doch aus der Tatsache, daß wir den Geist nicht beherrschen und bestimmen können, folgt nicht, daß wir über ihn nicht reden können. »Trachtet nach der Erkenntnis Gottes!«, das gilt auch für den Heiligen Geist. Und viele lebendige und stark wachsende Kirchen, vor allem in Asien, Afrika und Lateinamerika, konzentrieren sich in ihrer Frömmigkeit gerade auf Gottes Geist und sein Wirken. Was bekennen wir, wenn wir unseren Glauben an den Heiligen Geist, die dritte Person des dreieinigen Gottes, bezeugen?

Wir können den Geist – wie den Wind – an seinen Wirkungen erkennen. Zu den wichtigsten der mehr als 300 Bibelstellen, die in klarer und bestimmter Weise über den Heiligen Geist sprechen, gehören die über die Ausgießung des Heiligen Geistes (Joel 3) und die Pfingstgeschichte (Apostelgeschichte 2). So wie der Regen ein Gebiet erfrischt und das Leben darin erneuert, so erneuert der »ausgegossene« Geist Gottes die Lebensverhältnisse der Menschen. Sie werden in lebendige neue Beziehungen gebracht – zu Gott und zueinander. In dieser neuen Gemeinschaft der Heiligen, durch den Heiligen Geist konstituiert, kommt es nach der Joel-Verheißung zur (für alttestamentliche Vorstellungen sensationellen) Gleichstellung von Frauen und Männern, von alten und jungen Menschen und von sogenannten freien Menschen und Knechten und Mägden (Sklavinnen und Sklaven). Damit kann nicht länger die Gruppe von Menschen, die sowieso das Sagen hat, das Gottesverständnis der anderen festlegen und den Glauben definieren. Miteinander und füreinander erschließen die verschiedenen Menschengruppen Gotteserkenntnis und die Erkenntnis von Gottes Willen.

Die Pfingstgeschichte nötigt noch stärker als das Geschehen in Joel 3 zu erkennen, daß Unterschiede der Menschen, die vom Geist überkommen sind, bewahrt werden. Die Aufzählung der vielen Völker soll die ganze Welt repräsentieren. Diese Menschen leben noch immer in der Babylonischen Zerstreuung; sie verstehen einander nicht. Doch durch die Ausgießung des Geistes entsteht eine neue Gemeinsamkeit, da nun alle »die großen Taten Gottes« verstehen können. Die kulturellen, nationalen und sprachlichen Verschiedenheiten der Menschen bleiben dabei erhalten. Das Wunder der Geistausgießung liegt in dem gemeinsamen Verstehen inmitten sprachlicher, kultureller und sozialer Verschiedenheit. Ohne die verschiedenen Sprachen, ohne die Zugehörigkeit zu den verschiedenen Kulturen und geschichtlichen Prägungen aufzuheben, wird eine differenzierte universale Gemeinschaft gestiftet. Der Geist Gottes wirkt also nicht nur durch ein Volk, nicht nur durch eine Kultur oder nur durch die Herrschenden oder nur durch die Unterdrückten.

Wie aber verhält sich diese Erkenntnis, daß eine differenzierte Gemeinschaft erbaut wird, zu den vielen Aussagen über die Einheit des Geistes bzw. die vom Geist gestiftete Einheit der Glaubenden? Der Heilige Geist stiftet eine Gemeinschaft, in der Glaube, Liebe und Hoffnung lebendig sind. Er stiftet eine Gemeinschaft, in der Gerechtigkeit, Schutz der Schwachen und Gottes- und Wahrheitserkenntnis immer neu gesucht werden. Unter dem Wirken des Heiligen Geistes werden die Suche nach Gott und die Liebe zu Gott konkret. Der Geist Gottes wirkt ungerechten Differenzen beharrlich entgegen. Er transformiert und relativiert natürliche und kulturelle Differenzen, die mit Ungerechtigkeit, Lieblosigkeit und Hoffnungslosigkeit einhergehen. Das heißt aber nicht, daß der Heilige Geist Differenzen einfach beseitigt. Die Einheit des Geistes ist vielmehr die Einheit und das Zusammenspiel der verschiedenen Gaben des Geistes. Ganz entsprechend ist die durch den Geist gewirkte Einheit des Leibes Christi eine Einheit der verschiedenen Glieder (1. Korinther 12, 13ff.). Wohl ist der gesamte Leib Christi auf seinen Herrn, auf das »Haupt« Jesus Christus selbst, hingeordnet. Aber in sich ist er nicht monohierarchisch, sondern pluralistisch verfaßt.

Warum hat die Einheit des Geistes eine so komplizierte Form? Im Apostolischen Glaubensbekenntnis heißt es: »Ich glaube an den Heiligen Geist, ... die Gemeinschaft der Heiligen, die Vergebung der Sünden ...« Unter der »Vergebung der Sünden« stellen sich viele Menschen heute die Vergebung einer Schuld vor. Die biblischen Überlieferungen erkennen dagegen, daß die Sünde zwar durchaus etwas mit Schuld zu tun hat, daß sie zugleich aber mehr ist als bloße Schuld. Die Sünde ist eine Macht, die die Menschen versklavt, der sich die Menschen nicht entziehen können, die sie nach Gottes Gerechtigkeit suchen, fragen und schreien läßt.

Schon die frühesten Berichte von der befreienden Kraft des Geistes im Alten Testament sprechen von einer Gemeinschaft, die sich in aussichtsloser Lage befindet, nachdem sie sich von Gott abgewendet hat. Doch Gottes Geist kommt herab und wendet durch einen vom Geist ergriffenen Menschen das Geschick. Durch Gottes Hilfe werden die Menschen gerettet und bewahrt. Die Sünden werden ihnen vergeben. Es kommt zur Aufrichtung des Lebens, das dem Tode nahe, ja ihm ausgeliefert schien. In allergrößter Dramatik wird die zerstörerische Macht der Sünde am Kreuz Christi offenbar. Das Kreuz offenbart, daß die menschliche Sünde mit individueller »Selbstbezogenheit« und mit »Selbstruhm« nur teilweise erfaßt wird. Jesus Christus wird im Namen der Religion, im Namen von jüdischem und römischem Recht, im Namen der herrschenden Politik und der aktuellen öffentlichen Meinung gekreuzigt. Am Kreuz wird der Triumph der Mächte der Welt offenbar, die Gottes gutes Gesetz und analoge Normen in Dienst nehmen, um sich gegen Gottes Gegenwart zu wenden und dies auch noch zu verschleiern. Am Kreuz wird offenbar, daß das gute Gesetz unter der Macht der Sünde völlig mißbraucht und verzerrt werden kann. Die Menschen distanzieren sich individuell und gemeinsam von Gottes Gegenwart. Dabei verbreiten sie noch den Schein von Gerechtigkeit, Gottwohlgefälligkeit, politischer Notwendigkeit und öffentlichem Konsens.

In dieser Situation der allgemeinen Verblendung ist die Ausgießung des Geistes eine heilsame Notwendigkeit. Unsere religiösen, politischen, rechtlichen und moralischen Errungenschaften werden in Frage gestellt. Unsere Selbstgerechtigkeit wird aufgedeckt, um uns für die vollkommenere Gerechtigkeit, für die größere Barmherzigkeit, für die klarere Erkenntnis Gottes und der Wahrheit zu öffnen. Durch den Heiligen Geist arbeitet Gott an uns. Durch den Geist nimmt Gott uns in Dienst, uns und anderen Menschen zugute.

Doch der Geist Gottes ist nicht nur ein Geist der Rettung und Befreiung. Der schöpferische Geist Gottes rettet uns, indem Gott uns erhebt. Durch den Geist werden Menschen nicht nur immer wieder neu aus Not und Verstrickung herausgeführt. Durch den Geist werden sie in ein neues Leben hineingenommen. Sie erhalten Anteil am Leben des auferstandenen Christus. Sie werden gewürdigt, Glieder seines Leibes zu sein, »lebendige Bausteine des Tempels Gottes«. Sie werden zu Gliedern der »neuen Schöpfung«. Durch den Heiligen Geist werden Menschen zu Trägerinnen und Trägern der Gegenwart Gottes. Durch die befreiende Kraft des Geistes wird den Menschen nicht nur ihre Situation unter der Macht der Sünde offenbart. Sie werden auch von dieser Macht befreit, indem ihnen eine ungeheure Würde geschenkt wird. Ihnen wird die Gemeinschaft mit Christus und die Teilgabe und Teilhabe an seinen Lebenskräften zugesprochen. Sie werden beteiligt an der segensreichen und siegreichen Überwindung des Widerstands gegen Gottes Gegenwart und an der damit verbundenen festlichen und friedevollen Gemeinschaft miteinander.

Michael Welker

Michael Welker, Gottes Geist. Theologie des Heiligen Geistes, Neukirchen-Vluyn ²1993; *Jürgen Moltmann*, Die Quelle des Lebens. Der Heilige Geist und die Theologie des Lebens, Gütersloh 1997.

Du: so läßt sich das Wort »Gott« an vielen Stellen der Bibel wiedergeben. Denn hier rufen Menschen den an, der ihnen mit seinem Ich begegnet, der ihnen entgegengekommen oder entgegengetreten ist. Daraufhin sprechen sie ihn an. Ihnen ist hinreichend deutlich, mit wem sie es zu tun haben: Er hört auf sie, er erhört sie, wenn auch oft auf andere Weise als erwartet. Er überrascht sie mit seinem Handeln, er kann ihnen aber auch sehr fern rücken und dann wieder unvermutet nahetreten, manchmal für ihr Empfinden allzu nahe. Wer ihn mit »Du« anspricht, wird auch anders »ich« sagen – jedenfalls nicht sein Ich so groß schreiben, als wäre es der Mittelpunkt der Welt. Die *Anrede Gottes* im Gebet ist der entscheidende Zugang zu allem *Reden von Gott*, und sie gibt die Richtung dieses Redens an. Sie umfaßt alles, was Menschen zu Gott sagen, was sie ihm anvertrauen und was sie von ihm erzählen können. Sie setzen sich dem lebendigen Gott aus.

»Ich bin da«: so übersetzt der jüdische Gelehrte Martin Buber das Gotteswort aus dem brennenden Dornbusch an Mose (2. Mose 3, 14). Der hatte nach dem *Namen* des »Gottes der Väter« gefragt, des Gottes, der Abraham aus seiner Heimat in die Fremde rief, dessen Verheißung auf Isaak überging und von Jakob errungen wurde. Doch diese Erinnerung reichte Mose wohl nicht mehr aus, wenn er seinem versklavten Volk in Ägypten glaubhaft sagen sollte, wer seine Rettung herbeiführen werde. Die Antwort Gottes bleibt seltsam dunkel. Einen Namen, mit dem man diesen Gott beschwören könnte, sooft er gebraucht wird, verrät sie sicherlich nicht. Gott ist da, wo und wie er will, unvermutet und überwältigend, er bleibt aber verborgen. Die Antwort auf die Frage nach dem Gottesnamen ist eine *Zusage*, das Versprechen der Gegenwart und Zukunft dessen, der hier *»Ich«* sagt. Sein Name läßt gleichsam einen Freiraum offen, den Menschen nicht ausfüllen, auch wenn sie das Wort »Gott« in

den Mund nehmen. Deshalb hat das jüdische Volk es sich verboten sein lassen, den Gottesnamen, der damals am Dornbusch umrissen, aber nicht preisgegeben wurde, überhaupt auszusprechen. Dies achtet auch Buber in seiner Bibelübersetzung: *Du* schreibt er in der Anrede, *Er*, wenn von Gott die Rede ist. Damit wird jedes Mal angedeutet, daß hier die Person gegenwärtig ist, die so unvergleichlich sagt: »Ich bin da«. Über dieses Ich kann kein Mensch hinwegreden.

In anderen Religionen gab es – und gibt es auch noch heute – handfeste Götter. Wer sie verehrte und sie sich ihnen geneigt machen wollte, hatte deutliche Ansichten darüber, wozu Götter da waren und warum er ihnen vertrauen konnte, inwiefern er von ihnen abhängig war und was er sich von ihnen versprechen durfte. Sie hatten auch verschiedene Aufgaben, darum reichte ein einziger Gott nicht aus. »Gott« war oft auch eine Bezeichnung für herausragende Gestalten oder für ausgezeichnete Orte, wo Himmel und Erde sich gleichsam berühren. Und dann gab und gibt es auch Gottesvorstellungen, die Menschen sich bilden: gestützt auf grundstürzende oder himmelstürmende Erlebnisse, oder mit der Frage, welche Urkraft hinter allem Weltgeschehen waltet und wie das höchste Wesen beschaffen ist, das Menschen sich denken können.

Auf solches Reden von Gott hat das jüdische Gottesvolk immer sehr empfindlich geantwortet. Ihm war ja eingeschärft worden: »Ich bin der Herr, dein Gott!« (1. Gebot). Der Ton liegt auf dem »Herr«-Sein, dem Gottsein Gottes, das jede andere Göttlichkeit ausschließt: »Du sollst keine anderen Götter neben mir haben!« Nur so ist das Gebot zugleich eine Zusage der Gnade und Treue: »*dein* Gott«, eine Zusage, die jeden Anspruch an Gott und auf ihn verbietet. Sie hält jedes Reden von Gott offen für die Anrede Gottes.

Wer Gott erwartet, wirklich ihn in aller seiner Treue und Freiheit, der weiß auch zu sagen, *wer Gott ist*. Gewiß nicht in Form einer möglichst vollständigen Beschreibung wie in einem Gutachten oder gar in einem Steckbrief. In der Bibel wird von Gott vorzugsweise *erzählt*: in Geschichten mit Gott, die zeigen, wie Gott sich erwiesen hat, und die zugleich umreißen, was er weiter zu tun verheißt. Gott hat sein

Volk errettet und ihm eine Heimat versprochen. Wenn sich dieses Volk oder einzelne von ihm verlaufen haben, sucht er sie heim, um sie wieder zu sich zu rufen. Er ist treu, barmherzig, voll überströmender Güte und zugleich die Gerechtigkeit selbst, gerade in seiner Liebe. Als Zorn wendet sich diese Liebe unnachgiebig gegen die Sünde. Gott kann sogar reuen, was er getan hat (1. Mose 6, 6; Jeremia 18, 8-10; Amos 7, 3 und 6), etwa wenn sich gegen seinen Willen unerhörter Widerstand erhob. Gerade in seiner Antwort zeigt er jedoch, daß er zutiefst verläßlich ist, nicht Stimmungen unterworfen. Er tötet und macht lebendig. Niemand kann ihm entrinnen oder sich vor ihm verstecken: er ist immer schon da, bevor Menschen an den Ort gelangen, wo sie sich bergen möchten (Psalm 139). Wenn er richtet, dann rettet er zugleich – und mit seiner Rettung bringt er zurecht, doch dies kann menschliche Wünsche durchkreuzen. Wenn er heilt, ist dies oft schmerzhaft. Wie ein Vater sorgt er, auch vorausschauend auf das, was nottut, er läßt aber auch Freiheit. Wie eine Mutter bietet er Schutz, er tröstet und umfängt (Jesaja 66, 13).

Wer Gott ist: das läßt sich also nicht auf eine Reihe bringen. Was von ihm erzählt wird, erscheint oft widersprüchlich, unverständlich, verwirrend. Es kann verstören, und dann kommt es darauf an zu wissen, daß Gott angerufen werden will. Angesprochen werden will er auch mit der Bitte, er möge sich doch als Gott erweisen und zeigen, wer er wirklich ist – nicht als Wunschbild, als Ideal allzu menschlicher Sehnsüchte, oder auch zusammengesetzt aus allem, was wir mit äußerster Mühe zusammendenken können. Was Gott zugeschrieben worden ist, hängt oft von solchen Denk-Anstrengungen ab. Dann wird Gott zum Beispiel »der Allmächtige« genannt, wenn es undenkbar erscheint, daß irgendetwas von seiner Macht ausgeschlossen sein könnte. Deshalb müßte aber auch alles Leid und Unrecht auf ihn oder seine Untätigkeit zurückgeführt werden. Wie schwer fällt es dann, sich noch an das Versprechen seiner Güte und Treue zu halten! Oder Gott wird »allwissend« und »allgegenwärtig« genannt. Wer sich damit beschäftigt, gerät unwillkürlich ins Weiterfragen und Weiterdenken und kann sich darin versteigen – und damit von Gott mehr und mehr entfernen. Was wir von Gott zu sagen wissen, sollte jedoch helfen, auf Gottes Kommen vorzubereiten und zu ihm zu führen.

Dies alles haben Christinnen und Christen von Jesus Christus gelernt, der wahrhaft zu sagen wußte, wer Gott ist, weil er ganz und gar in Gottes Willen einwilligte, bis hin zu Leiden und Tod. Vor allem hat er gelehrt, Gott als »Unser Vater« anzurufen und in diesem Gebet recht von Gott zu reden. Wie sein Volk hat er vom »Gott der Väter« gesprochen und ihn als »Gott der Lebendigen« umschrieben (Matthäus 22, 32): Wem er sich zugesagt hat, wen er berufen und gerettet hat, wird leben. Die christliche Gemeinde hat dann weiter gelernt, von Gott zu sprechen als dem, »der Jesus Christus von den Toten auferweckt hat« (Apostelgeschichte 2, 24 und öfter), ja von »Gott in Christus«, der die Welt mit Gott versöhnte (2. Korinther 5, 19). Der heilige Geist vertritt Gott in uns und uns vor Gott (Römer 8, 26). »Vater, Sohn und Geist« sind Gott in seiner ganzen Fülle. Auf diesen vollen Namen Gottes sind Christinnen und Christen getauft (Matthäus 28, 19). Darum wissen sie, an wen sie sich in Klage, Bitte und Dank wenden dürfen. Das geschieht über menschliche Vorstellungen von Oben und Unten, Innen und Außen, Vorher und Nachher hinaus – so, wie es in einem alten irischen Segensspruch umrissen ist: »Der gütige Gott sei vor dir, um dir den rechten Weg zu zeigen. Er sei neben dir, um dich in die Arme zu schließen und dich zu schützen. Er sei hinter dir, um dich zu bewahren vor aller Heimtücke. Er sei unter dir, um dich aufzufangen, wenn du fällst. Er sei in dir, um dich zu trösten, wenn du traurig bist. Er sei um dich herum, um dich zu verteidigen, wenn andere über dich herfallen. Er sei über dir, um dich zu segnen. So segne dich der gütige Gott heute, morgen und immer.«

Gerhard Sauter

Anton W. J. Houtepen, Gott – eine offene Frage. Gott denken in einer Zeit der Gottvergessenheit, Gütersloh 1999; *Ulrich H.J. Körtner*, Der verborgene Gott. Zur Gottesfrage, Neukirchen-Vluyn 2000.

Schöpfung

Der Beter kann sprechen: »Ich danke dir, daß ich so wunderbar bereitet bin.« (Psalm 139, 14; vgl. Jeremia 1, 5) Das Bekenntnis fügt dem Wissen um die eigene Entstehung nicht eine Einzelheit hinzu, läßt vielmehr das Leben insgesamt in anderem Licht oder vor anderem Horizont erscheinen: »Von Mutterleib an bist du mein Gott« (Psalm 22, 10f.). So enthält der Glaube an den Schöpfer – über ein Wissen hinaus – zugleich Vertrauen: »Meine Hilfe kommt von dem Herrn, der Himmel und Erde gemacht hat« (Psalm 121).

Das Leben ist dem Menschen vor-gegeben; der Glaubende versteht es als »gegeben« – so die Sinne: Gott hat »das Ohr gepflanzt, das Auge gebildet« (Psalm 94, 9; Sprüche 20, 12). Der Mensch verdankt sich nicht sich selbst; seine Lebenszeit ist ihm gewährte Zeit, und er weiß um die Vergänglichkeit (Hiob 14). Die Weitergabe des Lebens ist Segen.

Als Geschöpf ist der Mensch in die Schöpfung einbezogen, gehört zur Kreatur und ist als Geschöpf nicht allein. Für den Glaubenden sind andere, ja alle Menschen, selbst wenn sie sich anders sehen, in derselben Weise Gottes Geschöpfe und Gottes Ebenbild. Hier ist niemand ausgeschlossen. So deckt biblisches Reden von der Schöpfung Gemeinsamkeiten auf – innerhalb der Menschheit (unabhängig von Geschlecht, Volkszugehörigkeit, sozialer Stellung oder Alter), darüber hinaus mit den Lebewesen, den »Mitgeschöpfen«, den Pflanzen und dem Kosmos (Psalm 104). Schöpfung und Erhaltung gehören zusammen (1. Mose 8, 21f.); die Schöpfungswerke können sogar Gottes Tun verkünden: »Die Himmel erzählen die Ehre Gottes« (Psalm 19, 2).

Die Bibel versteht den Menschen als Wesen, das sich ausstreckt, auf etwas aus ist (Psalm 42); das Verlangen und Hoffen richtet sich auch auf den Schöpfer: Aller Augen »warten auf dich, und du gibst ihnen Speise« (Psalm 104, 27; 145, 15; Römer 8, 19ff.).

2. Glauben

Gehört der Mensch nicht zur »Natur« und steht ihr zugleich – mit einem Stück Abstand – gegenüber? Als Geschöpf wird er bei aller tiefen Verbundenheit mit der Schöpfung von den Geschöpfen unterschieden.

Die Bergpredigt (Matthäus 6, 26 und 30) fragt im Vergleich mit Mitgeschöpfen, den Vögeln des Himmels wie dem Gras des Feldes: »Seid ihr nicht mehr wert als sie?« Der Ort des Menschen innerhalb der Schöpfung wird bestimmt zwischen Schöpfer und Schöpfung (Psalm 8); schon die Frage zeigt die Besonderheit: »Was ist der Mensch, daß du seiner gedenkst?«

Der Mensch erhält die Aufgabe zu bewahren, zu bebauen (1. Mose 2, 15), zu »benennen«, Namen zu geben (2, 19) und mit dem ihm zugesprochenen Würdetitel »Bild Gottes« – in Gottes Schöpfung – zu »herrschen« (1, 26ff.). Durch den Feier- oder Ruhetag wird er zeichenhaft der Begrenzung eigenen Handelns inne, kann sie so anerkennen.

»Schöpfung« ist – als »Werk deiner Hände« (Psalm 8) – nicht schlicht dasselbe wie »Natur« oder »Umwelt«. Gottes Urteil »alles sehr gut« (1. Mose 1, 31) paßt nicht – zumindest nicht ohne weiteres – zu unserer Welt; die Bibel spricht von einem Bruch (1. Mose 3-4; 6; 9) – mit Gewalt, Leid, Furcht und Schrecken. Wir erfahren Gottes gute Schöpfung in der gegebenen Wirklichkeit nur gebrochen.

Die Vorstellungen von der Schöpfung sind schon in der Bibel vielfältig; unterschiedliche Schöpfungserzählungen (1. Mose 1 und 2) oder Redeweisen stehen nebeneinander; das »Wie« ist nicht entscheidend. Hervorgehoben ist Gottes Wort, das die Dinge ins Leben ruft: »Wenn er spricht, so geschieht's; wenn er gebietet, so steht's da.« (Psalm 33, 9; 1. Mose 1; Römer 4, 17)

Dem Menschen ist aufgegeben, sein Leben menschlich zu führen. Er hat Freiheit zur Gestaltung, aber auch Verantwortung. Die Einsicht, daß im anderen – bei allen Unterschieden (Sprüche 22, 2) – der Schöpfer begegnet, hat ethische Folgerungen: »Wer den Geringen bedrückt, schmäht dessen Schöpfer.« (Sprüche 14, 31; 17, 5 u.a.) »Der Gerechte hat Verständnis für die Seele (das Verlangen) seines Viehs.« (Sprüche 12, 10)

So behält biblisches Zeugnis einen ernsten Hintergrund; es kann ausdrücklich die Erschaffung von Nachteiligem oder Behinderungen in Gottes Werk einbeziehen: »Wer hat dem Menschen den Mund gemacht, oder wer macht ihn stumm oder taub oder sehend oder blind?« (2. Mose 4, 11; vgl. Hiob 1, 21; 2, 10 u.a.) Gott kann seinen Leben gebenden »Geist« entziehen (Psalm 104, 29f. u.a.).

Aussagen über Gott als Schöpfer, die Welt als Schöpfung und den Menschen als Geschöpf mit seiner besonderen Würde eröffnen das Alte Testament; der Glaube an den Schöpfer ist ein Haupterbe an die Christenheit. Das Neue Testament sagt, indem es das Bekenntnis zum Schöpfer übernimmt, aus, daß derselbe Gott wirkt: »Der Himmel und Erde gemacht hat« (Psalm 121, 2; 146, 6; Jona 1, 9; aufgenommen Apostelgeschichte 4, 24; 14, 15; 17, 24; vgl. 1. Thessalonicher 1, 9; Römer 1, 25 u.a.). Zugleich bezeugt es Christus als Schöpfungsmittler (Johannes 1; Kolosser 1, 15 u.a.). »Ist jemand in Christus, so ist er eine neue Kreatur« (2. Korinther 5, 17), »nach Gott geschaffen« (Epheser 4, 22-24).

Schöpfung ist offen für Veränderungen, ja kann sich auf Zukunft, auf Neu-Schöpfung ausrichten: »Siehe, ich schaffe Neues« (Jesaja 43, 18f.), »einen neuen Himmel und eine neue Erde« (65, 17; 2. Petrus 3, 13; Apokalypse 21, 1). Diese Hoffnung reicht bis in die persönliche Bitte (Psalm 51, 12): »Schaffe mir, Gott, ein reines Herz!«

So umgreift »Schöpfung« Vergangenheit, Gegenwart und Zukunft, damit Geworden-Sein, Da-Sein und Neu-Werden. Gott ist – nach biblischem Zeugnis – als geheimnisvoller »Ursprung« des Seins und »Quelle« des Lebens zugleich tragender, verläßlicher Grund und Ziel. Ist dies nicht gerade das Besondere und der Anstoß des Glaubens an den Schöpfer, daß der »Ursprung« auch der anrufbare Vater und Erlöser ist?

Werner H. Schmidt

Christin Link, Schöpfung I-II, Gütersloh 1991; *Jürgen Moltmann*, Gott in der Schöpfung. Ökologische Schöpfungslehre, München [4]1993.

Glaubensbekenntnis

Glaubensbekenntnisse sind knappe Zusammenstellungen zentraler Punkte der christlichen Religion, die von einer großen Mehrheit innerhalb des Christentums anerkannt werden. Damit markieren sie auch Unterschiede zu anderen Religionen sowie zu Sondermeinungen innerhalb des Christentums. Sie werden häufig im Gottesdienst gesprochen oder gesungen.

In den meisten evangelischen Gottesdiensten in Deutschland wird am Sonntag das sogenannte »Apostolische Glaubensbekenntnis« oder auch »Apostolikum« gesprochen. Konfirmandinnen und Konfirmanden müssen es auswendig lernen. Früher glaubte man, daß dieses Bekenntnis von den Aposteln verfaßt worden sei. Die kirchengeschichtliche Forschung hat aber gezeigt, daß es auf ein älteres römisches Bekenntnis zurückgeht, das nicht vor dem 4. Jahrhundert entstanden sein dürfte. Seine heutige Form hat es wohl erst im 7. Jahrhundert erhalten:

> Ich glaube an Gott, den Vater, den Allmächtigen,
> den Schöpfer des Himmels und der Erde.
> Ich glaube an Jesus Christus,
> seinen eingeborenen Sohn, unseren Herrn:
> empfangen durch den Heiligen Geist,
> geboren von der Jungfrau Maria,
> gelitten unter Pontius Pilatus,
> gekreuzigt, gestorben und begraben;
> hinabgestiegen in das Reich des Todes,
> am dritten Tag auferstanden von den Toten,
> aufgefahren in den Himmel,
> er sitzt zur Rechten Gottes, des allmächtigen Vaters.
> Von dort wird er kommen
> zu richten die Lebenden und die Toten.

Ich glaube an den Heiligen Geist,
die heilige, allgemeine, christliche Kirche,
Gemeinschaft der Heiligen,
Vergebung der Sünden,
Auferstehung der Toten
und das ewige Leben. Amen.

Das Apostolikum ist ein schlichtes Bekenntnis. Es ist in drei so-
genannte Artikel geteilt. Zunächst wird der Glaube an Gott den
Vater bekannt, der Himmel und Erde geschaffen hat. Sodann wird
Jesus Christus, der Sohn Gottes, genannt. Wichtige Daten seiner
Lebensgeschichte werden aufgezählt (Jungfrauengeburt, Kreuzigung, Fahrt in das Reich des Todes, Auferstehung, Himmelfahrt).
Für das Ende der Welt wird seine Wiederkehr verheißen, um die
Menschen zu richten. Der Glaube an den Heiligen Geist ist Thema
des dritten Artikels. Er wird verbunden mit einer Reihe von Glau-
bensaussagen, die sich auf die Kirche, die Sündenvergebung und auf
das Weltende beziehen.

Das Apostolikum ist vor allem in der römisch-katholischen und
den evangelischen Kirchen geschätzt. In den orthodoxen Kirchen
hat es sich hingegen nicht durchgesetzt.

An hohen Feiertagen wird manchmal auch noch das Glaubensbekenntnis von Nizäa-Konstantinopel rezitiert, das häufig auch als
»Nizänisches Glaubensbekenntnis« (oder »Nizänum«) bezeichnet
wird. Es geht in seinen Ursprüngen auf das 1. Ökumenische Konzil
zurück:

Im Jahre 325 versammelten sich zahlreiche Bischöfe und Theologen in Nizäa in Kleinasien (heute: Iznik/Türkei), um verschiedene
Streitpunkte zu beraten, die in erster Linie die Frage betrafen, wie
man das Verhältnis zwischen Gottvater und seinem Sohn Jesus
Christus zu denken habe. Das Ergebnis war ein Glaubensbekenntnis, das aber verwirrenderweise nicht mit dem oben genannten
identisch ist. Mit dem Konzil von Nizäa war nämlich die theologische Diskussion noch nicht zum Abschluß gekommen. Dies gelang
erst auf dem 2. Ökumenischen Konzil von Konstantinopel 381, wo

der Glaube von Nizäa noch einmal in einem neuen Text formuliert wurde, um alle Mißverständnisse auszuschließen.

Es ist dieses Bekenntnis von Nizäa-Konstantinopel, das sich im Gesangbuch findet. Es ist viel länger als das Apostolikum und auch viel stärker den theologischen Debatten der damaligen Zeit verhaftet. Das Verhältnis zwischen Gottvater und seinem Sohn Jesus Christus wird präziser bestimmt (»eines Wesens mit dem Vater«). Es wird bekannt, daß Christus vor seiner Menschwerdung an der Schöpfung der Welt mitwirkte. Nicht zuletzt ist auch der dritte Artikel wesentlich ausführlicher: Der Heilige Geist ist die Kraft Gottes, die uns lebendig macht. Er geht vom Vater und dem Sohn aus und darf daher auch Adressat (»Ansprechpartner«) unseres Gebets sein. Und er hat bereits vor dem Kommen Christi im Alten Testament durch die Propheten gewirkt. Die Vorstellung, der Geist gehe vom Vater »und dem Sohn« aus, findet sich nur in abendländischen Fassungen dieses Glaubensbekenntnisses seit dem Mittelalter. Im ursprünglichen Text, der noch heute in den orthodoxen Kirchen gebetet wird, fand sich der Zusatz »und dem Sohn« noch nicht. Man sollte ihn darum eher weglassen. Das Glaubensbekenntnis von Nizäa-Konstantinopel ist heute in der Christenheit am weitesten verbreitet.

Weniger bekannt ist ein dem Kirchenvater Athanasius († 373) zugeschriebenes lateinisches Glaubensbekenntnis (»Athanasianum«), das man nach seinem ersten Wort auch »Quicumque« nennt. Es behandelt die Lehre von der Dreifaltigkeit und von Jesus Christus. Im Mittelalter wurde es mit den beiden anderen Glaubensbekenntnissen zusammengestellt und so von den Reformatoren als maßgeblich anerkannt. Es spielt heute im Leben der Kirche praktisch keine Rolle mehr.

Neben den drei altkirchlichen Glaubensbekenntnissen gibt es zahlreiche Bekenntnisse aus späterer Zeit. Bisweilen kann man streiten, ob es sich überhaupt über Bekenntnisse im engeren Sinne handelt.

Dies gilt etwa für das Augsburger Bekenntnis (*Confessio Augustana*), das Philipp Melanchthon (1497-1560), der berühmte Reformator und Mitarbeiter Martin Luthers, für den Reichstag in Augsburg 1530 verfaßt hat. Im ersten Teil (Artikel 1-21) wird die christliche Lehre aus evangelischer Sicht entfaltet. Im zweiten Teil (Artikel 22-28) werden bestimmte Mißbräuche im kirchlichen Leben gerügt. Es ist die wichtigste Bekenntnisschrift der lutherischen Kirchen.

Ein bedeutendes Bekenntnis aus dem 20. Jahrhundert ist die »Theologische Erklärung der Bekenntnissynode von Barmen« (29.-31. Mai 1934). Darin widersetzte sich die evangelische »Bekennende Kirche«, die sich angesichts der nationalsozialistischen Übergriffe auf die Kirche formiert hatte, der Herrschaft des Staates über die Kirche und dem Versuch der ideologischen Unterwanderung. Sie betonte nachdrücklich, daß Quelle ihrer Verkündigung allein das Wort Gottes in Jesus Christus sei, wie es in der Heiligen Schrift bezeugt ist.

Neben diesen Bekenntnissen gibt es in der Christenheit eine Vielzahl weiterer Bekenntnisse und Lehrschriften, die meist für die Identität und Eigenart verschiedener Konfessionen von Bedeutung sind. Erwähnt sei eine Reihe reformierter Bekenntnisse wie das »Zweite Schweizer Bekenntnis« (*Confessio Helvetica posterior*) von 1566, das für die reformierten Kirchen der Schweiz, Frankreichs, Schottlands usw. von Bedeutung ist; das »Belgische Bekenntnis« (*Confessio Belgica*) von 1561 für die Niederlande oder das »Bekenntnis von Westminster« (*Westminster Confession*, 1646), das Hauptbekenntnis der schottischen und amerikanischen Presbyterianer.

Einige Inhalte der oben genannten Bekenntnisse sind für Christinnen und Christen heute schwer nachzusprechen. Viele stoßen sich etwa an der Jungfrauengeburt oder an der Vorstellung vom Weltgericht in Apostolikum und Nizänum.

Darum ist es wichtig zu wissen, daß Glaubensbekenntnisse von Menschen formuliert wurden und nicht von Gott geoffenbart sind. Sie sind nichts anderes als Glaubenshilfen, die im Laufe der Kirchengeschichte unterschiedlichen Anforderungen und historischen Situationen angepaßt wurden. Auch heute können sie verändert werden. Allerdings sollte man beachten, daß das Apostolikum und das Nizänum von den meisten Kirchen der Christenheit gesprochen werden und vielen Menschen in anderen Kulturkreisen wichtig sind. Daher sollten neue Glaubensbekenntnisse neben den alten stehen und diese nicht ersetzen.

Wolfram Kinzig

Hans Lachenmann, Bekenntnis – Zweifel – Vertrauen. Das Apostolische Glaubensbekenntnis kommentiert und ausgelegt, Stuttgart 1993; *Ulrich Kühn*, Christlicher Glaube nach 2000 Jahren. Eine Auslegung des Apostolischen Glaubensbekenntnisses, Leipzig 1999.

Glaube und Liebe

Der Mensch wär' lieber gut als roh; doch die Verhältnisse, die sind nicht so: Nicht alle, aber doch wohl viele werden diesem berühmten Vers aus der »Dreigroschenoper« von Bert Brecht und Kurt Weill zustimmen. Jedenfalls dann, wenn sie nicht oberflächlich in den Tag hinein leben, sondern einen aufmerksamen Blick für die vielfältigen Konflikte im menschlichen Zusammenleben haben: in der Familie, im beruflichen Alltag, im Leben der Gesellschaft und in der Geschichte zwischen Völkern und Nationen. Dann werden sie darüber erschrecken, wie lieblos wir Menschen sein können; und sie werden sich selbst von diesem Urteil nicht ausnehmen, wenn sie sich selbst in ihrem Gewissen prüfen. Deshalb gilt es eine Antwort auf die Frage zu finden, unter welchen Verhältnissen – d.h. unter welchen Bedingungen – Rohheit in Güte verwandelt werden kann.

Unter den verschiedenen Religionen und Weltanschauungen setzt jedenfalls das Christentum schon wegen seiner Verwurzelung im Glauben des Volkes Israel voraus, daß wir Menschen alle dazu bestimmt sind zu lieben. Von dieser Bestimmung redet Jesus von Nazareth, wenn er Gottes ewigen Willen in das Gebot der Gottesliebe und der Nächstenliebe zusammenfaßt, die auch die Selbstliebe einschließt (Markus 12, 29-31; vgl. Lukas 10, 10 und 27) und bis zur Feindesliebe geht (Matthäus 5, 44).

Jesus versteht dieses Gebot nicht als eine nebensächliche oder vielleicht nur zeitbedingte Regel, sondern als die Regel, unter der das menschliche Leben tatsächlich glücken und gelingen wird und unter der wir die Erfahrung machen, daß es tatsächlich gut sein wird. Und er sieht, daß diese Regel gültig ist, weil sie in Gottes Schöpferwillen ihren Grund hat und deshalb dem tiefsten Bedürfnis des menschlichen Lebens entspricht. Sie ist die Regel der Menschlichkeit oder – um es mit einem zentralen Begriff des Apostels Paulus zu sagen – der Gerechtigkeit.

2. Glauben

Aber wie kommt ein Mensch dazu, diese Regel ernst zu nehmen, anzuerkennen und zu befolgen? Sie ist uns ja nicht angeboren wie unser Geschlecht und unsere Hautfarbe. Wir können sie auch nicht in derselben Weise erlernen wie die Regeln des Rechnens und des Schreibens, des Autofahrens oder des Tanzens. Und wir werden auch die weithin herrschende Meinung bestreiten müssen, daß wir uns einfach dazu entschließen könnten, diese Regel in unserem Leben zu verwirklichen. Sie ist – wie Martin Luther einmal sagte – so »hoch«, daß sie unsere Kräfte übersteigt, weil wir den tiefsten Grund unseres »Herzens« oder unserer »Seele« nicht beeinflussen können.

Wenn uns diese Einsicht als zutreffend erscheint, werden wir den inneren Zusammenhang von Glaube und Liebe verstehen, der im Mittelpunkt der Gotteserkenntnis des Neuen Testaments steht und den Martin Luther in seiner berühmten Schrift über die »Freiheit eines Christenmenschen« im Jahre 1520 in eindrucksvoller Weise entfaltet hat.

»Glauben heißt nichts wissen« – so sagt es eine weitverbreitete Redensart. Diese Redensart ist jedoch gedankenlos, weil sie nicht wahrhaben will, daß unser alltägliches Leben sehr wohl durch einen Glauben bestimmt ist. Wir verlassen uns beim Gehen darauf, daß uns der Erdboden wirklich trägt; wir erwarten, daß wir am nächsten Morgen aufwachen, wenn wir uns abends schlafen legen; wir trauen den rechtlichen und den sozialen Sicherheiten eines Staates und schließen Verträge »nach Treu und Glauben«; wir verstehen die Treue als einen Wesenszug der Freundschaft und der Liebe. Und schließlich leben wir aus Gewißheiten, die niemand streng beweisen kann und die dennoch unsere ganze Lebensführung prägen und bestimmen.

Der Glaube an Jesus von Nazareth als den Christus ist eine solche Gewißheit. Sie besagt, daß Gott, der Schöpfer der Welt und unseres eigenen Lebens, im Geschick Jesu von Nazareth seine ewige Treue und seine wahre Liebe zu seiner Schöpfung offenbart, wie dies die Erzählung vom »Verlorenen Sohn« (Lukas 15) ergreifend darstellt: also gerade in einer Situation, in der wir unsere Schwäche und Ohnmacht, unser Leid und unsere Sterblichkeit empfinden. Und diese Gewißheit entsteht, wann und wo immer ein Mensch von der vielgestaltigen Mitteilung dieser Treue und dieser Liebe in der Botschaft und im Leben der Gemeinde ergriffen wird. Der christliche Glaube ist in seinem innersten Kern die Gewißheit, von Gott geliebt zu sein (vgl. Römer 5, 5 und 8), von Gott anerkannt und getröstet und in Gott geborgen zu sein. Von dieser Gewißheit ist alles getragen, was wir selbst an Gottvertrauen, an Gotteslob, an Anstand und an Einsatz für menschenwürdige und gerechte Lebensverhältnisse aufzubringen vermögen. In ihr besteht – diese Erkenntnis ist der tiefe Anstoß, den der christliche Glaube von Anfang an seiner jüdischen und seiner griechisch-römischen Umwelt bereitet hat und über dem es zu den Spaltungen und zu den Auseinandersetzungen in der Geschichte der Kirche kam – die Güte eines Menschen, d.h. sein Glück und seine Seligkeit (vgl. Matthäus 5, 1-12).

Von dieser Gewißheit nun hat Paulus gesagt, daß sie sich »in der Liebe« als wirksam erweise (Galater 5, 6). Nun scheint der Ausdruck »Liebe« im Unterschied zum Ausdruck »Glaube« heutzutage ganz sonnenklar zu sein. Sowohl die Kirchentreuen als auch die Kirchenfernen verstehen darunter ein völlig selbstloses »Dasein für andere« (Dietrich Bonhoeffer) im Sinne einer Fürsorge und Schutzverpflichtung, das auch ohne den religiösen Hintergrund leicht Zustimmung findet. Gleichzeitig bedeutet die »Liebe« im Schlager, im Film und in der Literatur und nicht zuletzt in unseren Lebenshoffnungen etwas Einzigartiges und Unüberbietbares im Sinne eines völligen Verschmelzens. Aber in beiden Fällen ist der innere, der notwendige Zusammenhang zwischen der Gewißheit des Glaubens und der Liebe, wie er nach christlicher Erkenntnis allerdings besteht, verkannt. Warum?

Nun, es ist die Gewißheit des göttlichen Wohlgefallens, die einen Menschen liebesfähig werden läßt. Diese Liebesfähigkeit äußert sich allerdings in den vielfältigen Initiativen, Netzwerken und Bewegungen, in denen wir den Bedrohungen des Lebens – dem Hunger, der Krankheit, der Sinnlosigkeit, der Sucht, der Feindschaft – entgegenwirken. Aber sie unterscheidet sich gründlich von dem Gefühl des bloßen Mitleids und von dem Zwang zur reinen Selbstaufopferung. Denn ihr Ziel ist die Hilfe zur Selbsthilfe und die Gemeinschaft mit den Menschen, die in solchen Bedrohungen existieren. Deshalb schließt die Liebesfähigkeit aus Glauben – was gerade in der diakonischen Praxis oft verkannt wird – die Selbstverachtung notwendigerweise aus und die Selbstliebe sinnvollerweise ein.

Wird ein Mensch in der Gewißheit des göttlichen Wohlgefallens liebesfähig, so hat dies auch Folgen für die geschlechtsbestimmte und für die freundschaftliche Liebe. Es zeigt sich nämlich schnell – die Scheidungsraten beweisen es –, daß unsere Erwartungen an ein Liebes- und ein Freundschaftsverhältnis im Sinne eines »Verschmelzens« oder eines »Ganz-füreinander-Daseins« nicht tragfähig sind. Solche Erwartungen werden stets enttäuscht, weil sie die wirklichen Unterschiede zwischen den Liebenden oder den Freunden als eine Gefahr und deshalb als das Ende der Liebe empfinden. Demgegenüber kommt es darauf an, die geschlechtsbestimmte und die freundschaftliche Liebe als ein Lebensverhältnis zu verstehen, in dem die Liebenden gerade durch die Begegnung mit dem anderen Menschen je zu sich selbst kommen.

Als Erich Kästner einmal dichtete: »Es gibt nichts Gutes, außer man tut es«, ließ er sich wohl nicht träumen, wie nahe er damit der Weisheit Jesu war, der dem Gesetzeskundigen zeigte, daß das Tun des Guten das »Leben« ist (Lukas 10, 28). Aber mit dem Tun des Guten scheint es nicht so einfach zu sein, wie Kästner sich das vorstellte. Angesichts dieser schwer zu widerlegenden Erfahrung leuchtet die christliche Gotteserkenntnis ein, die den Weg des Glaubens und der Liebe als den Weg beschreibt, den Gott selbst mit uns Menschen allen zum Leben geht.

Konrad Stock

Gerhard Kruhöffer, Grundlinien des Glaubens, Göttingen ²1993, *Eugen Biser/Ferdinand Hahn/Klaus-Peter Jörns* (Hg.), Der Glaube der Christen 1: Ein ökumenisches Handbuch, Stuttgart 1999.

Rechtfertigung

Die Botschaft unserer Zeit lautet: Du mußt dich selbst verwirklichen. Du mußt dich selbst finden. Du mußt dich in dir finden. Dies hat zum einen zur Folge, daß Menschen zwar immer sensibler für sich selbst werden, aber dabei unter einen neuen Leistungsdruck geraten. Am unbarmherzigsten ist der (westliche) Mensch vielleicht gegen sich selbst. So ist ein Anspruch an sich selbst verbreitet, unter dem der Mensch trotz aller neuen Freiheit auch zerbrechen kann. Auch die Freiheit kann unter die Macht dessen geraten, was die Bibel als Verstrickung in Sünde beschreibt. Dann sieht sich der Mensch isoliert, getrennt von dem befreienden Christus, unbarmherzig auf sich selbst zurückgeworfen. Die christliche Freiheit aber beginnt da, wo Gott liebevoll, tröstend und herausfordernd mit uns redet.

»So halten wir nun dafür, daß der Mensch durch den Glauben gerechtgesprochen werde ohne Werke des Gesetzes«, schreibt Paulus im Brief an die Römer (3, 28). Die Rechtfertigung ist das zentrale Thema, an dem sich die Reformation Martin Luthers entzündete: Allein dadurch, daß der Mensch auf Christus vertraut, ist er vor Gott gerecht, ohne seine Taten, ohne des Gesetzes Werke. Diese Neuentdeckung des biblischen Evangeliums ist der Schlüssel zur evangelischen Theologie.

Was ist von der Thematik in den Gemeinden bekannt? »Wenn man vom Artikel der Rechtfertigung predigt, so schläft das Volk und hustet; wenn man aber anfängt, Geschichten und Beispiele zu erzählen, reckt es beide Ohren auf, ist still und hört fleißig zu.« Martin Luthers Einschätzung, die in seinen »Tischreden« dokumentiert ist, dürfte auch heute noch gelten. Damit ist jedoch nicht gemeint, daß die Frage, die den Reformator umtrieb: »Wie bekomme ich einen gnädigen Gott?«, heute nicht mehr zeitgemäß sei. Denn dahinter verbirgt sich die Frage: Wie kann ich einen liebevollen Gott erfahren, erleben, empfinden? Was Rechtfertigung heute bedeutet, muß von daher in die Lebenswelt der Menschen übersetzt werden. Dann wird auch deutlich, daß dieses Thema, mit dem sich Luther beschäftigte, in der Gegenwart aktuell geblieben ist.

»Gerecht« – was bedeutet das? Einige Definitionsversuche: Gerecht ist einer, der möglichst unparteiisch handelt. Vor Gericht gilt derjenige als gerecht, der unschuldig ist, der keine Gesetze verletzt hat (bzw. dem man keine Übertretungen nachweisen konnte). Sich rechtfertigen heißt im Alltag: Gründe für das individuelle Handeln anzuführen, sich rein zu waschen von Vorwürfen. In der Bibel ist derjenige gerecht, der im richtigen Verhältnis zu Gott steht, wer Gott recht ist. Gott nimmt den Menschen aus freier Liebe und Barmherzigkeit in Jesus Christus an, obwohl er immer wieder gegen die Ordnungen Gottes verstößt. Rechtfertigung hebt die Entfremdung zwischen dem Menschen und Gott auf. Gott hat hierzu alles getan, der Mensch ist entlastet. Er muß sich nicht vor sich selbst, vor anderen und vor Gott bedeutsam machen. Er muß nicht auf der Richtigkeit des eigenen Tuns beharren, wo doch unser Handeln mehrdeutig bleibt und wir oft nur die Wahl zwischen zwei Übeln haben.

Entscheidend ist die Gewißheit, daß ich ein von Gott gewollter und geliebter Mensch bin. Wir sind mehr als die Summe unserer Taten und Untaten. Unsere Würde ist von Gott her gegeben. Sie muß nicht erst hergestellt oder verdient werden. Jeder Mensch ist als solcher unendlich wertvoll. Rechtfertigung bedeutet dann auch, den anderen mit den Augen Gottes zu sehen und nicht nur mit unseren bewertenden Augen. Daraus entsteht die Motivation zum menschenwürdigen Handeln aus Glauben. Das Handeln wird demnach keineswegs ausgeblendet. Wer weiß, daß er Gott nichts vorweisen muß, um von ihm geliebt zu werden, gewinnt eine neue Weltsicht. Von dort her sind alle Glaubensinhalte und die gesamte kirchliche Praxis zu bedenken. Die Lehre von der Kirche kann darum nach evangelischem Verständnis nicht hierarchisch sein. Die Kirche ist allein da, wo die Rechtfertigung durch das Wort Christi erfahren wird. Der Gottesdienst kann nicht dazu dienen, daß der Mensch sich Gott gefällig macht. Sondern es gefällt Gott, mit uns im Gottesdienst zu reden. Analoges gilt dann für das Verständnis der christlichen Ethik: Diese ist keine Tugendlehre, sondern das Nachdenken darüber, was für gerechtfertigte Menschen möglich und was aufgrund des bleibenden Sünderseins unmöglich ist. Denn der Mensch bleibt nach der reformatorischen Erkenntnis stets auf Gott angewiesen. Er kann die Rechtfertigung nicht als Besitz betrachten, sondern will auf das befreiende Wort stets von neuem hören. Weil Rechtfertigung im Reden Gottes mit uns im Glauben geschieht, darum erfährt auch der Gerechtfertigte immer wieder schmerzlich eine bleibende Trennung von Gott, die zu einer Suche nach erneuter Rechtfertigung führt. Dies wird in der Formel zusammengefaßt, daß der Christ immer Gerechter und Sünder zugleich ist (lateinisch: »simul iustus et peccator«). Evangelische Theologie bedeutet, die Botschaft von der Rechtfertigung auf die gesamte Glaubenslehre zu beziehen und sie in allen Situationen fruchtbar zu machen. Sie ist der Artikel, mit der die Kirche steht und fällt.

Diese Überzeugung macht den Dialog mit der römisch-katholischen Kirche notwendig, aber führt auch an Grenzen. So wurde am 31. Oktober 1999 zwar eine »Gemeinsame Erklärung zur Rechtfertigungslehre« vom Lutherischen Weltbund (LWB) und der römisch-katholischen Kirche bestätigt. Dennoch erneuerte die Erklärung »Dominus Iesus« der vatikanischen Glaubenskongregation im September 2000 den Anspruch, nur bei der römisch-katholischen handele es sich um die wahre Kirche. Das zeigt: Der in der »Gemeinsamen Erklärung zur Rechtfertigungslehre« formulierte Konsens ist ein wichtiger Kompromiß nach dem Prinzip, »was uns verbindet, ist mehr, als was uns (noch) trennt«. Das Erreichte bedeutet aber nicht die Herstellung von Kirchengemeinschaft. Es kann jedoch zu einer wichtigen Voraussetzung für die Weiterarbeit an strittigen Fragen werden (Abendmahl, Lehre von der Kirche, Verständnis des Priester- und des Papstamtes).

Luther schreibt über die Freiheit eines Menschen, der sich als Gegenüber Christi weiß: »Er lebt in Christus und in seinem Nächsten, in Christus durch den Glauben, im Nächsten durch die Liebe

2. Glauben

... Siehe, das ist die rechte christliche Freiheit, die alle andere Freiheit übertrifft wie der Himmel die Erde.«

Udo Hahn

Eberhard Jüngel, Das Evangelium von der Rechtfertigung der Gottlosen als Zentrum christlichen Glaubens. Eine theologische Studie in ökumenischer Absicht, Tübingen ²1999; *Walter Klaiber,* Gerecht vor Gott. Rechtfertigung in der Bibel und heute, Göttingen 2000.

Von »Sünde« zu reden, fällt viel schwerer, als von »Schuld« zu sprechen. Es gibt größere und kleinere Schuld, die auch abgetragen oder ausgeglichen werden kann. Schuldig werden Menschen in verschiedenem Maße, sie können auch andere oder sich selber beschuldigen und entschuldigen. Doch »entsühnen«, von Sünde wahrhaft reinigen: das vermag niemand anderer als Gott und er allein (Psalm 51, 9) – oder jemand, den er damit beauftragt hat. Darum können Menschen sich auch im tiefsten Grund nur an Gott versündigen, an seiner Schöpfung, an seinem Recht, an seiner Gnade, an seinen Verheißungen.

Trotzdem kommt manchen Menschen – sie sind unter uns seltener geworden, aber es gibt sie noch heute – das Wort »Sünde« rasch über die Lippen, meistens im Blick auf andere, von denen sie sich abgrenzen. Sie wissen zu sagen, was Sünde ist, weil sie Sünde für eine moralische Verfehlung halten, für ein Vergehen gegen gute Sitte und rechte Ordnung, und diese Ordnung führen sie dann oft unmittelbar auf Gottes Gebote zurück. »Sünde« heißt dann alles, was Gott nicht will – und Menschen können, wenn sie sich an Gottes Gebote halten, meistens auch wissen, was Gott will. Als Jesus einer Ehebrecherin begegnete (Johannes 8, 3), stand das Urteil aller anderen sofort und endgültig fest: Sie ist eine Sünderin, und zwar so sehr, daß sie den Tod verdient hat. So weit würde heute kaum jemand mehr gehen. Aber als »Sünde« etwas ausschließen, das als unmoralisch gilt, und damit auch »Sünder« anprangern: dies ist längst nicht ausgestorben. Noch bis in unsere Zeit hinein galten Theater- und Filmbesuche, Kartenspiel und Tanzvergnügen, der Bruch der Sonntagsruhe und manches mehr für viele »Fromme« als Sünden, und wer Hand an sein Leben legte, hatte sogar eine Todsünde begangen. Daß die Urteile solcher Frommen über andere oft sehr hart ausfielen, störte ihr Gespür für Recht und Unrecht kaum.

2. Glauben

So können Sünden unheimlich eng und engherzig verstanden werden. Im Laufe der letzten Jahrzehnte haben sich allerdings die Einstellungen geändert. Was früher als unmoralisch galt, heißt heute oft »ein anderer Lebensstil«. Sitte und Anstand sind für viele so weitmaschig, daß nur noch ganz grobe Verfehlungen ins Netz gehen oder dieses Netz sogar zerreißen: Rassismus, Völkermord, Verbrechen an Kindern und an Hilflosen. Bei Verfehlungen anderer Art, die ins Persönliche gehen und die oft viel weniger handgreiflich sind, neigen die meisten dazu, darüber hinwegzusehen und sich damit abzufinden, wenn auch oft schweren Herzens oder mit Zähneknirschen. Dabei berufen sich manche auch auf Jesus, der zu den Männern sagte, die die Ehebrecherin steinigen wollten: »Wer unter euch ohne Sünde ist, der werfe den ersten Stein auf sie« (Johannes 8, 7) – und da stahlen sich jene »rechtschaffenen« Frommen davon. Denn hat nicht jeder Mensch, wenn er nicht gerade ein Heiliger ist, irgendwo Dreck am Stecken? Und sollte er nicht erst einmal vor seiner eigenen Türe kehren, statt sich über die Verschmutzung anderer zu beklagen?

Jesus hat jedoch fragen wollen, wie Menschen überhaupt Sünde erkennen können, und was geschieht, wenn sich jemand selber als Sünder oder als Sünderin wahrnimmt. Wann kommt ein Mensch dazu zu sagen: »Ich bin ein Sünder«? Davon erzählt die Geschichte von Davids Ehebruch (2. Samuel 11). Der König hatte es für sein gutes Recht als Herrscher angesehen, sich eine Frau zu nehmen, die ihm gefiel, auch wenn sie schon einem anderen angehörte – der mußte nur aus dem Weg geräumt werden. Als aber der Gottesmann Nathan von einem Vergehen berichtet, wo Recht und Unrecht klar zutage liegen, da schreit der König empört auf: »Der Mann ist des Todes schuldig!« Da entgegnet Nathan nur: »Du bist der Mann!« (2. Samuel 12, 7). David hatte sich, ohne es zu wissen und zu wollen, selbst das Urteil gesprochen, und zwar nicht bloß das Urteil über seine Untat, sondern auch über sein angemaßtes Wissen über Recht und Unrecht. Jetzt erst erkennt er, daß er ein Sünder ist – ein Sünder vor Gott, aus dessen Rechtsordnung er gefallen war. Sich als Sünder zu erkennen, ist zugleich ein Bekenntnis: ein Bekenntnis zu

Gottes Urteil, zu Gottes Handeln, zu Gottes Gnade, der Menschen die Augen öffnet, nicht bloß über ihre Erbärmlichkeit, sondern für ihren Widerstand gegen das, was Gott will und tut. Sündenerkenntnis und die Bitte um Vergebung, die Bitte »Gott, sei mir Sünder gnädig!« (Lukas 18, 13), gehören aufs engste zusammen, das eine kann nicht ohne das andere sein.

Darum erkennt David – so jedenfalls wird es in Psalm 51, 6 von ihm gesagt – vor Gott: »An dir allein habe ich gesündigt.« Damit will er nicht verdrängen, daß er unerhört schuldig geworden ist an einer schutzlosen Frau und einem Mann, den er in den Tod schickte. Daran war er zweifellos schuld, er hat es gewollt und getan. Doch wenn er sagt: »Ich bin ein Sünder«, dann mißt er nicht mehr ab, was er verbrochen hat. Er bekennt, daß er grundverkehrt *ist*. Sünder sein heißt: in sich verschlossen sein wie in eine Spirale, die immer enger wird und aus der ich schließlich nicht mehr hinausfinde, geschweige denn mich hinauswinden kann. Wer sich als Sünder erkennt, bekennt damit, daß Gott ihm nahegetreten ist, daß er ihn angerührt und ein unheilbar zerstörtes Verhältnis wieder aufgerichtet hat. Wahrnehmung von Sünde ist zutiefst Glaubenssache. Erst im Glauben, d.h. im rechten Verhältnis zu Gott, seinem Recht und seinem Gericht, kann wahrgenommen werden, wer wir selber *sind*, nicht nur, was wir getan und unterlassen haben. Gott hat hier sein Urteil gesprochen, deshalb ist es nicht mehr unsere Sache, zu beschuldigen oder zu entschuldigen.

Darum meint die Bibel mit »Sünde« nicht nur eine Untat, sondern eine Übermacht, die Menschen nicht beherrschen können – auch wenn sie sich aufs äußerste bemühen, das Rechte zu tun. Die Sünde ist wie eine Macht, der wir verfallen, gerade indem wir unser Leben und das Leben anderer meistern wollen. Reichen wir ihr den kleinen Finger, dann nimmt sie nicht nur die ganze Hand, sondern greift nach dem Leben. Wir haben uns in die Sünde verstrickt – und wissen nicht einmal davon, bevor Gott uns anspricht und anrührt. Sünde geschieht nicht ohne unseren Willen, aber sie ist zugleich ein Verhängnis, dem wir nicht entrinnen können. Jemand will das Allerbeste – und dann kommt gerade Schlimmstes heraus. Ein solches

Rätsel können wir nicht lösen, da reicht auch die ehrlichste Entschuldigung nicht mehr aus. Die Sünde ist ein Geheimnis, ein schreckliches, ja mitunter todbringendes Geheimnis – ein Geheimnis aber, mit dem wir uns nicht herausreden können. Sünde liegt nur höchst selten offen zutage. Häufig wird sie von der Überzeugung verdeckt, recht zu haben – vielleicht um jeden Preis, und nicht nur vor den Mitmenschen, sondern sogar vor Gott. Dies als Sünde zu erkennen, ist bereits eine Frucht geistlichen Lebens, eine segensreiche Frucht.

Martin Luther hat gesagt, daß wir Menschen Sünder sind, sofern wir auf uns blicken und uns überhaupt recht erkennen können – und zugleich sind wir Gerechte kraft der Verheißung Gottes, weil wir an der Gerechtigkeit Christi teilhaben und aus Gottes Urteil leben. Wir sind nicht erst einmal Sünder und können uns dann Schritt für Schritt verbessern, um irgendwann einmal endlich gerecht zu sein. Wir bleiben Sünder, solange Gott an uns handelt, »damit Du, Gott, recht behaltest in deinen Worten und rein dastehst, wenn du richtest« (Psalm 51, 6). Dieses Sündenbekenntnis verdankt sich Gott allein. Wir können es niemals hinter uns lassen und gelangen nie darüber hinaus – und kommen gerade so voran, weil wir uns sonst im Wege stehen würden. Diese »evangelische« Einsicht, die schwer fällt und die immer wieder errungen werden muß, ist und bleibt eine Herausforderung. Gerade so kann sie für das Gespräch mit anderen Christen und mit Andersdenkenden fruchtbar werden.

Gerhard Sauter

Jahrbuch für Biblische Theologie 9: Sünde und Gericht, Neukirchen-Vluyn 1995; *Sigrid Brandt/Marjorie H. Suchocki/Michael Welker* (Hg.), Sünde. Ein unverständlich gewordenes Thema, Neukirchen-Vluyn 1997.

Vergebung

In dem Gebet, das Jesus uns lehrte, dem »Vaterunser«, ist Sündenvergebung neben dem täglichen Brot und der Bewahrung vor Versuchung und Übel eine der Grundvoraussetzungen für gelingendes menschliches Leben. Wir brauchen die Vergebung Gottes im Blick auf unsere Sünden, unsere Schuld, und wir brauchen die eigene Bereitschaft und Fähigkeit zur Vergebung im Blick auf die Schuld, die uns von Mitmenschen angetan wird.

Gelingendes Leben gibt es für uns nur in Gemeinschaft mit Gott und mit unseren Mitmenschen. Schuld und Sünde zerstören diese Gemeinschaft, reißen Gräben auf, zerreißen das Band unserer Beziehung zu Gott und den Mitmenschen.

Vergebung schüttet diese Gräben nicht einfach zu, ist kein Verdrängen oder Vergessen. Vergebung baut gleichsam eine neue Brükke über den Graben, webt ein neues Stück Band zwischen den abgerissenen Enden.

In diesem Sinn läßt sich Jesu ganzes Leben, Leiden und Sterben als Vergebung für unsere Sünde und Schuld interpretieren. Jesus ist also Brücke für alle Menschen zu Gott, Stifter eines neu gewebten Bandes zwischen Gott und den Menschen.

1. Gott vergibt uns unsere Schuld. Die mittelalterliche Kirche beschränkte die Sündenvergebung Gottes und damit das Heil für die Menschen auf die Mitglieder der Kirche. Zudem behauptete sie die Notwendigkeit eines »Mittlers« zwischen Gott und Mensch. Einfache Christen bedurften eines Priesters, um der Vergebung Gottes teilhaftig zu werden. Der Priester sprach das Kirchenmitglied nach aufrichtiger Beichte und Reue von den Sünden los und übermittelte ihm die Vergebung Gottes. Danach mußten diese Sünden noch »abgebüßt« werden. Dabei ging es nicht um eine inhaltlich angemessene Wiedergutmachung des konkret angerichteten Schadens (wie etwa in alttestamentlichen Rechtsvorschriften angestrebt), sondern es sollten »gute und fromme Werke« wie Gebete, Pilgerreisen und ähnliches die »bösen Werke« ausgleichen. Ohne diesen Ausgleich drohten den Gläubigen trotz der ihnen bereits zugesprochenen Vergebung Gottes qualvolle Zeiten im »Fegefeuer«, einem reinigenden Foltervorhof zur ewigen Seligkeit. Als Vertreter der Katholischen Kirche begannen, »Ablaßbriefe« als Ersatz für die geforderten frommen Werke zu verkaufen, war dies der Anstoß zur Reformation.

Unsere protestantische Erkenntnis und Überzeugung zur Vergebung Gottes ist:

1. Gottes Vergebung und damit unser Heil läßt sich nicht auf den Bereich von Konfessionen und Kirchen begrenzen.

2. Als getaufte Christen haben wir alle gleichsam »Priesterstatus«, d.h. wir brauchen keine kirchlichen Vermittler, um der Vergebung Gottes teilhaftig zu werden.

3. Als Christen bekennen wir, daß Jesus Christus mit seinen Worten, seinem Handeln, seinem Leben und Sterben ein für alle Mal, d.h. dauerhaft, ein neues Band zwischen uns und Gott geknüpft hat. Diese von unserem eigenen Denken und Tun unabhängige Beziehungsmöglichkeit zwischen Gott und uns nennen wir auch »vorlaufende Gnade Gottes«.

Indem wir uns auf diese von Jesus Christus gestiftete Beziehungsmöglichkeit zu Gott einlassen, bekennen wir, daß wir aus eigener Vernunft und Kraft ganz grundsätzlich nicht in der Lage sind, als Ebenbilder Gottes zu leben. Gott und unseren Mitmenschen gegenüber werden wir also in unserem Wollen, Denken, Fühlen und Handeln immer wieder neu schuldig.

Diese Einsicht unserer grundsätzlichen Vergebungsbedürftigkeit und die Bereitschaft, Gottes Vergebung als Geschenk (Gnade) zu akzeptieren, machen uns frei, unser konkretes Fehlverhalten Mitmenschen gegenüber zu erkennen und es vor Gott auszusprechen.

Erfahren wir dabei die Vergebung Gottes oder wird uns die Vergebung Gottes durch einen Bruder oder eine Schwester im Glauben zugesprochen, so kann diese Vergebung nicht folgenlos bleiben: Wir versuchen, die durch unsere Schuld zerrissenen Bande zu unseren Mitmenschen wieder neu zu knüpfen, und wir entwikkeln Vergebungsbereitschaft und Vergebungsfähigkeit unseren Schuldigern gegenüber.

2. Wir vergeben unseren Schuldigern. Das Bekenntnis und die Gewißheit von Christen, daß Jesus Christus ein für alle Mal für unsere Sünden gestorben ist und wir durch ihn neu werden (2. Korinther 5, 17), dürfen nicht verschleiern oder verdrängen, daß wir in unserem konkreten Alltag immer wieder neu aneinander schuldig werden und täglich neu uns gegenseitig vergeben müssen.

Diese Selbsterkenntnis müßte unsere Bereitschaft zur Folge haben, auch unseren Mitmenschen immer wieder neu zu vergeben. Wir kennen aber alle unsere Unduldsamkeit – vor allem im Wiederholungsfall – den Schwächen und dem Versagen anderer gegenüber. Mit der Spannung zwischen eigener Vergebungsbedürftigkeit und Vergebungswillen anderer gegenüber müssen wir uns ein Leben lang auseinandersetzen.

Allerdings heißt Vergebungsbereitschaft nicht, die Augen vor dem Unrecht der anderen zu verschließen oder unrechtes Verhalten anderer märtyrerhaft zu erdulden. Vergebung setzt die Identifizierung und Benennung von unrechtem Verhalten voraus. Nur wenn ein Graben bzw. ein Riß identifiziert ist, kann sinnvoll nach neuen Wegen gesucht, kann sinnvoll eine neue Brücke gebaut werden. Vergebung übersieht und verdrängt unrechtes Verhalten nicht, Vergebung gibt aber die Chance zur Veränderung und zum Neuanfang. Sie ist die Voraussetzung einer dauerhaften und tragfähigen Gemeinschaft zwischen Menschen.

3. Der Zusammenhang von Gottes und menschlicher Vergebung. In allen Teilen der Bibel wird eindeutig bekannt: Es gibt keine gelungene, also heile Beziehung des Menschen zu Gott, die sich nicht auswirkt auf die Beziehung der Menschen zueinander. Und es gibt keine gelungene, also heile Beziehung des Menschen zu anderen Menschen, wenn der Mensch sich selbst »vergottet«, wenn er nicht in Demut und Ehrfurcht vor Gott, unserem Schöpfer und Vater, die eigene Begrenztheit, Unvollkommenheit und Vergebungsbedürftigkeit erkennt und anerkennt.

2. Glauben

Im Licht dieser biblischen Grundwahrheit erschließt sich der Sinn des unauflöslichen Zusammenhangs von »und vergib uns unsere Schuld« mit »wie wir vergeben unseren Schuldigern«.

Was aber, wenn einem Menschen eine direkte Gottesbeziehung unmöglich ist? Es wäre im Blick auf Gott und auf die Menschen falsch und unangemessen, alle Menschen ohne persönliche Gottesbeziehung als vergebungs- und damit auch als beziehungs- und gemeinschaftsunfähig abzustempeln.

Denn Gott begegnet uns auch im anderen Menschen und wird in der Beziehung zu anderen Menschen für uns konkret erfahrbar. In diesem Sinn kann für uns die als Geschenk erlebte Vergebung eines anderen Menschen die Funktion der göttlichen Vergebung haben: Die uns von einem Menschen geschenkte Vergebung kann uns bereit und fähig machen, selbst Vergebung zu üben. Und umgekehrt kann unsere Vergebung Menschen dafür aufschließen, seinerseits Vergebung zu üben.

Gottes Wort und Menschenwort, Gottes und menschliches Handeln, göttliche Vergebung und menschliche Vergebung lassen sich für uns niemals eindeutig auseinanderhalten oder eindeutig identifizieren. So ist bei allen Erklärungsversuchen das Wesentliche, daß wir Vergebung erfahren und üben.

Nikolaus Schneider

Gerhard Kruhöffer, Grundlinien des Glaubens, Göttingen ²1993; *Karin Finsterbusch/Helmut A. Müller* (Hg.): Das kann ich mir nie verzeihen? Theologisches und Psychologisches zu Schuld und Vergebung, Göttingen ²1999.

Beten gelernt zu haben und beten zu können ist die prinzipiell jedem zugängliche Art und Weise, in der religiösen Dimension des Lebens an elementar einfacher Theologie praktisch teilzuhaben.

Das Gebet läßt sich als Ausdruck der Beziehung zum letztgültigen Grund und Ziel meines Lebens und zu dem damit verbundenen Geheimnis hinter allem Lebendigen verstehen. Beten und Bitten hängen sachlich und sprachlich (nicht nur im Deutschen) eng zusammen. Dies entspricht der Einsicht in die existentielle Grundsituation des Menschen, die wesentlich durch Bedürftigkeit gekennzeichnet ist (Nahrung, Wärme, Kleidung, Hilfe, Schutz, Angenommensein, Zuwendung usw.). Dem entsprechen Äußerungen von Grundvertrauen, Freude und Dankbarkeit, aber auch Hilferufe und Bitten.

In beiden Teilen der Bibel ist Beten als Alltags- und Festtags-Praxis vorausgesetzt. Vom Gebet wird hier ein vielfältiges Bild gezeichnet. Dieses läuft auf ein freies Sich-Öffnen der Menschen vor Gott in verschiedenen Formen und Haltungen hinaus. Meist findet es sprachlichen Ausdruck, aber auch andere symbolische Handlungen und Ausdrucksformen (Opfer, Tanz) kommen vor. Weltweit verbreitete Gebete sind der 23. Psalm und das Unser Vater nach Matthäus 6, 9-13 bzw. Lukas 11, 2-4.

In der Bibel gibt es noch viel mehr Beispiele. Vor allem bieten die Psalmen und die Sammlungen prophetischer Worte (zum Beispiel Jesaja und Jeremia) einen unerschöpflichen Schatz von Gebets- und Trostworten.

Folgt man der Bibel, so hat Beten seinen Sitz sowohl im Leben der Gemeinde als auch im persönlichen Leben des einzelnen. Jesus hat gebetet, wie es zu seiner Zeit in seiner gesellschaftlich-kulturellen Umgebung üblich war; das belegt das Unser Vater. Die Bibel kennt viele Formen und Haltungen beim Beten, aber keine einheitliche Bezeichnung dafür. Daher rührt die Vielfalt von und Freiheit bei den Gestaltungsmöglichkeiten.

Die Praxis des Betens setzt das Sich-Einlassen auf die Wirklichkeit Gottes als des tragenden Grundes und unergründlichen Geheimnisses alles Lebendigen voraus, wie auch des Menschen Offenheit für die Aufnahme einer Beziehung zu Gott – bzw. das Entsprechungsverhältnis zwischen Mensch und Gott (1. Mose 1, 26f.: »Gottesebenbildlichkeit«)– und unser Ausgerichtetsein auf Beziehungen, Gemeinschaft und auf die Bildung von Bedeutungen (»Sinn«) sind die wesentlichen Voraussetzungen und Grundlagen für Betenlernen und Beten von Anfang an.

Beten und Gebet begleiten die Geschichte der Menschheit so selbstverständlich, wie das für Religion überhaupt gilt. Es gibt keine Entwicklungsstufe, keine Kultur der Menschheit ohne Äußerungen und Handlungen vom Typus Gebet. Als Spätfolge der europäischen Aufklärung bzw. Säkularisierung und begrenzt auf deren Wirkungsbereich scheint diese Selbstverständlichkeit von individuell unterschiedlichen Verhältnissen und Verhaltens-Gewohnheiten, wie sie für die Epoche nach der Aufklärung typisch sind, abgelöst worden zu sein.

Dennoch, so hat der amerikanische Religionssoziologe Peter L. Berger kürzlich angemerkt, »ist der Rest der Welt so glühend religiös wie eh und je«. Das soll uns nicht davon abbringen, daß Glaube und Vernunft zusammengehören, und deshalb müssen Beten und Gebet nachvollziehbar beschrieben werden.

Unaufhörlich gestaltet sich das Verhältnis zu der mich umgebenden Umwelt (»Wirklichkeit«) so, daß es durch freud- oder leidvolle Widerfahrnisse aus dem Gleichgewicht gerät. Damit haben wir uns auseinanderzusetzen. Wir gehen im Gebet darauf ein und rufen Gott als tragenden Grund unseres Lebens, die geheimnisvolle und unverfügbare größere Wirklichkeit hinter allen Realitäten, in Dank bzw. Klage oder Bitte an. So wirken wir aktiv an der Neugestaltung unserer Beziehung zu den uns wichtigen Umgebungen mit. Wir berufen uns auf Gott in der Hoffnung und Gewißheit, uns werde gefühlsmäßiges und soziales Gleichgewicht neu zuteil. Dabei bleiben diese Beziehung und solches Geschehen Teile des Geheimnisses der Welt und unseres Lebens.

Die Gebetspraxis ist durch die Vielfalt möglicher Anlässe, Arten, Formen und Orte im Leben bestimmt. In der Geschichte des christlichen Glaubens und der Kirche haben Formen des Betens in Gemeinschaft neben dem Beten des Einzelnen besondere Bedeutung. Die biblischen Zeugnisse bestätigen das. Bitten, insbesondere Fürbitten für andere und Danken sind Hauptformen unseres Betens. Spezifische Formen wie Tischgebet oder Abendgebet sind bedingt durch besondere Anlässe, Orte oder Zeiten. Weil wir niemals nur Individuum sind, sondern immer auch eingebettet sind in eine aus Menschen bestehende soziale Umgebung, deswegen liegt für die Gebetspraxis die Priorität letztlich bei der Gemeinschaft. Für das Beten des Einzelnen kann die zuverlässige Verortung und Erfahrbarkeit der Gebetspraxis in der Gemeinschaft von Gemeinde, zum Beispiel bei der Feier des Gottesdienstes, immer einen Gewinn bedeuten: Chance, Bestärkung und Unterstützung.

Man hat das »Unser Vater« bezeichnet als das Gebet, das die Welt umspannt. Darin liegt ein Hinweis auf die christliche Ökumene der Beterinnen und Beter. Ihr entspricht seit einiger Zeit der jährlich ökumenisch gestaltete Weltgebetstag, getragen von Christinnen und Christen rund um den Erdball. Darüber hinaus erinnert der viel besprochene, meist einseitig ökonomisch verstandene Prozeß der »Globalisierung« daran: Miteinander zu beten stellt die noch viel zu wenig selbstverständlich genutzte Möglichkeit der Weltreligionen dar, das ihnen Gemeinsame auszudrücken, zusammenzufinden und von diesem Fundament her weiter zu wirken.

Gebet, Gottesdienst, Andacht und Liturgie liegen so nah beieinander, daß zum Beispiel die Gemeinschaft der Brüder von Taizé die Stundengebete, die ihren Tageslauf gliedern und begleiten, kurzerhand Gebete nennt. Dazu gehören Lieder, Lesung von Psalmworten mit gemeinsam gesungenem Halleluja, Entzünden von Kerzen, Lesung eines biblischen Losungswortes, Gesang, Zeit der Stille, Fürbitten mit »Herr, erbarme dich«, Unser Vater, Segensbitte und ein Ausklang mit weiteren Gesängen.

2. Glauben

Schema der Tagzeiten-Liturgie von Taizé

Gesang
Psalm (Verse je einzeln mit Halleluja)
Gesang
Entzünden von Licht (Öllampe/Kerze)
Lesung eines leicht verständlichen Bibeltextes (z.B. Tageslosung; in
    der Regel ohne Erläuterung/Auslegung)
Gesang
Zeit der Stille
Fürbitten (einzeln vorgetragen, jeweils mit gemeinsam gesungenem
    Kyrie eleison/Herr, erbarme dich)
Vater Unser (gesungen oder gesprochen)
(eventuell Schlußgebet)
Gesänge zum Ausklang

Friedrich Wilhelm Bargheer

Friedrich W. Bargheer, Was Menschen-Leben hält und trägt, Hamburg
1997; *Peter L. Berger,* Sehnsucht nach Sinn. Glauben in einer Zeit der
Leichtgläubigkeit, Gütersloh 1999.– Außerdem ist das Evangelische
Gesangbuch auch als Gebetbuch zu gebrauchen.

Geschichte des Christentums

Das Christentum gehört neben Islam, Buddhismus und Hinduismus zu den größten Weltreligionen und hat eine fast zweitausendjährige Geschichte. Man unterteilt sie traditionellerweise in (christliche) Antike (ca. 50 n. Chr. – 500/600 n. Chr.), Mittelalter (ca. 500/600 – ca. 1500) und Neuzeit (seit ca. 1500).

Sie beginnt mit dem Auftreten Jesu in Galiläa und Jerusalem, seinem Leidensweg, seiner Kreuzigung und Auferstehung um 30 n. Chr. Gleichwohl ist Jesus selbst nicht Christ gewesen, sondern Jude. Schon bald sehen seine Anhänger in ihm den im Alten Testament angekündigten Messias und bekennen ihn als Herrn (Johannes 20, 28; Römer 10, 9; 1. Korinther 12, 3). Der Apostel Paulus und andere beginnen, auch Nichtjuden (»Heiden«) zu Christus als dem Herrn zu bekehren.

Allmählich entsteht so aus einer jüdischen Sekte eine aus jüdischen und nichtjüdischen »Christusbekennern« (= Christen) bestehende neue Religion, die sich vom traditionellen Judentum zunehmend entfernt.

Diese neue Gemeinschaft bildet schon sehr früh eine eigene Organisation aus. Gegen Ende des zweiten Jahrhunderts liegt die Leitung der einzelnen Gemeinden in der Hand eines Bischofs, der im Gottesdienst von Presbytern (Priestern) unterstützt wird, denen auch die Unterweisung der Katechumenen und manchmal die Predigt obliegt, während Diakone vor allem die Verwaltungs- und karitativen Aufgaben der Gemeinden (Armen- und Krankenfürsorge usw.) wahrnehmen.

In den ersten drei Jahrhunderten gerät die Kirche bisweilen unter politischen Druck, da die schnelle Ausbreitung des Christentums die älteren heidnischen Kulte bedroht und zu sozialen Unruhen führt. Die Zugehörigkeit zum Christentum ist in dieser Zeit im allgemeinen verboten. Die letzte große Christenverfolgung 303-311 durch

die Römer endet mit der Herrschaft Kaiser Konstantins I. (des Großen, Herrscher über den Westen seit 312, Alleinherrscher 324-337).
Konstantin erkennt das Christentum offiziell an und fördert es gegenüber den übrigen Kulten in steigendem Maße. Ab 380 ist das
Christentum dann Staatsreligion im Römischen Reich.

Währenddessen hat es innerhalb der Kirche ausführliche Debatten um das Wesen des christlichen Glaubens und der Kirche gegeben. Das Christentum dringt in die intellektuellen und sozialen Füh-
rungsschichten ein. Die zunehmende Auseinandersetzung mit der
griechisch-römischen Geisteswelt und Philosophie, aber auch mit
christlichen Sondermeinungen und dem Judentum führt dazu, daß
man eine zusammenhängende Lehre über die Inhalte des christlichen Glaubens zu entwickeln beginnt (»Theologie«). Dabei konzentriert sich die Debatte zunehmend auf das Verhältnis zwischen
Gottvater und Jesus Christus sowie zwischen Gottvater und dem
Heiligen Geist. Die Diskussion wird u.a. dadurch verursacht, daß
Christus im Neuen Testament, dessen Schriften gegen Ende des 2.
Jahrhunderts zusammengestellt werden, als »Gott« (Johannes 20, 28;
Römer 9, 5; Titus 2, 13; vgl. auch Johannes 1, 1 mit 1, 14; Hebräer 1,
8-9) bzw. »(eingeborener) Sohn Gottes« (Matthäus 11, 27; Markus 3,
11; Johannes 1, 14 und 18; 3, 16 und 18; Apostelgeschichte 13, 33;
Römer 1, 3-4 u.ö.) bekannt wird. Ebenso besteht zwischen dem
Heiligen Geist und Gottvater eine enge Beziehung (vgl. z.B. Matthäus 28, 19; Römer 1, 4 sowie die Worte vom »Tröster« in Johannes 14, 16 und 26; 15, 26; 16, 7). Die Auseinandersetzungen führen
auf den ersten beiden »Ökumenischen Konzilien« (Bischofsver-
sammlungen der Gesamtkirche) in Nizäa 325 und Konstantinopel
381 zur Herausbildung der Trinitätslehre (Dreifaltigkeitslehre). Ab-
weichende theologische Meinungen werden verurteilt und zunehmend auch verfolgt und unterdrückt.

Die Bestimmung des Verhältnisses zwischen Vater, Sohn und
Geist wirft die neue Frage auf, inwiefern denn Christus gleichzeitig
Gott und Mensch sein könne und wie das Verhältnis von Gott und
Mensch in Christus zu denken sei. Diese Frage wird auf dem dritten
und vierten Ökumenischen Konzil (Ephesus 431 bzw. Chalkedon

451) einer weitgehenden Klärung zugeführt, die aber nicht alle Kirchen akzeptieren. Es kommt daher in der Folgezeit zur Abspaltung einer Reihe orientalisch-orthodoxer Kirchen (heute: Armenisch-apostolische Kirche [Armenien], Koptisch-orthodoxe Kirche [Ägypten], Äthiopisch-orthodoxe Kirche [Äthiopien], Syrisch-orthodoxe Kirche [Syrien], Malankarische syrisch-orthodoxe Kirche [Indien]). Zu den führenden Theologen der Frühzeit, die man auch gerne »Kirchenväter« nennt, weil sie für die Entwicklung der Theologie und Kirche grundlegend gewesen sind, zählen u.a. Origenes († 253), Basilius von Cäsarea (329/30-378), Gregor von Nazianz († ca. 390), Gregor von Nyssa († vor 400), Johannes Chrysostomus (349-407) und Augustin (354-430).

Gleichzeitig vergrößert sich die Kluft zwischen der griechischsprachigen Kirche im Osten des Römischen Reiches mit ihren Zentren (»Patriarchaten«) Konstantinopel, Alexandrien und Antiochien und der lateinischsprachigen Kirche im Westen und Süden (Nordafrika) mit ihrem Zentrum in Rom. Diese Entwicklung wird durch den Untergang des Weströmischen Reiches im 5. Jahrhundert beschleunigt. Es bildet sich in einem langen Prozeß die lateinische Kirche des Mittelalters um das Papsttum in Rom sowie die Orthodoxe Kirche um den Patriarchen von Konstantinopel heraus. Die Christianisierung der Franken seit 500 und Missionsunternehmungen aus Irland und England, wohin das Christentum schon sehr früh gelangt war, führt zum Anschluß der Völker West- und Mitteleuropas an die lateinische Kirche. Das Patriarchat in Konstantinopel missioniert hingegen im Einflußbereich des Byzantinischen Reiches in Mittel- und Osteuropa. Unter byzantinischem Einfluß entstehen im Laufe der Jahrhunderte etwa ein Dutzend Nationalkirchen, die schließlich von Konstantinopel rechtlich unabhängig (»autokephal«) werden und heute noch existieren. Sie verstehen sich gleichwohl alle als Teil der »Orthodoxen Kirche« und erkennen die geistliche Autorität des Ökumenischen Patriarchen in Konstantinopel (Istanbul) in unterschiedlichem Maß an.

Kirchengeschichtlich bedeutsam wird im Mittelalter das Mönchtum. Es hat seine Wurzeln im 3./4. Jahrhundert. Von einzelnen

2. Glauben

Einsiedlern und Mönchsgemeinschaften in Ägypten und Palästina wächst es zu einer Größe heran, die Gesellschaft, Politik und Theologie weithin bestimmt.

Im Abendland haben die Orden, die nach den Mönchsregeln Benedikts von Nursia (ca. 480/90?-ca. 555/60?) und Augustins organisiert sind, zunächst den größten Einfluß. Sie werden mehrfach neu organisiert, etwa in den Reformen, die von den burgundischen Klöstern Cluny (Cluniazenser, 10./11. Jahrhundert) und Cîteaux (Zisterzienser, 12. Jahrhundert) ausgehen. Im 13. Jahrhundert entstehen außerdem die großen Orden der Bettelmönche, v.a. die Franziskaner und Dominikaner, im 16. Jahrhundert kommen die Jesuiten hinzu. In der Neuzeit hat das Mönchtum viel von seiner einstigen Bedeutung verloren.

Während das Verhältnis zwischen Staat und Kirche im orthodoxen Christentum traditionellerweise eng ist, kommt es im Westen im Mittelalter zu teilweise erbitterten Auseinandersetzungen zwischen dem Papst und den europäischen Führungsmächten. Das Papsttum ist außerdem zeitweise gespalten (z.B. im sogenannten »Großen abendländischen Schisma« 1378-1415; Schisma = Kirchenspaltung). Im Hochmittelalter (ca. 1100-ca. 1300) werden die großen theologischen Systeme der Scholastik verfaßt (berühmtester Theologe: Thomas von Aquin, 1225-1274). Es entsteht eine weitgehend einheitliche Liturgie. Die Siebenzahl der Sakramente bildet sich heraus: Taufe, Firmung (Konfirmation), Eucharistie (Abendmahl), Buße, Letzte Ölung, Ordination (Priesterweihe), Ehe (Trauung). Die Transsubstantiationslehre (Verwandlung der Substanzen von Brot und Wein beim Abendmahl in Fleisch und Blut Christi) wird auf dem 4. Laterankonzil 1215 festgeschrieben.

Mißstände innerhalb der katholischen Kirche, aber auch bestimmte theologische und politische Entwicklungen führen seit etwa 1517 zuerst in Deutschland (Martin Luther, 1483-1546), später dann in der Schweiz (Ulrich Zwingli, 1484-1531, in Zürich, Johannes Calvin, 1509-1564, in Genf) und Frankreich sowie in weiteren europäischen Ländern zu Versuchen, die Kirche grundlegend zu reformieren. Die Haupteinwände richten sich gegen die Praxis der Buße, gegen die mittelalterliche Scholastik, die Abendmahlslehre und die Macht des Papstes. Die Zahl der Sakramente wird in den evangelischen Kirchen schließlich auf zwei (Taufe und Abendmahl) reduziert. Diese »Reformation« scheitert insofern, als das erstrebte Ziel nur teilweise erreicht wird und sich eine eigene evangelische Konfession herausbildet, die heute in sich mehrfach untergliedert ist (v.a. »Lutheraner« im Anschluß an Luther und »Reformierte« im Anschluß an Zwingli/Calvin). In Deutschland kommt es im 19. Jahrhundert in mehreren Territorien zu Unionen zwischen Lutheranern und Reformierten, was zur Entstehung verschiedener »unierter« Landeskirchen führt.

Dem Katholizismus gelingt auf dem Konzil von Trient (1545-1563) die Konsolidierung und die weitere Ausgestaltung der katholischen Lehre. Der Einfluß des Papsttums gipfelt im Dogma von der Unfehlbarkeit (d.h. der Irrtumslosigkeit des Papstes bei der Verkündung von Dogmen) auf dem 1. Vatikanischen Konzil 1869-1870. Reformbestrebungen, vor allem von Papst Johannes XXIII. (1958-1963), führen zum 2. Vatikanischen Konzil (1962-1965), das auf allen Gebieten des katholischen Lebens und der katholischen Lehre neue Impulse gibt, die aber bis heute nicht vollständig umgesetzt sind.

Eine Sonderentwicklung nimmt die Reformation in England und dessen überseeischen Kolonien, wo sich infolge der Loslösung der englischen Kirche von Rom unter König Heinrich VIII. (1509-1547) im Laufe der Zeit die anglikanische Kirchengemeinschaft herausbildet.

Neben diese großen Konfessionen (römisch-katholische, evangelische, anglikanische und orthodoxe Kirchen) sind – vor allem seit dem 16. Jahrhundert – eine Vielzahl weiterer christlicher Kirchen (oft »Freikirchen« genannt) getreten, zu denen u.a. die Mennoniten, Baptisten und Methodisten zählen.

Seit dem 16. Jahrhundert breitet sich die Kirche in verstärktem Maße auch in den überseeischen Kolonien aus. In Nordamerika und Australien entsteht durch Auswanderung aus Europa eine Vielfalt unterschiedlicher christlicher Gruppierungen. In Lateinamerika,

2. Glauben

Afrika und Asien werden von den europäischen Konfessionen Missionskirchen aufgebaut.

Die meisten christlichen Kirchen (mit Ausnahme der römisch-katholischen Kirche) haben sich seit dem Zweiten Weltkrieg im Ökumenischen Rat der Kirchen mit Sitz in Genf zusammengeschlossen (332 Mitgliedskirchen aus über 100 Ländern). Heute bekennt sich etwa ein Drittel der Weltbevölkerung zum Christentum (zum Vergleich: Muslime ca. 17,6%, Hindus 13,3%, Buddhisten 5,7%, Stand: 1993).

Die Geschichte des Christentums ist voller Licht und Schatten. Es gehören dazu die Kreuzzüge mit ihren Kriegen gegen Andersgläubige, die Inquisition, die viele Menschen als Ketzer und Hexen auf den Scheiterhaufen brachte, und das weitgehende Versagen der Kirchen in der Zeit des Nationalsozialismus angesichts der systematischen Ermordung von Millionen Juden und anderen. Nicht vergessen darf man darüber aber, daß die Kirchen u.a. maßgeblich zum Aufbau eines funktionierenden Armen- und Gesundheitswesens beigetragen haben, daß ihr unauffälliger Widerstand den Sturz von Diktaturen beschleunigte und daß aus ihren Reihen Märtyrer und Märtyrerinnen kamen, die für ihren Glauben und für ihren Einsatz für mehr Menschlichkeit gestorben sind. Ohne die Kirchen wäre die gute Nachricht von der Liebe Gottes zu den Menschen in Jesus Christus nicht in der Welt verbreitet worden.

Wolfram Kinzig

Herbert Gutschera/Joachim Maier/Jörg Thierfelder, Kirchengeschichte – ökumenisch, 2 Bände, Mainz/Stuttgart 1995; *Owen Chadwick*, Die Geschichte des Christentums, Stuttgart 1996.

Das war wie eine Offenbarung – so rufen wir vielleicht aus, wenn wir etwas erlebt haben, das noch nie da gewesen ist oder das wir als ganz anders empfinden: etwas, das uns über alle bisherigen Eindrücke und Vorstellungen hinaus ergriffen hat. Plötzlich sehen oder hören wir dann auch, was uns bekannt und vertraut schien, völlig neu.

Offenbarung hat es mit »Aufdecken«, ja sogar mit Aufreißen zu tun. Da wird durchbrochen und geöffnet, was vorher verschlossen und unbekannt war. Kund wird, was uns selber verwandelt. Es geht nicht bloß zum einen Ohr hinein und zum anderen heraus. Es wird auch nicht irgendwo in unserem Gehirn abgelegt. Nein, wir sind ganz dabei, zugleich aber ist »etwas anderes« mit uns geschehen – und jetzt sind wir nicht mehr die, die wir waren. Das beschränkt sich nicht nur auf eine neue Einsicht, ein neues Wissen – dies alles mag zu »Offenbarung« gehören. Doch es füllt nicht nur unseren Kopf aus, sondern es erfüllt auch unser Herz, es wischt uns die Augen frei und schärft das Gehör, ja, es schenkt einen neuen Sinn für Dinge, auch für Alltägliches, das uns jetzt ganz anders schmeckt als zuvor.

Dies alles und weitaus mehr ist jedenfalls mit »Offenbarung« im biblischen Sinne gemeint. *Gott selber macht sich uns kund* – und damit wird uns auf einmal klar, wie es um uns steht, erschreckend und unfaßbar beglückend zugleich. *Wenn wir vor Gott offenbar werden*, dann wird jede Selbsttäuschung zerbrochen, alle Lebenslügen fallen ab wie verbrauchte Kleider, mit denen wir uns vor Gott und vor anderen Menschen verhüllen wollten, vielleicht sogar vor uns selbst.

Offenbarung ist oft als eine Mitteilung ganz besonderer Art verstanden worden, manchmal sogar als ein Geheimwissen, das nur wenige Eingeweihte verstehen können. Auf diese falsche Spur könnte es uns führen, wenn wir »Offenbarung« bloß von dem biblischen Buch her begreifen wollten, das diesen Titel trägt: das letzte Buch der Bibel, die »Offenbarung des Johannes«. Da erzählt ein »Seher«, daß er unerhörte und unfaßbare Geheimnisse geschaut hat, daß er Klänge hörte, die ihm Himmel und Erde erschlossen und ihn mitgerissen haben: schreckliche Töne weltlicher Gewalt – und zugleich die Anbetung derer, die vor Gott stehen. Daß Jesus Christus durch seinen Tod gesiegt hat und herrscht, obwohl ganz andere Machthaber auf Erden ihr grausames Spiel treiben, und daß Gott kommen wird, um bei den Menschen zu wohnen, daß er ihre Tränen abwischen wird und »alles neu macht« (Offenbarung 21, 3-5). Diese volle und ganze Wirklichkeit ist »Offenbarung«, nicht etwa das verschlüsselte Wissen um künftige Dinge, eine Kunde, die in Geheimschrift sorgsam gehütet werden müßte.

Offenbarung heißt auch: Gottes Wirklichkeit liegt nicht auf der Hand. Gott offenbart sich, indem er kommt und da ist, indem er kundtut, wer er ist, was er will und was er tun will. Er offenbart, daß er Gott ist – nicht irgendein anderer. Indem er sich mitteilt, bleibt er Gott, er läßt sich nicht greifen und begreifen. Wenn er sich uns kenntlich macht, verhüllt er zugleich seine Gottheit, denn sie könnten wir nicht ertragen. In einer Wolken- und Feuersäule begleitet er Israel auf gefahrvollem Wege (2. Mose 13, 21). Mose darf ihn einmal sehen, nachdem Gott vorübergegangen ist und nachdem Gott ihn vor seiner eigenen vollen Gegenwart geschützt hat (2. Mose 33, 20-23). Anschauen läßt er sich nicht.

Gott, den niemand gesehen hat, den niemand erfassen und fassen kann: Er gibt sich uns in der Gestalt Jesu Christi zu erkennen. *Christus ist der Offenbarer*; in ihm ist Gott gegenwärtig. Er sagt uns, wer Gott ist: der Gott, den wir als »unseren Vater« anrufen dürfen. Jesus Christus handelt in Gottes Namen. Er will, was Gott will. Sein ganzes Leben und Sterben besteht darin, Gott allein Raum zu lassen. Darum ist seine Geschichte Offenbarung für alle Menschen in allen Zeiten und zu allen Orten.

Doch gerade diese Geschichte, die zum Kreuz führt, bleibt befremdlich bis zum Äußersten, auch denen, die meinen, Jesus nahezustehen. Stirbt Jesus von Gott verlassen? Oder handelt Gott an dem Toten und offenbart sich so: in der Auferweckung Jesu, die doch wieder alles andere als augenscheinlich ist? Schaut dies nicht viel eher danach aus, daß Gott sich hier vollends verhüllt und verbirgt?

»Wahrhaftig, du bist ein *verborgener* Gott, du Gott Israels, der Retter« (Jesaja 45, 15): Dies haben Juden und Christen immer wieder erfahren, gerade dann, wenn ihnen Gottes Handeln in seiner Eigenart widerfuhr. Verborgen handelt Gott, weil dies die Art und Weise ist, in der er in all seiner Macht und Deutlichkeit wirken will. Doch dies deckt sich nicht mit unseren Vorstellungen von »Macht«, es ist nicht so durchsichtig, wie wir es gerne hätten. Es ist eine Rettung und ein Heil, das unseren Wünschen und Hoffnungen völlig gegen den Strich gehen kann. Gott ist nicht so verborgen, daß er im Hintergrund die Fäden zieht, an denen die ganze Welt zappelt – dann wäre »Offenbarung« wie ein Blick hinter den Vorhang eines Theaters.

Und Gott hat auch nicht zwei Gesichter: ein offenkundiges Gesicht, das sich uns gütig zuwendet, und ein verdecktes Gesicht, wenn er sich zornig abwendet. Dann wäre Gottes Offenbarung ein heilvolles Wirken, bei dem wir auch manches Unheilvolle in Kauf nehmen müßten. Nein, Gottes Offenbarung zeigt uns nicht nur, daß wir niemals bis in die Ferne Gottes ausgreifen können, auch nicht in unseren höchsten Gedanken – sie sagt uns auch, daß wir Gott ferngerückt sind. Gott versteckt sich nicht – wir haben uns vor ihm versteckt wie Adam und Eva im Paradies. Nur sehen wir dies meistens nicht, und wir wollen es wohl gar nicht wahrhaben. Es muß uns Menschen offenbar werden, daß wir uns von Gott davonstehlen. Daß wir in Lüge und Selbstbetrug leben, so sehr in uns verschlossen, daß es einer Offenbarung bedarf, damit wir uns selber wahrhaft ansichtig werden.

Darum deckt Gottes Offenbarung unsere verlorene Menschlichkeit auf. Und sie schenkt zugleich das Leben, »das verborgen ist mit Christus in Gott« (Kolosser 3, 3). Offenbarung tut weh. Das erfahren Menschen freilich erst dann, wenn ihre Zerrissenheit aufgedeckt wird und wenn sie verändert werden.

2. Glauben

Kunde von Gottes Offenbarung finden wir in der Bibel, wenn wir sie in der Erwartung hören und lesen, daß Gott durch ihre Worte, Geschichten und Gebete unsere Geschichte aufdecken und sich hier bemerkbar machen will. Immer wieder haben Menschen, auch Christinnen und Christen, gemeint, dies sei zu wenig oder nur für wenige Menschen ausreichend. Viele fragten: Offenbart sich Gott nicht auch in der Natur, in ihrer staunenswerten Entwicklung, in ihrer wunderbaren Verläßlichkeit, in der unfaßbaren Weite des Weltraumes? Andere meinten, Gott offenbare sich besonders in der Geschichte. Denn in Katastrophen können Menschen wieder zur Besinnung kommen und sich zu Gott wenden. In einmaligen Gelegenheiten scheint es, als wehe Gottes Atem uns an. Und an Höhe- und Wendepunkten können Menschen sich so erhoben fühlen, daß sie meinen, genau sagen zu können, wo Gott seine Spuren hinterlassen hat und wie lange er untätig zusah, bis er wieder eingriff.

Solche Gedanken können leicht irreführen. Gewiß offenbart sich Gott weit häufiger und vielseitiger, als wir ahnen. Das sagt er selber, wie wir aus der Bibel immer wieder erfahren. Doch seine Wirklichkeit ist nicht in einer Geheimschrift erfaßt, zu der wir nur einen Schlüssel brauchten, damit wir sie entziffern und mit unserer Sehkraft als Klartext lesen könnten. Es braucht erleuchtete Augen, damit Gottes Spuren sich als Hinweis auf seine Verborgenheit zeigen. Mehr noch: Unsere Blindheit muß durchbrochen werden, damit wir Gottes Wirken sehen, das immer schon um uns herum und an uns geschieht, ohne daß wir es bemerken. Darum gehört es zur Hoffnung des Glaubens, daß wir dann, wenn Gott uns endgültig zu sich ruft, uns so sehen, wie wir wirklich gewesen sind und was von unserem gelebten Leben bleibt: aufgenommen und aufgehoben in Gottes Offenbarung.

Gerhard Sauter

Gerhard Sauter, Zugänge zur Dogmatik. Elemente theologischer Urteilsbildung, Göttingen 1998.

Soissons, Evangeliar St. Médard: *Der Evangelist Johannes*, Palastschule Aachen, um 800; Bibl. Nat. Mus., Paris.

Bücher waren im Mittelalter kostbare Unikate, der Bibel als Buch kam aufgrund ihrer religiösen Bedeutung eine besondere Stellung zu, den für den liturgischen Gebrauch bestimmten Werken eine nochmals herausgehobene Rolle. Sie sind daher häufig prachtvoll illustriert; Blattgold und Farbpigmente stellen zugleich einen materiellen Wert dar.

Mit der karolingischen Renaissance kam es zur ersten künstlerischen Antikenrezeption im Mittelalter. In der Buchmalerei spiegelt sich diese u.a. in der Figurengestaltung und den Architekturelementen. Das Johannes-Blatt des Evangeliars aus der Aachener Hofschule präsentiert den Evangelisten mit seinem Symbol, dem Adler, und dem aufgeschlagenen Buch auf seinem Schoß in einem Rahmen, der aus einer Säulen- und Bogenarchitektur gebildet wird. Die im Bild selbst dargestellte quasi-räumliche Stadtmauer-Architektur verweist auf das himmlische Jerusalem.

Altes Testament

Das Wort »Testament« entstammt der lateinischen Sprache (»testamentum«) und bedeutet dort »letzter Wille« oder »Vermächtnis«; im religiösen Bereich kann es auch mit »Bund« wiedergegeben werden. »Altes Testament« als Bezeichnung für die Sammlung und Zusammenstellung von im Judentum entstandenen Einzelschriften weist somit zunächst einmal auf den in diesen Schriften sehr häufig als zentrale theologische Aussage erwähnten Bund hin, den Gott entweder mit Einzelpersonen (Noah, Abraham) oder aber mit dem ganzen Volk Israel geschlossen hat.

Obwohl das Alte Testament selbst zwar nicht dem Wortlaut, aber doch dem Textsinn nach schon zwischen altem und neuem Bund unterscheidet (Jeremia 31, 31ff.), ist der Begriff »Altes Testament« doch vom christlichen Selbstverständnis her geprägt worden, um dadurch den in den Schriften des Alten Testaments bezeugten alten Bund von dem durch Christi Blut gewährten und im Neuen Testament verkündeten neuen Bund abzusetzen.

Inwiefern die fest geprägte Bezeichnung »Altes Testament« weiterhin als ein zutreffender Begriff gelten kann oder ob für »Altes Testament« besser ein neues Wort – etwa »Erstes Testament« oder »Hebräische Bibel« – verwendet werden sollte, mag hier dahingestellt bleiben. Da aber das Alte Testament einen Gott bezeugt, der Menschen anredet, der sich von Menschen anreden läßt, der an ihnen heilvoll handelt, der sie durch ihre Lebensgeschichte führt und der im Neuen Testament als Gott und Vater Jesu Christi gesehen wird, muß das Alte Testament, das ja schon in großen Teilen auch Heilige Schrift Jesu und der ersten Christen war, notwendiger und unverzichtbarer Teil der christlichen Bibel bleiben.

Umfang. Wer einen Blick in die Bibelübersetzungen wirft, die aus reformatorischer Tradition kommen (Lutherbibel, Zürcher Bibel), findet dort 39 alttestamentliche Schriften, hingegen enthält das katholische Alte Testament – wie etwa die im Auftrag der katholischen Bischöfe und nur hinsichtlich der Psalmen und des Neuen Testaments auch im Auftrag des Rates der Evangelischen Kirche herausgegebene Einheitsübersetzung – eine ganze Reihe von Schriften mehr, unter anderem etwa die beiden Makkabäerbücher, das Buch Judith oder das Buch Jesus Sirach. Das hat seinen Grund darin, daß es schon vom 3./2. vorchristlichen Jahrhundert an zwei Fassungen des Alten Testaments gab: Die eine war die in hebräischer und an wenigen Stellen in aramäischer Sprache niedergeschriebene und vorwiegend im palästinensischen Raum benutzte, die andere die im Griechisch sprechenden Diasporajudentum entstandene griechische Übersetzung des hebräisch-aramäischen Textes, die aber zugleich auch eine Erweiterung um jene Bücher war, die im dortigen Sprachraum nur in griechischer Sprache abgefaßt worden waren. Diese Übersetzung und Erweiterung des hebräischen Alten Testaments nennt man Septuaginta (abgekürzt LXX = 70), weil eine Entstehungslegende von 70 (72) Gelehrten erzählt, die den Anfangsteil dieses Werkes – die Thora – unabhängig voneinander und doch im Wortlaut übereinstimmend übersetzt haben sollen.

Während nun die reformatorischen Kirchen nur die hebräische Fassung als Heilige Schrift des Alten Testaments anerkannten – Luther hat allerdings die über die Anzahl dieser Fassung hinausgehenden Schriften seiner Bibel als Anhang beigefügt (= Apokryphen, d.h. verborgene, nicht öffentlich benutzte Schriften) –, hat sich die katholische Kirche in Übereinstimmung mit der lateinischen Übersetzung (= Vulgata, d.h. in der damaligen Kirche allgemein verbreitete Bibelausgabe) der griechischen Fassung angeschlossen. Die beiden großen christlichen Konfessionen haben also bis heute vom Grundsatz her hinsichtlich des Umfangs ein unterschiedliches Altes Testament.

Struktur und Entstehung des Alten Testaments als Sammlung einzelner Schriften. Im evangelischen Bereich wird das Alte Testament traditionell in Geschichtsbücher, Lehr- oder poetische Bücher und prophetische Bücher eingeteilt (vgl. die Inhaltsverzeichnisse der Bibeln). Das Judentum hingegen unterscheidet: die Thora (5 Bücher Mose), die frühen (Josua, Richter, 1./2. Samuelis, 1./2. Könige) und späten Propheten (Jesaja, Jeremia, Ezechiel und die 12 kleinen Propheten) und die Schriften (alle übrigen Bücher).

Ganz abgesehen davon, daß die einzelnen alttestamentlichen Bücher zu sehr unterschiedlichen Zeiten und in verschiedenen Gegenden entstanden und zum großen Teil aus wiederum zeitlich und geographisch unterschiedlich gewachsenen Quellen zusammengesetzt sind, war die Aufnahme in den Kanon, d.h. die Anerkennung als heilige Schriften, die für Glauben und Leben verbindlich sein sollten, für die Thora und die Propheten gegen Beginn des 2. vorchristlichen Jahrhunderts abgeschlossen und die Kanonisierung des Alten Testaments im heutigen Umfang zur Wende vom 1. zum 2. nachchristlichen Jahrhundert – also erst einige Jahrzehnte nach dem Tode Jesu – beendet.

Die Geschichtsbücher. Diese überwiegend erzählende Literatur besteht aus drei großen zusammenhängenden Komplexen (1.-5. Mose – die für diese Bücher gebräuchlichen lateinischen Namen sind: Genesis, Exodus, Leviticus, Numeri, Deuteronomium –; Josua, Richter, 1./2. Samuelis, 1./2. Könige; 1./2. Chronik, Esra, Nehemia) und zwei Einzelschriften (Ruth, Esther).

Nach den Erzählungen der Urgeschichte (1. Mose 1-11) gewähren die Geschichtsbücher einen Überblick über Israels von Gott geleitetes Ergehen von den Anfängen der Stämmewanderungen bis zum babylonischen Exil (587/86 v. Chr.) und darüber hinaus bis in die Zeit der Rückkehr der Verbannten nach Palästina und in die Epoche des Wiederaufbaus von Jerusalem (5./4. Jh. v. Chr.).

Dabei wurden immer wieder theologische Kernaussagen in den Mittelpunkt der Darstellung gesetzt: Gott gewährt den Bund (Noah, Abraham, Volk, David), Gott verheißt den wandernden Nomaden ein fruchtbares Land (Abraham, Mose), Gott befreit aus der Knechtschaft Ägyptens (Mose), Gott gibt Verhaltensregeln für ein gelingendes Leben in der Gemeinschaft (Zehn Gebote), Gott läßt seine Landverheißung in Erfüllung gehen (Josua), Gott straft den Abtrünnigen und gewährt den Bußfertigen Gnade (Richterbuch), Gott verheißt der Davidsdynastie ewigen Bestand (2. Samuel 7),

Gott verwirft wegen Untreue und läßt den Nordstaat Israel und das Südreich Juda untergehen (Königsbücher) und schenkt schließlich erneut Befreiung aus der Unterdrückung durch Babylonien (Nehemia, Esra).

Die Bücher der Weisheit. Eine besondere Gruppe von Schriften bildet innerhalb des Alten Testaments die sogenannte Weisheitsliteratur. Dazu zählen das Buch Hiob, die Sprüche Salomos und der Prediger Salomo sowie aus den alttestamentlichen Liedersammlungen einige Psalmen (etwa Psalm 1, 37, 49) und – wenn man die Aussagen als Lehre über den Wert und die Würde der Liebe interpretiert – auch das Hohelied.

Während in den angeführten kanonischen Büchern lediglich innerhalb der Schriften immer wieder auf die Weisheit oder die Weisen hingewiesen wird (vgl. etwa Hiob 28, 12 und 18; Sprüche 1, 2 und 20; 22, 17; Prediger 9, 13), trägt im Bereich der Apokryphen sogar ein ganzes Buch einen entsprechenden Titel: Weisheit Salomos bzw. Buch der Weisheit.

Ihren Namen hat diese Weisheitsliteratur wohl daher, daß einmal in ihr ganz direkt von der Weisheit und den Weisen geredet wird und zum anderen in dieser Literaturgattung überwiegend aus dem praktischen Leben gewonnene Lebensweisheiten und auf das Alltagsleben zielende Lebensregeln – häufig in Form von Sprichwörtern – überliefert werden. Dabei steht der Mensch mit seinem Ergehen und Verhalten ganz im Mittelpunkt der Überlegungen.

Die Aussagen weisheitlichen Denkens sind vielfältig und reichen von einfachen Verhaltensregeln bis hin zur reflektierten Ethik. Einige Kernpunkte sind Auseinandersetzungen mit der Frage nach dem Zusammenhang von Tun und Ergehen im Leben eines Menschen, dem Verhalten in Not- und Leidenssituationen sowie der Ursache, dem Sinn und dem Zweck des Leides (Hiob, Sprüche).

Daneben finden sich immer wieder in verschiedenster Form Aufforderungen zur Gottes- und Nächstenliebe, die als Grundsätze der menschlichen Lebensführung vor Augen gestellt werden (Sprüche), und Mahnungen, die Menschen trotz aller Nichtigkeit des Daseins zur Ehrfurcht vor Gott führen sollen (Prediger). Schließlich besingt das Hohelied eine Liebe zwischen Mann und Frau, der jenseits aller seelenlosen Sexualität Gottes Kraft innewohnt.

Die Propheten. Das Wort »Prophet« kommt aus der griechischen Sprache und bedeutet »für jemanden reden« oder »im Auftrag von jemandem sprechen«. Die hebräische Sprache gebraucht dort, wo sie vom Propheten redet, sehr häufig das Wort nabi, das wahrscheinlich mit »Berufener« zu übersetzen ist. Wenn man nun beide Bedeutungen kombinieren darf, dann ist ein Prophet ein Berufener, der im Auftrag des Berufenden eine Nachricht weitersagt. Ganz in diesem Sinn haben sich denn auch die alttestamentlichen Propheten als von Gott Berufene verstanden, wenn sie ihre Botschaft oft mit der Formel »so spricht der Herr« einleiteten (Amos 1f.).

Die im Alten Testament unter den prophetischen Büchern genannten Prophetengestalten werden auch als Schriftpropheten bezeichnet, weil ihre Aussagen aufbewahrt, gesammelt und in eigenen Schriften zusammengestellt wurden. Die wichtigsten von ihnen sind geographisch und zeitlich wie folgt einzuordnen: Im Nordreich Israel – besonders in den Orten Bethel und Samaria – wirkten Amos (um 760 v. Chr.) und Hosea (zwischen 750 und 725 v. Chr.); in und um Jerusalem (Südreich Juda) traten Jesaja (Jesaja 1-39) von etwa 740 bis 701 v. Chr., etwa zeitgleich Micha und ab ca. 630 - 587/86 v. Chr. mit wenigen weiteren Jahren in Ägypten Jeremia auf; in Babylonien verkündigten zu Beginn des Exils Ezechiel (um 580 v. Chr.) und gegen Ende (um 540 v. Chr.) Deuterojesaja (der zweite Jesaja, dessen Worte im Jesajabuch Kap. 40-55 zusammengestellt sind) ihre Botschaft.

Die Verkündigungsinhalte der Propheten sind vielfältig, lassen sich aber kurz wie folgt zusammenfassen. Die vorexilischen Propheten setzten sich in einem großen Teil ihrer Aussagen kritisch mit den politischen, sozialen und religiösen Verhältnissen ihrer Zeit auseinander und klagten gravierende Mißstände an. Daher dominierte bei ihnen, wenn sich die angeprangerten Umstände nicht ändern sollten, die Erwartung bevorstehenden Unheils. Dabei gaben sie situationsbedingt je unterschiedliche Begründungen für das erwartete und als Folge von Israels Schuld gedeutete Gericht Gottes an:

neben der Beanstandung einer Gott nicht gefälligen Kultpraxis über-
wog bei Amos der Vorwurf der Mißachtung des von Gott für die
Gemeinschaft gesetzten Rechts, Hosea und Jeremia sahen als Grund
eher die Untreue des Volkes gegenüber Gott, die sich in der Verehrung anderer Götter zeigte, und Jesaja führte – anstatt auf Gottes
Macht zu setzen – das in Konfliktsituationen sich entwickelnde
Vertrauen auf die Stärke anderer Völker an.

Diese negative Zukunftserwartung war aber nicht das letzte Wort
der Propheten. So sah etwa Hosea als Ziel des Gerichts die Umkehr
Israels und damit die Möglichkeit für einen Neuanfang. Während
Jesaja für die Zukunft unter einem König aus der Dynastie Davids
die endgültige Aufrichtung der Gottesherrschaft erwartete, gab Jeremia vor allem in der Ankündigung eines neuen Bundes seiner Hoffnung Ausdruck. Auch die Propheten der Exilszeit rechneten mit
einer Gott wohlgefälligen kultischen Neuordnung (Ezechiel) und
einer glorreichen Rückkehr aus Babylonien (Deuterojesaja), primär
verbunden mit von Gott geschenktem künftigen Wohlergehen für
Israel. Als Grund für diese positive Erwartung für die Zeit nach
dem Gericht nannten sie die Liebe (Hosea), die Heiligkeit (Jesaja),
die Bundestreue (Jeremia), die Ehre (Ezechiel) und die Einzigartig-
keit (Deuterojesaja) Gottes, der nichts anderes will als Israels Heil.

Hans-Alwin Wilcke

Werner H. Schmidt u.a., Altes Testament. Grundkurs Theologie 1,
Stuttgart 1989; *Hans-Alwin Wilcke*, Grundzüge der Geschichte Israels (ABC AT 3), Essen 1990.

Die Zehn Gebote

Das erste Gebot
Ich bin der Herr, dein Gott.
Du sollst nicht andere Götter haben neben mir.

Das zweite Gebot
Du sollst den Namen des Herrn, deines Gottes,
nicht unnütz gebrauchen;
denn der Herr wird den nicht ungestraft lassen,
der seinen Namen mißbraucht.

Das dritte Gebot
Du sollst den Feiertag heiligen.

Das vierte Gebot
Du sollst deinen Vater und deine Mutter ehren,
auf daß dir's wohlgehe und du lange lebest auf Erden.

Das fünfte Gebot
Du sollst nicht töten.

Das sechste Gebot
Du sollst nicht ehebrechen.

Das siebente Gebot
Du sollst nicht stehlen.

Das achte Gebot
Du sollst nicht falsch Zeugnis reden wider deinen Nächsten.

Das neunte Gebot
Du sollst nicht begehren deines Nächsten Haus.

Das zehnte Gebot
Du sollst nicht begehren deines Nächsten Weib,
Knecht, Magd, Vieh noch alles, was sein ist.

3. Bibel

Die Bibel macht sich keine Illusionen über den Menschen, sieht ihn und sein Handeln im Lebenszusammenhang eher nüchtern-realistisch. Nach biblischer Erzählung begeht schon die zweite Generation der Menschheit, Kain, einen Mord. Das Alte Testament verschweigt die nicht-vorbildhaften Seiten der Vorbilder, etwa Abrahams, Jakobs, Moses oder Davids nicht. Erst recht äußern sich die Propheten kritisch.

Entsprechend sind die Zehn Gebote kein Weg zum Heil: Das Einhalten, Befolgen der Gebote führt nicht die Gemeinschaft mit Gott herbei; sie ist vielmehr vorgegeben. Die Zehn Gebote setzen an ihrer Stelle (2. Mose 20; 5. Mose 5) bereits Gottes Zusage wie Erfahrungen der Rettung voraus, erinnern an die geschenkte Freiheit, bezeugen vor aller Forderung in Gottes Ichrede »dein Gott« und verstehen so die Gebote als eine sich aus der gewährten Gemeinschaft ergebende Folgerung. Sie formuliert (in der »ersten« Tafel) Wesensmerkmale des Glaubens und eröffnet (in der »zweiten« Tafel) einen Lebensraum, ein menschliches Miteinander mit einer Freiheit, die sich um des Nächsten willen auch selbst begrenzt.

Die Zehn Gebote sind oben in der Fassung Martin Luthers nachzulesen.

Das erste Gebot schärft von der Einsicht aus: »Einen Helfer außer mir gibt es nicht« (Hosea 13, 4; Jesaja 43, 11; Jeremia 2, 13) die Ausschließlichkeit des Glaubens ein. So ist die Zuwendung zu anderen Mächten ausgeschlossen, und das Verhalten zu Gott soll ungeteilt sein: »Gott lieben von ganzem Herzen« (5. Mose 6, 5; vgl. 1. Mose 17, 1; Matthäus 5, 48).

Das – im Alten Testament – zweite Gebot »Du sollst dir kein Bild machen« verbietet keineswegs jede Kunst, sondern die Anfertigung und Verehrung von Gottesbildern und will damit die Unterscheidung zwischen Gott und Welt sowie Gottes Freiheit gegenüber menschlichen Vorstellungen wahren: Er ist unvergleichlich (Jesaja 40, 18 und 25).

Bilder der Sprache sind nicht ausgeschlossen, werden vielmehr häufig benutzt (Psalm 103, 13: »Wie ein Vater ...« oder eine Mutter, 5. Mose 32, 6 und 18; Jesaja 46, 3f.). Später bezog man das Verbot auf Bilder fremder Götter; so konnte es in Luthers Katechismus entfallen, zumal Christus »Bild« Gottes ist (2. Korinther 4, 4; Kolosser 1, 15).

Der Name Gottes ermöglicht die Anrufung Gottes im Gebet und eröffnet so Zugang zu Gott. Absicht des Gebotes ist es, den Namen als die offenbare, zugewandte Seite Gottes davor zu schützen, als Mittel menschlicher Selbstbehauptung zum Schaden des Nächsten, etwa durch Meineid, Fluch oder Zauber, benutzt zu werden. Gottes Name soll »geheiligt« werden (Jesaja 29, 23; Matthäus 6, 9).

Der Sabbat, der siebte Tag als Ruhe- bzw. Feiertag, ist mit der Wocheneinteilung ein alttestamentliches Erbe; er hat als soziale Einrichtung mehr oder weniger weltweit Geltung erhalten, auch wenn die Ruhe an verschiedenen Tagen eingehalten wird. Als Nachahmung der Ruhe Gottes nach der Schöpfung (1. Mose 2, 2f.) stellt der Mensch zeichenhaft die Begrenzung seines Handelns dar.

Die sog. zweite, ethische Tafel der Zehn Gebote möchte nicht eigentlich Werte wahren oder Normen vorschreiben, sondern ist auf den Schutz des »Nächsten« bedacht, mit dem man zusammenlebt oder zusammenleben muß.

Er soll ctwa in Bczug auf sein Leben, seine Freiheit, seine Ehe (d.h. seinen engeren, familiär-persönlichen Lebensraum) sowie sein Eigentum fremdem Zugriff entzogen werden.

Das Elterngebot, das wie die anderen Gebote im Alten Testament Erwachsene anredet, will nicht Autorität aufrichten, sondern die alt gewordenen Eltern schützen; ihnen soll fürsorglich-ehrfürchtig begegnet werden. Schon im Neuen Testament (Epheser 6, 1f.) wird das Gebot auf Kinder bezogen.

Das Gebot nimmt wohl deshalb die Spitzenstellung unter den sozialen Geboten ein, weil die Eltern die »nächsten Nächsten« eines jeden sind und zugleich die Glaubensüberlieferung weitergeben.

Das Verbot des Tötens bezieht sich von Haus aus (noch) nicht auf das von der Gemeinschaft bzw. Gesellschaft (Todesstrafe, Krieg) verantwortete, sondern auf das unrechtmäßige Töten von Menschen (1. Mose 9, 6; verschärft: Matthäus 5, 21ff.). Jedoch zielt die Hoffnung darüber hinaus auf eine Abschaffung des Krieges, ja das Ende allen Blutvergießens überhaupt (Jesaja 2, 4 = Micha 4, 3; Jesaja 9, 6; 11, 6ff.; Psalm 46, 10 u.a.); so entstammen die gängigen, bildkräftig-eindrücklichen Friedenssymbole dem Alten Testament: die (Friedens-)Taube, der Regenbogen, Schwerter zu Pflugscharen.

Das Gebot, welches das »falsche Zeugnis« verbietet, fordert nicht, immer und überall die Wahrheit zu sagen, sondern dort (insbesondere vor Gericht) nicht die Unwahrheit zu sagen, wo es dem Nächsten schaden kann. Es gibt Situationen, in denen sich Offenheit für die Betroffenen nachteilig auswirkt; so geben die Hebammen (2. Mose 1, 15ff.), die Gott mehr gehorchen als den Menschen (Apostelgeschichte 5, 29), nur ausweichend Auskunft.

Das zehnte Gebot schützt das »Haus« in doppeltem Sinn – die Familie wie den Grund und Boden (vgl. Micha 2, 2; in der Fassung 5. Mose 5, 21 ist die Frau gegenüber dem »Haushalt« herausgehoben). »Begehren« bezieht über äußere Machenschaften hinaus auch innere Regungen, das Denken und Wollen, ein (Sprüche 6, 25 »in deinem Herzen«; Matthäus 5, 27ff.).

Im Neuen Testament wie in der christlichen Theologie können die Zehn Gebote im Doppelgebot der Liebe – gegen Gott (5. Mose 6, 5) und den Mitmenschen (3. Mose 19, 18 und 34) – zusammengefaßt werden (Markus 12, 28ff.; Matthäus 19, 16ff.; Römer 13, 8ff. u.a.). So erscheinen sie als Konkretionen des Liebesgebots.

Werner H. Schmidt

Werner H. Schmidt/Holger Delkurt/Axel Graupner, Die Zehn Gebote im Rahmen alttestamentlicher Ethik (EdF 281), Darmstadt 1993; *Hans Jochen Boecker*, Wegweisung zum Leben, Stuttgart 2000.

Psalmen

Psalmen geben Lebenserfahrungen weiter, möchten in anderen Situationen nachsprechbar sein, so helfen, sie zu deuten und zu bestehen.

Die Psalmen reden in zwei Grundformen von Gott, die sich in unserem Gottesdienst mit dem hebräischen Halleluja »Lobt den Herrn!« und dem griechischen Kyrie eleison »Herr, erbarme dich!« bewahrt haben. Die erste Form spricht von Gott in dritter Person, die zweite wendet sich an ihn.

Der Hymnus bzw. das Lob Gottes richtet sich nicht direkt an Gott, sondern ergeht als Aufruf zunächst an eine Gruppe oder die Gemeinde: »Singt, lobt!« Das Lob vollzieht sich in der Nacherzählung der Taten Gottes, verkündigt sie anderen und kann so Gottes »Eigenschaften« beschreiben: »... denn er ist freundlich, und seine Güte währt ewig« (Psalm 118; 136 u.a.). Etwa Psalm 150 (33, 2f.; 98, 5f.) fordert die Vielfalt der Instrumente, Psalm 148 alle Naturerscheinungen zum Lob auf.

Der einzelne kann sich auch selbst aufrufen (Psalm 103): »Lobe den Herrn, meine Seele (d.h. mein Leben, mein Ich), und vergiß nicht, was er dir Gutes getan hat!«

Im Rahmen prophetischer Verheißung können die Hörer jetzt schon aufgerufen werden, in die Freude über künftige Ereignisse einzustimmen: »Singet dem Herrn ein neues Lied!« (Jesaja 42, 10-13; 52, 9f.); »Freue dich, Tochter Zion, siehe, dein König kommt zu dir!« (Sacharja 9, 9f.; vgl. 2, 10 bzw. 2, 14).

Das Neue Testament kann dazu ermuntern: »Redet zueinander mit Psalmen und Lobgesängen!« (Epheser 5, 19; Kolosser 3, 16)

In der Mehrzahl sind die Psalmen Gebet mit Anrede Gottes und Bitte (Psalm 27, 7): »Herr, höre meine Stimme, wenn ich rufe; sei mir gnädig und erhöre mich!«, »Aus der Tiefe rufe ich, Herr, zu dir.« (Psalm 130)

Als dritter, wesentlicher Teil kommt die Klage hinzu, d.h. die Darstellung der Situation des Beters. Hier finden sich Fragen wie »Warum?« (»Mein Gott, mein Gott, warum hast du mich verlassen?«, Psalm 22, 1) oder »Wie lange?« (Psalm 13, 2f.).

Einige Psalmen gehören in eine öffentliche Klage zu Notzeiten, eine Art Volkstrauerfeier (Psalm 44; 74; 79f.; vgl. 1. Könige 8, 47ff.); bei einer solchen Gelegenheit kann die Gemeinde Bußgebete sprechen (Esra 9, 6ff.; Nehemia 9, 6ff.; Jeremia 14, 7f.).

Psalmen werden auch fern vom Heiligtum gebetet, etwa auf dem Krankenlager (Jesaja 38; vgl. Jona 2); oft sind die Anlässe, wie Verfolgung u.a., nur bildhaft angedeutet, so daß der Psalm in wechselnden Lebenslagen nachsprechbar ist.

Trotz der Notsituation kann der Beter am Bekenntnis der Zuversicht mit einer Vertrauensäußerung festhalten: »Ich traue deiner Gnade« (Psalm 13, 6); »meine Stärke«, »mein König« (Psalm 28, 7; 74, 12). Sie wird ausgestaltet im Vertrauenspsalm: Gott ist »mein Licht und mein Heil« (Psalm 27), »meine Zuflucht und meine Burg« (Psalm 91). Die Einsicht in Gottes Güte: »Der Herr ist mein Hirte« wird auch angesichts zwiespältiger Erfahrung, »im finstern Tal« (Psalm 23), insofern gegen die erkennbare Lebenswirklichkeit aufrechterhalten.

Das Danklied – vielleicht Folge eines Lobgelübdes (vgl. Psalm 118, 21 mit 13, 6) – ist Nacherzählung, Verkündigung der rettenden Tat Gottes vor der Gemeinde: Er hat erhört (22, 23ff.; 18; 71, 15ff.; 118). »Wer Dank opfert, der preiset mich.« (50, 23); »Es ist ein köstlich Ding, dem Herrn danken und lobsingen deinem Namen.« (92, 2)

Die Psalmen bekennen sowohl Gottes Gnade (Psalm 103; 136; Klagelieder 3) als auch Gottes Herrschaft: »Machet die Tore weit!« (Psalm 24), »Der Herr ist König« (Psalm 47; 93; 96-99) und preisen Gottes Schöpfung: »Die Erde ist des Herrn« (Psalm 24; sog. Schöpfungspsalmen 8; 19; 104; 148).

Es gibt eigene Psalmen für den König (Psalm 2; 72 u.a.) oder für die Gottesstadt (Psalm 46; 48; umgedichtet: »Ein feste Burg ist unser Gott«). Andere Psalmen sind allgemein auf den »Menschen« ausgerichtet, fragen gleichsam grundsätzlich (Psalm 8): »Was ist der Mensch?«

Eine Eigenart oder ein Wesenszug des Menschen ist es, sich nach etwas »auszurichten«; zu ihm gehört ein Sich-Sehnen oder ein Verlangen: »Meine Seele, was bist du so unruhig? Wie der Hirsch lechzt nach frischem Wasser, so lechzt meine Seele nach dir, Gott.« (Psalm 42, 2 und 6) Die Psalmen bezeugen Gottes Nähe beim Menschen: »Herr, du erforschest mich und kennst mich« (Psalm 139; vgl. 33, 16ff.).

»Wohl dem Menschen, dem die Übertretung vergeben ist!« (Psalm 32, 1f.) In einem solchen Bekenntnis sind die Anerkennung von Schuld, insofern Selbsterkenntnis, und der Lobpreis Gottes eng verbunden. Im Psalter findet sich die Einsicht: »Kein Lebender ist vor dir gerecht.« (Psalm 143, 2; vgl. 14, 2f.; 1. Könige 8, 46 u.a.) Nach den sog. Bußliedern (wie Psalm 51; 130) ist der Mensch »radikal« auf Gnade und Vergebung angewiesen.

Psalm 90 bedenkt die Vergänglichkeit – sogar mit der Bitte um Selbst-Einsicht: »Lehre uns, unsere Tage zu zählen, damit wir ein weises Herz gewinnen!« (Psalm 90, 12; vgl. 39, 5; 103,15).

Der Tod erscheint als eine in das Leben hineinragende Gefahr oder Macht, als Gottesferne; Psalmen bezeugen aber auch die bleibende Gemeinschaft mit Gott: »Dennoch bleibe ich stets bei dir« (Psalm 73, 23ff.; 49, 16).

Werrner H. Schmidt

Claus Westermann, Lob und Klage in den Psalmen, Göttingen ⁶1983; *Gunda Schneider-Flume*, Glaubenserfahrung in den Psalmen. Leben in der Geschichte mit Gott, Göttingen 1998.

Judentum

Das Heil kommt von den Juden, sagt Jesus im Johannesevangelium (4, 22). In der Tat: Nicht nur Jesus selbst war (und blieb) Jude, alle Apostel waren es und wohl alle Verfasser der Schriften des Neuen Testamentes. Mehr: Praktisch alle Inhalte, Vorstellungen und Begriffe des jungen Christentums sind jüdisch, denn die ersten Christen glaubten, mit Jesus begännen sich die großen Menschheitshoffnungen des Alten Testamentes und des Judentums zu realisieren. Erst in einem längeren und schmerzlichen Prozeß hat sich das Christentum vom Judentum, seinem Wurzelgrund, seiner Mutterreligion getrennt und ist zu einer Kirche geworden, die fast nur aus ehemaligen Heiden besteht. Das Judentum wurde dabei für überwunden erklärt und als minderwertige Religion betrachtet, der alte Bund schien durch einen neuen abgelöst zu sein. Erst nach dem Holocaust, an dessen Ursachen die tiefe christliche Judenfeindschaft entscheidend mitbeteiligt war, begann eine Wiederannäherung (»christlich-jüdischer Dialog«), die das Christentum seinen Wurzeln wieder näher brachte. Eine Voraussetzung dafür ist eine vertiefte und nicht länger stark verzerrte Kenntnis des Judentums durch die Christen.

Das Judentum steht in direkter Nachfolge des Volkes Israel, von dem das Alte Testament erzählt. Nach dem babylonischen Exil blieben von dessen zwölf Stämmen nur wenige übrig. Weil der Stamm *Juda* der wichtigste davon war, werden von da an die beiden Namen *Israel* und *jüdisches Volk* nebeneinander verwendet. Schon das zeigt, daß es beim Judentum anders als beim Christentum um ein *Volk* geht, nicht nur um eine Religion. Beides gehört untrennbar zusammen. Jude bzw. Jüdin wird man durch Geburt (von einer jüdischen Mutter); nur als Ausnahme gibt es auch einen freiwilligen Eintritt. Das heutige Judentum ist durch seine Geschichte geprägt. Seit dem babylonischen Exil (Beginn 598 v. Chr.) und verstärkt seit der Zerstörung des Tempels in Jerusalem (70 n. Chr.) durch die Römer leben Angehörige dieses Volkes verstreut unter anderen Völkern, beginnend mit Babylon und Ägypten, später in Europa und Amerika. Und obwohl die Verbindung mit dem *Land Israel* immer erhalten blieb, setzte erst die moderne Bewegung des *Zionismus* eine breitere Wiederansiedlung durch, und erst nach dem Holocaust konnte 1948 der Staat Israel auf der Grundlage eines Beschlusses der Vereinten Nationen ausgerufen werden.

Das Leben eines Volkes, zerstreut in ganz verschiedenen Kulturen und ohne eigenen Staat, ist in dieser Form etwas Einmaliges. Eine Voraussetzung war, daß bestimmte Weisen des Lebens gemeinsam blieben. Dabei wurde die hebräische Bibel zur Grundlage eines »portativen (= tragbaren) Vaterlandes« (Heinrich Heine). Wie im Christentum das Alte durch das Neue Testament weitergeführt und interpretiert wird, so sind im Judentum vor allem die in der *Tora* (= 5 Bücher Mose) überlieferten biblischen Gebote Gottes weitergeführt und interpretiert worden. Dem dienen Werke wie die *Mischna* und deren weitere Auslegung im Riesenwerk des *Talmud*. Die darin festgehaltenen Diskussionen und Entscheidungen gelten der Praxis (*Halacha*) des Lebens und des Rechts auf allen Gebieten.

Von besonderer Bedeutung für jüdisches Leben ist dabei der *Sabbat* geworden, an den der christliche Sonntag sich angelehnt hat. Aber auch die großen Jahresfeste wie das *Passa* mit der Erinnerung an die Befreiung aus Ägypten und das Fest der Vergebung und Versöhnung mit Mensch und Gott (*Versöhnungstag*) sind wichtig. Prägend für das tägliche Leben sind die auf biblischen Geboten aufbauenden Speiseregeln. Dazu gehört die Vermeidung jeglichen Blutgenusses und jeder Verbindung von Fleisch und Milch in einer Mahlzeit. So typisch solche Lebensregeln für jüdisches Leben und jüdische Identität auch sind, sollte doch nicht übersehen werden, daß es bei der Tora und ihrer Auslegung vor allem um Fragen von Recht und Gerechtigkeit, von Nächsten- und Fremdenliebe (3. Mose 19, 18 und 33f.) geht.

Das Leben von kleinen Gruppen inmitten fremder Völker und Religionen, aber mit starkem eigenem Zusammenhalt, ohne sich an die jeweilige Umgebung einfach anzupassen: Das ist der Hintergrund, auf dem es immer wieder zu Ablehnung und Judenfeindschaft kam. Es gab sie schon vor dem Christentum, doch hat das Christentum sie verstärkt, vor allem als es Staatsreligion wurde. Zwar gab es auch Phasen eines friedlichen und fruchtbaren Miteinanders, aber meist wurde im christlichen Europa den Juden die Gleichberechtigung vorenthalten. So waren ihnen im Mittelalter bestimmte Handwerksberufe oder bäuerlicher Grundbesitz verboten. Dazu wurden sie gezwungen, in bestimmten Stadtbezirken zu leben (*Ghetto*). Das hat die entsprechenden Vorurteile wiederum verstärkt. Dazu kamen etwa während der Kreuzzüge blutige Verfolgungen (*Pogrome*). Auch der Reformator Martin Luther hat sich scharf gegen Juden gewandt und zu ihrer Verfolgung und Vertreibung aufgerufen. Andererseits wurde das europäische Judentum durchaus von ähnlichen Strömungen erfaßt wie das Christentum. Vor allem in der Neuzeit mit dem Aufkommen von Naturwissenschaft und Vernunftglauben entstanden Versuche, jüdische Tradition und modernes Leben zu verbinden. Sie haben dazu geführt, daß das Judentum heute sehr unterschiedliche Ausprägungen aufweist – durchaus vergleichbar mit unterschiedlichen Frömmigkeitstypen im Christentum.

Die religiös begründete Judenfeindschaft fortführend, aber auch verändernd entstand im 19. Jahrhundert ein biologisch, d.h. rassistisch argumentierender Judenhaß (*Antisemitismus*), der Juden als eine irgendwie andersartige und gefährliche »Rasse« erklärte. Im Nationalsozialismus konnte daraus der Versuch werden, die Juden insgesamt durch Massenmord zu beseitigen. Diesem grauenhaften Geschehen, für das sich neben dem Begriff *Holocaust* vor allem die Bezeichnung *Schoa* eingebürgert hat, hatten die – meist christlich getauften und kirchlich erzogenen – Deutschen auch auf Grund der traditionellen christlichen Abwertung des Judentums so wenig entgegenzusetzen wie die offiziellen Kirchen.

»Aus Blindheit und Schuld zur Umkehr gerufen, bezeugt sie (die Kirche) neu die bleibende Erwählung der Juden und Gottes Bund mit ihnen« – das hat eine der deutschen evangelischen Kirchen 1991 feierlich bekannt; andere haben es ähnlich gesagt oder sind auf dem Weg dazu. Erst ab etwa 1960 gab es verstärkt Versuche, Schuld zu bekennen und ein neues Verhältnis zum Judentum zu finden. Die Wiederentdeckung biblischer Grundwahrheiten und die Neuentdeckung des großen Reichtums jüdischer Tradition, z.B. jüdischer Bibelauslegung, brachten zugleich wichtige Anstöße zu einer Erneuerung des Christentums. Besonders in Deutschland gab es nach 1945 allerdings nur noch wenige Juden und sehr kleine jüdische Gemeinden. Eine Änderung setzte erst nach dem Zusammenbruch der Sowjetunion ein. Die Bereitschaft Deutschlands, jüdische Flüchtlinge aufzunehmen, führt heute einen kleinen Teil der jüdischen Auswanderer, die vor allem nach Israel gehen, nach Deutschland und so zu einem Wachstum jüdischer Gemeinden. Wenn Christen verstanden haben, daß das Heil nicht nur einmal von den Juden gekommen ist, sondern daß der Satz Jesu (Johannes 4, 22) immer gilt, ist das ein Anlaß zur Freude.

Frank Crüsemann

Arnulf H. Baumann (Hg.), Was jeder vom Judentum wissen muß, Gütersloh [8]1997; *Frank Crüsemann/Udo Theissmann* (Hg.), Ich glaube an den Gott Israels. Fragen und Antworten zu einem Thema, das im christlichen Glaubensbekenntnis fehlt, Gütersloh [2]2000.

Neues Testament

Die zum Neuen Testament gehörenden 27 Schriften wurden nicht für die Sammlung geschrieben (so wie man heute Beiträge zu einem Sammelband schreibt), sondern sie sind unabhängig voneinander entstanden und wurden erst später zu dieser Sammlung, dem »Kanon« zusammengefügt. Als Zwischenstufen gab es dabei unterschiedliche Teilsammlungen:

1. Die Gruppe mit den ältesten Schriften sind die *Briefe des Apostels Paulus*. Unter ihnen ist der 1. Thessalonicherbrief, der ungefähr im Jahr 50 geschrieben wurde, nicht nur der älteste Paulusbrief, sondern die älteste Schrift des Neuen Testaments überhaupt.

2. Eine weitere Teilsammlung bilden die vier *Evangelien*: Ihr Verhältnis zueinander ist recht kompliziert. Wenn man die Evangelien nebeneinanderlegt, so fällt sofort auf, daß die drei ersten (also das Matthäus-, das Markus- und das Lukasevangelium) im Aufbau und Stoff enger zusammengehören. Sie gelten darum als die »synoptischen« Evangelien, d.h. als die Evangelien, die man »zusammenschauen« kann. Man bekommt einen guten Eindruck von den Problemen, die damit zusammenhängen, wenn man einmal die Geschichte von der Auffindung des leeren Grabes (Matthäus 28, 1-8; Markus 16, 1-8; Lukas 24, 1-9) und die Seligpreisungen der Bergpredigt (Matthäus 5, 3-12 und Lukas 6, 20-23) anschaut. Keiner der Evangelisten war ein Augenzeuge der Worte und Taten Jesu; vielmehr haben sie ihre Evangelien alle aufgrund von (mündlichen) Überlieferungen und (schriftlichen) Quellen verfaßt. Auch sind die Namen der »Verfasser« den Evangelien erst später zugewachsen; ursprünglich sind sie alle (auch das Johannesevangelium) anonym, d.h. ohne Angabe eines Verfassers, geschrieben worden.

Auf der anderen Seite sind die drei synoptischen Evangelien aber auch nicht völlig unabhängig voneinander entstanden: Man ist sich heute relativ einig darin, daß das Markusevangelium das älteste

Evangelium ist und im Jahr 69 oder 70 n. Chr. geschrieben wurde. Matthäus und Lukas haben das Markusevangelium gekannt und es unabhängig voneinander für ihre Darstellungen, die zwischen 80 und 95 entstanden sind, als Quelle benutzt. Darüber hinaus stand ihnen noch eine zweite Quelle zur Verfügung, die heute verloren ist. Es handelt sich hierbei um eine Sammlung von kürzeren Worten und längeren Reden Jesu, die sog. »Spruchquelle«, die mitunter auch ganz einfach »Q« genannt wird (von Quelle). Aus dieser Quelle stammen die Seligpreisungen, und in der Regel hat Lukas ihren Wortlaut besser bewahrt. Die *Bergpredigt* (Matthäus 5-7) stammt im übrigen von Matthäus, der sie aufgrund der einen längeren Rede Jesu, die er in Q vorfand – sie ist im wesentlichen in der lukanischen »Feldrede« (Lukas 6, 17-49) enthalten –, und anderen Einzelüberlieferungen zusammengestellt hat. Neben diesen beiden großen Quellen haben Matthäus und Lukas noch jeweils für sich Einzelüberlieferungen in ihre Evangelien aufgenommen (z.B. die Geburtsgeschichten, Matthäus 1, 18 - 2, 23 und Lukas 1-2).

3. Lukas hat seinem Evangelium dann noch ein weiteres Buch folgen lassen: die *Apostelgeschichte*. Er erzählt hier die Geschichte der Urgemeinde in Jerusalem und der Missionsreisen des Apostels Paulus. Mehrfach erzählt er die einzelnen Episoden so, als sei er dabeigewesen (Apostelgeschichte 16, 10-17; 20, 5-15; 21, 1-18), und es ist in der Tat nicht ausgeschlossen, daß wir es bei ihm mit einem Paulusbegleiter zu tun haben, den wir aber ansonsten nicht namentlich kennen.

4. Ein Sonderfall ist das Johannesevangelium, das einen ganz anderen Aufbau hat als die synoptischen Evangelien und mit diesen nur punktuell übereinstimmt (vor allem in der Passionsgeschichte). Aller Wahrscheinlichkeit nach hat sein Verfasser, der Lieblingsjünger Jesu, auch die drei Johannesbriefe (im 2. und 3. Brief nennt er sich »der Alte«!) geschrieben. Entstehungszeit und -ort der johanneischen Literatur lassen sich nicht mehr ermitteln. Einigermaßen gesichert ist lediglich, daß alle vier Johannesschriften einer Schule entstammen, die über einen längeren Zeitraum hinweg die Jesusüberlieferung und ihre Bedeutung für die christlichen Gemeinden

theologisch reflektiert und fortgeschrieben hat. Mitunter wird auch noch die etwa um 95 n. Chr. entstandene Offenbarung des Johannes der Johanneischen Schule zugerechnet, jedoch ist der Abstand ziemlich groß.

5. Die drei Johannesbriefe gehören mit dem Jakobusbrief, den beiden Petrusbriefen und dem Judasbrief zu einer Gruppe, die im nachhinein die Bezeichnung *»Katholische Briefe«* erhalten hat. Dies hat aber nichts mit ihrer Konfession zu tun, sondern »katholisch« meint hierbei soviel wie »allgemein«. Sie werden so genannt, weil sie anders als die anderen Briefe keinen bestimmten Adressaten haben, sondern nur die Absender nennen. In der Alten Kirche hat man gemeint, daß der Jakobusbrief von Jesu Bruder und dem späteren Leiter der Urgemeinde (siehe Markus 6, 3; 1, 19) geschrieben wurde und daß die Apostel Petrus und Johannes Zebedäus die Verfasser der anderen Briefe gewesen sind. Tatsächlich aber sind die katholischen Briefe lange nach dem Tod dieser drei Personen geschrieben worden. Sie sind deswegen in den Kanon des Neuen Testaments gelangt, weil sie als Briefe der judenchristlichen Jerusalemer »Säulen« (Galater 2, 9) galten, d.h. der Gruppe, mit der Paulus sich auf der Antiochien-Jerusalem-Konferenz über die Heidenmission dann auch noch beim Konflikt in Antiochien auseinandergesetzt hatte.

Darin wird erkennbar, daß der neutestamentliche Kanon alles andere als eine theologisch homogene Sammlung sein wollte, in der nur eine Meinung zur Geltung kommen durfte. Vielmehr offenbart sich in ihm ein unübersehbarer Wille zur ökumenischen Vielfalt.

Michael Wolter

Eduard Schweizer, Theologische Einleitung in das Neue Testament, Göttingen 1989; *Eduard Lohse*, Die Entstehung des Neuen Testaments, Stuttgart u.a. [5]1990.

Historisch zuverlässige Informationen über Jesus geben nur die Evangelien. Nichtchristliche Autoren kommen mitunter auf ihn zu sprechen, aber nur ganz selten; außerdem finden wir bei ihnen nichts, was im Widerspruch zu den Jesus-Darstellungen der Evangelien steht oder sie ergänzt.

Jesus hieß auf hebräisch Jehoshua (Josua), was soviel heißt wie »Jahwe hilf(t)«. Er wurde sicher in einer rein jüdischen Familie geboren; ob sie vom König David abstammte (so Römer 1, 3), muß offen bleiben. Unbekannt sind auch Geburtsdatum und -ort (die Überlieferungen von der Geburt in Bethlehem, Matthäus 2 und Lukas 2, sind späte Legenden). Möglicherweise wurde Jesus noch unter König Herodes dem Großen (37-4 v. Chr.) geboren. Aufgewachsen ist er jedenfalls in Nazareth, einem kleinen Dorf in Galiläa. Nach Markus 6, 3 war Jesus von Beruf Bauhandwerker wie nach Matthäus 13, 55 sein Vater. Er hatte vier namentlich bekannte Brüder und mehrere namentlich nicht bekannte Schwestern (Markus 6, 3).

Das Erste, was wir aus seinem Leben wissen, ist die Begegnung mit Johannes dem Täufer, der am unteren Jordan als prophetischer Bußprediger wirkte (Markus 1, 4-8; Matthäus 3, 1-12): Jesus ließ sich von der Gerichtspredigt des Johannes überzeugen und im Jordan taufen (Markus 1, 9). Wer oder was Jesus von Nazareth an den Jordan geführt hat, wissen wir nicht.

In unbekanntem zeitlichen Abstand von seiner Taufe treffen wir Jesus in Kapernaum, einem kleinen Fischerdorf am Nordufer des Sees Genezareth, wieder. Vermutlich ist er durch Simon Barjona, der später Petrus genannt wurde, der aus Bethsaida stammte und in Kapernaum verheiratet war (Johannes 1, 44; Markus 1, 29) und ebenfalls zum Schülerkreis Johannes des Täufers gehörte, in diese Gegend gekommen. Hier tritt Jesus nun als Wanderprediger mit einer eigenen Botschaft auf. Auslöser dafür war möglicherweise ein

Ereignis, an das Jesus in Lukas 10, 18 erinnert: ein visionäres Erlebnis, das Jesus als Anbruch der Gottesherrschaft (häufig spricht man auch vom Reich Gottes), d.h. als Beginn der endgültigen Wiederaufrichtung von Gottes heilvoller Schöpfungsordnung, gedeutet hat und durch das er sich als autorisiert angesehen hat, als irdischer Repräsentant dieser Herrschaft Gottes aufzutreten. Im Zentrum seiner Verkündigung stand dann auch die Botschaft vom Reich Gottes. Als Jude knüpft Jesus natürlich an die Vorstellung vom Reich Gottes in seiner Umwelt an. Demnach erwartete man, daß das Gottesreich durch Gott selbst herbeigeführt wird – d.h. Gott kommt in eigener Person und tritt im Jerusalemer Tempel als seiner Residenz seine universale Herrschaft an – und daß mit der weltweiten Durchsetzung des Gottesreiches vor allem auch die Befreiung Israels von seinen Feinden einhergeht.

Vor diesem Hintergrund läßt sich das Profil des Auftretens Jesu relativ leicht beschreiben (es ist dabei unwichtig, ob einzelne Handlungen »historisch« oder einzelne Worte »echt« sind; wichtig ist allein das Gesamtbild, das Typische):

Demnach wirkte Jesus als charismatischer Heiler und Exorzist, d.h. er heilte Kranke und trieb Dämonen aus (durch sein Wort, durch Handauflegung oder durch magische Substanzen, d.h. genauso, wie es die Evangelien beschreiben). Das wäre im Rahmen des damals in Geltung stehenden Wirklichkeitsverständnisses nicht weiter aufregend, wenn Jesus diese Tätigkeit nicht mit einer ganz bestimmten Deutung versehen hätte. Sie wird in einem Text wie Lukas 11, 20/Matthäus 12, 28 erkennbar: Demnach hat Jesus nicht nur den in der allernächsten Zukunft unmittelbar bevorstehenden Anbruch des Gottesreiches angekündigt, sondern er hat auch den Anspruch erhoben, daß in seinem eigenen Wirken das Heil der Gottesherrschaft bereits in der Gegenwart punktuell präsent ist und erfahrbar wird. Dem entspricht Lukas 7, 22-23/Matthäus 11, 5-6, wo Jesus auf mehrere prophetische Heilsverheißungen Bezug nimmt: Die Verheißungen richten sich dort auf ein Handeln Gottes, und Jesus behauptet nun nicht weniger, als daß es sein Wirken ist, in dem das von Gott erwartete Heil Wirklichkeit wird. Jesus erhob also den Anspruch, daß er selbst an der Stelle Gottes handelt. In seinem Wirken ist der unbedingte Heilswille, den Gott seinem Volk Israel entgegenbringt, ganz konkret erfahrbar. Dies kann als Zentrum seiner Verkündigung gelten.

Ein zentrales Element des Wirkens Jesu ist darum auch seine Tischgemeinschaft mit sog. »Zöllnern und Sündern« (z.B. Lukas 7, 34/Matthäus 11, 19; Markus 2, 15-17; Lukas 15, 1-2): Gott wendet sich in seiner grenzenlosen Vergebungsbereitschaft nicht denen zu, die in den Augen der öffentlichen Meinung einen tadellosen Lebenswandel führen, sondern denen, denen Jesus sich zuwendet und die sich Jesus zuwenden, auch wenn es sich dabei um soziale und religiöse Außenseiter handelt. Entscheidend für die Verteilung von Heil und Unheil durch das Gericht, das auch für Jesus mit dem Reich Gottes kommt (z.B. Lukas 13, 1-5), ist demnach einzig und allein, wie man sich zur Verkündigung Jesu stellt.

All dies stand natürlich in Widerspruch zu dem unter Jesu Zeitgenossen gängigen Gottesbild. Jesus verlangte darum auch von ihnen, daß sie sich auf ein neues Gottesbild einlassen. Er verkündet einen Gott, der ganz anders ist, als die Menschen in seiner Umgebung ihn sich vorstellten. Der Ort dieser Verkündigung sind vor allem die Gleichnisse, bei denen es sich um eine Redeform handelt, die für Jesus ganz typisch ist. Jesus sagt hier nicht mehr und nicht weniger, als daß Gott sich nicht nach den Vorstellungen richtet, die die Menschen von ihm und von Gerechtigkeit haben, sondern ganz anders ist und handelt. Und offenbar ist eben dies so schockierend und widerspricht so sehr den gängigen Vorstellungen (man lese nur Lukas 15, 11-32 oder Lukas 16, 1-8a oder Matthäus 20, 1-15), daß Jesus es nur in bildlicher Rede darstellen konnte.

Daß davon auch die Forderung ausgeht, die eigene Lebensführung dieser besonderen Situation, in der alte Sicherheiten fraglich geworden sind, entsprechend zu gestalten, versteht sich von selbst. Und im Zentrum von Jesu Ethik steht darum auch das Gebot der Feindesliebe (Lukas 6, 27-35/Matthäus 5, 39-48), das von den Menschen verlangt, in ihrem Verhalten untereinander das Handeln Gottes an ihnen abzubilden. Mit dem Gesetz hat Jesus nie gebrochen, im Gegenteil! Es spricht einiges dafür, daß er sich auch in der Rolle des in 5. Mose 18, 15 angekündigten »Propheten wie Mose« gesehen hat, der für sich das Recht beansprucht hat, wie Mose im Auftrag Gottes verbindliche Tora zu erteilen.

Nach der Darstellung der drei ersten Evangelien wirkte Jesus weniger als ein Jahr in der Umgebung des Sees Genezareth und zog dann nach Jerusalem. Die Motivation dafür lag sicher in der Erwartung des unmittelbar bevorstehenden universalen Herrschaftsantritts Gottes, der nach überkommener Erwartung eben im Jerusalemer Tempel stattfinden sollte. Die in Markus 11, 15-16 berichtete »Tempelreinigung« war sicher dadurch motiviert, den Tempel auf das bevorstehende Kommen Gottes vorzubereiten. Diese Aktion brachte Jesus aber die Feindschaft der Jerusalemer Priesterschaft ein, die ihn mit Erfolg bei den Römern als politischen Aufrührer denunzierten. Der römische Statthalter Pontius Pilatus ließ Jesus daraufhin festnehmen und am Kreuz hinrichten – eine vor allem für Räuber und politische Unruhestifter vorgesehene und ganz besonders entehrende Todesart.

Jesu Anspruch schien damit gescheitert zu sein. Einige Zeit später kamen seine Jünger – als erster Petrus – aufgrund von visionären Erfahrungen (Lukas 24, 34; 1. Korinther 15, 3-5) jedoch zu der Gewißheit, daß Gott ihn von den Toten auferweckt und damit auch die Verkündigung Jesu von Nazareth nachträglich ins Recht gesetzt hat. Und genau dies ist die Substanz des christlichen Osterglaubens.

Michael Wolter

Rudolf Hoppe, Jesus. Von der Krippe an den Galgen, Stuttgart 1996; *Gerd Theißen*, Der Schatten des Galiläers. Historische Jesusforschung in erzählender Form, Gütersloh [14]1999.

Vater unser im Himmel.
Geheiligt werde dein Name.
Dein Reich komme.
Dein Wille geschehe, wie im Himmel, so auf Erden.
Unser tägliches Brot gib uns heute.
Und vergib uns unsere Schuld,
wie auch wir vergeben unsern Schuldigern.
Und führe uns nicht in Versuchung,
sondern erlöse uns von dem Bösen.
Denn dein ist das Reich und die Kraft
und die Herrlichkeit in Ewigkeit.
Amen.

Das Vaterunser (bzw. das Unservater) ist das Grundgebet der Christenheit. Es geht auf Jesus selbst zurück, wie Matthäus und Lukas berichten. Als seine Jünger ihn baten: »Herr, lehre uns beten« (Lukas 11, 1), sprach er das Vaterunser.

Es ist das Gebet, von dem man sagen kann, daß das Evangelium in ihm beschlossen liegt. Unsere Gottesdienste sind ohne dieses Gebet nicht zu denken. Im Konfirmandenunterricht wird es erläutert, so wie Martin Luther es als drittes Hauptstück seines Katechismus behandelt hat. Christen erfahren in sehr unterschiedlichen Situationen dieses Gebet als Trost, und zwar als Gebet der Gemeinde wie als Gebet des einzelnen. Katholische und evangelische Christen sprechen das »Gebet des Herrn« in gleichem Wortlaut.

Die Evangelisten Matthäus (6, 5-15) und Lukas (11, 2-4) überliefern das Vaterunser ohne den uns geläufigen doxologischen (Gott lobenden) Schluß »Denn dein ist das Reich und die Kraft und die Herrlichkeit in Ewigkeit. Amen.«

3. Bibel

Diese Worte, die den ganzen Grund des glaubenden Vertrauens abschließend zusammenfassen, sind indes schon früh zum Bestandteil des Gebets geworden. Ursprünglich könnten sie eine Antwort der Gemeinde gewesen sein, mit der sie einstimmte in das von einem einzelnen gesprochene Herrengebet. Als Teil des Vaterunser finden sie sich aber bereits in einer Gemeindeordnung (»Didache«) des 2. Jahrhunderts, und jüngere neutestamentliche Handschriften bieten diesen Schluß sogar schon im Text des Matthäusevangeliums.

Im übrigen zitieren die beiden griechisch geschriebenen Evangelien das zunächst wohl aramäisch gesprochene Vaterunser bzw. Unservater in nicht völlig identischer Gestalt. Lukas bietet eine knappere, hinsichtlich des Umfangs vielleicht ursprünglichere Fassung. Ich stelle beide Texte in der Übersetzung der revidierten Lutherbibel von 1984 nebeneinander (Lukas 11, 2-4; *Matthäus* 6, 5-15):

Vater!
  Unser Vater im Himmel!
Dein Name werde geheiligt.
  Dein Name werde geheiligt.
Dein Reich komme.
  Dein Reich komme.

  Dein Wille geschehe wie im Himmel so auf Erden.
Unser tägliches Brot gib uns Tag für Tag.
  Unser tägliches Brot gib uns heute.
Und vergib uns unsere Sünden;
  Und vergib uns unsere Schuld,
denn auch wir vergeben allen, die an uns schuldig werden.
  wie auch wir vergeben unsern Schuldigern.
Und führe uns nicht in Versuchung.
  Und führe uns nicht in Versuchung,
  sondern erlöse uns von dem Bösen.

Der längere Text des Matthäusevangeliums (*kursiv* gesetzt) ist zur Grundlage des Kirchengebets geworden. Matthäus hat eine etwas ausführlichere Anrede und sieben Bitten, während Lukas nur fünf Bitten hat.

Am Anfang des Gebets steht die Anrede Vater/unser Vater, aramäisch hätte es »abba« geheißen, ein umgangssprachliches Wort, von dem man gesagt hat, so hätte eine Tochter oder ein Sohn den Vater »zuhause über den Tisch« (Hans Weder) ansprechen können. Die Urchristenheit hat diesen aramäischen Gebetsruf gebraucht: »Abba, Vater«. Wir wissen das durch den Apostel Paulus, der im Brief an die Römer (8, 15) schreibt: »Denn ihr habt nicht einen knechtischen Geist empfangen, daß ihr euch abermals fürchten müsstet; sondern ihr habt einen kindlichen Geist empfangen, durch den wir rufen: Abba, lieber Vater!«

Jüngerinnen und Jünger dürfen Gott familiär ansprechen. Diese Freiheit, dieses unmittelbare Vertrauensverhältnis zu Gott, ist das Neue und Besondere, das Jesus den Seinen anvertraut.

Wenn Matthäus »im Himmel« sagt, so ist nicht eine dem widersprechende Ferne Gottes gemeint, sondern vielmehr die Universalität seiner Nähe. Das Himmelreich ist nahe gekommen. Gerhard Ebeling hat mit Recht gefragt, ob in dieser Anrede Gottes nicht schon alle Gebetserhörung liegt. Die Nähe Gottes ist die Gnadenantwort.

Der Anrede folgen drei sogenannte »Du-Bitten«.

Die erste Bitte heißt: *Dein Name werde geheiligt*, nicht der eigene Name. Der auf sich selbst bezogene Mensch bittet den himmlischen Vater um Hilfe, von sich selbst wegzukommen, sich zu lösen aus der Beschränktheit des um sich selbst kreisenden Ego. Aus dieser Bewegung muß er hinaus. Es entspricht der jüdischen Gebetshaltung, sich vor der Nennung der eigenen Anliegen »in die Sphäre des umfassenden Handelns Gottes zu erheben«. Das aber bedeutet: »Man kann das Vaterunser nur dann zur Ehre Gottes beten, wenn man es zugleich gegen sich selbst betet« (Helmut Thielicke). Die erste Bitte gibt dem Beten diese Richtung: von sich selbst weg. Weg von der Verherrlichung und der Belastung des eigenen Lebens. Anfang und Ziel liegen bei Gott. Dein Reich komme, nicht mein Reich.

3. Bibel

Im zweiten Gebetsruf – *Dein Reich komme* – bitten wir Gott um das Kommen seiner gnädigen Zukunft, um das Ende der Widersprüche, Fragmente, Leiden, Ungerechtigkeiten, Herrschaftsansprüche unserer Welt. »Jetzt erkenne ich stückweise«, schreibt der Apostel, »dann aber werde ich erkennen, wie ich erkannt bin« (1. Korinther 13, 12). Das Erhoffte verändert die Gegenwart; es geht in der christlichen Hoffnung nicht um etwas zukünftig Fernes. In neutestamentlicher Zeit hat stärker als in der weiteren Geschichte der Kirche die Erwartung eines zeitlich nahen Reiches Gottes die Hoffnung der Christen bestimmt; die Hoffnung des Glaubens hat sich aber immer mit Paulus aussprechen können, der fortfährt (Vers 13): »Nun aber bleiben Glaube, Hoffnung, Liebe, diese drei; aber die Liebe ist die größte unter ihnen.«

Nicht der eigene Wille muß und soll zum Ziel kommen: *Dein Wille geschehe wie im Himmel so auf Erden.* Diese dritte Bitte (sie findet sich nur bei Matthäus) gehört in jeden Tag hinein. Denn die tägliche Versuchung ist es, aus den uns nahen Aufgaben und Zielen unbewußt hochzurechnen auf unsere letzten Ziele; die Ziele des eigenen Tuns zu verwechseln mit dem Sinn, den Gott und nur er schenkt; sich zum Herrn über das eigene Leben aufwerfen zu wollen. »Dein Wille geschehe«, das findet sich wörtlich wieder in Jesu Gethsemanegebet (Matthäus 26, 42). Jesus bittet damit zugleich »um die Kraft, sich selber aktiv diesem Willen Gottes zuzuordnen«. Wenn wir beten »so auf Erden«, so ist dies eine Bewegung des lernenden, sich selbst ermahnenden Glaubens.

Es folgen vier sogenannte Wir-Bitten. Die vierte Bitte *Unser tägliches Brot gib uns heute* gilt dem täglich zum Leben Notwendigen. In der Beschränkung auf das Tägliche spricht sich das Vertrauen auf Gott aus: Während die Sorge des Menschen ängstlich weit in die Zukunft eilen möchte, fürchtet der Beter/die Beterin nicht das Künftige und beschränkt sich auf das Naheliegende. Weiter muß er/sie nicht sehen. Oder: Weiter kann er/sie nicht sehen; und eben dies legt er/sie in die Hände seines/ihres Vaters.

Die fünfte Bitte sagt zunächst: *Vergib uns unsere Schuld.* Tatsächlich um die Schuld geht es; nicht darum, sich von Schuldgefühlen zu lösen. Von Schuld befreit zu werden, ist so lebensnotwendig wie die tägliche leibliche Nahrung. Wir wollen nicht verdrängen, von unserer Schuld zu sprechen. Wir erfahren, daß wir selbst Schuld vergeben können und damit Gutes wirken; darum: *wie auch wir vergeben unsern Schuldigern*; das ist keine Vorleistung, die wir erbringen wollen, sondern nimmt auf die Erfahrung Bezug, daß Vergebung zwischen Menschen vorkommt; es gibt dieses Gute in unserer Wirklichkeit.

Die sechste Bitte *Und führe uns nicht in Versuchung* bezeichnet Gott als den, von dem unsere Versuchung ausgehen kann. Wenn denn alles über unser Verstehen hinaus in seiner Hand liegt, muß man auch so sprechen können. Der Ton liegt freilich auf der Bitte um Hilfe angesichts unserer Versuchlichkeit. Laß uns nicht untergehen »und wenn die Welt voll Teufel wär«, laß mich bewahren, woran ich glaube. Laß mich nichts eintauschen gegen die einzigartige Hoffnung auf deinen Willen, auf deine Zukunft, auf dein Reich.

Die siebente Bitte (wiederum nur bei Matthäus) fügt positiv an: *sondern erlöse uns von dem Bösen*. Um tatsächliche Erlösung geht es; das Böse (es könnte auch verstanden werden als der Böse) ist eine mächtige Wirklichkeit, der wir erliegen können, ja erlegen sind; nur die Befreiung aus einem faktischen Gefängnis kann es mit unserer Wirklichkeit aufnehmen. Harmloser geht es nicht. Der Glaube bringt nicht etwas religiös Ergänzendes zu unserem Leben hinzu, sondern in ihm geht es um unsere letzte Hilflosigkeit und Angewiesenheit. Niemand kann sich selbst befreien – du, Vater, du mußt es tun! Entfernt von aller Schönrederei, von seichtem Optimismus, vom Vorbeisehen an der Wirklichkeit – weit entfernt von all dem wirft der Glaube alles in Gottes Hände. Wie ein Sohn zu seinem Vater heimkehrt, der ihm entgegeneilt (Lukas 15, 20), so läuft der Glaube in die Gnade Gottes hinein.

Stephan Bitter

Helmut Thielicke, Das Gebet, das die Welt umspannt. Reden über das Vaterunser, Stuttgart [6]1953; *Hans Weder*, Die »Rede der Reden«. Eine Auslegung der Berpredigt heute, Zürich [3]1994.

Paulus

Quellen für das Leben und die Theologie des Paulus sind die im Neuen Testament enthaltenen Briefe und die Apostelgeschichte. Von den Briefen, die Paulus als Verfasser nennen, stammen aber nicht alle auch wirklich von ihm. Mit einiger Sicherheit können wir das nur vom Römerbrief, von den beiden Korintherbriefen, vom Galaterbrief, vom Philipperbrief, vom 1. Thessalonicherbrief und vom Philemonbrief sagen. Die anderen Briefe wurden im Namen des Paulus und nach seinem Tod von Paulus-Schülern verfaßt. Die Absicht, die sich mit dieser »Fälschung« verband, ist eine durchaus ehrenhafte: Man wollte die paulinische Theologie in eine neue geschichtliche Situation hinein fortschreiben.

Als ältester Paulusbrief wird der 1. Thessalonicherbrief angesehen (er wurde ungefähr im Jahre 50 geschrieben); als jüngster Brief gilt im allgemeinen der Römerbrief (ca. 56). In ihm stellt Paulus sich und seine Theologie den Christen in Rom vor, weil er sie darum bitten möchte, ihn bei der geplanten Missionsreise nach Spanien zu unterstützen (Römer 15, 23-24).

Paulus wurde etwa um die Zeitenwende in Tarsus (Apostelgeschichte 22, 3), einer griechisch geprägten Stadt, die an der Südküste der heutigen Türkei lag (heute heißt die Stadt Tarsus Çayi), geboren. Er stammte aus einer jüdischen Familie, lebte also schon als Kind und Heranwachsender im Schnittpunkt zweier Kulturen. Ausdruck für diese doppelte Identität ist sein Doppelname Saulus Paulus, den er von Anfang an trug. Der erste Name steht für seine jüdische Herkunft und bringt zum Ausdruck, daß Paulus wie König Saul aus dem Stamm Benjamin stammt (Philipper 3, 5). Er studiert in Jerusalem (Apostelgeschichte 22, 3) und schließt sich der Gruppe der Pharisäer an (Philipper 3, 5; Apostelgeschichte 26, 5). Diesen ging es in besonderer Weise darum, Israel zur Beachtung des Gesetzes anzuhalten. Und so beschreibt Paulus sich auch später im Rückblick als ein »Eiferer« für das Gesetz (Galater 1, 14; s. auch Philipper 3, 6). Dahinter stand aber nicht ein blinder Formalismus, sondern die tiefe innere Überzeugung, daß Israel das von Gott auserwählte Eigentumsvolk ist und daß es diese seine Bestimmung nur dann verwirklichen konnte (siehe z.B. 3. Mose 11, 44-45), wenn es sich konsequent von den anderen Völkern (»den Heiden«) unterschied, und das ging eben nur durch die Beachtung des Gesetzes (der Tora).

Jedenfalls machte ihn diese Sorge um die Heiligkeit Israels dann auch zum »Christenverfolger« (Galater 1, 13-14; Philipper 3, 6; Apostelgeschichte 9, 1-2; 22, 4-5). Hierbei handelt es sich jedoch um eine etwas ungenaue Bezeichnung, denn die von Paulus Verfolgten verstanden sich selbstverständlich als Juden. Sie unterschieden sich von den anderen Juden nur dadurch, daß sie Jesus von Nazareth als Messias und Gottessohn verehrten. Wahrscheinlich waren sie auch der Überzeugung – und das dürfte der eigentliche Grund für die Verfolgung gewesen sein –, daß durch den Glauben an Jesus und vor allem durch die Taufe auch die scharfe Grenze zwischen Juden und Nichtjuden durchlässig wird.

Aus seiner Verfolgertätigkeit wird Paulus durch eine Vision herausgerissen. In ihr sieht er Jesus als Gottessohn, d.h. als eine himmlische Gestalt (siehe 1. Korinther 9, 1; 15, 8; Galater 1, 16; Apostelgeschichte 9, 3), und erfährt dadurch eine radikale Bekehrung. Sie führt ihn zu der Einsicht, daß der Glaube an Jesus und die Verleihung des heiligen Geistes bei der Taufe auf seinen Namen die Grenzen zwischen Juden und Heiden aufhebt. Durch die Taufe können auch Heiden Angehörige des auserwählten Gottesvolkes werden, und zwar ohne daß sie Juden werden müssen. Diese Einsicht ist der rote Faden, der sich durch das gesamte Lebenswerk des Paulus hindurchzieht.

Nach seiner Bekehrung verbringt Paulus eine längere Zeit in der syrischen Stadt Antiochien, wo es bereits eine aus Juden und Nichtjuden gemischte, also im eigentlichen Sinne christliche Gemeinde gab (siehe Apostelgeschichte 11, 26!), und unternahm in ihrem Auftrag eine Missionsreise nach Kleinasien (Apostelgeschichte 13-14), wo es zur Gründung von heidenchristlichen Gemeinden kommt.

3. Bibel

Auf einer gemeinsamen Konferenz mit den Leitern der Urgemeinde in Jerusalem (siehe Galater 2, 1-10; Apostelgeschichte 15) kann Paulus durchsetzen, daß die Jerusalemer anerkennen, daß der Glaube an das Evangelium und die Zugehörigkeit zu Jesus Christus eine Gemeinschaft stiften, die die Unterschiede zwischen Juden und Nichtjuden überlagert. Als Zeichen der Verbundenheit wird beschlossen, daß Paulus in den von ihm gegründeten heidenchristlichen Gemeinden eine Kollekte für die Jerusalemer Gemeinde einsammelt (Galater 2, 10). In der antiochenischen Gemeinde kam es danach zu einem Konflikt über die Forderung, daß die Heidenchristen doch noch bestimmte Bedingungen erfüllen sollten, um den Judenchristen die Tischgemeinschaft mit ihnen zu ermöglichen (Galater 2, 11-14; Apostelgeschichte 15, 20 und 29). Paulus lehnte diese Forderung vehement ab, konnte sich aber nicht durchsetzen. Er trennte sich daraufhin von der Gemeinde in Antiochien und machte gewissermaßen seinen eigenen Missionsladen auf. Er reiste nach Europa (Mazedonien und Griechenland) und gründete dort christliche Gemeinden, mit denen er sich in besonderer Weise verbunden fühlte. Diese Verbindung hielt er durch seine Briefe aufrecht, mit deren Hilfe er jeweils aus gegebenem Anlaß zu bestimmten Problemen Stellung nahm, sich gegen Vorwürfe zur Wehr setzte und den Gemeinden Weisungen für die Gestaltung ihres Lebens gab.

Als die Gemeinden in Galatien mit der Forderung konfrontiert wurden, sie müßten sich doch beschneiden lassen und Juden werden, wenn sie zum auserwählten Gottesvolk gehören wollten – eine Forderung, die eigentlich auch der Abrahambund von 1. Mose 17 verlangte –, entwickelte Paulus auf der Grundlage von 1. Mose 15, 6 seine »Rechtfertigungslehre« (Galater 3): Gott hat Abraham, den Vater des Gottesvolkes, aufgrund seines Glaubens an die Verheißung für gerecht erklärt, und darum sind alle, die wie Abraham glauben, Abrahams Kinder – ob sie nun Juden sind oder nicht. Mit dem Römerbrief, der an einem wichtigen Wendepunkt des paulinischen Lebensweges steht – Paulus sieht seine Mission im Osten als beendet an und will sich nun dem Westen zuwenden –, stellt er sich nicht nur den römischen Christen vor, sondern er zieht auch eine Art Bilanz über den zurückgelegten Weg und setzt sich mit seinem eigenen jüdischen Erbe auseinander. Seine theologische Mitte ist das zweimalige »Es gibt keinen Unterschied!« (Römer 3, 22-23; 10, 12): Als Sünder und als Glaubende sind Juden und Heiden vor Gott gleich. Daß trotzdem auch diejenigen Juden, die nicht an Jesus glauben, von Gott erwählt bleiben, hebt Paulus in 11, 25-29 hervor.

Bei der Überbringung der Kollekte wird Paulus in Jerusalem verhaftet (Apostelgeschichte 11, 27-30) und anschließend nach Rom gebracht. Dort wird er der Überlieferung nach im Zusammenhang der Verfolgung der römischen Christen durch Nero im Jahr 64 enthauptet.

Die wichtigste theologische Einsicht des Paulus ist nach wie vor aktuell und von lebenswichtiger Bedeutung: daß nämlich der Glaube an das Evangelium von Jesus Christus und die Taufe auf seinen Namen eine Gemeinschaft stiftet, die alle Unterschiede, die es unter den Menschen geben kann – soziale, konfessionelle, kulturelle, ethnische, nationale –, bedeutungslos werden läßt.

Michael Wolter

Eduard Lohse, Paulus. Eine Biographie, München 1996; *Jürgen Becker*, Paulus. Der Apostel der Völker, Tübingen ³1998.

Johannesevangelium und Johannesapokalypse

Beide Schriften sind durch den Namen »Johannes« verbunden. Der Verfasser der Apokalypse (»Offenbarung«) nennt sich selbst so (1, 1, 4 und 9; 22, 8). Es gibt keinen Grund, diese Angabe zu bezweifeln. Am Schluß des Johannesevangeliums reden andere in Unterscheidung vom Verfasser des Werks, den sie als den »Schüler, den Jesus liebte«, angeben (21, 24f.). Das führte in der Tradition zur Identifizierung mit dem Jesusjünger Johannes. Mit Hilfe von Informationen aus den anderen Evangelien kombinierte man: »Der Schüler, den Jesus liebte«, muß einer von den dreien gewesen sein, die als Jesus besonders vertraut geschildert werden. Da Simon Petrus und Jakobus ausscheiden, bleibt Johannes. So bezeichnen schon die ältesten erhaltenen Handschriften dieses Evangelium als das »nach Johannes«. Mit diesem Schüler Jesu und Apostel wurde der Johannes der Apokalypse identifiziert. Daß aber beide Schriften denselben Verfasser haben, ist ausgeschlossen. Das hat schon im 3. Jahrhundert der alexandrinische Bischof Dionysios mit überzeugenden Gründen – im Blick auf Sprache, Stil und Inhalt – festgestellt.

Da nach dem Text des *Johannesevangeliums* der Schluß von anderen geschrieben ist und in 20, 30f. ein Buchschluß vorliegt, dürfte Kap. 21 ein Nachtrag von späterer Hand sein. Er historisiert den »Schüler, den Jesus liebte«. Im Evangelium ist dieser Namenlose der ideale Schüler, mit dem sich alle Lesenden identifizieren können und sollen. Seine »Besonderheit«, daß Jesus ihn liebte, war kurz vor seiner Einführung (13, 23) im Blick auf alle Schüler ausgesagt worden (13, 1). Indem dieser Schüler als Verfasser ausgegeben wird, erhält das Evangelium apostolische Legitimation und wird so in die allgemeine kirchliche Tradition eingeführt.

Das Johannesevangelium erzählt wie die übrigen Evangelien die Geschichte Jesu. Aber sein Aufbau ist völlig anders. Es berichtet im ersten Teil (Kap. 1-12) von einer mehr als zweijährigen Wirksamkeit

Jesu mit relativ häufigem Ortswechsel. Der zweite Teil (Kap. 13-20) ist auf die Passion konzentriert. Die in 13,1-19,42 geschilderten Ereignisse umfassen nur einen Tag. Dem Verstehen dieses letzten Lebenstages Jesu kommt also großes Gewicht zu. Schon im ersten Teil sind Passion und Tod Jesu immer wieder im Blick.

Der Prolog (1, 1-18) gibt eine Leseanweisung. Durch die Identifizierung Jesu mit dem schöpferischen Wort, das am Anfang bei Gott war (1, 1-4) und das Fleisch wurde (1, 14), leitet der Evangelist seine Leserschaft an, die folgende Erzählung so zu lesen, daß im dort berichteten Reden und Handeln Jesu Gott selbst zum Zuge kommt. Diese Aussageabsicht, daß Gott in Jesus präsent ist bis in dessen Tod hinein, gibt der Darstellung Jesu den charakteristischen hoheitsvollen Zug, so daß er – gerade auch in der Passion – als Souverän des eigenen Geschicks erscheint. Damit wird aber nicht in Frage gestellt, daß es um ein wirkliches Menschenschicksal geht (vgl. besonders 19, 1-5).

Der Epilog (20, 30f.) gibt als Ziel den Glauben an Jesus an. Das Evangelium ist als Vorlesestoff für die versammelte Gemeinde geschrieben. Es dient der Vergewisserung. Dazu bestand Anlaß. In keinem Evangelium wird so oft die Frage diskutiert, ob Jesus der Gesalbte, der »Messias«, ist oder nicht. Dreimal ist davon die Rede, daß diejenigen, die ihn bekennen, »aus der Synagoge ausgeschlossen« werden (9, 22; 12, 42; 16, 2). Das weist auf eine Entstehung in der Zeit nach 70, als sich nach der Katastrophe des jüdisch-römischen Krieges das Judentum unter pharisäisch-rabbinischer Führung neu konstituierte. Auf Jesus bezogene Juden erwiesen sich als nicht integrierbar und wurden als Ketzer behandelt, was soziale Isolierung und wirtschaftliche Boykottierung zur Folge hatte. In dieser Situation schreibt der Evangelist mit dem Ziel, die Gemeinde im Bleiben bei Jesus zu bestärken. In seiner Darstellung macht er die Gegenwart Gottes in Jesus durchscheinend. Daß es sich dabei um den Gott Israels handelt, ist als selbstverständlich vorausgesetzt. Denen, die in Jesus die Gegenwart Gottes nicht zu erkennen vermögen – und das sind im Evangelium immer wieder »die Juden« –, spricht er jedwede Kenntnis Gottes ab. Das ist in der bedrängten

Minderheitenposition eine nachvollziehbare Reaktion. Aber eine Auslegung, die die Unterschiedenheit der eigenen Situation von der Ursprungssituation und die Geschichte dazwischen wahrnimmt, darf diese exklusiven – und also Juden aus der Gotteserkenntnis ausschließenden – Aussagen nicht nachsprechen. Was die damalige Kontroverse verdeckte – der gemeinsame Bezug auf den einen Gott, den Gott Israels –, ist im Mithören jüdischer Zeugnisse zum Zuge zu bringen.

Die Bezeichnung der *Johannesapokalypse* rührt von ihrem ersten Wort her: Apokalypse. Das wird verbreitet als »Weltuntergang« verstanden. In der Tat ist dieses Buch gefüllt mit Beschreibungen von visionären Katastrophen. Aber es wäre ein Mißverständnis, in ihm einen Endzeitfahrplan zu sehen. Wörtlich übersetzt heißt Apokalypse »Enthüllung«. Es geht im doppelten Sinn um »Enthüllung der Macht«. Das mit dem Decknamen »Babylon« bezeichnete Rom (vgl. 17, 5 und 9) erscheint als Macht, die aller Welt imponiert (13, 4). Sie wird verschlüsselt dargestellt als schreckliches Raubtier (13, 1f.) und als Hure (17, 3-6) – und damit zugleich in ihrer Gewalttätigkeit und wirtschaftlichen Ausbeutung (vgl. 18, 11-14) entlarvt. Zum anderen und vor allem ist die Apokalypse Enthüllung der Macht in der Weise, daß sie Gott als den wirklichen Machthaber darstellt – und seinen ohnmächtigen Messias (vgl. 5, 5f.: der Löwe aus dem Stamm Juda, der ein geschlachtetes Lamm ist).

Johannes blickt nicht auf eine kommende große Katastrophe des Weltuntergangs. Seine Grunderfahrung, die er mit der jüdischen apokalyptischen Tradition teilt, ist vielmehr die, daß schon der gegenwärtige Lauf der Dinge katastrophal ist: So wie es läuft, darf es nicht weiterlaufen. Daher geht die Hoffnung auf radikalen Abbruch der Gewaltgeschichte.

Er schreibt – wahrscheinlich als Verbannter auf der Insel Patmos (1, 9) – an die Gemeinden in der Provinz Asia (1, 4 und 11; im Westen der heutigen Türkei gelegen). Er erfährt die imperiale römische Macht als äußerst bedrängend und sieht entsprechend die Situation seiner Adressaten. Sie läßt sich so vorstellen, daß in einer vom Kaiserkult bestimmten Atmosphäre Christen sich nicht am öffentlichen

Leben beteiligten. Daraufhin beargwöhnt und der Illoyalität verdächtigt, kam es zu Anklagen und Hinrichtungen. Das konnte eine Pogromstimmung schüren, die Schlimmes befürchten ließ. Für eine solche Situation in der Provinz Asia bietet das Ende der Regierungszeit Domitians – er wurde 96 ermordet – einen plausiblen Hintergrund. Das stimmt mit der Datierung durch den Kirchenvater Irenäus überein (Häresien V 30, 3).

Johannes will, daß die christlichen Gemeinden Gott allein dienen und sich der Weltmacht verweigern. Das hat Konsequenzen für den Alltag, in dem Christen vieles nicht mitmachen, was anderen selbstverständlich ist. Konkret lehnt Johannes den Genuß von Fleisch ab, das aus der Schlachtung in Tempeln stammt (2, 14 und 20). Das betraf keinen isolierten Aspekt, sondern hing mit gesellschaftlicher Kommunikation und Partizipation zusammen. Nach Johannes soll die sich so ergebende soziale Isolierung bewußt angenommen werden (18, 4).

Klaus Wengst

Ulrich Wilckens, Das Evangelium nach Johannes (NTD 4), Göttingen 1998; *Klaus Wengst*, Das Johannesevangelium. 1. Teilband: Kapitel 1-10 (Theol. Kommentar zum neuen Testament 4,1), Stuttgart 2000.

Elisabeth Schüssler Fiorenza, Das Buch der Offenbarung. Vision einer gerechten Welt, Stuttgart 1994; *Jürgen Roloff*, Die Offenbarung des Johannes (ZBK.NT), Zürich ²1987.

4.
Gottesdienst

Lucas Cranach d.Ä.: *Mittelteil des Altars der Stadtkirche*, 1547 geweiht, Eichenholz, 250 x 230 cm; Stadtkirche, Wittenberg.

Mit der bildlichen Darstellung des letzten Abendmahls wird ein zentrales theologisches Thema, das des Sakramentes der Eucharistie, künstlerisch gestaltet. In der christlichen Kunst hatte sich für die Gestaltung der Abendmahlsszene im Laufe der Jahrhunderte ein Schema herausgebildet, das durch einen streng symmetrischen Aufbau mit der Christusfigur im Zentrum gekennzeichnet war. Mit Beginn des 15. Jahrhunderts und insbesondere im Zuge der Reformation wird diese traditionelle Gestaltung abgewandelt, werden auch in der Malerei unterschiedliche Ansätze und Auffassungen über die Praxis des Altarsakraments thematisiert, so z.B. die Frage der Kommunion in beiderlei Gestalt für alle.

Cranachs Darstellung des letzten Abendmahls ist keine grundlegend neue Bildfindung, läßt sich doch das Motiv des runden Tisches, an dem Jesus nicht mehr mittig, sondern im Kreise der Teilnehmer plaziert ist, bereits vor ihm finden, doch ist sie gleichwohl Ausdruck der Abgrenzung vom alten Glauben. Das Altarbild stellt nicht das Brechen des Brotes und damit das Vermächtnis Jesu in den Mittelpunkt, sondern führt den Moment vor Augen, in dem der Verrat angekündigt, in dem durch Jesus der Verräter Judas bezeichnet wird. Für die Aussage des Cranachschen Altarbilds ist nun bezeichnend, daß als seine Jünger mit ihm am Abendmahlstisch nicht nur die Apostel sitzen, sondern im übertragenen Sinne, verdeutlicht in Porträtgestaltungen, Wittenberger Bürger, d.h. Anhänger der Reformation, und als deren bedeutendster Vertreter Martin Luther selbst, dem gerade der Becher mit Wein gereicht wird. Gleichzeitig wird damit die Apostolizität der reformatorischen Tradition ins Bild gesetzt.

Kirchenbau und Liturgie sind eng miteinander verbunden. Mit der Differenzierung gottesdienstlicher Formen (*Liturgie*) geht ein entsprechender Bedarf an Kirchenraum einher, oder es werden Kirchenräume überflüssig wie die Krypta und das Baptisterium.

Im ersten Jahrhundert nehmen die Juden-Christen weiterhin am Synagogen-Gottesdienst teil. Auch nach der Ausbreitung des Christentums in der nichtjüdischen Welt entwickelt sich zunächst keine eigene Sakralarchitektur. Die christlichen Gemeinden (*ecclesiae*) feiern ihren Gottesdienst in dafür liturgiebedingt umgewandelten Privathäusern. Mit dem Anwachsen der Gemeinden entstehen nach 300 selbständige Kirchenbauten, zumeist als Saalkirchen. Die Erhöhung des Bodens im *Presbyterium* (*Sanktuarium*) deutet auf eine Polarisierung von Klerus und Gemeinde und damit eine Differenzierung der Liturgie.

Nach dem Toleranz-Edikt von 313 entstehen als Folge der mit ihm einsetzenden Massenübertritte zum Christentum großräumige Kirchen. An den Bischofssitzen werden, weil das Taufrecht in der Frühzeit allein beim Bischof (*episcopus)* liegt, Doppelkirchen errichtet. Die eine dient als *Katechumenon* und die andere als Ort der gemeindlichen Meßfeier.

Unter dem Einfluß der von Angehörigen des Kaiserhauses erbauten Großkirchen kommt es zur Typisierung des Kirchenbaus. Vornehmlich in den Großstädten entstehen einheitlich durchgeplante und nach Osten ausgerichtete Bauten-Ensembles, die dem profanen Typus der Basilika (Königshalle) folgen. Grabes- und Taufkirchen werden dagegen als Zentralbauten errichtet, wobei sie meistens gemäß christlicher Zahlensymbolik über achteckigem Grundriß stehen. Die einzelnen Elemente der Gesamtanlagen stehen alle auf einer gemeinsamen Symmetrieachse, wobei sich offene und geschlossene Räume abwechseln. Der Vorhalle der von Konstantin

dem Großen nach 313 gestifteten Lateransbasilika folgt der fünf-
schiffige, in der Höhe gestaffelte (basilikale) Langraum. Diesem ist
ein gleichhoher Querbau östlich angefügt, der über die Langhaus-
seiten hinaustritt. Den Übergang von Lang- und Querraum markiert
eine als Triumphbogen formulierte Bogenstellung. In der Breite des
Mittelschiffs schließt sich unmittelbar die Apsis an.

In dieser Raumfolge drücken sich sowohl die schon erwähnte
gesellschaftliche Hierarchie als auch eine differenzierte Liturgie aus.
Während der Langbau die Gemeinde, die Laien, aufnimmt, ist der
Querbau mit dem auf der Längsachse stehenden Altar liturgischen
Feiern vorbehalten. Prozessionen, die durch die Seitenschiffe führen, nehmen hier ihren Ausgang. In der Apsis sind der Bischofs-
thron (*Thronos*) und die der gekrümmten Wand folgende Priester-
bank (*Synthronos*) fest installiert. Der Altarbezirk ist immer durch
eine Schranke abgeteilt; der Altar steht auf der Längsachse meist vor
der Apsis oder im Querbau. Lesepulte (*Ambonen*) finden sich nahe
dem Altar oder, durch einen abgeschrankten Gang mit dem Altarbezirk verbunden, im Mittelschiff. Diese Gänge münden in eine ring-
förmige Anlage, die neben der Verkündigung der Gabenannahme
und der Kommunionausteilung dienen.

Bei den Nachfolgebauten der Lateransbasilika wird der »römische Querbau« nicht überall übernommen und die Apsis direkt an
den Langbau angeschlossen. Das nach dem Vorbild von Alt-Sankt-
Peter in Rom (319-322) oft den Kirchen vorgelagerte Atrium mit
zentralem Brunnen dient der Sammlung vor dem Gottesdienst.
Syrischen Gepflogenheiten entsprechen die *Pastophorien,* zwei Ne-
benräume, das *Diakonikon* und die *Prothesis,* die das *Presbyterium* flan-
kieren. Sie dienen der Vorbereitung des Klerus auf den Gottesdienst; aus ihnen haben sich die Sakristeien entwickelt. Der Anspruch auf Sichtbarmachung eines Altargrabes führt später zur
Anlage von *Krypten*, die eine Zirkulation um das Grab ermöglichen.
Die Anlage von Krypten zieht die Erhöhung des Presbyteriums
nach sich.

Die Trennung der Geschlechter ist für das 5. Jahrhundert nachgewiesen; ob Emporen dazu genutzt wurden, ist nicht eindeutig

belegt. Kirchen mit politischer Bedeutung sind zweipolig angelegt: Die weltliche Macht hat ihren Ort im Westen. Für Pfarrkirchen wird bis zum Beginn des Mittelalters der Saalbau bevorzugt, dem eine Apsis oder ein Chor für das Sanktuarium angefügt sind. Später übernehmen auch sie die Mehrschiffigkeit und den Querbau; Zentralbauten erweisen sich als ungeeignet für den gerichteten christlichen Gottesdienst.

Während der Reformationszeit und noch weit darüber hinaus übernehmen die Protestanten katholische Kirchen. Aus diesen entfernen sie die Nebenaltäre und, in Kloster- und Stiftskirchen, den Lettner sowie alles, was mit dem Heiligenkult in Verbindung steht. Das Kreuz bleibt beim Altar, der gelegentlich näher an die Gemeinde herangerückt wird, und die Kanzel, nunmehr zu größerer Bedeutung gelangt, erhält einen zentrierenden Ort; wenn nötig, werden hölzerne Emporen eingezogen.

Der erste Kirchenneubau des Protestantismus ist die Schloßkapelle von Hartenfels/Torgau, ein dreigeschossiger Saal mit eingespannten zweigeschossigen Emporen, die Martin Luther 1544 segnet. Der Tisch-Altar mit dem davor stehenden Taufbecken hat seinen Ort an einer Schmalseite, und die Kanzel steht an einer Längswand.

Die Stellung der Orgel über dem Altar scheint erstmals in der 1568-72 errichteten Schloßkapelle in Augustusburg/Erzgebirge aufzutreten. Zwar sind die Raumkonzepte dieser Kapellen den Bedingungen eines Schloßbaues unterworfen, doch zeigt sich an ihnen bereits ein Leitmotiv evangelischen Kirchenbaus: die Konzentration auf die Prinzipalstücke in einem von jeder Position aus überschaubaren Raum.

Die nach der Reformation im 17. Jahrhundert entstandenen Neubauten zeigen deutlich das Bemühen, der evangelischen Liturgie, die sich auf Abendmahl und Predigt und auf den Gemeindegesang konzentriert, den geeigneten Raum zu geben. Erschwert wird es durch die obligatorische Einbringung von Gestühl für die gesamte Gemeinde und dem zusätzlichen Herrschafts-Gestühl. Sehr häufig wird wegen des gerichteten und fixierten Gestühls ein Saalbau gewählt, der nach dem Vorbild der Schloßkapelle in Stuttgart an einer Schmalseite mittels einer Apsis erweitert wird. Der Altar und die neben ihm an einem der Apsispfeiler stehende Kanzel können so gut eingesehen werden. In der so konzipierten Stadtkirche von Nidda/Hessen (1616-18) steht erstmals die Orgel dem Altar gegenüber.

Ein weiterer Typus wird 1591-92 in Tondern durch die Teilung des Gesamtraumes in zwei selbständige Räume – in einen Ort für das Abendmahl und in einen der Predigt – geschaffen. Weil aber die Gemeinde durch die Raumkonstellation in zwei unverbundene Gruppen geteilt wird, verliert sich dieser Typus bald.

Wenn auch bis in den Anfang des 19. Jahrhunderts hinein der evangelische Kirchenbau den Longitudinalbau (Saal, Halle, Basilika) und den Zentralbau favorisiert, so fehlt es nicht an Versuchen, einen spezifisch evangelischen Kirchentyp zu entwickeln. Vornehmlich gelten die Bemühungen inhaltlich der Stellung des Liturgen hinter dem Altar (*versus populum*) und formal der konzentrischen Anordnung des Gestühls und dem Ersatz des fest installierten Taufsteins durch mobiles Gerät.

Stilistisch sind die Kirchen immer an den Stil ihrer Erbauungszeit gebunden. Das ändert sich nach dem Abzug der französischen Revolutionstruppen aus Deutschland. Bei der Konzeption neuer Bauten entzündet sich die Frage nach einem eigenen Kirchenstil. In Preußen kommt es unter dem Einfluß Friedrich Wilhelms IV. zur Dominanz jener Kirchen, die, nach dem Vorbild der frühchristlichen Basiliken errichtet, in ihrem Erscheinungsbild die Kontinuität des Glaubens repräsentieren sollen.

Die Vollendung des Kölner Domes 1880 führt zur Deklaration des gotischen Stiles als genuinem Kirchenbaustil, der zudem noch als typisch deutscher Stil propagiert wird. Gegner dieser Auffassung bekennen sich zum »Rundbogenstil«.

Durch die Parole »Wir bauen nicht um des Stiles, sondern um des Zweckes willen« wird jedoch der Blick auch auf die innere Gestaltung der Kirchen gelenkt, auf den Zusammenklang von Altar und Kanzel. Die vertikale Kombination von Altar, Kanzel und

Orgel wird wegen ihres Bedeutungsgehalts als unbefriedigende Lösung empfunden. Bereits um 1850 befassen sich verschiedene Konferenzen mit der Frage des Kirchenbaus, um eine gewisse Verbindlichkeit zu gewähren. Erst 1861 verabschiedet die in Eisenach tagende Kirchen-Konferenz nahezu apodiktische Richtlinien, das *Regulativ für den evangelischen Kirchenbau*, die fast alle Landeskirchen übernehmen. Sie empfehlen den längsgerichteten Viereckraum und neben dem Typus der altchristlichen Basilika für die übrigen Kirchen die »romanische (vorgothische) Bauart vorzugsweise den sogenannten germanischen (gothischen) Styl«. Der Altar habe in einem eigenen Raum, dem Chor, erhöht zu stehen. Zur Lösung des Problems Altar und Kanzel fordert das Regulativ: »Die Kanzel darf weder vor noch hinter oder über dem Altar, noch überhaupt im Chore stehen.« Orgel und Sängertribüne sollen im Westen, dem Altar gegenüber ihren Ort haben.

Die 1891 in Wiesbaden veröffentlichten vier Leitsätze zum Kirchenbau favorisieren hingegen den Zentralraum, wenden sich gegen eine Zweiteilung des Raumes in Predigt- und Abendmahlsteil, die vornehmlich in Preußen vorgenommen wird, und fordern, die Kanzel hinter den Altar zu setzen und mit der Orgel organisch zu verbinden.

Bis zum Ersten Weltkrieg setzt sich die Einsicht endgültig durch, daß es keinen eigenen Kirchenbaustil gibt. Nach 1918 wird das *Gemeindehaus* als zentrierende Stätte des Gemeindelebens erkannt. Gemeindehäuser stehen nun nicht mehr isoliert, sondern verbinden sich mit der Kirche zu einem ausgewogenen Ensemble.

In seinem 1910 erschienenen Buch *Vom neuen Kirchenbau* macht Otto Bartning auf die oft zu beobachtende Abweichung der äußeren Raumgestalt der Kirche von ihrem geistigen Gehalt aufmerksam. Er fordert deshalb die harmonische Einheit von Kirchengestalt und Raum und Liturgie und Predigt.

Doch nach wie vor erweist sich die Gewichtung von Altar und Kanzel, von Abendmahl und Predigt als Problem. Zudem zeigt sich deutlich, daß zwar die beim Kirchenbau eingesetzten Formen und Materialien immer moderner werden, die Liturgie aber nur eine geringe oder gar keine Entwicklung erfährt. So wird die Reflexion über den Kirchenbau auf die Abhängigkeit von Liturgie und Raum zurückverwiesen.

Nach 1945 liegen viele Kirchen in Schutt und Asche. Auf zahlreichen Tagungen wird zugleich mit der Bestandsaufnahme nach den Möglichkeiten einer raschen Versorgung mit Kirchen gesucht. Das Evangelische Hilfswerk bietet ein von O. Bartning entwickeltes Notkirchenprogramm an, das es den Gemeinden ermöglicht, mit geringen Mitteln und viel eigenem personellen Einsatz zu einer Kirche zu kommen. 48 Kirchen werden nach diesem Programm gebaut. Bereits 1950 kommt es zum Bau neuer Kirchen. In Düren wird 1954 eine viel diskutierte Raumlösung gefunden: Der Zentralbau steht auf kreuzförmigem Grundriß, bei dem wie bei Bartning liturgische Mitte und Raumzentrum deckungsgleich sind. Wie in seiner Sternkirche steht das Gestühl nach Art antiker Arenen auf Stufen, die zur Mitte hinab führen, der Liturg steht hinter dem Altar. In der Folge sind viele Kirchen mit absteigendem Fußbodenniveau errichtet worden. Besonders in den siebziger Jahren des 20. Jahrhunderts nimmt die äußere Gestalt der Kirchen mehr und mehr Zeichencharakter an, wobei oft um der architektonischen Originalität willen die Raumform den liturgischen Anforderungen nicht genügt. Die exzessive Gestalt mancher Bauten gibt Anlaß, städtebauliche Fragen stärker zu berücksichtigen. Doch seit den achtziger Jahren beginnt die Anzahl der Kirchenbesucher abzunehmen. Die Kirchen erweisen sich vielerorts als zu groß, neue Kirchen werden nur noch selten gebaut.

Helmut Fußbroich

Margarete L. Goecke-Seischab / Jörg Ohlemacher, Kirchen erkunden, Kirchen erschließen. Ein Handbuch, Lahr / Kevelaer 1998; *Roland Degen / Inge Hansen* (Hg.), Lernort Kirchenraum. Erfahrungen – Einsichten – Anregungen, Münster 1998.

Kirchenraum

Kaum eine andere Institution unserer Gesellschaft hat die Inhalte, für die sie einzustehen hat, über Jahrhunderte hinweg in immer wieder neuer Gestaltung so sichtbar werden lassen wie die Kirche. So laden auch Kirchenbauten nicht lediglich zu gottesdienstlichen Veranstaltungen ein, sondern zu sich selbst, weil ihre Formensprache zeigt – sofern man sie zu lesen versteht –, wie die Kirche mit ihrer Botschaft von Gemeinden unterschiedlicher Zeiten verstanden wurde. Deshalb läßt die Erkundung dieser Bauwerke lernen, was Kirche ist. Die Formenvielfalt – jeder Kirchenbau ist anders – akzentuiert hierbei christlichen Glauben verschieden und zeigt, was den Generationen in ihrer konkreten Situation an Kirche und Glauben jeweils wichtig war.

So ist am Anfang der Kirchengeschichte das Wohnhaus der Raum für Verkündigung und Gottesdienst. Später soll die Erinnerung an die Märtyrer und Heiligen die Gläubigen in ihren Auseinandersetzungen stärken. Im Mittelalter wird die ostwärts gerichtete Kathedrale – meist kreuzförmig angelegt – zum Thronsaal Gottes, mit der Vielzahl ihrer Türme zur Gottesstadt und zum Symbol für das himmlische Jerusalem. Die Stadtkirche bildet die Sinnmitte im Gemeinwesen. *Glocken* rufen nicht nur zu Gottesdiensten, sondern gliedern Zeit und Tageslauf, verweisen auf Leben und Sterben und bewachen Stadt und Dorf. Besonders im Protestantismus wird der Kirchenraum häufig zum emporenreichen Predigtsaal und Feierraum, wo Wortverkündigung und versammelte Gemeinde zentrale Bedeutung erlangen. Biblische Bildprogramme erhalten in lutherisch geprägten Gemeinden eine katechetische Funktion. Reformierte Gemeinden gehen gegen den mittelalterlichen Reliquien- und Bilderkult radikaler vor und verzichten auf Grund ihres Verständnisses des biblischen Bilderverbots (2. Mose 20, 4) bis heute meist auf Bilder, Kreuze und Kerzen.

4. Gottesdienst

Kirchen werden im Laufe der Jahrhunderte erweitert, umgebaut, nach Katastrophen immer wieder neu errichtet in der Sprache ihrer Zeit, die wir Stil nennen. Insofern ist Kirchenbau-Tradition ständiger Wandel. In diesem Sinne sind Kirchen immer in Bewegung, nie fertig, weil wir wie die Generationen vor uns mit den Grundfragen von Glauben, Leben und Sterben nie fertig sind und jede Zeit ihre speziellen Akzente setzt. Indem jedoch jede Generation von der vorhergehenden den Kirchenbau übernimmt und sich in ihm einrichtet – indem die evangelischen Gemeinden zum Beispiel die mittelalterlichen katholischen Kirchen trotz Umgestaltung übernahmen –, bekennt sich jede Gemeinde zu einer Tradition, die sie mit ihren Mitteln bewußt fortsetzt. So läßt sich in Kirchen entdecken, wie das Christliche einerseits immer wieder neu aktualisiert und zeitgenössisch wird, es andererseits aber zugleich an Vorhergehendes erinnert und sich in generations- und konfessionsübergreifenden Zusammenhängen befindet. Damit ist zugleich die Nutzung des Kirchenraums als Ort von Begehung des Lebens und Glaubens in vielfältigen Formen von Gottesdienst beschrieben.

Der Gottesdienst ist wie der Raum, der ihn ermöglicht, Ausdruck der fruchtbaren Spannung von zeitübergreifenden Zusammenhängen und je neuer Aktualisierung. Kirchenräume mit dem, was in ihnen stattfindet, sind so Gedächtnis- und Erinnerungsorte der Christenheit wie auch Impulsgeber für heutige Formen von Loben und Klagen, aktueller Auseinandersetzung und Zeitansage aus Glauben.

In aller Vielfalt der Formen zeigt sich die Einheit und Erkennbarkeit der Kirchen über Konfessions- und Generationsgrenzen hinweg besonders in den für den Gottesdienst wichtigen Ausstattungsstücken wie Altar, Taufbecken, Kanzel, Orgel u.a. Hier sind Unterschiede in der Formtradition zumeist immer auch Bedeutungsunterschiede.

Der *Altar* war ursprünglich ein vermutlich transportabler Tisch, der lediglich zur Aufstellung der Abendmahlsgeräte diente. Durch das katholische Opferverständnis des Abendmahls und die Verbindung mit dem Grab eines Heiligen oder dessen Reliquien wurde er zur feststehenden steinernen Anbetungsstätte, oft durch aufwendige Bildwerke (etwa spätmittelalterliche Flügelaltäre) erweitert. In evangelischen Kirchen – neuerdings vielfach auch im Katholizismus – zeigt sich früh die Tendenz, den Altar als Abendmahlstisch der feiernden Gemeinde zurückzugewinnen, die diesen (halb-) kreisförmig umsteht. Häufig unterstützt besonders der evangelische Kirchenbau durch die Einbeziehung des Altars in quadratische, rechteckige oder runde Grundrißformen diesen Mahl-Gemeinschaftscharakter.

Daß Formen und Raumanordnungen zugleich Inhalte verdeutlichen, zeigt sich auch beim *Taufbecken*: Ursprünglich ein kesselförmiges Gefäß zur Untertauchung in einer Extrakapelle oder am Kircheneingang, betont diese Anordnung die Eigenbedeutung des Taufsakraments und den Eingang in die Gemeinschaft der Christen. Die Nähe von Taufstein und Altar hingegen besonders in evangelischen Kirchen verweist auf den inhaltlichen Bezug der Sakramente Taufe und Abendmahl vor der versammelten Gemeinde: Taufe als Beginn des Weges und Abendmahl als Stärkung auf dem Lebensweg mit und durch Kirche. Um diese beiden Sakramente als »sichtbares Wort Gottes« mit dem Wort-Gottes-Geschehen als Lesung und Predigt im Kirchenraum in enge Beziehung zu setzen, befinden sich meist *Lesepult* und *Kanzel* in dichter Nähe zu Altar und Taufe. In manchen evangelischen Neubauten nach dem Dreißigjährigen Krieg wurden sogar Altar und Kanzel im Kanzelaltar vereinigt, um die Einbindung des Altardienstes in die Wortverkündigung als der Mitte des Gottesdienstes sichtbar zu machen.

Selbst die Aufstellung der *Orgel* sagt Inhaltliches aus und unterliegt meist keineswegs nur raumakustischen Bedingungen. Dieses – im Altertum für weltliche Musik benutzte – Instrument dringt erst im Mittelalter allmählich in den Gottesdienst ein, dient besonders nach der Reformation der Stützung und Verlebendigung der singenden Gemeinde und wird deshalb zutreffend seitlich oder im Rücken der Gemeinde aufgestellt. Aus dieser dienenden Funktion heraus entwickelt sich jedoch bald eine eigenständige virtuose Orgelmusik – unterstützt durch Fortschritte im Orgelbau –, die dazu führt, daß

4. Gottesdienst

Orgelprospekte aufwendig gestaltet werden und besonders zur Zeit Johann Sebastian Bachs die Orgel oft über Altar und Kanzel Aufstellung findet, wodurch die eigenständige Verkündigungsfunktion von Orgel und Kirchenmusik ausgedrückt wird.

So verdeutlichen die Ausstattungsstücke mit ihrer räumlichen Zuordnung wichtige inhaltliche Zusammenhänge. Architektur mit ihren unterschiedlichen Grundriß- und Ausstattungslösungen wird zum Bedeutungsträger. Das Kirchenbau-Erbe weitet darüber hinaus den Blick auf gesamtgesellschaftliche Zusammenhänge: Häufig lassen Fürstenemporen, Ratsgestühl, Wappen, Kriegserinnerungen usw. im Bauwerk nach der politischen Abhängigkeit und gesellschaftlichen Verantwortung der Kirche fragen. *Kerzen* und *Blumen* bezeichnen Freude, Dank, Vergänglichkeit und Lob Gottes. Pflanzen und sichtoffene *Fensterfronten* besonders im modernen Kirchenbau sind Ausdruck einbezogener Schöpfung und schärfen den Blick für bedrohtes Leben und gesellschaftliche Verantwortung außerhalb der Kirchenmauern. *Gräber* und *Epitaphien* mit ihren Inschriften inner- und außerhalb der Kirchen zeigen, wie Menschen zu Leben und Tod stehen und welche Antworten ihnen auf bedrängende Sinnfragen wichtig waren und sind.

Solche Zusammenhänge zu entdecken, Kirchen so aufzuschließen, die weithin zur Fremdsprache gewordene Formensprache der Kirchenräume so zu erlernen und sie mit heutigem Leben in Beziehung zu setzen, erweist sich als wichtige Bildungsaufgabe. Christliche Gemeinden, die in und aus diesen Traditionen leben, tragen hierfür vorrangige Verantwortung.

Roland Degen

Margarete L. Goecke-Seischab/Jörg Ohlemacher, Kirchen erkunden, Kirchen erschließen. Ein Handbuch, Lahr/Kevelaer 1998; *Roland Degen/Inge Hansen* (Hg.), Lernort Kirchenraum. Erfahrungen – Einsichten – Anregungen, Münster 1998.

Geschichte des Gottesdienstes

Wer vom »Gottesdienst« spricht, denkt zuerst an die sonntägliche Gemeindefeier in der Kirche. Im Bewußtsein vieler Christen ist und bleibt der Sonntagsgottesdienst die Mitte des kirchlichen Lebens. Neben dieser Normalform des öffentlichen Gottesdienstes gibt es seit den 60er Jahren auch Formen der gemeinsamen Gottesverehrung, die stärker auf besondere Gruppen und Situationen zugeschnitten sind.

Aber was heißt eigentlich »Normalform«? Begonnen hat der christliche Gottesdienst als Liturgie einer Gruppe, die gerade nicht der Norm entsprach. Im Neuen Testament heißt es von der ersten Christengemeinde: »Sie blieben aber beständig in der Lehre der Apostel und in der Gemeinschaft und im Brotbrechen und im Gebet.« (Apostelgeschichte 2, 42)

Man kann in dieser Schilderung wichtige Elemente des Gottesdienstes wiedererkennen. In ihnen wird das Evangelium immer wieder neu gehört und erfahren. Mit der »Lehre der Apostel« ist die Auslegung der Heiligen Schrift im Lichte der Botschaft Jesu, seines Todes und seiner Auferstehung gemeint. Aus der Praxis des »Brotbrechens«, die auf die Tischgemeinschaft mit Jesus zurückgeht, hat sich das Abendmahl entwickelt (1. Korinther 11, 26). Auch das Gebet und die Gemeinschaft sind Impulse aus der Begegnung mit Jesus von Nazareth.

Im Mittelalter haben sich aus Predigt und Abendmahl zwei verschiedene Gottesdiensttypen ergeben. Die liturgischen Differenzen zwischen den Konfessionen sind das Ergebnis ungleicher Gewichtungen dieser beiden Grundelemente. Auch innerhalb der evangelischen Kirchen wurden unterschiedliche Akzente gesetzt. Während Luther die katholische Messe lediglich von unnötigem Ballast befreien wollte, schufen Calvin und Zwingli eine Form, die wieder stärker an die biblische Überlieferung anknüpfte. Der reformierte Abendmahlsgottesdienst ist daher schlichter, kürzer und nüchterner als die Messe.

Aber der Gottesdienst ist keine statische Angelegenheit. Trotz der großen Beharrungskraft der Tradition gibt es in den letzten Jahrzehnten auch deutliche Anzeichen für einen Ausgleich der konfessionellen Unterschiede.

Ein wichtiger Schritt in Richtung Ökumene war der Beschluß des Zweiten Vatikanischen Konzils, die Predigt in der Messe für obligatorisch zu erklären. Der Gemeindegesang, eine Erfindung Luthers, gehört heute ebenfalls zum festen Bestandteil der katholischen Liturgie.

Umgekehrt haben evangelische Christen aus dem liturgischen Schatz ihrer Schwesterkirchen neue Impulse für ihren Gottesdienst erhalten. Heute entdecken manche die urtümliche Kraft der Eucharistie und das Stundengebet wieder neu. Diese Annäherungsbewegung kommt auch im gemeinsamen Gerüst der beiden Grundformen des evangelischen Gottesdienstbuches zum Ausdruck.

Jede Liturgie enthält ähnliche Schritte, hat aber immer auch einen bestimmten, eigenen Charakter. Entscheidend für das jeweilige Gepräge eines sonntäglichen Gottesdienstes ist seine Stellung im Kirchenjahr. Eigentlich ist das Kirchenjahr ein liturgischer Kalender, in dem Lesungen und Festzeiten festgelegt werden. Dieser Kalender beginnt aber nicht am ersten Januar, sondern mit dem 1. Advent. Er hat im Weihnachtsgottesdienst seinen ersten Höhepunkt, mit Ostern, Himmelfahrt und Pfingsten einen zweiten Höhepunkt und schließt nach einer festarmen Sommerzeit mit dem Erntedank, dem Reformationstag und den Novemberfeiertagen.

Nicht alle Festgottesdienste erfreuen sich gleich großer Beliebtheit. Die Abstimmung mit den Füßen gewinnen Weihnachten und Ostern. Aber auch die Wendepunkte des Lebens zählen zu den häufig besuchten Gottesdiensten. Die Geburt eines Kindes (Taufe), das Erwachsenwerden eines Jugendlichen (Konfirmation), die Hochzeit (Trauung) und der Abschied von einem geliebten Menschen (Beerdigung) sind lebenswichtige Übergänge, die durch die liturgische Feier eine Tiefendimension erhalten. Bei solchen Gelegenheiten kann das eigene Leiden und das eigene Glück mit dem Glauben verbunden werden.

Für die liturgische Vielfalt sind nicht nur die geschichtlichen Hintergründe und die einschneidenden Lebenswenden ausschlaggebend. Ebenso entscheidend sind die verschiedenen Bereiche der Gemeindepädagogik, die unterschiedlichen Gruppen mit ihren Bedürfnissen und besondere Anlässe im Leben der Gemeinde. Kinder-, Jugend- und Familiengottesdienste oder Feiern mit und für Frauen bereichern in vielen Kirchengemeinden das Gottesdienstleben. Gottesdienstliche Begegnungen finden auch außerhalb kirchlicher Räume statt. Wichtige Orte sind sowohl Schulen, Alters- und Pflegeheime als auch Spitäler. Aber auch im Gefängnis oder in der Kaserne werden Andachten gehalten. An solchen Orten wird deutlich, daß der Gottesdienst eine Form der Seelsorge ist.

Der öffentliche Gottesdienst war lange Zeit die wichtigste Veranstaltung der abendländischen Kultur. So wirkte der Gottesdienst als formgebende Kraft auf die Kultur und diese wieder auf den Gottesdienst zurück. Seit der Aufklärung wurde diese Wechselwirkung einseitig wahrgenommen. Der überlieferte Gottesdienst wurde als altertümlich empfunden und stand in der Folge zunehmend unter Modernisierungsdruck. Die Predigt soll aktuell, die Liturgie erlebnisreich und ansprechend sein.

Eine positive Folge dieser Entwicklung ist die Vielfalt der Formen. Es darf heute experimentiert werden. Tanz, Meditation, politische Aktion und Bibliodrama eröffnen neue Möglichkeiten, den Glauben zu erfahren.

Die Öffnung für neue Erlebnisräume entspricht dem Evangelium. Liturgie soll auch die Leiblichkeit des Menschen erfassen. Das professionelle Angebot der Freizeit- und Unterhaltungsgesellschaft löst bei Gottesdienstverantwortlichen und -besuchern aber auch einen Erwartungsdruck aus. Kann und soll der Gottesdienst mit dieser Konkurrenz mithalten? Wer nur das Erlebnis sucht, verliert eine wichtige Dimension der Gottesbegegnung. Jede Form des Gebets verlangt Einübung. Das gilt auch für offene Formen: Was prägen soll, muß wiederholt werden.

4. Gottesdienst

Die Vielfalt der Gottesdienstformen gründet auf der Einheit des Glaubens und der Freiheit des Evangeliums. Gottesdienst ist wesentlich Erinnerung an die Einladung zum Fest des Lebens, die Gott in Jesus Christus ein für allemal ausgesprochen hat. Die wertende Rede von liturgischen Haupt-, Neben- und Sonderformen sollte deshalb vermieden werden. Denn wo zwei oder drei sich in seinem Namen versammeln, da ist er mitten unter ihnen (Matthäus 18, 20).

Ralph Kunz

Fritz Baltruweit/Günter Ruddat, Gemeinde gestaltet Gottesdienst 1. Arbeitsbuch zur Erneuerten Agende, Gütersloh 1994; *Hans-Christoph Schmidt-Lauber/Karl-Heinrich Bieritz* (Hg.), Handbuch der Liturgik, Göttingen ²1995.

Liturgie und Agende

Das Lehnwort *Liturgie* kommt vom griechischen »leiturgia«, das zusammengesetzt ist aus den Wörtern »laitos« (»auf das Volk bezogen«; daher kommt das deutsche Lehnwort »Laie«) sowie »urgia« (»Werk, Dienst«, bekannt auch aus dem Begriff »Chirurgie«, »Werk mit der Hand«, griech. »cheira«). Man kann »Liturgie« also übersetzen als »Volksdienst« oder »öffentlicher Dienst«. In der griechischen Antike wurde mit »Liturgie« jede öffentliche Dienstleistung der Reichen für das Gemeinwesen bezeichnet, wie eine öffentliche Speisung oder das Ausrüsten eines Kriegsschiffes, aber auch das, was bei uns heute »öffentlicher Dienst« heißt. Der religiöse Dienst war nur ein Teil davon.

Im Neuen Testament ist mit »leiturgia« allgemein das christliche Leben (Apostelgeschichte 13, 2) oder die karitative Dienstleistung (2. Korinther 9, 12; Philipper 2, 30), aber nicht der Gottesdienst gemeint. Denn von den heidnischen Kulthandlungen wollte man sich bewußt absetzen. Der Begriff »Liturgie« für den Gottesdienst bürgert sich erst im 4. Jahrhundert in der Ostkirche ein. Bis heute feiert die orthodoxe Kirche sonntäglich »Die göttliche Liturgie des hl. Johannes Chrysostomus«. Diese entstand zwar erst später in Konstantinopel, wird aber auf Johannes Chrysostomus (ca. 344-407) zurückgeführt.

In der römisch-katholischen Kirche ist der Begriff für den Gottesdienst bis zum II. Vatikanischen Konzil (1962-1964) derjenige der Messe gewesen – wegen der Entlassungsformel »Ite, (concio) missa est«, »geht, (die Versammlung) ist entlassen«. Seit dem 2. Vatikanischen Konzil ist die »Liturgie« in der katholischen Kirche zum Zentralbegriff geworden, weil damit der »Volksdienst« gemeint ist und nicht mehr nur der vom Priester vollzogene Meßopferdienst. Der neue katholische Begriff von Liturgie, wozu vor allem die »volle, bewußte und aktive Teilnahme« der Gemeinde gehört, ist auch für das evangelische Gottesdienstverständnis wegweisend. Man kann sich das sogar mit dem ursprünglichen Wortsinn klarmachen. Die Liturgie ist »Laiendienst«, und zwar im doppelten Sinne: Gottes Dienst für die Gemeinde und Dienst der Gemeinde vor Gott.

In der evangelischen Theologie ist der Begriff Gottesdienst immer in diesem zweifachen Sinne verstanden worden: Die Liturgie ist 1. der Dienst, den Gott dem Menschen erweist und 2. die lobende und feiernde Antwort der Gemeinde darauf. Der Gottesdienst ist also keine fromme Pflicht, die der Mensch gegenüber Gott erfüllen muß, um vor Gott gut dazustehen. Gott selbst macht vielmehr den ersten Schritt.

Klassisch ist dafür Martin Luthers Formulierung aus der Predigt zur Einweihung der Torgauer Schloßkirche 1543. Dort sagte Luther, in der neuen Kirche solle nichts anderes geschehen als daß »unser lieber Herr selbst mit uns rede durch sein heiliges Wort und wir wiederum mit ihm reden durch Gebet und Lobgesang«. Das Zentrum evangelischer Liturgie ist traditionell die Predigt. Darum spricht man auch häufig von »Liturgie und Predigt« als den beiden Hauptteilen des Gottesdienstes. Dies trennt aber zu sehr das Handeln von Pfarrer/Pfarrerin und Gemeinde, deren gemeinsames Tun doch der gesamte Gottesdienst sein soll. Es ist darum besser, den Gottesdienst insgesamt »Liturgie« zu nennen: Die Gemeinde feiert Gott und vergewissert sich des gemeinsamen Glaubens. Man hat darum den evangelischen Gottesdienst auch als gegenseitige Mitteilung des Glaubens und deren künstlerische Darstellung beschrieben (so der bedeutende evangelische Theologe Friedrich Schleiermacher, 1768-1834). Liturgie ist ein gemeinsames Kunstwerk, das dem Evangelium Gestalt gibt. In gegenwärtiger Begrifflichkeit kann man darum auch von der »Inszenierung des Evangeliums« sprechen.

Die Liturgie wird für die Gemeinden durch Vorschriften in *Agenden* (lat. agendum, »was zu tun ist«) geordnet. Erstmals erschien 1999 eine gemeinsame Agende für die lutherischen und die unierten evangelischen Kirchen und Gemeinden, das »Evangelische Gottesdienstbuch«. Diese jetzt im größten Teil Deutschlands eingeführte Agende folgt dem Prinzip, daß jeder Gottesdienst einer festen

Grundstruktur folgt, die aber immer wieder variiert werden kann. Damit soll die Entgegensetzung von »starrer Agende« und »völlig neuem Gottesdienst« überwunden werden. Die feste Struktur ist mit den vier Schritten A. Eröffnung und Anrufung, B. Verkündigung und Bekenntnis, C. Abendmahl, D. Segen beschrieben. Es ist daran gedacht, daß möglichst an jedem Sonntag wenigstens an einer Stelle in der Liturgie eine Variation durch die aktive Beteiligung von Gemeindegliedern erfolgt. Dabei kann man an einen liturgischen Gesang durch die Jugendgruppe denken (ein mehrstimmiges »Kyrie eleison«, »Herr, erbarme dich«, etwa Ev. Gesangbuch Nr. 178.9 oder 178.10) in Teil A, an eine Bildbetrachtung der Konfirmanden als Predigtelement in Teil B, an einen festlich ausgestalteten Kanon beim Abendmahl in Teil C (z.B. Ev. Gesangbuch Nr. 190.4) oder an eine gemeinsame Schlußprozession mit dem Lied »Ausgang und Eingang« (Ev. Gesangbuch Nr. 175). Dabei sollen besonders auch Einsichten aus dem jüdisch-christlichen Dialog und aus der Frauenliturgiebewegung sowie Impulse aus anderen Kirchen (Ökumene) aufgenommen werden.

Neben den Vorgaben durch den Ablauf wird der Gottesdienst durch das Kirchenjahr geprägt. Man spricht darum vom »Ordinarium«, dem allgemein Angeordneten, und vom »Proprium«, den für den jeweiligen Sonntag eigentümlichen Texten und Liedern, wie z.B. dem Evangeliumstext Lukas 2, 1-14 am Heiligen Abend. Dazu findet sich ein ausführlicher »Liturgischer Kalender« im Gesangbuch (in der Ausgabe Rheinland-Westfalen Nr. 1005). Das Proprium jedes Sonntags hat sechs Texte: Neben dem Evangelium (Textreihe I) ist in der Regel eine Briefstelle (»Epistel«-Reihe II) oder ein alttestamentlicher Text (aus einer der anderen Reihen) Schriftlesung in jedem Gottesdienst. Immer einer der sechs Texte ist als Predigttext vorgeschlagen, so daß nur alle sechs Jahre derselbe Predigttext an der Reihe ist. Für das Proprium sind besonders auch die Lieder und Musik wichtig, so daß Kirchenmusiker/-innen und Pfarrer/-innen liturgisch gut zusammenarbeiten sollten.

Die wissenschaftliche Beschäftigung mit der Liturgie nennt man die Liturgik oder Liturgiewissenschaft. Diese spielt in der evange-

4. Gottesdienst

lischen Theologie leider immer noch eine geringere Rolle als in der katholischen. Denn seit dem 2. Vatikanischen Konzil ist die Liturgik Hauptfach im Studium, und jede theologische Fakultät muß einen besonderen Lehrstuhl dafür haben. An den evangelischen Fakultäten in Deutschland hingegen gibt es keinen einzigen Lehrstuhl für Liturgiewissenschaft. Die Gemeinden sind um so mehr gefordert, sich in ihren Gruppen und Gremien mit Fragen der Liturgie zu beschäftigen. Auch für das Lernen von Religion in Schule und Gemeinde hat das Erleben des Gottesdienstes eine erhebliche Bedeutung – im positiven oder auch im negativen Sinne.

Michael Meyer-Blanck

Michael Meyer-Blanck, Inszenierung des Evangeliums. Ein kurzer Gang durch den Sonntagsgottesdienst nach der Erneuerten Agende, Göttingen 1997; *Evangelisches Gottesdienstbuch*. Agende für die Evangelische Kirche der Union und für die Evangelisch-Lutherische Kirche Deutschlands, Berlin 1999.

Die Predigt ist jenes Element im Gottesdienst, in dem ein dazu Beauftragter der Gemeinde mit dem Zeugnis seines Glaubens in Form einer öffentlichen Rede dient. Diese Zeugnis-Rede ist das Resultat einer Auseinandersetzung. Sie erwächst einerseits aus der Beschäftigung mit jenen Zeugnissen (in der Regel Bibeltexte), die Gott bereits als Schöpfer, Erlöser und Heiler bezeugen. Andererseits muß der Prediger Zeitgenosse sein und sich mit der Situation heute lebender Menschen auseinandersetzen. Er soll nämlich nicht über alte Texte berichten, sondern deutlich machen, was Jesus Christus heute – d. h. unter den Bedingungen unserer Existenz – für den einzelnen bedeutet.

Daß in der Predigt des Evangeliums auch das persönliche Zeugnis eines Menschen zum Ausdruck kommt, heißt nicht, die *Ursache der Predigt* in der Mitteilungsfreudigkeit eines Gemeindeglieds zu suchen: Die Predigt ist die Folge von Ereignissen, in denen Menschen erlebt haben, daß Gott seine Geschichte mit ihrer Geschichte verbindet. In diesem Sinne können wir auch die biblischen Texte als »Predigten« lesen. Daß es sie gibt, ist nach Auffassung ihrer Autoren die Folge davon, daß Gott sich im Wahrnehmungsbereich von Menschen gezeigt hat; sie haben das Ziel, dies als Heilsereignis zu verdeutlichen. Dasselbe gilt für die Predigt: Sie ist sowohl Ausdruck des Heilshandelns Gottes in unseren Tagen als auch Lebensäußerung der christlichen Gemeinde. So kann man die Predigt als unvollendbaren Kommentar zu der immer neu in Worte zu fassenden Geschichte Gottes mit den Menschen verstehen. Weil das Leben, Sterben und Auferstehen Jesu als Keim dieser Geschichte anzusehen ist, muß sich jede Predigt um einen inneren Bezug zu diesem Geschehen bemühen.

Aus diesen Überlegungen ergibt sich, daß die zentrale *Aufgabe der Predigt* nicht darin liegen kann, der Gemeinde ihre Defizite vorzuhalten oder sie über das christliche Heilsverständnis zu informieren, sondern darin, sie aufs neue mit dem Evangelium zu konfrontieren, dessen Frucht sie selbst schon ist. Diese Einsicht ergibt sich zunächst aus der im Neuen Testament beschriebenen Praxis der Verkündigung. Zwar taucht der Begriff »Prediger« dort nicht auf. Aber es gibt entsprechende Formulierungen, die sämtlich mit der Weitergabe des Evangeliums, also mit der Botschaft von der Befreiung und Erlösung des Menschen aus seiner verhängnisvollen Eigengesetzlichkeit (Sünde), zu tun haben. »Vergebung der Sünden verkündigen« (Apostelgeschichte 13, 38), die »Auferstehungsbotschaft predigen« (Matthäus 28, 8) oder »Jesus als den Christus bezeugen« (Apostelgeschichte 20, 24) – alles das bedeutet: Wo gepredigt wird, soll »Christus verkündigt« werden (Philipper 1, 17f.), und wo Christus verkündigt wird, werden Menschen in den heilvollen Herrschaftsbereich Gottes gestellt bzw. neu darin verankert. In diesem Sinne hat Luther die *Christusgemäßheit einer Predigt* als ihren »Hauptgesichtspunkt« bezeichnet. Wie das Wort Gottes am Anfang die Welt erschuf und in der Person Jesu Christi nicht nur die Botschaft vom Heil übermittelt, sondern selbst heilend, vergebend, versöhnend und erlösend gewirkt hat, so steht die Predigt heute im Dienste der Fortsetzung dieses Geschehens, Deshalb könnte die Kirche – so spekuliert Martin Luther – unter Umständen auf alles andere verzichten, nur nicht auf das gepredigte Wort Gottes: »Es ist alles besser nach gelassen, denn das Wort. Und ist nichts besser getrieben denn das Wort.«

Die Funktion von *Gesetz und Evangelium* für die Predigt kann man leicht mißverstehen. Gesetz und Evangelium sind kein formales Schema, wonach das Evangelium ans Ende der Predigt gehörte, nachdem die Gemeinde zunächst gescholten und mit bestimmten Leistungsvorgaben mürbe gemacht worden wäre. Eine Predigt hat nicht alternativ über die Sünde des Menschen *oder* über die Gnade Gottes zu sprechen, sondern *immer* der Verdeutlichung des Evangeliums zu dienen. »Das Gesetz predigen heißt einfach: den Menschen seine Wirklichkeit erkennen lassen« (Manfred Josuttis). Wo diese Wirklichkeit übergangen wird (z.B. durch Außer-acht-Lassen der

Situation der Hörer oder durch Banalitäten oder durch eine historische Erörterung des Predigttextes usw.), kann auch nicht deutlich werden, wofür es das Evangelium braucht und was sich unter Umständen im Leben des einzelnen ändern könnte.

Die Predigt ist ein *Kommunikationsgeschehen* besonderer Art. Es geht in ihr primär nicht um das Gemeinsammachen von Informationen, sondern um das Zusammenkommen und -bleiben von Gott und Mensch. Das schließt nicht aus, sondern ein, daß derjenigen Person, die die Predigt erarbeitet und hält, eine eigene Bedeutung zukommt. Nachdem das Evangelium immer als persönliches Zeugnis weitergegeben wurde, ist nun die Reihe am Prediger, seinerseits als Person mit eigenem Ich, d.h. mit spezifischen Erfahrungen des Glaubens (und Zweifelns), vor der Gemeinde zu erscheinen. Es gehört zur Eigenart des Wortes Gottes, erst in personaler Vermittlung, das heißt durch das Zeugnis eines Menschen, konkret zu werden.

In diesem Sinne ist es keine Überforderung, wenn der *Auftrag zur Predigt* prinzipiell an die ganze Gemeinde ergeht. Im Grunde »predigt« die Gemeinde schon dadurch, daß sie von der Öffentlichkeit als »offener Brief Christi« gelesen werden kann (vgl. 2. Korinther 3, 2f.). Darüber hinaus ist jeder Christ bereits *durch die Taufe »ordiniert«* und zur Verkündigung berufen. Dabei wird vorausgesetzt, daß er auf dem Weg der Nachfolge Erfahrungen mit Gott macht, die er als Zeugnis seines Glaubens weitergeben kann. Schließlich ist die protestantische Praxis der Laienpredigt Ausdruck dafür, daß »Nicht-Theologen« kompetent über ihren Glauben Rechenschaft ablegen und deutlich machen können, was es in ihrer Situation bedeutet, unter den Bedingungen des Reiches Gottes zu leben.

Das *Amt der Verkündigung* hat sich also erst aus dem allgemeinen Zeugendienst aller Gläubigen entwickelt. Dabei haben u.a. folgende Gesichtspunkte eine Rolle gespielt: 1. Die Wahrnehmung bestimmter Funktionen wurde schon in den frühen Gemeinden an *bestimmten Personen* festgemacht. Die einzelnen Glieder des Leibes Christi sind nicht einfach austauschbar, sondern die Gemeinde ist auf den gewissenhaften Dienst jedes einzelnen angewiesen. 2. Weil das Evangelium nicht nur die Gemeinde, sondern die Welt als ganze im Blick hat, wird es *in aller Öffentlichkeit* verkündigt. Es ist sinnvoll, diese globalkirchliche Aufgabe zu kanalisieren und institutionell zu regeln. 3. Man kann sich das Evangelium nicht selbst sagen; es kommt immer »von außen«. Deshalb wird nicht im Kollektiv, sondern aus einer *Gegenüber-Position* heraus gepredigt. Die Gemeinde stellt also aus strukturellen wie inhaltlichen Gründen jemanden aus ihrer Mitte sich selbst gegenüber, dem sie zutraut, ihr das Evangelium in Form seines Zeugnisses verständlich zu machen. 4. Wer predigt, um damit am Umbau (Reform) und Ausbau (Mission) der Kirche mitzuwirken, nimmt in der Kirche und im Interesse der Kirche auf die Bibel Bezug. Die Gemeinde hat darauf zu achten, daß derjenige, der ihr diesen Dienst tut, auch *schriftgemäß predigt*, d.h. daß er die Auslegungstradition seiner Kirche kennt und in der Anwendung entsprechender Richtlinien ausgebildet ist. 5. Weil die Kirche mit der lebendigen Verbreitung des Worte Gottes steht und fällt, ist es sinnvoll, das Predigtwort »ordentlich« zu regeln und mit einem Amt zu verbinden. Der Prediger ist seiner Gemeinde dadurch nicht geistlich überlegen, sondern gerade aufgrund seine Amtes auf sie angewiesen: Er kann es nicht ausüben, ohne von seiner Gemeinde ebenso getragen wie herausgefordert und auf die Situationen aufmerksam gemacht zu werden, in denen sie seine Predigt braucht.

Wilfried Engemann

Manfred Josuttis, Gesetz und Evangelium in der Predigtarbeit (Homiletische Studien 2), Gütersloh 1995; *Wilfried Engemann*, Einführung in die Homiletik, Tübingen 2001.

Taufe

Im Neuen Testament wird von einem Mann berichtet, der am Jordan Menschen zu einer Veränderung ihres Lebenswandels aufrief und sie aufforderte, ihr altes Leben hinter sich zu lassen und sich Gott und seinem Willen zu unterstellen. Wer dieser Aufforderung zustimmte, der wurde von ihm im Wasser des Jordan kurz vollständig untergetaucht.

Diese Geste bedeutete: Die bis dahin begangenen Sünden wurden durch das Wasser, wie bei einem normalen Bad, abgewaschen. Wie ein im Wasser Untergehender starb der Betreffende gleichsam, tauchte danach aber wie ein Geretteter wieder auf und hatte ein neues Leben. Er lebte nun ein Leben für Gott. Der Mann, der damals so taufte, wurde Johannes, der Täufer genannt.

Auch Jesus ließ sich von ihm taufen (Markus 1, 9-11), und die nach Jesu Tod und Auferstehung entstehende christliche Gemeinde übernahm die Taufe als Eintritt in die christliche Gemeinde. Die Taufe wurde von der Predigt Jesu her verstanden als Vorbereitung auf das unmittelbar erwartete Ende der bisherigen Welt und den Beginn der neuen Welt, des Reiches Gottes. Denn so predigte Jesus: »Die Zeit ist erfüllt und das Reich Gottes ist genaht; tut Buße und glaubt an das Evangelium!« (Markus 1, 15).

Im etwas später verfaßten Matthäusevangelium spricht der auferstandene Jesus zu seinen Jüngern (am Ende des letzten Kapitels, bei »Matthäi am letzten«): »Mir ist gegeben alle Gewalt im Himmel und auf Erden. Darum gehet hin und machet zu Jüngern alle Völker. Taufet sie auf den Namen des Vaters und des Sohnes und des Heiligen Geistes und lehret sie halten alles, was ich euch befohlen habe.« (Matthäus 28, 18-20).

Diese überlieferten Worte belegen, daß sich zur Zeit des Matthäus (um 80 n. Chr.) die Taufe bereits allgemein eingebürgert und durchgesetzt hatte.

4. Gottesdienst

Die Taufe war die Aufnahme in die christliche Gemeinde. Der in der Regel erwachsene Täufling zeigte damit an, daß er sein bisheriges (heidnisches) Leben aufgab und es radikal änderte. Dazu mußte er wissen, was man als Christ glaubte und wie man als Christ lebte. Das sah und erfuhr er einerseits leibhaftig in der Gemeinde, deren Mitglied er werden wollte, andererseits zeigte sich bald, daß es sinnvoll war, der Taufe einen ausführlichen Unterricht vorausgehen zu lassen, den sogenannten Katechumenat (von griech. »katecheo«, lehren; daher kommt auch das Wort Katechismus). Im Lauf der Entwicklung bildeten sich zudem für den Taufgottesdienst zahlreiche Symbolhandlungen heraus: Sprechen eines Glaubensbekenntnisses, Absage an den Bösen, Kreuzeszeichen als Bild der Verbindung mit Christus, Handauflegung als Vermittlung göttlichen Geistes, weißes Taufkleid als Zeichen der Reinheit und des neuen Lebens.

Da nach kirchlichem Verständnis die Voraussetzung zur Teilnahme an der Taufe die eigene Entscheidung und der Glaube an Christus war, konnte eine solche Entscheidung nur von Erwachsenen gefällt werden. So war die Erwachsenentaufe in der alten Kirche das Übliche. Durch die Taufe wurde und wird man Mitglied der Gemeinde und damit Mitglied der Kirche. Die bis dahin begangenen Sünden wurden vergeben, man empfing den Geist Gottes und verpflichtete sich auf ein christusgemäßes Leben. Der Getaufte gehörte nun nicht mehr sich selbst, sondern Gott. Die Entscheidung des Täuflings war die Antwort auf die Zusage Gottes zur Vergebung der Sünden.

Doch schon im 2. Jahrhundert wurden auch Kinder getauft, wenn sie zuvor unterrichtet worden waren. Später wurden auch Kleinstkinder und Säuglinge getauft, die dann anschließend zu unterschiedlichen Zeiten und auf unterschiedliche Weise den Unterricht nachholten. Hier liegt der Ursprung der Konfirmation.

Damit veränderte sich aber auch die Gewichtung in der Deutung der Taufe. Säuglinge zu taufen war nur sinnvoll, wenn mit der Taufe vor allem ausgesagt wurde: Gott will dieses Kind, ohne Bedingungen zu stellen, annehmen. Er begegnet ihm mit seiner Liebe ohne jede Vorbedingung, und die Eltern übereignen es Gott. Von nun an besitzen und erziehen sie es gleichsam stellvertretend, damit es ein mündiges Mitglied der christlichen Gemeinde werden kann.

Die Taufe, die als Handlung nur einmal im Leben erfolgt (und die von allen christlichen Kirchen anerkannt wird), entfaltet sich gleichsam im Lebensweg des Getauften – in aller Widersprüchlichkeit von Glauben und Nicht-glauben-Können.

Die Taufe bewirkt also
– die bedingungslose Annahme durch Gott,
– die Vergebung der Sünden und die Zusage des heiligen Geistes,
– die Aufnahme in die christliche Gemeinde mit den damit verbundenen Rechten,
– die Minderung der Lebensängste.

Die Taufe ist zugleich Ausdruck
– der Entscheidung des Täuflings,
– des Willens, ein christliches Leben zu führen,
– der Absage an alles Böse.

Die Taufhandlung selbst erfolgte ursprünglich durch dreimaliges Untertauchen des ganzen Körpers in dafür besonders geeigneten großen Taufbecken, heute erfolgt sie durch dreimaliges Übergießen mit fließendem Wasser über einem in der Regel kleinen Taufbecken, das sich entweder am Eingang einer Kirche oder in einem Seitenschiff in der Nähe des Altars befindet. Das Recht, die Taufhandlung vorzunehmen, lag in der frühen Christenheit bei den Bischöfen, später auch bei den Priestern. In den evangelischen Kirchen nach der Reformation lag dieses Recht bei den dazu beauftragten Personen, in Notfällen liegt es bei jedem getauften Christen. Diese Möglichkeit nennt man eine Taufe in Notfällen. Eine Ordnung dazu findet sich im Evangelischen Gesangbuch.

Heute geschieht die Taufe eines Kleinkindes folgendermaßen: Nach einem einige Zeit zuvor mit dem Pfarrer oder der Pfarrerin geführten Taufgespräch, nach der Wahl der Paten, beginnt der Gottesdienst, wenn es sich um einen separaten Taufgottesdienst handelt, mit einem Orgelvorspiel und einem Lied. Der Taufende spricht dann die Worte aus Matthäus 28 und bezeichnet anschließend Stirn und Brust des Täuflings mit dem Zeichen des Kreuzes. Nach Gebet und Lied wird die Taufpredigt gehalten. Dann werden die Eltern und Paten gefragt, ob das Kind getauft werden soll. Eltern und Paten bestätigen dies. Daraufhin liest der Pfarrer oder die Pfarrerin, ein Angehöriger oder jemand aus der Gemeinde Markus 10, 13-16, die Geschichte von der Segnung der Kinder durch Jesus. Die Paten und der oder die Taufende legen nun dem Täufling die Hand auf und beten gemeinsam das Vaterunser. Nachdem der Name des Kindes erfragt und das Kind über das Taufbecken gehalten wurde, begießt der Taufende den Kopf des Kindes in einer für alle sichtbaren Weise dreimal mit Wasser und spricht dabei: »..., ich taufe dich im Namen des Vaters und des Sohnes und des Heiligen Geistes.« Nach einem abschließenden Lied folgt dann ein Gebet, das den Dank aller Beteiligten formuliert, und der Entlassungssegen. In vielen Gemeinden ist es üblich, eine Kerze zu entzünden und zu überreichen, die das Kind und die Familie immer wieder an die Taufe erinnern kann. Dazu wird meistens das Wort Johannes 8, 12 als Deutung herangezogen: »Ich bin das Licht der Welt. Wer mir nachfolgt, wird nicht wandeln in der Finsternis, sondern das Licht des Lebens haben.«

Michael Künne

Erich Geldbach, Taufe, Göttingen 1999; *Fritz Baltruweit / Günter Ruddat*, Gemeinde gestaltet Gottesdienst 2: Taufe, Konfirmation, Trauung, Beerdigung, Gütersloh 2000.

B*iblische und historische Entwicklung.* Die Feier des Abendmahls geht zurück auf die Mahlzeiten Jesu mit verschiedenen Menschen. Zu den Mahlgemeinschaften mit Jesus ist »alles Volk« eingeladen. Alle werden satt und erleben ein Wunder (Markus 6, 30ff.). Diese neue Gemeinschaft aus Jüngern, »Zöllnern und Sündern« (Markus 2, 13ff.), Ausgestoßenen und Verachteten demonstriert, wie Gott sich das Zusammenleben von Menschen als Gemeinschaft ohne Grenzen vorstellt und für die Jesus mit seinem Leben und seinem Sterben eintritt. In den nachösterlichen Erscheinungsmahlen wird der Auferstandene daran erkannt, wie er das Brot bricht (Lukas 24, 28ff.; vgl. Johannes 21, 12ff.). Das Abendmahl wird besonders auf die letzte Mahlzeit Jesu mit den Jüngern am Vorabend seiner Kreuzigung zurückgeführt. Die Überlieferung (Markus 14) zeichnet Jesus in der Rolle des jüdischen Hausvaters, der das Passahmahl feiert. Das Passahmahl, das die Juden einmal im Jahr begehen, wurzelt in der Erinnerung an die Befreiungsgeschichte aus der Sklaverei in Ägypten (2. Mose 12, vgl. auch 1. Mose 14, 17ff.).

Im Mittelpunkt der biblischen Abendmahlsüberlieferung stehen die Worte Jesu (1. Korintherbrief 11, 23-25 sowie Matthäus 26, 26ff. und Parallelen). Heute werden diese *Einsetzungsworte* meistens in einer von Luther gebildeten Mischform gesprochen:

Unser Herr Jesus Christus,
in der Nacht, da er verraten ward, nahm er das Brot,
dankte und brach's und gab's seinen Jüngern und sprach:
Nehmet hin und esset. Das ist mein Leib,
der für euch gegeben wird.
Solches tut zu meinem Gedächtnis.
Desgleichen nahm er auch den Kelch nach dem Abendmahl,
dankte und gab ihnen den und sprach:

4. Gottesdienst

Nehmet hin und trinket alle daraus.
Dieser Kelch ist der neue Bund (das neue Testament) in meinem Blut, das für euch vergossen wird zur Vergebung der Sünden. Solches tut, so oft ihr's trinkt, zu meinem Gedächtnis.

Die Einsetzungsworte, in denen Jesus den Kelch nach dem Abendmahl nimmt, zeigen, daß in der Urchristenheit die Abendmahlsfeier das Abendessen umrahmte. An diese Tradition knüpft heute das Tischabendmahl wieder an. Die ersten Christen setzten das »Brotbrechen« im Gedenken an Jesus fort (Apostelgeschichte 2, 42 und 46f.) und erlebten seine Tischgemeinschaft mit Freunden und Fremden als Stärkung ihres Glaubens. Das eine Brot und der eine Kelch verbinden mit dem einen Christus und so zu dem einen Leib derer, die zu Christus gehören (1. Korinther 11 und 12). Bereits der knapp fünf Jahre nach Jesu Tod bekehrte Paulus kennt den ursprünglichen Zusammenhang von Abendmahl und Agape (= Liebesmahl) als sättigende Mahlzeit (1. Korinther 11). Das Abendmahl (diese vor allem im evangelischen Bereich übliche Bezeichnung wandelt sich im ökumenischen, nicht nur im römisch-katholischen Sprachgebrauch zum Begriff »Eucharistie« = Danksagung) beinhaltet Gegenwart Gottes und Gemeinschaft, Erinnerung und Vergebung, Verheißung und Wegzehrung, Gemeindebildung und Weltverantwortung.

Im Mittelalter wurde das Abendmahl zum Sakrament erklärt (lat. ursprünglich = Diensteid, später dann Übersetzung des griechischen Wortes »Mysterium« = Geheimnis), d.h. zu einer für die damalige Kirche grundlegenden Form der Vermittlung göttlicher Gnade. Gemeint sind damit im evangelischen Bereich die beiden von Jesus eingesetzten zeichenhaften Handlungen: Taufe und Abendmahl; in der katholischen Kirche darüber hinaus als Dogma seit 1547: Firmung, Buße, Priesterweihe, Ehe und Krankensalbung. Nach katholischem Verständnis kann nur ein Priester durch das Sprechen der Einsetzungsworte Brot und Wein ganz real in den Leib und das Blut Jesu verwandeln; damit wird vor Gott das Opfer wiederholt, das Jesus durch seinen Tod für die Menschen gebracht hat, so daß die Gläubigen in der »Eucharistie« diese »Wandlung« erleben und annehmen. Dabei hat sich die Praxis entwickelt und durchgehalten, daß Katholiken bei der »Kommunion« (= Gemeinschaft) nur das Brot, die »Hostie« (= Opfer) empfangen, während dem Priester der Wein vorbehalten ist.

Martin Luther (1483-1546) verstand die Sakramente als Ergänzung und sichtbare Form des Wortes, die dem Erscheinen Gottes als Mensch in dieser Welt entsprechen: Er sieht im »Sakrament des Altars« den »wahren Leib und das wahre Blut unsers Herrn Jesus Christus, unter dem Brot und Wein uns Christen zu essen und zu trinken von Christus selbst eingesetzt« (*Kleiner Katechismus*). Die Einsetzungsworte sind deshalb neben den Elementen (Brot und Wein) unverzichtbarer Bestandteil des Abendmahls, das von der Gemeinde »in beiderlei Gestalt« empfangen wird und von deren »Beauftragten« ausgeteilt werden kann (allgemeines Priestertum aller Glaubenden).

Gegenüber dem lutherischen Verständnis der Gegenwart Christi »in, mit und unter« den Elementen (»Einwohnung«), betont die reformierte Anschauung die gläubige »Vergegenwärtigung« Christi in Brot und Wein, die Leib und Blut Christi »bedeuten«. Diese Auseinandersetzung zwischen Lutheranern und Reformierten verhinderte 1529 im Marburger Religionsgespräch zwischen Luther und Zwingli den Zusammenschluß aller Evangelischen und wurde erst nach mehr als 400 Jahren durch ökumenische Gespräche aufgearbeitet (Leuenberger Konkordie 1973).

Die Konvergenzerklärung des Ökumenischen Rates der Kirchen von 1982 (»Lima-Papier«) unterstreicht die im Abendmahl präsente Verpflichtung:

»Alle Arten von Ungerechtigkeit, Rassismus, Trennung und Mangel an Freiheit werden radikal herausgefordert, wenn wir miteinander am Leib und Blut Christi teilhaben. [...] Als Teilnehmer an der Eucharistie erweisen wir uns daher als unwürdig, wenn wir uns nicht aktiv an der ständigen Wiederherstellung der Situation der Welt und der menschlichen Lebensbedingungen beteiligen.«

Als Folge dieser Entwicklung ist eine Reihe von gegenseitigen Einladungen zum Abendmahl ausgesprochen worden (Alt-Katholiken 1986, Methodisten 1987, Anglikaner 1988), das gilt nicht für die orthodoxen Kirchen und nur in Ausnahmefällen für die römisch-katholische Kirche. In evangelischen Gottesdiensten gilt durchweg die ökumenische Gastfreundschaft: Alle Christinnen und Christen sind zum Abendmahl eingeladen. In ökumenisch engagierten Kreisen versuchen evangelische und katholische Christen seit dem 2. Vatikanischen Konzil immer wieder, durch inoffizielle »Interkommunion« ein Zeichen der Zusammengehörigkeit der Konfessionen zu setzen. Hier sind immer wieder Rückschläge zu verzeichnen.

Stationen auf dem Weg des Abendmahls im Gottesdienst. In jedem Fall werden folgende Schritte der Abendmahlsfeier vorhanden sein: Vorbereitung – Einsetzungsworte – Vaterunser – Austeilung – Dank. In der Regel ist im Gottesdienst der »Tisch« gedeckt, gelegentlich wird das »Tischdecken« auch als ein besonderes augenfälliges Element in den Gottesdienst einbezogen. Im dritten Teil des agendarischen Gottesdienstes entwickelt die Vorbereitung auf das Abendmahl (miteinander ein Leib/Christi Leib werden) ein Wechselspiel der »Erhebung der Herzen«, das die Gemeinde daran erinnert, sich selbst (das Herz steht für den ganzen Menschen) vor Gott zu bringen und zu öffnen: Diese Seite der Vorbereitung kann durch eine besondere Gestaltung, z.B. eine Zeit der Stille (Beichte oder Meditation), ausgedrückt werden. Damit beginnt für die Gemeinde so etwas wie eine »Himmelsreise«, auf deren Weg sich der ganze Kosmos in einem Lobgebet (Präfation = Vorspruch) vereint, das den Bogen spannt von der Dankbarkeit für die elementaren Schöpfungsgaben (Brot und Wein) bis zur abschließenden Anbetung im »Heilig, heilig, heilig« (= Sanctus). Die sich im Sanctus verknüpfende himmlische und irdische Perspektive, die Vision Jesajas (6, 3) und das Hosianna (= Hilf doch!) der Menge beim Einzug Jesu in Jerusalem (Matthäus 21, 9; vgl. Psalm 118, 25f.) stiften die Gemeinde an, von Gott her die Welt neu und kritisch in den Blick zu nehmen.

Wenn anschließend bei den Einsetzungsworten »Das ist mein Leib« bzw. »... in meinem Blut« das Kreuzeszeichen geschlagen wird, soll mit dieser segnenden Geste erinnert werden, daß Christus sich mit Brot und Wein uns mitteilt. Das unterstreichen mancherorts der alte Ruf »Komm, Herr Jesus« (= Maranatha, Offenbarung 22, 20) und das aus der römisch-katholischen Liturgie bekannte Christuslob »Geheimnis des Glaubens: Deinen Tod, o Herr, verkünden wir, und deine Auferstehung preisen wir, bis du kommst in Herrlichkeit«. Ähnlich kann auch das sichtbare Brechen des Brotes das »Gebrochensein für andere« oder das Emporheben des Kelchs die »Gemeinschaft mit anderen« betonen, also im ökumenischen Sinne Teilen als Zeichen der Einheit (wie aus vielen Körnern ein Brot wird, aus vielen Trauben der Wein, so wird aus vielen Menschen eine Gemeinde).

Aus der ostkirchlichen Liturgie stammt die besondere Form der »Herabrufung« (= Epiklese) des Heiligen Geistes, die den Gedanken aufnimmt, daß der Heilige Geist Christus für uns wirklich gegenwärtig macht. Das Vaterunser schließt als Tischgebet die innere Vorbereitung auf das Abendmahl ab, manchmal reicht sich die Gemeinde schon an dieser Stelle die Hände und drückt damit vorweg den versöhnenden Akzent des Friedenszeichens aus (vgl. Matthäus 5, 24).

Das »Lamm Gottes« (= Agnus Dei; ursprünglich ein Gesang zum Brechen des Brotes, »Lamm« genannt) knüpft an das in Johannes 1, 29 aufgenommene und auf Jesus bezogene Bild aus Jesaja 53, 7 an, das die Rede vom unschuldigen Lamm mit den Opferlämmern des Passahfestes verbindet. Die Austeilung wird durch eine Einladung eröffnet: »Kommt, denn es ist alles bereit. Schmeckt und seht, wie freundlich der Herr ist« (Matthäus 22, 4; Psalm 34, 9). In der Regel kommt die Gemeinde im (Halb-)Kreis um den Altar zusammen. Brot und Wein können aber auch von Mitarbeitenden in die Reihen o.ä. gebracht werden. Brot wird als Oblate (= das Dargebrachte) oder als richtiges Brot (z.B. Fladenbrot) mit einem Spendewort (z.B. »Das Brot des Lebens für dich«) gereicht, der Wein oder aus gesundheitlichen Gründen als Traubensaft entsprechend (z.B. »Der Kelch des Heils für dich«) im Gemeinschafts- oder Einzelkelch. Mancherorts wird die Oblate nur in den Kelch eingetaucht.

Der *Friedensgruß* nach dem Abendmahl (z.B. im Kreis um den Altar) unterstreicht die weitergreifende befreiende Konsequenz des

»geschmeckten Friedens«. Dieses Zeichen der Nähe (z.B. auch als Umarmung), der persönlichen Verbundenheit im Namen Jesu – mancherorts in neutestamentlicher Tradition der »Bruderkuß« (vgl. u.a. Römer 16, 16) – sollte in größtmöglicher Freiheit gestaltet werden, damit wirklich niemand ausgeschlossen oder genötigt wird. Ein Dankgebet oder -psalm beschließt das Abendmahl und weist in Sendung und Segen übergehend auf die Stärkung für den weiteren (Lebens-)Weg hin.

Aktuelle Entwicklung. In den letzten drei Jahrzehnten haben viele evangelische Christen neuen Zugang zum Abendmahl gefunden, das nicht mehr nur als sehr ernste, darum eher seltene und gesonderte Feier (z.B. mit vorausgehender Beichte) gestaltet wird, sondern zunehmend als selbstverständlicher und sonntäglich zu feiernder Teil eines lebendigen Gottesdienstes, der einen Vorgeschmack auf ein anderes Miteinander von Menschen ermöglicht. Dazu haben im Gefolge der Familiengottesdienste seit 1970 einmal die Beteiligung von Kindern und Jugendlichen (Konfirmanden und Konfirmandinnen) beigetragen, zum anderen in der Verbindung mit einer richtigen Mahlzeit die Entwicklung des Feierabendmahls auf Kirchentagen (zuerst 1979) oder des Tischabendmahls – entstanden aus der Tradition des »Liebesmahls«, der Agape. Hier hat sich ein Wandel im Verständnis und in der Praxis des Abendmahls vollzogen, der es als Ausdruck der menschenfreundlichen Gemeinschaft der Gäste am Tisch des gekreuzigten und auferstandenen Herrn »mit allen Sinnen« akzentuierte und gestaltete. Im Zuge dieser Entwicklung erhöhte sich nicht nur die Zahl der Abendmahlsfeiern vor Ort, sondern auch die generelle Beteiligung am Abendmahl.

In den meisten Landeskirchen der EKD wird seit etwa 1980 die *Zulassung von Kindern* zum Abendmahl befürwortet. Die Entscheidung ist an die Gemeindeleitung vor Ort übertragen. Getaufte Kinder können ab dem Schulalter (6-7 Jahre) nach einer Vorbereitung, deren Form und Umfang nicht weiter festgelegt wurde, gemeinsam mit den Eltern am Abendmahl teilnehmen (das entspricht dem katholischen Kommunionunterricht, abgeschlossen durch die Kommunion). In fast allen Gemeinden können die Jugendlichen inzwischen während der Konfirmandenzeit am Abendmahl teilnehmen. Damit verändert sich die Bedeutung der Konfirmation als Erstzulassung zum Abendmahl.

Gehbehinderte, Kranke und Sterbende können einen Pfarrer auch zu einer Abendmahlsfeier für sich und ihre Angehörigen nach Hause einladen (Hausabendmahl).

Günter Ruddat

Michael Welker, Was geht vor beim Abendmahl? Stuttgart 1999; *Christiane Begerau/Rainer Schomburg/Martin von Essen* (Hg.), Abendmahl – Fest der Hoffnung. Grundlagen – Liturgien – Texte, Gütersloh 2000.

Segen

Mit dem Begriff Segen beschreiben wir grundsätzlich zwei unterschiedliche Dinge:

1. Das Beglückende, was unser Leben schön macht und bereichert (gesegnetes Alter, Kindersegen, Geldsegen), sofern wir das im Glauben auf Gott beziehen;

2. den gottesdienstlichen oder sonstigen rituellen Zuspruch erfüllten Lebens, wobei Menschen im Namen des dreieinigen Gottes Gutes gewünscht wird. Man denke an den Wunsch »gesegnete Mahlzeit«, an den Segen am Schluß des Gottesdienstes und an die kirchlichen Handlungen, wovon die Konfirmation häufig als solche »Einsegnung« genannt wird.

So ist der Segen insgesamt als auf Gott bezogene Deutung des glücklichen Lebens zu verstehen. In der Bibel finden wir beides: den unmittelbar wirkenden Segen Gottes, der an keinen Ritus gebunden ist (1) und die Segenshandlung (2). Der Segen ist als rituelle Sprechhandlung etwas ganz besonderes, weil darin der/die Gesegnete, der/die Segnende und Gott in Beziehung gesetzt werden. Denn anders als beim Gebet für jemand anderen wende ich mich beim Segnen dem anderen und nicht Gott zu. Ich sehe ihn an und sage »Gott segne (behüte) dich ...«.

Der Segen ist also eine Zuwendung mit Gebetsaspekt, oder anders herum formuliert: ein Gebetshandeln, für das der Sprecher (der Segnende) als Person gegenüber dem anderen einsteht. Dieser zweifache Bezug ist das Eigentümliche. Darum ist es auch verfehlt, den Schlußsegen im Gottesdienst mit den Worten einzuleiten: »Wir wollen Gott um seinen Segen bitten.« Damit verleugnet der Segnende das Spezifische seines Tuns. (Denn gemeinsam gebetet wurde vorher schon mehrfach!)

Das deutsche Wort Segen/segnen kommt aus dem liturgischen Zusammenhang: Es ist abgeleitet von dem lateinischen »signum«

(Zeichen) bzw. »signare« (bezeichnen), weil bei den kirchlichen Handlungen seit alter Zeit zum Segnen die Bezeichnung mit dem Kreuz gehört. Das Kreuzzeichen ist so schon in der »Traditio Apostolica« (apostolische Überlieferung, wahrscheinlich aus dem 3. oder 4. Jahrhundert in Rom) bei der Taufe und als Selbstbekreuzigung im Alltag üblich. Christen sprechen sich die Segnungen des Lebens zu, indem sie einander das Kreuz zeigen und sich so auf die Fülle des Lebens gegen Leid und Tod berufen.

Im Alten Testament ist mit dem Segen vor allem das fruchtbare Wachstum gemeint, der Reichtum an Kindern und an (agrarischen) Gütern. Für diese Gaben wird Gott gedankt. Gott ist nicht nur der Retter und Helfer, sondern auch der beständig das Leben segnend begleitende Gott. »Ich will dich zum großen Volk machen und will dich segnen [...], und in dir sollen gesegnet werden alle Geschlechter auf Erden« (1. Mose 12, 2f.). Neben diesem weltumspannenden Segen für das Volk, der über Abraham Israel und allen Menschen zugute kommen soll, hat der Segen seinen Ort im Alltag der Familie, im Gruß und im Abschied sowie im Gottesdienst. Die bekannteste Geschichte ist die von der List Jakobs, mit der er den Segen seines Vaters erschleicht (1. Mose 27). In dieser wahrscheinlich ältesten Segensgeschichte der Bibel ist der Segen die nur einmal übertragbare Lebenskraft (1. Mose 27, 38), bei der von Gott noch gar nicht die Rede ist. Das späteste Stadium finden wir in 4. Mose 6, 24-26. Hier ist der Segen gottesdienstlich und wird auf Aaron (den Priester und Bruder des Mose) bezogen. Weil Martin Luther den Gottesdienst nach biblischen Prinzipien (»allein die Schrift«, »sola scriptura«) reformierte, ersetzte er die mittelalterlichen Formeln durch diesen (wegen Aaron als »aaronitisch« bezeichneten) Segen, so daß unser Gottesdienst damit schließt: »Der Herr segne dich und behüte dich; der Herr lasse sein Angesicht leuchten über dir und sei dir gnädig; der Herr erhebe sein Angesicht auf dich und gebe dir Frieden.« Man kann diesen dreifachen Wunsch aus Israel christlich sehr schön auf Gott den Vater (behüten), Gott den Sohn (gnädig sein) und Gott den Heiligen Geist (Frieden in der Kirche, in der Welt und in Ewigkeit) beziehen.

4. Gottesdienst

Im Neuen Testament steht das griechische Wort »eulogein« für den Segen. Das Wort kennen wir über das lateinische »benedicere« noch von dem alten eingedeutschten »gebenedeit« aus dem katholisch verbreiteten Ave-Maria-Gebet: »[...] gebenedeit ist die Frucht deines Leibes«, nach Lukas 1, 42. Wichtig ist, daß das griechische »eulogein« sowohl »segnen« als auch »loben« meint. Dieser Sprachgebrauch läßt sich mit der wörtlichen Übersetzung »gut sagen« (bene-dicere) andeuten. Gott und Menschen sagen einander Gutes im Segen (Gottes Gaben) und im Loben (Gebet der Menschen). Die bekannteste Geschichte ist die Segnung der Kinder durch Jesus (Markus 10, 13-16). Bei Tisch segnet Jesus das Brot (u.a. Lukas 9, 16, 24, 30). Die Jünger werden ausgesandt zu heilen, und der Apostel Paulus segnet mit der Fülle des Segens Christi (Römer 15, 29). Die Nachfolger Jesu sollen sogar die segnen, welche ihnen fluchen (Lukas 6, 28). Der Segen ist im Neuen Testament von daher die von Jesus ausgehende heilende Kraft. Von rituellen Segenshandlungen ist hingegen nicht die Rede.

Luther schafft wegen seines Prinzips »allein die Schrift« alle Segenshandlungen (Benediktionen) der mittelalterlichen katholischen Kirche ab und beschränkt die Segenshandlungen auf Sonntagsgottesdienst, Taufe und Abendmahl. Vor allem die zahlreichen mittelalterlichen Segnungen wie Wettersegen sowie Weihe von Wasser, Salz, Brot, Kräutern u.a. förderten das magische Mißverständnis der Veränderung von Dingen durch die priesterliche Einwirkung. Außerhalb des Gottesdienstes vom Priester geweihte (»benedizierte«) Dinge ersetzten vielfach die Medizin und brachten Aberglauben mit sich. Darum gilt seit Luther der evangelische Grundsatz: Gesegnet werden nur Menschen, keine Dinge. Auch Kirchen, Orgeln, Glocken werden nach evangelischem Verständnis nicht gesegnet, sondern durch die Einweihung (nicht »Weihe«) in den rechten Gebrauch genommen: Sie sollen künftig dem gemeinsamen Hören und Beten dienen.

Luthers radikale Sicht war eine Befreiung und hat denkerische Klarheit geschaffen, droht aber gleichzeitig dem Glauben seine äußere Gestalt zu nehmen. Die Beschränkung des Segnens auf die kirchliche Liturgie hat eine ungewollte erneute Klerikalisierung mit sich gebracht. Während katholische Mütter und Väter bis in die Gegenwart hinein ihre Kinder beim täglichen Verlassen des Hauses segnen und ein Brot vor dem Anschnitt mit dem Kreuz bezeichnen, während katholische Kinder und Jugendliche am Dreikönigstag (6. Januar) durch die Straßen ziehen und »C*M*B« an die Haustüren zeichnen (für »Christus Mansionem Benedicat«, »Christus segne dieses Haus«, volkstümlich wiedergegeben als »Caspar, Melchior, Balthasar«), bleibt das Segnen in der evangelischen Kirche praktisch den Pfarrerinnen und Pfarrern überlassen.

Auch evangelische Eltern aber dürfen, können und sollten ihre Kinder segnen, auch evangelisch sollte man über Segensgebete in neu bezogenen Wohnungen und Häusern nachdenken und den »Reisesegen« wieder verwenden, der in pietistischen Kreisen üblich war und gegenwärtig immerhin am Schluß von evangelischen Tagungen einen Platz hat. Eine sehr schlichte Form des Segens aber stammt auch von Martin Luther: Sein Morgen- und Abendsegen nutzt sich auch beim täglichen Gebrauch nicht ab, falls man den Mut hat, die heute zunächst ungewohnte Sprache zu verwenden. Der Text findet sich im Gesangbuch (Rheinland-Westfalen) unter Nr. 863 und 894.

Michael Meyer-Blanck

Claus Westermann, Der Segen in der Bibel und im Handeln der Kirche, Gütersloh 1992; *Gottes Segen und die Segenshandlungen der Kirche.* Ein Votum des Theologischen Ausschusses der Arnoldshainer Konferenz, Neukirchen-Vluyn 1995.

Musik

Das Singen und Musizieren im christlichen Gottesdienst ist so alt wie der Gottesdienst selbst. In unseren heutigen Feiern finden sich zahlreiche Spuren der gesamten Entwicklungsgeschichte der Kirchenmusik der vergangenen 2000 Jahre. Ein kurzer Rückblick ist deshalb auch ein Blick auf den Gottesdienst unseres 21. Jahrhunderts und in das neue Evangelische Gesangbuch (EG). Dieses, seit der Mitte der neunziger Jahre in Gebrauch, weist neben den verschiedenen regionalen Liedteilen einen über 500 Lieder umfassenden, im gesamten deutschsprachigen Raum einheitlichen Liedbestand auf. Gottesdienstmusik ist ohne das Lied nicht denkbar, sowohl in seiner Urform im Munde der Gemeinde als auch als Keimzelle von Chor- und Instrumentalkompositionen. Deshalb wird hier der Blick immer wieder vor allem auf das gesungene und gespielte Lied gerichtet sein.

Früheste Zeugnisse lassen sich schon in der Bibel in großer Zahl aufspüren, z.B. im Buch der Psalmen (Psalm 150) oder in den Psalmengesängen außerhalb des Psalmenbuches (2. Mose 15, 1-19). Wir wissen nicht, wie die Musik geklungen hat, aber Reliefdarstellungen vom jüdischen Tempelkult zeigen ein reiches Instrumentarium von Saiteninstrumenten (Harfen und Psalter), Holz- und Blechblasinstrumenten (Doppelrohrflöte, Trompete und Posaune) und Schlaginstrumenten (Pauken und Zimbel). Außerdem ist auf zahlreichen Abbildungen deutlich zu erkennen, daß zu der Musik auch getanzt wurde. Vieles davon, vor allem den Psalmengesang, übernahmen die Christen für ihre Gottesdienste. Instrumentalmusik jedoch schlossen sie mit Ausnahme der Harfe (Kithara) als dem liturgischen Instrument aus; es gab zu tiefe Wurzeln in heidnischen Bräuchen. Nach den Berichten des Alten Testaments enthält das Neue Testament in den Evangelien, Briefen und der apokalyptischen Literatur Texte von Hymnen und Liedern in der Tradition der Psalmen.

Erste schriftliche Überlieferungen des sogenannten Gregorianischen Chorals (nach Papst Gregor, dem Liturgiereformer des 6. Jahrhunderts) stammen aus dem 8. oder 9. Jahrhundert. Dieser hat die Gottesdienstmusik über Jahrhunderte hinweg bestimmt, einstimmig, unbegleitet und in lateinischer Sprache. Noch heute weisen zahlreiche Hymnen und Psalmlieder im EG auf die Entstehung im Mittelalter (z.B. Nrn. 4 und 125). Und dort, wo Gruppen regelmäßig zu Gebet und Stille zusammenkommen, wird gern auch wieder nach gregorianischen Vorlagen gesungen.

Martin Luther, der die liturgische Kunstmusik im Gottesdienst, von professionellen Musikern vorgetragen, hoch schätzte, lag mindestens ebenso sehr an der aktiven Beteiligung der Gemeinde. Deshalb formte er die in seiner Zeit immer kunstvoller geratenen lateinischen Gesänge um, übersetzte sie und schuf so Lieder, in denen er den Menschen sein reformatorisches Gedankengut nahe brachte. Im Munde der Gemeinde fand es schnell weite Verbreitung. Seine Psalmlieder, Lieder durch das Kirchenjahr, zum Katechismus und zu den einzelnen Stationen des Gottesdienstes haben bis heute einen wichtigen Platz im Gesangbuch. Zur Seite stand Luther sein Freund und musikalischer Berater, Johann Walter, Kantor in Torgau, der auch der Urkantor des evangelischen Gottesdienstes genannt wird. Seine Impulse reichen bis in unsere Zeit: So erklingen z.B. in sogenannter Kantoreipraxis die einzelnen Strophen der Lieder abwechselnd von Gemeinde, Chor und Instrumenten, oder es wird der Gemeindegesang von unterschiedlich zusammengesetzten Musiziergruppen begleitet. So gelingt eine lebendige und gleichgewichtige Beteiligung vieler am Gottesdienst.

Parallel zur Reform Martin Luthers wirkte der Schweizer Reformator Huldrych Zwingli (1484-1531). Aber mit kompromißloser Konsequenz für das reine Bibelwort verbannte er die Musik zunächst gänzlich aus dem Gottesdienst. Als später das Psalmlied, der sogenannte Genfer Psalter, Einzug in den Gottesdienst hielt, wurde es gern mehrstimmig gesungen und wird es zum Teil noch heute. Auch das EG hat in dieser Richtung einen mutigen Schritt hin zum mehrstimmigen Singen der Gemeinde getan.

4. Gottesdienst

Aus der Einstimmigkeit entwickelte sich das mehrstimmige und schließlich mehrchörige Musizieren, das auch heute immer wieder unsere Gottesdienste festlich ausstattet. Hier ist die Musik des Barock-Komponisten Heinrich Schütz (1585-1672) hervorzuheben. Klangpracht und Textausdeutung sind seine besonderen Merkmale.

Über Jahrhunderte hinweg entfaltete sich die Musik in besonderer Weise an drei wichtigen Stationen: Zu Beginn des Gottesdienstes, an dem mancherorts ein Einzug stattfindet, bereitet festliche Musik das erste Lied und den Psalm vor. Dann, zwischen der Schriftlesung und der Predigt, unterstreicht und vertieft die Musik die Botschaft der Wortverkündigung. Hier musizierte Johann Sebastian Bach (1685-1750) seine Kantaten, vornehmlich Bibeltextkompositionen. Noch heute wird diese Tradition in den sog. Kantatengottesdiensten gepflegt. Den dritten Akzent setzt die Musik zur Austeilung des Abendmahles. Es erklingt meist meditative Musik oder es werden Lieder gesungen, die das Vermächtnis Jesu und die Erlösungsbotschaft zum Inhalt haben.

Pietismus und Aufklärung und die deutsche Romantik ließen das reformatorische Erbe in Vergessenheit geraten. Es war die Zeit, in der die Kirche nach und nach ihren beherrschenden Einfluß verlor. Die Musik des Virtuosen, die symphonische Musik und die Oper, aber auch die geistliche Musik wurden im Konzertsaal genossen. Es sank die Bedeutung der Gottesdienstmusik, verflachte und drohte zu erliegen.

Von diesem Tiefpunkt aus kam es an der Wende vom 19. zum 20. Jahrhundert zu Erneuerungsbewegungen. Begriffe wie Singbewegung, Orgelbewegung oder Liturgiebewegung kennzeichnen die Wiedergewinnung des Bewußtseins von Qualität und Tradition. In die Lähmung und Starre gefühlvollen und schwerfälligen Singens und Musizierens kommt Bewegung durch die Rückbesinnung auf Verlorengegangenes. So verdanken wir der Singbewegung das Singen reformatorischen Liedgutes und Chormusik vergangener Epochen; durch die Orgelbewegung besitzen wir Orgeln, orientiert an der großen Zeit der Barockorgel; mit Hilfe der Liturgiebewegung erhielten die Agenden wertvolles liturgisches Gut zurück.

In die Mitte des 19. Jahrhunderts fällt die Gründung der Posaunenchöre. Aus dem Bedürfnis der Kirche heraus, außerhalb der geschlossenen kirchlichen Räume stärker missionarisch zu wirken und dabei musikalische Unterstützung zu haben, begannen in Ostwestfalen Blechbläsergruppen mit dem Spiel von Chorälen. Da diese Zeit stark von der kirchenmusikalischen Restauration geprägt war, traten bald zu den Chorälen Kompositionen der Renaissance und des Barock hinzu. Auch heute zählt diese Musik neben den zeitgemäßen Werken mit zu dem Standardrepertoire.

Ziel jeder Erneuerung, also auch der des Gottesdienstes heute, sind fundierte Qualität und die Ausrichtung am Bedarf und an den Möglichkeiten der Ausführenden, der Chöre und Kantoreien. So gibt es seit der Mitte des 20. Jahrhunderts eine starke Strömung zugunsten von Elementen der heutigen Musik. Entscheidenden Einfluß haben hierbei die Kirchentage, die Gottesdienste aus Anlaß der großen internationalen ökumenischen Versammlungen und die zahlreichen Sonderformen von Gottesdiensten und Andachten, die der Entwicklung unserer Gesellschaft Rechnung tragen.

Musikalische Gottesdienstgestaltung hat beide Bereiche im Blick: den Liedgesang der Gemeinde und die von Orgel, Instrumenten und Chor vorgetragene Musik. Beides ausgewogen zu seinem Recht kommen zu lassen, ist das Anliegen der Verantwortlichen. Mit dem Gesangbuch, den alten und neuen Liedern und vielfältigen Singformen wie Kanon, Singspruch und Refrainlied, können Gemeinde und Kirchenmusik näher zusammenrücken: Die Chöre finden hier zusätzlich zu ihrer Chorliteratur Gottesdienstmusik und die Gemeinde kann in den anspruchsvollen Angeboten des Gesangbuches die Hilfe und Nähe des Chores erfahren.

Christof Falkenroth

Andrew Wilson-Dickson, Geistliche Musik. Ihre großen Traditionen. Vom Psalmengesang zum Gospel, Gießen 1994; *Gotthard Fermor/ Hans-Martin Gutmann/Harald Schroeter* (Hg.), Theophonie. Grenzgänge zwischen Musik und Theologie, Rheinbach 2000.

Konfirmation

Für die Konfirmandinnen und Konfirmanden und deren Eltern ist die Konfirmation in erster Linie ein Familienfest. Ein Tag, an dem sich die Familienangehörigen, Paten und Bekannten oft nach längerer Zeit wieder einmal treffen. Das kann mit Angstgefühlen und Beklemmungen verbunden sein, wenn die Eltern sich inzwischen getrennt haben oder die Beziehungen zwischen Familienangehörigen gestört sind. Aber auch dann bildet die Konfirmation immer noch eine wichtige Etappe innerhalb der Familiengeschichte. Ein weiteres Kind »hat's geschafft«, ist groß geworden, wird nun bald eigene Wege gehen.

An diesem familiären Charakter ist schon früh Kritik geübt worden. Kierkegaard spottete: »[...] die Konfirmation, eine herrliche Erfindung, wenn man ein Doppeltes annimmt: daß der Gottesdienst darauf ausgeht, Gott für Narren zu halten, und daß er hauptsächlich Anlaß zu Familienfeiern geben soll [...]« Dem steht heute das Bekenntnis einer kirchlich engagierten Mutter gegenüber: »Wenn ich mich an meine eigenen Empfindungen an den Konfirmationen meiner Kinder erinnere, dann war mir an diesen Tagen die Familie näher als die Kirche. Dieser geliebte junge Mensch steht für mich im Vordergrund ... und erst an zweiter Stelle sind für mich dann Gemeinde und Kirche wichtig.«

Im Mittelpunkt stehen die Jugendlichen selbst – meist zum ersten Mal in ihrem Leben. Ihretwegen sind alle Gäste angereist, sie werden in ihrer neuen Kleidung bewundert, nicht zuletzt bekommen sie eine Menge Geschenke.

Ist das der Ausverkauf der Konfirmation? Man kann den Zusammenhang zwischen Konfirmation und Geld auch anders sehen: Die Jugendlichen erleben, daß sie anderen Menschen etwas wert sind – eine ungemein wichtige Erfahrung in diesem Alter. Denn mit 14, in der Zeit der Pubertät, sind Jugendliche oft mit sich uneins, sind verhaltensunsicher, haben nicht selten Minderwertigkeitsgefühle und suchen für sich nach Anerkennung. Ein »schwieriges« Alter! Nicht zufällig wird darum in der Kirche seit mehr als hundert Jahren diskutiert, ob es das richtige Alter für die Konfirmation ist.

Doch überspitzt formuliert: Gäbe es die Konfirmation in diesem Alter nicht, man müßte sie erfinden. Von daher dürfte sich auch die Zählebigkeit der Jugendweihe in Ostdeutschland erklären. Dort besuchen auch zehn Jahre nach der Wende etwa 50% der Jugendlichen die Jugendweihe, nur 15% entscheiden sich für die Konfirmation.

Der Unterschied zwischen beiden ist beträchtlich. Bei der Jugendweihe, die ursprünglich Mitte des 19. Jahrhunderts in freireligiösen Gemeinden im Gegenüber zur kirchlichen Konfirmation entstanden ist und in den 50er Jahren in der DDR von der SED als sozialistischer Staatsritus gegen die Kirche durchgesetzt wurde, ist ein inhaltliches Profil kaum erkennbar. Es sind feierliche Inszenierungen des Erwachsenwerdens mit starkem Konsumcharakter.

Bleibt die Jugendweihe ein punktuelles Ereignis, so bildet die Konfirmation den Abschluß einer ein- bis zweijährigen Unterrichtszeit, in der die Jugendlichen in Erkundungen und Projekten, in Gottesdiensten und auf Freizeiten, in Begegnungen und im Gespräch für sich herausfinden können, was der christliche Glaube mit ihrem Leben zu tun hat. Standen in früheren Zeiten Bibel, Katechismus und Gesangbuch, Vorträge, Auswendiglernen und Abfragen im Mittelpunkt des Konfirmandenunterrichts, so hat sich dieses Verständnis durch eine schon in den 60er Jahren einsetzende Reformdiskussion grundlegend geändert. Nach wie vor soll der Konfirmandenunterricht es jungen Menschen ermöglichen, biblische Geschichten, christliche Überzeugungen und Formen kirchlicher Gemeinschaft kennenzulernen.

Aber der besondere Akzent der Konfirmandenzeit muß darauf liegen, die eigenen Themen, Belastungen und Fragen dieser Lebensphase aufzunehmen und gemeinsam mit den Jugendlichen herauszufinden versuchen, welche Rolle der christliche Glaube als Lebens- und Orientierungshilfe für sie spielen kann. Ausgangspunkt des

4. Gottesdienst

Konfirmandenunterrichts sind heute weitgehend die Konfirmandinnen und Konfirmanden selbst: ihre Situation, ihre Fragen, ihr Erfahrungs- und Verstehenshorizont.

Unverkennbar hat die stärkere Konfirmandenorientierung zu einer größeren Akzeptanz des Unterrichts beigetragen. Wie die letzten Kirchenmitgliedschaftsbefragungen gezeigt haben, wird der Unterricht nur von einer Minderheit als vertane Zeit betrachtet; eine Mehrheit erinnert sich ganz gern daran und gibt im nachhinein an, daß sie der Konfirmandenunterricht dem christlichen Glauben nähergebracht habe. Kaum ein anderes kirchliches Arbeitsfeld kommt in der Einschätzung der Befragten so gut weg. Und die Erinnerung an den eigenen Konfirmandenunterricht bleibt ein wesentlicher, wenn nicht der wesentlichste Einzelfaktor für die spätere Einstellung zur Kirche.

So bilden Konfirmandenunterricht und Konfirmation bis heute eine der wichtigsten Stützen der Volkskirche. Immer noch nehmen etwa 90% der evangelischen Jugendlichen in den westlichen Landeskirchen daran teil, auch wenn es in einzelnen Großstädten zum Teil deutlich weniger sind.

In Zahlen: Jedes Jahr werden zwischen Palmsonntag und Pfingsten rund 250.000 evangelische Jugendliche konfirmiert, darunter nicht wenige, die zu Beginn der Konfirmandenzeit noch nicht getauft waren oder deren Eltern aus der Kirche ausgetreten sind. Die Zahl der Taufen während der Konfirmandenzeit nimmt kontinuierlich zu.

Bei der Konfirmation bekennen die Jugendlichen mit der Gemeinde ihren christlichen Glauben und feiern mit ihren Eltern und Paten zusammen das Abendmahl. Sie empfangen unter Handauflegung den Segen und bekommen für ihren weiteren Lebensweg ein persönlich zugesprochenes Bibelwort, das sie sich zuvor meist selbst ausgesucht haben. Mit der Konfirmation erhalten die Jugendlichen kirchliche Rechte: Sie können das Patenamt übernehmen, dürfen in Notfällen selber taufen, können (meist ab 16) den Kirchenvorstand wählen oder (meist ab 18) selbst in den Kirchenvorstand gewählt werden.

Die Konfirmation, auf deutsch soviel wie »Stärkung« oder »Bekräftigung«, ist kein Sakrament, sondern ein kirchlicher Brauch, der wie alles kirchliche Brauchtum auch den historischen und gesellschaftlichen Veränderungen unterliegt. Ihre Wurzeln reichen zurück in die Reformationszeit und in die Landgrafschaft Hessen. Dort entstand, maßgeblich von dem Reformator Martin Bucer formuliert, 1539 die erste Konfirmationsordnung. Die Konfirmation bestand hier aus einer Katechismusprüfung, einem erneuten Taufgelöbnis, aus der Handauflegung, der Zulassung zur Teilnahme am Abendmahl, der Bitte um den heiligen Geist und der Inpflichtnahme im Blick auf die Kirchenzucht. In den folgenden Jahrhunderten kamen andere Akzente hinzu: Im Pietismus sollte der Unterricht vor allem auf Buße und Bekehrung hinzielen, bei der Konfirmation stand das Bekenntnis zu Christus im Vordergrund. In der Zeit der Aufklärung wurde die Konfirmation zur Feier der sittlichen Mündigkeit beim Eintritt ins Erwachsenenalter und der vollen Aufnahme in die Gemeinde.

Die gegenwärtige Konfirmationspraxis beruht weitgehend auf dem Konsens, daß nicht Verpflichtungen, Versprechungen und Gelöbnisse der Jugendlichen im Zentrum der Konfirmation stehen, sondern die Erneuerung und Verdeutlichung der Taufzusage Gottes, als von Gott bejahte und geliebte Menschen leben zu können. Insofern ist die Konfirmation in erster Linie eine Segenshandlung: »Ich will dich segnen und du sollst ein Segen sein.« (1. Mose 12, 2). Der Segen ist Zusage der Begleitung Gottes auf dem weiteren Lebensweg und zugleich Ermutigung zu einem Leben in christlicher Freiheit. Als Segenshandlung (Einsegnung) wird die Konfirmation nicht zufällig auch speziell von den Eltern empfunden – und gewünscht. Der Segen steht für den Wunsch, daß Schutz und Bewahrung durch Gott in der Zukunft, wo die Kinder ihren Weg allein gehen müssen, nicht enden möge und der künftige Lebensweg ein Weg im Guten sein möge.

Leichthin wird anläßlich der Konfirmation oft vom »Herauskonfirmieren« der Jugendlichen gesprochen. Bei genauerem Zusehen zeigt sich, daß immerhin jeder vierte Jugendliche nach seiner Konfirma-

4. Gottesdienst

tion Angebote der Kirche wahrnimmt. Viele machen aber die Erfahrung, mit ihren Fragen, ihren Interessen und ihrem Lebensstil in der Kirche nicht unbedingt willkommen zu sein.

Hans-Martin Lübking

Handbuch für die Arbeit mit Konfirmandinnen und Konfirmanden, hg. vom Comenius-Institut, Gütersloh 1998; *Fritz Baltruweit/Günter Ruddat*, Gemeinde gestaltet Gottesdienst 2: Taufe, Konfirmation, Trauung, Beerdigung, Gütersloh 2000.

Trauung

Hochzeit bezeichnet im Mittelhochdeutschen ein hohes kirchliches oder weltliches Fest. Das althochdeutsche Wort »trauen« heißt soviel wie vertrauen, hoffen, glauben. Beide Wortbedeutungen sind über die Jahrhunderte geblieben. Das Verb »trauen« taucht als Wortspiel heute oft in Heiratsanzeigen (»Wir haben uns getraut ...«) auf. Daß das Wort »trauen« auch »vertrauen« bedeutet, wird erst ganz deutlich, wenn man über die kirchliche Trauung genauer nachdenkt.

Der Ablauf einer kirchlichen Hochzeit ist in der Regel folgendermaßen: Der Geistliche verkündigt das Wort Gottes zur Trauung; die Brautleute geben einander und vor der Gemeinde das Ja-Wort; der Pastor hält über die als Trauvers ausgewählte Bibelstelle eine Ansprache, und er bittet in den Fürbitten um Gottes Unterstützung für die gerade begonnene Ehe; die Ringe werden gewechselt; der Segen Gottes schließt den Gottesdienst ab.

Ein wesentlicher Bestandteil des Traugottesdienstes ist die Musik. Möglichen Ergänzungen und Wünschen der Brautleute bei der Ausgestaltung des Traugottesdienstes bietet die Agende genügend Raum: eigene Gebete, Beteiligung von Eltern, Freunden u.a., zweisprachige Feier; es kann auch das Abendmahl gefeiert werden. Möglich ist auch die Trauung während des sonntäglichen Gemeindegottesdienstes.

Die Einführung der christlichen Trauringe fällt ins 10. Jahrhundert. Die kirchliche Trauung, so wie wir sie kennen, gibt es dagegen erst seit dem Mittelalter; seit ca. 1500 wird sie in der Kirche gefeiert. Seit dem 1.1.1876 ist die staatliche Ziviltrauung im Standesamt bei jeder Eheschließung Pflicht; die kirchliche Trauung hat seitdem an juristischer, nicht aber an psychologischer Bedeutung verloren.

In der Bibel ist von Ehe oder Trauung noch nicht die Rede, jedoch viel von der Gemeinsamkeit von Mann und Frau. In der

4. Gottesdienst

Schöpfungsgeschichte heißt es sehr allgemein: »Seid fruchtbar und mehret euch und füllet die Erde.« (1. Mose 1, 28a) oder: »Darum wird ein Mann Vater und Mutter verlassen und an seinem Weibe hangen, und sie werden sein ein Fleisch.« (1. Mose 2, 24) Im Brief an die Epheser kann man dann noch lesen: »Ihr Männer, liebt eure Frauen, gleichwie Christus auch geliebt hat die Gemeinde und hat sich selbst für sie gegeben.« (Epheser 5, 25) Und von Paulus wird die Liebe gepriesen: »Sie verträgt alles, sie glaubet alles, sie hoffet alles, sie duldet alles. Die Liebe höret nimmer auf.« (1. Korinther 13, 7f.).

Die evangelische Trauung ist kein Sakrament wie die katholische. Sie ist vor allem Verkündigung des Evangeliums von der Liebe Gottes für das Brautpaar und die Hochzeitsgesellschaft. Ausdruck dessen ist auch der Segen, der dem Brautpaar in der Regel unter Niederknien und Handauflegung zugesprochen wird:

»Der Segen Gottes, des Vaters und des Sohnes und des Heiligen Geistes komme über euch und bleibe bei euch, jetzt und immerdar.«

Theologisch ist die Trauung von daher als Gottesdienst mit Predigt und Segen in der besonderen Lebenssituation zu beschreiben. Gemeindetheologisch ist die Trauung auch als Handlung in der Gemeindebezogenheit des christlichen Lebens zu verstehen.

Im Zeichen des gesellschaftlichen Wandels gewinnt die sogenannte »ökumenische« Trauung, die Hochzeit von einem evangelischen mit einem katholischen Partner, zunehmend an Bedeutung. In der evangelischen und in der katholischen Theologie gibt es diese Trauform dem Buchstaben nach nicht: Ist eine gemeinsame kirchliche Trauung geplant, so findet sie entweder in einer katholischen Kirche nach katholischem Ritus unter Assistenz des evangelischen Pastors oder in einer evangelischen Kirche nach der evangelischen Agende unter Assistenz des katholischen Priesters statt. Im letzteren Fall muß der katholische Partner eine Erlaubnis von seinem Ortsbischof zur Trauung einholen, die in der Regel erteilt wird.

Trauung findet zusammen mit der Gemeinde statt, auch wenn diese meistens nur aus den eigenen Familien besteht; sie kann nicht isoliert »nur« mit den Brautleuten vollzogen werden. Neben diesem öffentlichen Bekenntnis ihrer Liebe im Gottesdienst bildet das Ja-Wort der Brautleute zueinander die christliche Grundlage der Ehe: Sie erkennen Gottes Zuspruch in ihrem Trauvers an, und sie bekennen sich zu seinem Anspruch, seine Gebote zu halten. Miteinander zu leben, »bis daß der Tod euch scheidet«, ist leicht und schwer zugleich: leicht, weil die christliche Trauung die Ehe unter den besonderen Schutz Gottes stellt, schwer, weil die Zeit des gemeinsamen Lebens und des gemeinsam zu bewältigenden Alltags ihre Begrenzung erst im Tod findet.

Deutlich wird hierin der wichtige Gedanke der Unauflöslichkeit der christlichen Ehe, wie es auch bei Matthäus 19, 6 nachzulesen ist: »Was nun Gott zusammengefügt hat, das soll der Mensch nicht scheiden.«

Allerdings wird unter Theologen seit einigen Jahren diskutiert, ob im Rahmen der immer größer werdenden Mobilität in der modernen Gesellschaft und angesichts der stetig wachsenden Lebenserwartung unter »Tod« nicht auch der »Liebestod« zu verstehen ist, also das Ende einer Beziehung und daraus resultierend die Scheidung voneinander, ohne dabei den christlichen Glauben verlieren oder aufgeben zu müssen.

In der christlichen Trauung wird die gemeinsam begonnene Beziehung der beiden Menschen als Geschenk Gottes empfunden; das (alltägliche) Leben wird dadurch zum (sonntäglichen) Fest der Liebe aufgewertet.

Die bedingungslose Annahme des anderen ist Ursprung des Glücks: der eine kann sich ohne Angst fallenlassen, weil er sich im anderen immer aufgefangen weiß.

Diese Liebe ist nicht alleine zu sehen; in ihr ist immer die sich ständig erneuernde Schöpfung Gottes zu spüren, die auch in gemeinsamen Kindern der Eheleute zum Ausdruck kommt: Kinder »in die Welt zu setzen« heißt teilzuhaben an der Schöpfung Gottes. Aber auch ohne Kinder bleibt die Liebe zueinander nicht im privaten Raum stehen, sondern teilt sich in der Gemeinschaft mit andern mit. Glück unter den Menschen gibt es nicht ohne die Liebe des einzelnen.

4. Gottesdienst

Um es mit den Worten einer Traupredigt zu sagen: »In diesen Raum der Gemeinschaft beruft euch Gott: einander zu lieben ohne Berechnung, zu hören ohne Hintergedanken, zu reden ohne Vorurteil. Das ist wirkliche Gemeinschaft in Freiheit, begründet im Gebot der Liebe Jesu Christi und in der Güte Gottes.«

Winrich C.-W. Clasen

Karl-Heinz Schmitt/Peter Neysters, Zeiten der Liebe. Eine Ehe- und Partnerschaftsbuch, München 1991; *Fritz Baltruweit/Günter Ruddat*, Gemeinde gestaltet Gottesdienst 2: Taufe, Konfirmation, Trauung, Beerdigung, Gütersloh 2000.

Beerdigung

Die Beerdigung ist ein Liebesdienst am Verstorbenen und ein Trostamt an den Hinterbliebenen. Sie gehört neben der Konfirmation und der Trauung zu den wichtigsten Amtshandlungen der Kirche und ist zugleich derjenige Gottesdienst, dem am meisten öffentliche Bedeutung zugemessen wird.

Im Begriff »Beerdigung« wird der äußere Vorgang der traditionellen Bestattung augenscheinlich. Der Leichnam wird in einem Sarg oder einer Urne, welche die Asche des Verstorbenen enthält, in die Erde versenkt. Zu diesem Akt werden meistens die bekannten Worte aus dem Schöpfungsbericht gelesen: »Denn Erde bist du, und zur Erde mußt du wieder zurück.« (1. Mose 3, 19). Auch die symbolische Geste des dreifachen Erdwurfs versinnbildlicht den Kreislauf des Lebens und hilft, den Toten innerlich loszulassen.

Daß Tote begraben werden, ist schon im Alten und Neuen Testament bezeugt. Diesen jüdischen Brauch übernahm die Alte Kirche zusammen mit heidnischen Bestattungsriten. Der Verstorbene wurde gesalbt, mit einem weißen Gewand bekleidet und mit Blumen geschmückt feierlich beerdigt. Im Mittelalter hat man den Toten in einem Leichenzug von seiner Wohnung zur letzten Ruhestätte getragen und dabei Psalmen gesungen. Noch heute spricht der Volksmund davon, jemandem das »letzte Geleit zu geben« oder einen Menschen »zu Grabe zu tragen«. Am darauffolgenden Sonntagsgottesdienst wurden jeweils die Namen der Verstorbenen verlesen und in die Fürbitte eingeschlossen. Nachhaltig verändert hat sich diese Bestattungspraxis erst in der Aufklärung. Damals entstand die kirchliche Beerdigung, wie man sie heute noch kennt. Der Ablauf kann im Detail variieren und die Reihenfolge je nach Ortsbrauch wechseln, hat aber üblicherweise die folgenden zwei Teile: den Gottesdienst mit der Predigt und das zeitlich kürzere Ritual am offenen Grab.

4. Gottesdienst

Im Markusevangelium wird von Klagefrauen erzählt, die bestellt und bezahlt wurden, um zu heulen (Markus 5, 38). Auch in unserem Kulturkreis verhält man sich an Beerdigungen nach bestimmten, meist unbewußt gewußten Regeln. Gefühlsausbrüche an Beerdigungen sind aber eher selten. Man kleidet sich dunkel, spricht mit gedämpfter Stimme, geht langsam und senkt den Blick. Der Grund dafür liegt vielleicht in den Erwartungen, die viele an das Ritual haben. Es soll helfen, die Trauer in Bahnen zu lenken und dadurch zu bewältigen. Für manche bedeutet die Beerdigung deshalb auch eine Belastung. Sie hilft zwar, mit dem Verlustschmerz fertig zu werden, verlangt aber auch eine gewisse Kontrolle der Gefühle.

Eine wichtige Rolle kommt dabei dem Wort zu. Es deutet, erklärt und verstärkt, was im Begräbnisritual vollzogen wird. In früheren Zeiten war es nicht die Aufgabe des Pastors, sondern des Küsters, des Lehrers oder der Zunftgenossen, eine Leichenrede zu halten. Dabei war es üblich, den Verstorbenen möglichst in einem guten Licht darzustellen. Der eigentliche Sinn der Bestattungsrede besteht jedoch darin, das Leben des Verstorbenen im Licht des Evangeliums zu sehen. Sie stellt eine Sonderform der Predigt dar und soll deshalb weder das Dunkle noch das Helle in der Lebensgeschichte verschweigen. Es geht nicht darum, den Hingeschiedenen zu loben oder anzuklagen, sondern die Lebenden anzusprechen, sie zu trösten und darin an ihr eigenes Sterben zu erinnern. Im Zuhören entsteht ein Raum für die Dankbarkeit, ohne daß der Schmerz zugedeckt wird. Das Zusammenspiel von Ritual und Wort unterstützt den Trauerprozeß.

Zwar unterscheiden sich Sitten und Gebräuche im Umgang mit dem Tod und den Toten erheblich, doch den Respekt gegenüber dem Verstorbenen trifft man in allen Religionen und Kulturen an. Jeder Mensch hat das Recht auf ein »anständiges Begräbnis«. Für die christliche Gemeinschaft gehört zu diesem Respekt auch die Pflicht, den Hinterbliebenen Trost zu spenden. Das harte Jesuswort: »laß die Toten ihre Toten begraben« (Matthäus 8, 22), das für den Vorrang des Reiches Gottes in jeder Lebenssituation spricht, scheint dem zu widersprechen. Es gibt tatsächlich keinen unmittelbaren, aus dem Neuen Testament ableitbaren Auftrag zur Beerdigung. (Das haben aber viele Dinge nicht, die zum seelsorgerlichen Dienst der Kirche gehören.) Doch die Hoffnung auf die Auferstehung der Toten, welche die Grundlage der christlichen Beerdigung bildet, ist untrennbar mit dem Anbruch der Gottesherrschaft in der Person Jesu verknüpft.

Paulus nennt die Auferweckung Jesu (1. Korinther 15, 20) das Fundament dieser Hoffnung. Durch Jesu Tod und Auferstehung hat der Tod seine Macht verloren (1. Korinther 15, 55-57; Matthäus 16, 18). Gott, »der die Toten lebendig macht« (Römer 4, 17), ist auch der Vollender seiner Schöpfung. Das Evangelium bezeugt diese Wirklichkeit, aber es kann sie nicht feststellen. Daher gehört die Verkündigung des Evangeliums wesentlich zur christlichen Beerdigung. In ihr wird klagend und bittend das Wort gesprochen, das Schmerz und Trauer zu erhellen vermag. Der Glaube verbietet die Trauer nicht, sondern überwindet die hoffnunglose Verzweiflung im Blick auf Gottes heilvolles Handeln in Christus. Der Verlust eines geliebten Menschen bleibt eine einschneidende Erfahrung, die das Leben verändert. An diesem Faktum ändert die Beerdigung nichts. Sie hat gleichwohl ihre Wirkung als Segenshandlung an den Lebenden.

Es ist noch nicht lange her, da wurde in bestimmten Fällen dieser Segen, und das bedeutete vor allem ein Grab auf dem Friedhof, verweigert. Menschen, die sich selber das Leben genommen haben, wurden nicht bestattet. Mit dieser Praxis verdunkelte die Kirche den Trost des Evangeliums dort, wo er am nötigsten war. Doch diese unbarmherzige Haltung gehört der Vergangenheit an. Man hat eingesehen, daß es für die Leidtragenden lebenswichtig ist, einen Ort zu haben, wo sie ihrer Toten gedenken können. Die Trauerfeier ist ebenso wie das Grab eine Station zur Verarbeitung des Verlusts.

Wenn Angehörige, gerade bei tragischen Fällen, eine Bestattung »im engsten Familienkreis« wünschen, schwächen sie selbst die Wirkung der Trauerfeier. Durch die Privatisierung der Beerdigung wird dem weiteren Umfeld des Verstorbenen verwehrt, von einem bekannten Menschen Abschied zu nehmen. Nicht nur für die Familie, auch für die Gesellschaft bedeutet dies eine Verarmung. Sterben und Tod werden dadurch aus dem Alltag verdrängt.

Der Schmerz am offenen Grab verschließt den Mund und raubt die Sprache. Man verstummt angesichts der Endgültigkeit des Todes und ist dankbar für den Trost, der im Zuspruch des Evangeliums gültig wird. Was christliche von weltlichen Trauerfeiern unterscheidet, ist das neue Wort, das im Glauben an die unzerstörbare Gottesbeziehung in Christus hörbar wird.

In einer Liedstrophe von Arno Pötzsch kommt dies einprägsam zum Ausdruck: »Du kannst nicht tiefer fallen / als nur in Gottes Hand, die er zum Heil uns allen / barmherzig ausgespannt. Es münden alle Pfade / durch Schicksal, Schuld und Tod / doch ein in Gottes Gnade / trotz aller unsrer Not. Wir sind von Gott umgeben / auch hier in Raum und Zeit / und werden mit ihm leben / und sein in Ewigkeit.«

Ralph Kunz

Peter Neysters/Karl-Heinz Schmitt, Denn sie werden getröstet werden. Das Hausbuch zu Leid und Trauer, Sterben und Tod, München ²1998; *Fritz Baltruweit/Günter Ruddat*, Gemeinde gestaltet Gottesdienst 2: Taufe, Konfirmation, Trauung, Beerdigung, Gütersloh 2000.

5.
Kirchenjahr

Dieric Bouts: *Passionsaltar*, linker Flügel: Kreuzigung, rechter Flügel: Auferstehung, um 1455, Seitentafeln 191 x 58 cm, Eichenholz; Museo de la Capilla Real, Granada.

Wenngleich der Passionsaltar traditionsgemäß die Kreuzabnahme zum Hauptbild macht, werden mit der Kreuzigung und der Auferstehung doch die zentralen Glaubensinhalte verbildlicht, die bis heute die Hochfeste des Kirchenjahres darstellen.

Dieric Bouts Kreuzigungsszene stellt eine gelungene Lösung dar, eine vielfigurige Szene in einem extremen Hochformat zu gestalten. Er verbindet hier mehrere Einzelgruppen zu einer um bzw. zum hoch aufragenden Kreuz orientierten Einheit: Die Schergen auf der rechten Bildseite sind so dicht gestellt, daß nur ihre nach oben gewandten Gesichter wichtig sind; im Mittelpunkt steht die Figur der Maria Magdalena, die wie in stummer Zwiesprache das Kreuz umschlingt und deren Blick scheinbar von der Kopfneigung des toten Jesus erwidert wird. Maria liegt ohnmächtig in den Armen des Johannes. Bouts waren also die Empfindungen und Gefühle der am Geschehen Beteiligten wichtig. Unterstützt wird die Emotionalität der Szene durch die ungewöhnliche Einbeziehung der Landschaft als Stimmungsträger: der heraufziehende düstere, drohend schwarze Himmel über Golgatha wird eindrucksvoll gestaltet.

Dieses Mittel nimmt der Maler auf für die Auferstehungstafel: hier kündigt das zarte erste Morgenlicht am Horizont vor dem Nachtblau des Himmels den umgekehrten Vorgang an. Das Mysterium der Auferstehung, die als solche in den Evangelien ja nicht beschrieben wird, bildlich zu fassen, stellte eine besondere Herausforderung an die Malerei dar. Bouts löst sie, wie seine Zeitgenossen, indem er einerseits das Heraustreten aus dem Grab als reale Handlung darstellt, andererseits die Szene durch die fast schwebend wirkende, unwirklich erscheinende Figur des Auferstandenen der Realität entrückt, was durch die wie in ihren Bewegungen eingefroren wirkenden Wächter noch unterstützt wird.

Über den Sonntag als Feiertag ist in jüngster Zeit nachdrücklich gestritten worden. Während die einen, namentlich aus ökonomischen Gründen, eine sogenannte Liberalisierung der Arbeits- und Ladenöffnungszeiten unter Einbeziehung des Sonntags wünschen, verteidigen andere die vom Grundgesetz (Art. 140 in Aufnahme von Art. 139 der Weimarer Reichsverfassung) geschützte Sonntagsruhe unter Hinweis auf die religiöse und sozial-kulturelle Bedeutung des Sonntags. Umfragen haben ergeben, daß die meisten Deutschen den Schutz des Sonntags erhalten wissen wollen.

Die Evangelische Kirche hat sich unter dem Motto »Ohne Sonntag gibt's nur noch Werktage« zu Wort gemeldet und auch zusammen mit den Gewerkschaften an die Öffentlichkeit gewandt. So weist eine »Gemeinsame Erklärung der Kirchen und des DGB in Nordrhein-Westfalen« (22.8.2000) unter dem Motto »Sonntag – ein Gewinn, der bleibt« »auf den notwendigen Erhalt des Rhythmus von Alltag und Sonntag« hin, warnt vor »einer ›Rund um die Uhr‹-Gesellschaft« und stellt fest: »Der Sonntag weist zeichenhaft auf die Fülle des Lebens hin, die in jedem Gottesdienst gefeiert wird. Leben ist mehr als kaufen und verkaufen, produzieren und konsumieren, leisten und schuften.«

Martin Luther hat im *Kleinen Katechismus* (1529) für das dritte Gebot »Du sollst den Feiertag heiligen« folgende Erklärung gegeben:

Wir sollen Gott fürchten und lieben,
daß wir die Predigt und sein Wort nicht verachten,
sondern dasselbe heilighalten,
gerne hören und lernen.

Damit knüpft Luther an die älteste christliche Tradition an. Schon im frühchristlichen Gemeindeleben hatte sich aus den zunächst nicht an einen besonderen Tag gebundenen Gottesdiensten eine besondere Feier am ersten Tag der Woche ergeben. Der Tag der Auferstehung Jesu von den Toten entwickelte sich zum festen Gottesdienst- und Feiertag (»Herrentag«; vgl. Offenbarung des Johannes 1, 10). Luther hat aber auch ganz »säkular« über den Sinn der Sonntagsruhe sagen können: Wer die ganze Woche gearbeitet hat, der braucht einen Tag, sich zu erholen und zu erquicken. Man erinnert sich an Jesu Wort: »Der Sabbat ist um des Menschen willen gemacht.« (Markus 2, 27)

Anders als bei Luther hat in der Kirchengeschichte seit früher Zeit auch der alttestamentliche und jüdische Sabbat eine Rolle beim Verständnis des Sonntags gespielt. Der Heidelberger Katechismus (1563) hat in die Zehn Gebote den vollen Text der entsprechenden Stelle des Alten Testaments (2. Mose 2, 8-10) übernommen: »Gedenke des Sabbattages, daß du ihn heiligst. Sechs Tage sollst du arbeiten und alle deine Werke tun. Aber am siebenten Tage ist der Sabbat des Herrn, deines Gottes. Da sollst du keine Arbeit tun, auch nicht dein Sohn, deine Tochter, dein Knecht, deine Magd, dein Vieh, auch nicht dein Fremdling, der in deiner Stadt ist. Denn in sechs Tagen hat der Herr Himmel und Erde gemacht und das Meer und alles, was darinnen ist, und ruhte am siebenten Tage. Darum segnete der Herr den Sabbattag und heiligte ihn.«

Hier ist das Gebot, den Feiertag zu heiligen, dem alttestamentlichen Sabbatgebot nahe geblieben und die Forderung der Arbeitsruhe unmittelbar theologisch motiviert. Gott hat »den Rhythmus der Woche geschaffen. Damit zu leben, tut uns Menschen gut« (Manfred Kock, 1999).

In der gegenwärtigen Debatte hat man freilich auch die Feiertagsheiligung und das Postulat eines von den Werktagen unterschiedenen Tages einander gegenüber gestellt und in säkular-kritischer Distanz zum christlichen Sonntag auf die besondere Qualität des Sonnabends hingewiesen, die darin liege, daß er im Unterschied zum Sonntag frei sei von dem »Druck institutioneller Sinngebung«.

Aber eben um Freiheit von bedrängendem Druck geht es dem Evangelium, das am Sonntag verkündigt wird und das ihm Gestalt geben soll. Das Evangelium verkündigt Lebenssinn aus Gottes Gnade und Befreiung von der Not einer Sinngebung aus eigener Leistung.

So wie Mensch und Evangelium zusammengehören, so stehen die Feier des Gottesdienstes und der für Leib wie Seele freie Tag in einer Beziehung zueinander. Der Sonnabend ist im günstigen Fall angelehnt an einen dem Glauben geschenkten Sonntag.

Es bleibt folgerichtig bei der Nähe zwischen der Sache des Christentums und den psychologischen, medizinischen und sozialen Motiven für das Postulat der Arbeitsruhe am Sonntag.

Der Vater der Diakonie Johann Hinrich Wichern hat in seiner berühmten Kirchentagsrede des Jahres 1848 auch den Sonntagsschutz angesprochen und dies bald danach so erläutert:

»Was ist ein Volk ohne Sonntag? – und was wird aus ihm, wenn es keinen Sonntag hat? Wer den Sonntag in seinem Leben verliert, verliert auch den Segen des Werktages! Das ist ein Stück göttlicher Nationalökonomie, das nicht laut genug im Namen dessen verkündigt werden kann, der gesagt hat: des Menschen Sohn ist ein Herr auch über den Sabbat! Deswegen konnte nur Er den Sabbat abtun, was kein Mensch, auch, wir dürfen so sagen, auch der Menschensohn nicht hätte tun können und dürfen, wenn er nicht kraft seiner Vollmacht einen anderen Tag, seinen Tag, den Auferstehungstag in der Herrlichkeit seiner Freiheit durch den Geist seiner Gnade und kraft seiner Weltregierung in die Welt wieder eingeführt hätte! [...] was hat hintennach und vollends jetzt sein Volk aus seinem Tag gemacht? – Mit vollem Recht sagt man, die Sonntagsfrage ist eine soziale Frage der allerernstesten Art, göttlichen Charakters [...] Er ist für manche Stände der eigentliche Tag der Sklaverei geworden, und man hat damit recht eigentlich an Gottes Reichen einen Raub begangen [...] Wer könnte vom Sonntag reden, ohne dabei des Loses der Tagelöhner, besonders derer auf dem Lande zu gedenken!«

Der Seelsorger Herbert Girgensohn (1956) hat zurecht daran erinnert, daß die Ruhe des Feiertages nicht schon für sich genommen ein fragloses Gut ist. Der Sonntag sei, so schreibt er, »der Tag geworden, an dem die Polizei am meisten zu tun bekommt, an welchem der Ursprung für viele Lebensschicksale liegt, die in den Abgrund geführt haben«.

Noch sind Evangelium und Mensch nicht so nahe beieinander, wie es nötig ist. So hat die Kirche nicht nur Fragen an andere, wenn es um die Feier des Sonntags geht.

Im 19. Jahrhundert hat Ernst Wilhelm Hengstenberg (1852) in der auch schon damals heftig geführten Debatte um den Sonntag gesagt, der Meinung, ohne ordentliche Sonntagsheiligung könne die Kirche nicht wieder aufgebaut und gereinigt werden, sei der Satz gegenüberzustellen: Ohne Aufbau und Reinigung der Kirche kann keine Sonntagsheiligung stattfinden.

In der Sprache unserer Zeit können wir sagen: Wenn in der Kirche täglich »Verheißung und Wirklichkeit im konkreten Fall zusammenklingen und zusammenbleiben«, dann wird auch heute die besondere Bedeutung des Sonntags plausibel. Es wird die Kraft vielleicht neu zu entdecken sein, die in den Sonntagen als einem Weg durch das Kirchenjahr mit seinen festlichen Höhepunkten und ihren jeweiligen Lebensbezügen liegt.

Erinnert werden soll schließlich auch daran, daß viele Sonntage im Kirchenjahr einen eigenen (lateinischen) Namen haben, so z.B. »Rogate«, »Kantate«. Oft wird an diesen Sonntagen ein (musikalischer) Festgottesdienst gefeiert.

Stephan Bitter

Karl-Heinrich Bieritz, Das Kirchenjahr. Feste, Gedenk- und Feiertage in Geschichte und Gegenwart, München 1998; *Jürgen P. Rinderspacher*, »Ohne Sonntag gibt es nur noch Werktage«. Die soziale und kulturelle Bedeutung des Wochenendes, Bonn 2000.

In den vier Wochen vor Weihnachten wird das Geburtstagsfest Jesu Christi, die Ankunft Gottes auf der Erde, vorbereitet. Advent ist ein Wort aus dem Lateinischen und bedeutet Ankunft und Erscheinung.

In den ersten Jahrhunderten unserer Zeitrechnung feierte man den 6. Januar, das Epiphaniasfest. Dieser Tag war ein beliebter Tauftermin, auf den man sich durch eifrigeren Gottesdienstbesuch, kirchlichen Unterricht und Fasten vorbereitete. Die Vorbereitungszeit war von Gegend zu Gegend verschieden lang, im Osten des Römischen Reiches begann man schon am 11. November zu fasten, anderswo erst am 17. Dezember.

Erst seit dem 5. Jahrhundert gibt es eine Adventszeit, die mit dem Weihnachtsfest am 24. Dezember endet. Christen bereiten sich aber nicht nur auf das Fest der Geburt Jesu in Bethlehem vor, sondern auch auf sein Wiederkommen, auf die zweite Ankunft am Ende der Zeit. Christen wissen sich in der lebendigen Gegenwart des Heiligen Geistes, der in der Gemeinschaft der Glaubenden wirkt. Sie hoffen auf das Kommen Gottes, auf eine neue Welt ohne Schmerzen, Leid, Kriege und Katastrophen, die Gott einst neu schaffen wird. So beschreibt es Johannes in seinen Visionen im letzten Buch der Bibel, im 21. Kapitel der Offenbarung. Christen bekennen sich zu einem Gott, der da war, der da ist und der da kommt. Im Advent sind diese drei Dimensionen der Zeit miteinander verbunden.

Die vergangene, gegenwärtige und die zukünftige Ankunft Gottes sind die Themen der Gottesdienste an den vier Adventssonntagen. Die biblischen Texte, die gelesen und gepredigt werden, erzählen im Alten Testament von den Verheißungen eines Friedensbringers, im Neuen Testament von der Ankündigung der Geburt Johannes des Täufers und Jesu, von Jesu Einzug in Jerusalem und vom Ende der Welt. Die biblischen Überlieferungen, besonders aus dem Matthäus- und dem Lukasevangelium, beschreiben Erwartungen, die uns auch heute bewegen: Kranke warten darauf, gesund zu werden, einsame Menschen erhoffen sich Nähe und Kontakte, man wünscht sich zu Weihnachten Harmonie in den Familien und Frieden in der weiten Welt.

Früher wurden die Gläubigen im Advent besonders ermahnt, ein Gott wohlgefälliges Leben zu führen. Dabei wurde betont, daß Gott einst kommen wird, um Welt und Menschen zu richten. Auch die Evangelientexte, die in unseren Gottesdiensten für den 2. und 3. Advent vorgesehen sind, haben diesen ernsten Charakter. Aber der Advent ist vor allem eine Zeit großer Freude, weil Gott sich überaus menschenfreundlich zeigt. Er kommt nicht als gewaltiger Herrscher, der über die Menschen hinwegsieht, sondern als Mensch zur Welt. Er lebte und litt wie wir, er fühlte alle menschliche Freude und alles Leid am eigenen Leibe. So heißt es im ersten Lied unseres Evangelischen Gesangbuches »Macht hoch die Tür, die Tor macht weit« (EG 1, 2): »Er ist gerecht, ein Helfer wert; Sanftmütigkeit ist sein Gefährt, sein Königskron ist Heiligkeit, sein Zepter ist Barmherzigkeit; all unsre Not zum End er bringt, derhalben jauchzt, mit Freuden singt: Gelobet sei mein Gott, mein Heiland groß von Tat.«

Am ersten Advent beginnt das neue Kirchenjahr. Es ist auf der Nordhalbkugel die dunkelste Zeit mit den längsten Nächten. Deshalb spielt das Licht in der Adventszeit eine ganz besondere Rolle. Die Kerzen sind als Zeichen zu verstehen, daß Gott unsere Dunkelheit erhellen will. Denn eine Kerze gibt Licht und Wärme, aber beim Abbrennen verzehrt sie sich selbst. Sie wird deshalb immer wieder gedeutet als Sinnbild für das Leben Jesu: Er wurde geboren, um Gottes Liebe zu den Menschen zu bringen, aber zuletzt muß er leiden und sterben.

Daher stehen Kerzen auf dem Adventskranz. Dieser wurde ungefähr vor 150 Jahren das erste Mal gebastelt: Der evangelische Pfarrer Johann Hinrich Wichern gründete in der Mitte des vorigen Jahrhunderts in Hamburg ein Haus für arme Waisenkinder. In der Adventszeit flocht er einen großen Kranz mit 24 Kerzen und zündete jeden Tag ein neues Licht an. Dieser Brauch breitete sich nach dem Ersten Weltkrieg schnell aus. Man nahm dann aber bald nur noch vier Kerzen, für jeden Adventssonntag eine. Es werden immergrüne Zweige genommen, die den Fortbestand des Lebens in der unwirtlichen Jahreszeit sichtbar machen, wenn alle anderen Bäume kahl stehen. Ein kreisförmiger Kranz hat keinen Anfang und kein Ende und versinnbildlicht damit die Hoffnung auf Gott, die nicht vergehen kann.

Viele volkstümliche Bräuche im Advent haben alte, heidnische Wurzeln und wurden erst nachträglich und im Laufe der Zeit mit einem christlichen Sinn versehen. So erging es z. B. dem alten Orakelbrauch, an den Donnerstagen vor Weihnachten an die Türen zu klopfen und Erbsen an die Fenster zu werfen. Das Klopfen wurde umgedeutet als das Anklopfen von Maria und Josef auf der Suche nach einer Herberge. Als im 16. Jahrhundert die evangelische Kirche entstand, behielt man viele Traditionen bei, setzte sie aber dann meist in eine deutlichere Beziehung zu den biblischen Geschichten. Bis heute werden mit den Kindern Krippenspiele im Advent geübt, die den Weg nach Bethlehem, die Geburt im Stall, die Anbetung des Kindes durch die Hirten und die drei Weisen aus dem Morgenland anschaulich machen und in Familiengottesdiensten zu Weihnachten aufgeführt werden.

Dörte Gebhard

Karl-Heinrich Bieritz, Das Kirchenjahr. Feste, Gedenk- und Feiertage in Geschichte und Gegenwart, München 1998; *Jens Herzer*, Ostern. Himmelfahrt. Pfingsten. Weihnachten. Was wissen wir über die Ursprünge des Christentums?, Berlin 2000.

Weihnachten

Gottheit und Menschheit vereinen sich beide, Schöpfer, wie kommst Du uns Menschen so nah – so singen Christen von ihrer Weihnachtsfreude.

Weihnachten, das Fest zur Geburt des Jesus von Nazareth vor 2000 Jahren, ist in der Gegenwart das volkstümlichste Fest im Kirchenjahr. Es wird auch in einer pluralen Gesellschaft weiterhin als Höhepunkt im Jahreslauf gefeiert.

Christen feiern an Weihnachten, daß Gott sich den Menschen in einem Kind offenbart und »allen Menschen guten Willens Frieden auf Erden« verheißen hat. Christi Geburt wurde aber keineswegs von Anfang an gefeiert, denn die Geburt des Erlösers spielt für den Glauben eine geringere Rolle als das Ostergeschehen, Tod und Auferstehung Jesu Christi.

Im Osten des alten römischen Reiches, von Ägypten ausgehend, entwickelte sich in Anlehnung an das Geburtsfest des ägyptischen Sonnengottes Aion das Fest der Erscheinung (Epiphanie) Christi, man feierte die Erinnerung an die Taufe Jesu durch Johannes am 6. Januar. Ein Geburtstagsfest des Sohnes Gottes aber war in der frühen Kirche in bewußter Abgrenzung vom römischen Kaiserkult gerade nicht denkbar, vielmehr erinnerten die Christen mit jedem Sonntag an die Auferstehung Christi.

Das Weihnachtsfest als Geburtsfest des Jesus von Nazareth findet sich im Westen des alten Römischen Reiches erst nach der staatlichen Anerkennung des christlichen Glaubens durch den Staat im 4. Jahrhundert n. Chr. Die Ausgestaltung geschah in Anlehnung an das Fest des »sol invictus« (der unbesiegten Sonne), das in Rom am 25.12. zu Ehren des Kaisers seit 275 begangen wurde. Dieses Fest eignete sich nach den ersten Jahrhunderten, in denen Christen verfolgt wurden, als Fest der Begegnung des Christentums mit den Kulturen, in die es einwanderte.

Das deutsche Wort Weihnachten hat sich im Mittelhochdeutschen gebildet, und stammt aus germanischer Kulttradition der vorchristlichen Zeit; es bezeichnete dort die geweihten Nächte um die Wintersonnenwende (»zu den gewihten Nächten«). Im Plural war es zunächst der Name für die ganze Weihnachtszeit vom 25. Dezember bis zum 6. Januar, allmählich aber wurde auch der Singular »die Weihnacht« oder »das Weihnachtsfest« gebräuchlich. In Frankreich ist der Begriff *Noël*, bei den nordischen Völkern und Schottland *Yule*, in England *Christmas* gebräuchlich.

Den zentralen Gedanken des Weihnachtsfestes, daß Gott ein Gott des Friedens und der Liebe ist, hat der Evangelist Lukas in der bekanntesten aller Weihnachtsgeschichten von der Geburt Jesu in einem Stall in Bethlehem, von der Verkündigung der Engel und der Anbetung der Hirten erzählt (Lukas 2). Diese Geschichte hat im Christentum von Anfang an eine wichtige Rolle gespielt und die Festtagsbräuche stark beeinflußt. In Weihnachtsliedern und -spielen wird die Anbetung des schutzlosen Kindes durch die Hirten, Engel und auch durch die Weisen aus dem Morgenland, von denen der Evangelist Matthäus berichtet hat, immer wieder neu inszeniert. Der Brauch, Krippen in den Kirchen aufzustellen, findet sich in Rom schon im 4. Jahrhundert; er wurde durch Franz von Assisi im Hochmittelalter aufgenommen und weitergegeben und wird auch heute vielfach gepflegt.

Um die Weihnachtsgeschichte des Lukas sind im Laufe der Jahrhunderte viele Legenden gewachsen, die zu den Personen der Weihnachtsgeschichte (Maria, Joseph, dem Kind, den Hirten und Königen) noch weitere hinzufügen: Simeon, Stephanus, die heilige Barbara; ihnen wurden jeweils eigene Festtage gewidmet. Der Weihnachtsfestkreis reicht vom 1. Advent bis zum letzten Sonntag nach Epiphanias. In der Gegenwart steht der Familiengottesdienst am 24. Dezember, dem Heiligen Abend, im Mittelpunkt der kirchlichen Weihnachtsfeiern, allerdings werden auch schon in der Vorweihnachtszeit in Kirchengemeinden und diakonischen Einrichtungen Feiern für alle Generationen veranstaltet, um Menschen mit der Weihnachtsbotschaft vertraut zu machen.

5. Kirchenjahr

Neues Gewicht bekommt in unserer Zeit der Christnachtgottesdienst, ein Gottesdienst am Heiligen Abend gegen Mitternacht, vor allem dort, wo das Weihnachtsfest als Zeit der Besinnung – möglicherweise nach einer bunten Bescherung – gefeiert wird, während die Gottesdienste an den Feiertagen durch eine weltliche Feierkultur des Essens und Reisens und durch Verwandtenbesuche Konkurrenz erhalten und in ihrer Bedeutung zurückgetreten sind.

Der allmähliche Wandel wichtiger Weihnachtsbräuche zeigt sich besonders in der Praxis des Schenkens und deren Deutung. Die Bescherung war im Weihnachtsfestkreis zunächst mit dem Nikolaus, einer wichtigen Heiligengestalt aus dem Umkreis des Weihnachtsfestes, verbunden. Aus zwei historischen Personen, Nikolaus von Myra (4. Jahrhundert) und Nikolaus von Sion (6. Jahrhundert), wurde in der Legende nach und nach der eine Nikolaus, der die Schiffer und Fischer schützt, sich aber vor allem um die Armen und die Kinder sorgt. Ganz im Anfang erzählte man sich über Nikolaus, daß er die Kinder ermutigt habe, ihren Eltern und Lehrern Strafpredigten zu halten. Später wurde dieser Gedanke aber umgekehrt: Nun stellte man sich Nikolaus als den vor, der artigen Kindern Geschenke bringt, die bösen aber mit der Rute straft oder diese Bestrafung seinem Begleiter, Knecht Ruprecht, überläßt.

Der Reformator Martin Luther, der die Heiligenverehrung abschaffen wollte, ohne den Kindern die Bescherung zu nehmen, verband den Brauch des Schenkens mit Weihnachten und dem »heiligen Christ«. Das Christkind brachte nun die Gaben, nicht mehr der Nikolaus. Inzwischen hat sich ein erneuter Wandel vollzogen: Während jetzt in überwiegend katholischen Gebieten das Christkind als Gabenbringer erwartet wird, wird in evangelischen Gegenden, aber vor allem in säkularen Weihnachtstraditionen der Weihnachtsmann – als eine Art kultureller Mischling – als Gabenbringer gefeiert.

Der Brauch, einen Nadelbaum in Wohnungen und Kirchen, aber auch auf öffentlichen Straßen und Plätzen aufzustellen und bunt zu schmücken, hat sich im 19. Jahrhundert von Deutschland aus verbreitet. Der Baum selbst wird auf den Lebensbaum des Paradieses oder auf das Kreuz als Zeichen der Erlösung gedeutet, Äpfel verweisen auf die Versuchung im Paradies, Kerzen auf Christus als Licht der Welt, Gebäck auf das Brot des Abendmahls, Glaskugeln auf die Gaben der Weisen, Strohsterne auf das Stroh der Krippe.

Reinhard Schmidt-Rost

Karl-Heinrich Bieritz, Das Kirchenjahr. Feste, Gedenk- und Feiertage in Geschichte und Gegenwart, München 1998; *Jens Herzer*, Ostern. Himmelfahrt. Pfingsten. Weihnachten. Was wissen wir über die Ursprünge des Christentums?, Berlin 2000.

Epiphanias

Kommt im Kirchenjahr nach Weihnachten eine Zeit ohne Feste? Keineswegs. Am 6. Januar ist es schon wieder so weit: das Epiphaniasfest fällt auf diesen Termin. Viele sprechen nur vom Dreikönigstag, und der wird in manchen Gegenden noch kräftig gefeiert, besonders in Köln mit dem Dreikönigsschrein im Dom, weil überliefert wird, daß 1164 die sterblichen Überreste der drei heiligen Könige dorthin gekommen sein sollen.

Aber dieser Dreikönigstag ist eine nur später aufgekommene Bezeichnung eines bis in das vierte Jahrhundert zurückreichenden Festes, das auch andere Ereignisse zum Thema hatte als nur die bekannte biblische Geschichte von der Anbetung vor der Krippe durch hohe Persönlichkeiten aus dem Morgenland (Matthäus 2, 1-12). In der Bibel ist nicht von drei Personen die Rede, das hat man aus den drei Geschenken Gold, Weihrauch und Myrrhe erst später geschlossen. Erst recht steht nichts da von Königen, sondern es sind Weise, wörtlich: Magier, also heidnische Wissenschaftler bzw. Astrologen von Rang. Auch die heute üblichen Namen Melchior, Balthasar, Kaspar sind spätere Erfindung. Die Geschichte sollte ursprünglich die große Bedeutung der Geburt Christi für alle Weisheit und Wissenschaft auch der heidnischen Welt zur Sprache bringen. Sie war besonders wichtig in der christlichen Mission.

Ursprünglich ist der Name des Festes Epiphanias. Dieses griechische Wort im Genitiv bedeutet (das Fest) der »Erscheinung«, also das wunderbare Auftreten göttlicher Macht vor den Augen der Menschen. Die Inhalte waren lange unterschiedlich. Mancherorts wurde mit der Erscheinung die Geburt Jesu, sein Auftreten in der Menschenwelt überhaupt, bezeichnet. Der 6. Januar trat in Konkurrenz zum 25. Dezember. Der heute übliche Weihnachtstermin setzte sich allmählich durch. Nur noch in der Kirche von Armenien wird bis heute der 6. Januar als Geburtstag Jesu gefeiert.

Wahrscheinlich ist das Epiphaniasfest, das möglicherweise aus Jerusalem stammt, im Anfang des vierten Jahrhunderts in Ägypten in Konkurrenz zu der in der Nacht vom 5. zum 6. Januar gefeierten Geburt des Sonnengottes Aion aus der Jungfrau Kore gefeiert worden. Im Gegensatz zu der dann folgenden Prozession zum Nil mit dem heilbringenden Wasser wurde Jesu Taufe im Jordan als neuer Festinhalt eingeführt.

Allmählich wurde die Taufe Jesu das Hauptthema, aber im ganzen wurden drei Ereignisse mit dem Erscheinungsfest verbunden: 1. die Anbetung der Magier, 2. die Taufe Jesu mit der Erscheinung des Heiligen Geistes in der Gestalt einer Taube (Markus 1, 10) und 3. die Hochzeit zu Kana mit Jesu »erstem Zeichen seiner Herrlichkeit«, der Verwandlung von Wasser in Wein (Johannes 2, 1-12, vgl. besonders 11). Deshalb nennt Luther in altkirchlicher Tradition das Epiphaniasfest auch das Fest der drei (ersten) Wunder Christi, wollte allerdings gern den Inhalt auf die Taufe Jesu konzentrieren, womit er sich aber nicht durchgesetzt hat.

Zum Epiphaniasfest gehört auch die darauffolgende Epiphaniaszeit. Je nach dem beweglichen Ostertermin ist sie verschieden lang. Sie kann bis zu sechs Wochen umfassen. Der letzte Sonntag der Epiphaniaszeit feiert die Geschichte von der Verklärung Christi (Matthäus 17, 1-11), ein eindrücklicher Erscheinungsbericht vor dem Weg in die Passion.

Diese Epiphaniaszeit ist wichtig, weil sie das Leben Jesu zwischen Geburt und Passion in Erinnerung ruft. Wenn die Passionszeit mit der Fastenzeit am Aschermittwoch beginnt – neuerdings immerhin durch die Aktion »Sieben Wochen ohne« im öffentlichen Bewußtsein –, dann ist schon wieder die Aufmerksamkeit auf Leiden und Tod gerichtet. Aber wie steht es mit dem Alltag Jesu, der Zeit der Verkündigung und der Heilungen vor der Leidenszeit? Wann wird daran erinnert? Das verdient auch bedacht und begangen zu werden, vor allem, um zu erkennen, wie trotz aller Verborgenheit im Leben Jesu schon zeichenhaft zu spüren war, daß Gott hier mit dieser Person in Verkündigung und Verhalten die alten Verheißungen Israels für die ganze Welt neu ins Leben rief. Jesu

5. Kirchenjahr

Gleichnisse als Einübung in das Leben im Reich Gottes, seine Bergpredigt (Matthäus 5-7) als Zusammenfassung seiner Botschaft von einer besseren Gerechtigkeit, sein Ruf in die Nachfolge und seine Tischgemeinschaft mit Sündern und Zöllnern, das alles waren geheime Epiphanien.

Es ist verständlich, daß Epiphanias mit dem Lichtmotiv fest verbunden ist. Jesus Christus, »das Licht der Welt« (Johannes 8, 12), »der helle Morgenstern« (2. Petrus 1, 19), führt zu der Botschaft des Festes: »Die Finsternis vergeht, und das wahre Licht scheint jetzt« (1. Johannes 2, 8). Die Königsherrschaft Christi wird verkündigt. Die Taufe Jesu tritt in ihrer Bedeutung für unsere Taufe in Erscheinung. Auch die Botschaft der Sterne verkündet Christus. Und die Herrlichkeit zeigt sich in den Zeichen Jesu, gegen alle asketische Weltflucht, schon in dem Weinwunder zu Kana.

Die katholische Kirche hat stets an dem Epiphaniasfest festgehalten, betont aber am 6. Januar vor allem die Anbetung der Magier im Sinne eines Heiligenfestes und feiert die Taufe Jesu ausdrücklich erst am folgenden Sonntag. Die Verklärungsgeschichte wird am 8. August begangen.

Die griechisch-orthodoxe Kirche feiert am 6. Januar die Taufe Jesu als Fest der Erscheinung des Heilshandelns des dreieinigen Gottes: Gott der Vater erklärt Jesus öffentlich zu seinem Sohn, und der Geist erscheint als Geist des Friedens für alle Welt.

Die lutherische Kirche betont die Taufe Jesu, versucht aber auch den anderen beiden Festinhalten – Anbetung der Magier und Weinwunder zu Kana – gerecht zu werden.

Die reformierte Kirche lehnte das Fest ab, das auch in einigen deutschen Ländern gelegentlich abgeschafft (Kassel 1539, Pfalz 1563), auf den folgenden Sonntag verlegt (Preußen 1754) oder zu einem allgemeinen Missionsfest umgestaltet wurde.

Eine gottesdienstliche Aufwertung des Epiphaniasfestes ist dringend geboten. In Bonn wird z.B. dies seit mehreren Jahren mit einer Liturgischen Nacht in der Kreuzkirche zu Beginn der Epiphaniaszeit versucht, bei der die katholische Tradition der Sternsinger in ökumenischer Gastfreundschaft beteiligt wird. Poesie der Künste und Liturgie können bei diesem Fest zueinander finden, und eine Taufgedächtnisfeier bildet einen Höhepunkt. Entsprechend alter Tradition erfolgt gegen Ende die Ankündigung des kommenden Ostertermins. In der größten Kirche Hamburgs, dem »Michel«, wird mit Kindern am Nachmittag des 6. Januar ein großes »Fest der Lichter« begangen.

Es gibt zahlreiche Epiphaniaslieder von hohem Rang, wie z.B. »Wie schön leuchtet der Morgenstern«. Gern wird auch das Epiphaniasfest genutzt, festlichen Abschied von Weihnachten zu feiern, so daß noch einmal Weihnachtslieder, die die Brücke in den Alltag schlagen, erklingen.

Epiphaniasfest und -zeit sind Chancen einer besonderen Begegnung von Glauben und Kultur.

Henning Schröer

Adam Wiegand (Hg.), Die Heiligen Drei Könige, Köln 1974; *Karl-Heinrich Bieritz,* Das Kirchenjahr. Feste, Gedenk- und Feiertage in Geschichte und Gegenwart, München 1998.

Ostern

Vom Eise befreit sind Strom und Bäche durch des Frühlings holden, belebenden Blick: »Osterspaziergang« steht in den Schulbüchern über dieser Textpassage aus Goethes *Faust I*. Das macht deutlich, wie Ostern hierzulande seit den Tagen des Dichterfürsten verstanden und begangen wird: als Frühlingsfest, das im Wiedererwachen der Natur den Sieg des Lebens über Kälte, Dunkelheit und Tod feiert. Dazu passen die Zeichen, die für das Fest stehen, es ankündigen und begleiten: das Ei, seit altersher Symbol für Fruchtbarkeit und neu beginnendes Leben, und der Hase, nach alter Sage ebenfalls ein Ausbund an Fruchtbarkeit, der die Eier bringt und sie zusammen mit Süßigkeiten und anderen Geschenken in Wald und Flur versteckt.

Natürlich weiß Goethe auch um den christlich-biblischen Hintergrund des Festes. Doch nimmt er ihn als Gleichnis für ein elementares Lebensgefühl, das die Menschen in diesen Tagen durchströmt: Sie feiern die Auferstehung des Herrn, denn sie sind selber auferstanden aus niedriger Häuser dumpfen Gemächern ...

Dieser Bezug auf den Frühling, das Wiedererwachen der Natur, hat einen gewissen Anhalt an der Geschichte des Festes. Die reicht weit zurück, bis in die Anfänge Israels: In der Vollmondnacht des Frühlingsmonats Nisan – das entspricht etwa dem März/April unseres Kalenders – feierten die Israeliten das Passafest (hebräisch *Pesach*), im Ursprung wohl ein altes Hirtenfest, das mit dem Weidewechsel im Frühjahr verbunden war. Ein junges männliches Tier wurde geopfert und verzehrt, mit seinem Blut wurde das Zeltgestänge zum Schutz gegen böse Geister bestrichen. Als die Stämme später seßhaft geworden waren, verband sich damit ein Erntefest, das Fest der ungesäuerten Brote (*Mazzot*): Man weihte die erste Gerstengarbe der Gottheit und nahm Brot aus dem Mehl der neuen Ernte zu sich, das noch nicht mit Sauerteig versetzt war.

Nun ist es kennzeichnend für das jüdische Festjahr, daß den ursprünglich an das Naturjahr gebundenen Festen und Festbräuchen Schritt um Schritt auch eine geschichtliche Bedeutung zuwuchs. Überlieferte Ereignisse aus der Geschichte des Volkes wurden bestimmten Festen zugeordnet. So auch *Pesach* und *Mazzot:* Beide Feste verschmolzen zu einer Einheit und gewannen einen neuen Sinn, als das Gedächtnis der Befreiung Israels aus Ägypten hier seinen Ort im Festkalender fand. »Ihr sollt euren Söhnen sagen an demselben Tage: das halten wir um dessentwillen, was uns der Herr getan hat, als wir aus Ägypten zogen.« (2. Mose 13, 8) Im Zentrum des Festes stand das nächtliche Passamahl, bei dem das Passalamm und – in Erinnerung an die Situation des Aufbruchs – ungesäuerte Brote verzehrt wurden.

Das christliche Osterfest hat hier seine Wurzeln. Davon zeugen noch die Bezeichnungen in zahlreichen Sprachen (ital. *Pasqua*, span. *Pascua*, franz. *Pâques*, niederl. *Pasen*, dän. *Paaske*, norw. *Paskit*). Davon zeugt auch die in den kleinasiatischen Christengemeinden bis in das 3. Jahrhundert übliche Praxis, Ostern in Übereinstimmung mit dem jüdischen Kalender am 14. Nisan zu feiern, unabhängig vom jeweiligen Wochentag. Sie gerieten darüber in Streit mit den Christen in Rom, die Ostern am Sonntag nach dem ersten Vollmond im Frühling begingen. Erst das Konzil von Nizäa im Jahre 325 entschied den Streit endgültig zugunsten der römischen Sitte.

Vieles spricht dafür, daß die ersten Christengemeinden das Passafest nach überliefertem Brauch feierten, es aber mit christlichen Inhalten füllten. »Darum fegt den alten Sauerteig aus«, schreibt Paulus an die Gemeinde in Korinth, »damit ihr ein neuer Teig seid, wie ihr ja wirklich ungesäuert seid. Denn unser Passalamm ist schon geopfert, das ist Christus« (1. Korinther 5, 7). Man darf annehmen, daß Paulus hier auf eine christliche Passafeier Bezug nimmt, die durch die Aussage »Christus ist unser Passalamm« vom jüdischen Passa unterschieden war. Dazu stimmt die Zeitangabe des Johannesevangeliums, nach der Jesus starb, während im Tempel die Passalämmer geschlachtet wurden. Auch die Berichte über die Einsetzung des Abendmahls durch Jesus in der Nacht vor seinem Tod (Matthäus 26, 17-30; Markus 14, 12-26; Lukas 22, 7-23) sind vermutlich schriftlicher Niederschlag einer frühchristlichen Passafeier. Sie gehen davon aus, daß Jesus das Abendmahl im Rahmen eines Passamahls gefeiert und gestiftet hat. All das macht wahrscheinlich, daß sich schon früh eine jährliche christliche Passafeier ausbildete, die in Bezug zum Tode Jesu stand. Vom Blut des Lammes, das – an die Türpfosten gestrichen – Verschonung bewirkte, war ja schon beim jüdischen *Pesach* die Rede gewesen (2. Mose 12, 1-28). Für die Christen war es nun Christus selbst, der – als Lamm geopfert – durch sein Blut solche Verschonung bewirkte.

Das frühchristliche Osterfest ist also keineswegs, wie es heutiges Verständnis nahelegt, eine reine Auferstehungsfeier. Leiden, Tod und Auferweckung Jesu wurden vielmehr als Einheit begriffen und begangen. Die Feier bestand zunächst in einem einzigen nächtlichen Gottesdienst, der bis zum frühen Morgen dauerte. Er begann mit einer langen gemeinsamen Nachtwache, die noch ganz von der Trauer über Leiden und Tod des Herrn bestimmt war. Eine besondere Bedeutung kam dabei der Lesung von 2. Mose 12-14 zu, der Geschichte vom Auszug des Volkes Israel aus Ägypten. Diese Geschichte wurde auf das Schicksal Jesu und den Weg des neuen Gottesvolkes gedeutet. Beim Übergang zum zweiten Teil des Gottesdienstes schlug die Stimmung in Freude und Jubel über die Auferstehung Jesu um. Am frühen Morgen des neuen Tages feierte man das Herrenmahl, verbunden mit einer gemeinsamen Mahlzeit, Agape genannt.

Schon früh lagerten sich dieser Feier weitere Elemente an: Dem nächtlichen Gottesdienst ging ein ein- bis mehrtägiges Fasten voraus. Es stand im Zeichen der Trauer über das Leiden und den Tod Jesu und trug zugleich den Charakter eines Sühnefastens. Es bildete den Ansatzpunkt für die spätere vorösterliche Buß- und Fastenzeit, von evangelischen Christen heute als Passionszeit bezeichnet und begangen, die mit dem Aschermittwoch beginnt. Ebenfalls relativ früh finden sich Hinweise auf eine fünfzigtägige Freudenzeit, die sich an das christliche Passa anschloß. Vom 4. Jahrhundert an wird die Tendenz spürbar, in der österlichen Festfeier die Christusgeschichte sozusagen historisch nachzugestalten. Auf einer ersten Stufe der Entwicklung kam es zur Ausgliederung der »heiligen drei Tage«: Der Freitag (Karfreitag von althochdeutsch *kara* = Trauer) wurde als Tag des Leidens und des Todes Jesu begangen, der Karsamstag galt als Tag der Grabesruhe, der Ostersonntag (die Herkunft der Bezeichnung Ostern, englisch *Easter*, ist bis heute umstritten) als Tag seiner Auferstehung. Da der Vorabend schon zum folgenden Tag gezählt wurde, begann die Dreitagefeier bereits am Gründonnerstagabend (von mittelhochdeutsch *gronan* = weinen) mit dem Gedächtnis der Einsetzung des Abendmahls. Bald wurde die ganze Woche vor Ostern – beginnend mit der Feier des Einzugs Jesu in Jerusalem am Palmsonntag (Johannes 12, 12-16) – als Karwoche (Heilige Woche, Große Woche) ausgestaltet.

Auferstehung – wie man das Wort auch verstehen mag – setzt immer Sterben und Tod voraus. Ohne Karfreitag macht Ostern – christlich gesprochen – keinen Sinn. Beide Daten gehören zusammen, bilden eine Einheit. Auch Goethe, der die Geschichte als Gleichnis nimmt, weiß um diesen Zusammenhang: Faust, zum Sterben entschlossen, muß erfahren, wie der österliche Engelchor ihm im letzten Augenblick den tödlichen Trank mit Gewalt vom Munde zieht. Und im vielzitierten Osterspaziergang wimmelt es nur so von Bildern für Grab und Tod – vom »hohlen finstern Tor« bis zu »der Kirchen ehrwürdiger Nacht«. Das heißt: Leben ist nicht selbstverständlich. Es muß dem Tod abgerungen, abgetrotzt werden. Die Hoffnung auf den Sieg des Lebens – abgebildet im Wiedererwachen von Mensch und Natur, abgebildet aber auch in der Christusgeschichte – wächst aus der Erfahrung von Enge, Finsternis, Bedrückung, Bedrohung, Vergänglichkeit und Tod.

Die frühe Christenheit hat dafür ihre eigenen Bilder gefunden. Nach ihrer Überzeugung besteht ein tiefer Zusammenhang zwischen den Ereignissen, die das Volk Israel in seiner Passafeier erinnert, und dem Leiden, dem Tod und der Auferstehung Jesu, wie sie die christliche Gemeinde zu Ostern feiert: In der Schlachtung des Passalammes und im Auszug aus Ägypten, in der tödlichen Bedrohung, in die das Volk gerät, und in seiner Errettung aus den

5. Kirchenjahr

Fluten des Meeres ist die Geschichte Jesu Christi vorgebildet. An dieser Geschichte wiederum gewinnen Menschen teil, wenn sie sich in der Taufe (Wasser als lebensbedrohendes, lebensrettendes Zeichen zugleich!) in das Sterben und Auferstehen Jesu einfügen lassen (vgl. Römer 6, 3-5), wenn sie in Wort und Mahl das Gedächtnis seines Durchgangs durch den Tod ins Leben begehen. So erblicken sie im Passa Israels nicht nur ein Vorbild für die Geschichte Christi, sondern auch ihres eigenen, untrennbar damit verbundenen Geschicks. In der Nachfolge Jesu sehen sie sich zusammen mit Israel auf dem Weg, der durch Bedrohung, Leiden und Tod hindurch zur Freiheit und ins Leben führt.

Karl-Heinrich Bieritz

Karl-Heinrich Bieritz, Das Kirchenjahr. Feste, Gedenk- und Feiertage in Geschichte und Gegenwart, München 1998; *Jens Herzer*, Ostern. Himmelfahrt. Pfingsten. Weihnachten. Was wissen wir über die Ursprünge des Christentums?, Berlin 2000.

Himmelfahrt

Es ist Frühling auf der nördlichen Halbkugel, wenn die Christen hier – vierzig Tage nach Ostern – den Tag der Himmelfahrt Christi begehen. Wo sich die Gelegenheit bietet, ziehen sie zu Feld-, Wald- und Wiesengottesdiensten hinaus in die Natur. Wo nicht, holen sie zumindest den Frühling in Gestalt grüner Zweige und bunter, duftender Sträuße in ihre Kirchen herein. »Weit und breit, du Himmelssonne, deine Klarheit sich ergeußt und mit neuem Glanz und Wonne alle Himmelsgeister speist« (Nr. 95 im alten Gesangbuch): Das paßt, das läßt sich gut singen zum Waldgottesdienst an Himmelfahrt. Noch grünen die Bäume, noch blüht der Flieder, Zeichen des Vergehens sind allenfalls dem Kundigen erkennbar, das Ende scheint fern. Aber in den Bibeltexten, die zu dem Fest gehören, ist auch davon die Rede: »Siehe, er kommt mit den Wolken, und es werden ihn sehen alle Augen ...« (Offenbarung 1, 7).

Himmelfahrt hat weithin den Charakter eines Naturfestes angenommen. Mancherorts, wo alkoholselige Herrenpartien den Verkehr blockieren, gerät es als Vatertag gar zum Narrenfest. Und wer will, findet für den Ausflug ins Grüne auch die passende biblische Begründung: Zur Stadt hinaus sind sie gezogen, auf einen Berg, und dort hat Jesus von ihnen Abschied genommen (Lukas 24, 50; Apostelgeschichte 1, 12). Noch ausgedehnter ist der Himmelfahrtsausflug, von dem Matthäus berichtet, und wieder ist ein Berg das Ziel (Matthäus 28, 16).

Anders als bei den großen Feiertagen des Kirchenjahres – Weihnachten, Epiphanias, Ostern, Pfingsten – steht an der Wiege von Christi Himmelfahrt freilich kein vorgeschichtliches Natur-, Ernte- oder Sonnenfest. Nach allem, was wir wissen, verdankt es sich einem relativ späten Bedürfnis, die Christusgeschichte historisierend auf dem Zeitkreis des Jahres abzubilden. In der frühen Christenheit war das Gedächtnis der Erhöhung Christi eng mit der Osterfeier,

später dann auch mit dem fünfzigsten Tag nach Ostern, der Pentekoste (Pfingsten!) verbunden. Erst im 4. Jahrhundert begann man in
manchen Regionen damit, den 40. Tag nach Ostern – gemäß der
Chronologie des Lukas (Apostelgeschichte 1, 3), der sich bei solcher
Festlegung wohl von antik-biblischer Zahlensymbolik leiten ließ –
als Tag der Himmelfahrt Christi zu begehen.

Will man dem Tag – über die naturselige Stimmung hinaus, zu
der er Anlaß gibt – einen tieferen Gehalt abgewinnen, empfiehlt es
sich, nach den biblischen Motiven zu fragen, die sich mit dem festlichen Datum verbinden. Da ist zunächst das Motiv der Macht: Matthäus inszeniert in seinem Himmelfahrtsbericht (28, 16-20) – nach
den Regeln höfischer Dramaturgie – eine Inthronisation, die Macht-
ergreifung eines Herrschers. Die Jünger werfen sich zu Boden, Jesus
besteigt den himmlischen Thron: »Mir ist gegeben alle Gewalt im
Himmel und auf Erden«. Die Opposition – »etliche aber zweifelten«
– verstummt. Da ist zweitens das Motiv des Gottesreiches, das
damit in die geschichtliche Wirklichkeit eintritt, ausgebreitet werden
soll bis an die Enden der Erde: »Machet zu Jüngern alle Völker«
(Matthäus 28, 19). Eng damit verbunden ist drittens das Motiv der
neuen Ordnung: Der junge Herrscher verkündet das Gesetz, die
Lebens-Ordnung, die fortan in seinem Reich gelten soll. »Und lehret
sie halten alles, was ich euch befohlen habe« (Matthäus 28, 20): Das
kann sich nur auf die Bergpredigt (Matthäus 5, 1-7, 29) und ihre
Spielregeln beziehen. Da ist viertens das Motiv des Abschieds und
der Wandlung, wie es besonders von Johannes (Johannes 13, 1-17
und 26) entfaltet wird, aber auch bei Lukas aufscheint, wenn er
Jesus in der Wolke entschwinden läßt (Apostelgeschichte 1, 9) – im
Offenbarungsnebel, von dem auch in anderen Geschichten die Rede
ist (vgl. 2. Mose 16, 20; Matthäus 17, 5; 24, 30 u.ö.). Der Gang zum
Vater (Johannes 16, 28 u.ö.), die Erhöhung von der Erde (Johannes
12, 32 u.ö.) sind Zeichen solcher Wandlung, in der sich Jesus von
den Seinen entfernt, um ihnen – vereint mit dem Vater, gegenwärtig
im Geist – unvergleichlich näher zu sein als auf seinem irdischen
Wege. Da ist schließlich das Motiv der Hoffnung, der Vollendung,
auf das die Himmelfahrtsszene in der Apostelgeschichte (1, 1-11)

zielt: »Dieser Jesus wird so wiederkommen, wie ihr ihn habt gen Himmel fahren sehen«. Inthronisation und – für jedermann erkennbare, erfahrbare – Übernahme und Ausübung der Herrschaft fallen hier auseinander, werden zu getrennten Akten. Die Wirklichkeit des Gottesreiches ist Gegenstand der Hoffnung, kann noch nicht unverhüllt und unmittelbar erfahren und geschaut werden.

In unserem neuen Gesangbuch gibt es nur wenige Himmelfahrtslieder. Da findet sich neben dem Motiv der Macht und des Reiches (»Jesus Christus herrscht als König, alles wird ihm untertänig«, EG 123) auch das Motiv der Nachfolge: »Auf Christi Himmelfahrt allein ich meine Nachfahrt gründe« (EG 122). Das darf als Versuch gesehen und gesungen werden, die schwierige, in mythischen Bildern verfaßte Himmelfahrtsgeschichte dadurch zugänglicher zu machen, daß man sie auf die Himmelsreise des Christenmenschen, also einen durchaus geistlich, ganz und gar persönlich gemeinten Vorgang – den Weg des einzelnen zu Gott – deutet. Das Fest mit dem merkwürdigen Namen verliert damit einen Teil seiner Anstößigkeit, sein Gehalt läßt sich auch dem Zeitgenossen vermitteln, der das alte dreistufige Weltmodell – Himmel, Erde, Unterwelt – nicht teilt und dem deshalb die Rede von einer Himmelfahrt absurd erscheinen muß. Himmel steht dann für Gottesnähe, Gottesgemeinschaft, und die zeigt sich in einem Leben, das sein Ziel und sein Zentrum außerhalb seiner selbst – eben in Gott – findet.

Doch wäre es schade, würden uns im Zuge solcher Entmythologisierung die zahlreichen Bilder und Bildzitate, mit denen uns die biblischen Berichte konfrontieren, ganz abhanden kommen. Zum Beispiel die Wolke, in der Jesus entschwindet, in der er aber auch wiederkommen wird (Apostelgeschichte 1, 9). Das ist ein Bild, das Lukas aus anderen Überlieferungen übernimmt (vgl. Daniel 7, 13) – Zitat eines Zitats und doch ein Zeichen, das auch heute noch zu denken gibt. Als Gebilde vielleicht, in dem sich wie in einem Buch lesen läßt – unerwartete, überraschende Texte auf immer wieder neuen Seiten. Als Gebilde, das sich nicht auf eine Gestalt, eine Bedeutung festlegen läßt und das gerade darum dazu einlädt, Sinn in ihm zu suchen, Geschichten vom Himmel zu erzählen, neue Namen für den Kommenden zu entdecken. Als Gebilde, das den Himmel verhüllt und ihn zugleich – dann und nur dann, wenn es zerreißt – für uns öffnet. Denn keiner weiß, wie das sein wird, wenn der Kommende erscheint und seine Herrschaft alle Herrschaft beendet. Wenn die Christen sich zu Himmelfahrt in einer Waldlichtung oder anderenorts unter freiem Himmel versammeln, sollten sie vielleicht auch ihre Schwester, die Wolke, dazu einladen und ihr das Wort geben. Wann bietet sich denn sonst Gelegenheit dazu?

Karl-Heinrich Bieritz

Karl-Heinrich Bieritz, Das Kirchenjahr. Feste, Gedenk- und Feiertage in Geschichte und Gegenwart, München 1998; *Jens Herzer,* Ostern. Himmelfahrt. Pfingsten. Weihnachten. Was wissen wir über die Ursprünge des Christentums?, Berlin 2000.

Pfingsten

Zu Pfingsten sind die Geschenke am geringsten: Der dumme Spruch macht auf ein Problem aufmerksam, daß die Kirchen – und nicht nur sie – mit diesem Fest haben. Pfingsten macht keine gute Figur neben Weihnachten und Ostern. Geschichtlicher Hintergrund und geistlicher Gehalt des Festes sind nicht leicht darzustellen und zu vermitteln – schwerer jedenfalls als jene Ereignisse, die zu Ostern und Weihnachten gefeiert werden. Beide haben einen deutlichen Bezug zum menschlichen Lebenszyklus: Zu Weihnachten geht es um die Geburt des göttlichen Kindes – und darin um die urmenschliche Erfahrung von Geburt und Geborensein schlechthin. Und Ostern steht mit Leiden, Tod und Auferstehung Jesu Christi auch unser ureigenes Leben, Leiden und Sterben zur Debatte. Aber Pfingsten?

Man hat neuerdings versucht, Pfingsten als Fest der Vereinigung auf das neben Geburt und Tod dritte große Ereignis des menschlichen Lebenszyklus zu beziehen, auf die Liebe zwischen zwei Menschen, aus der neues Leben erwächst. Aber solche Versuche wirken – da sie kaum im allgemeinen Bewußtsein verankert sind – sehr künstlich.

Daß dem Fest ein solch selbstverständlicher Bezug zum menschlichen Lebenszyklus abgeht, zeigt sich auch im Brauchtum. Selbst Industrie und Handel tun sich schwer damit, das Fest – wie sie es bei Weihnachten und Ostern längst tun – kommerziell auszubeuten. Der buntgeschmückte Pfingstochse, wie er früher an manchen Orten durch die Straßen geführt wurde, kann offenbar nicht mit dem Weihnachtsmann oder dem Osterhasen konkurrieren. »Schmückt das Fest mit Maien« (EG 135): Der alte Brauch, Häuser und Kirchen mit grünen Birkenzweigen, oft ganzen Birkenbäumen zu schmükken, stößt heute auf verständliche ökologische Bedenken. Umritte, Umzüge, Wasserbräuche, Tänze um den Maibaum, wie sie hier und da üblich waren oder sind, verweisen auf das Naturjahr und haben wenig mit dem spezifischen Charakter des Festes zu tun.

Vielleicht hängen diese Schwierigkeiten mit der Geschichte des Festes zusammen. Pfingsten ist ein Lehnwort aus dem Griechischen. Es leitet sich her von der bei den griechisch sprechenden Juden entstandenen Bezeichnung für das am fünfzigsten Tag (*Pentekoste*) nach *Pesach* begangene Wochenfest (hebräisch *Schabuot*). Ursprünglich Dankfest für die Weizenernte, verband es sich später mit dem Gedächtnis der Gottesoffenbarung und des Bundesschlusses am Berg Sinai, wo Mose von Gott die Zehn Gebote empfing (2. Mose 19, 1 - 20, 21).

Für die Christen war der fünfzigste Tag nach Ostern ursprünglich nichts weiter als der Tag, mit dem die Osterzeit festlich abgeschlossen wurde. Erst im 4. Jahrhundert wurde es allgemeiner Brauch, an diesem Tag die Sendung des Heiligen Geistes – gemäß der Chronologie der Apostelgeschichte (2, 1-41) – in den Mittelpunkt zu stellen. So gewann dieser Tag schließlich den Charakter eines eigenständigen Festes. Er wurde – ähnlich wie Weihnachten und Ostern – mit einer eigenen Festwoche ausgestattet (wobei es später zu einer Reduzierung der arbeitsfreien Tage auf zunächst drei, dann zwei kam – was die Existenz zweiter Feiertage an den drei Hauptfesten erklärt). Die katholische Kirche hat in ihrer jüngsten Kalenderreform versucht, diese Entwicklung zurückzunehmen; hier gilt der Pfingstsonntag wieder als Schlußpunkt der Osterfeier.

Doch läßt sich das besondere Gepräge dieses Tages nicht übersehen: Als Tag der Ausgießung des Heiligen Geistes wird Pfingsten zum Gründungstag der christlichen Kirche. Die Jünger, in einem Haus versammelt, empfangen die Gabe des Heiligen Geistes, die sie befähigt, in anderen Sprachen zu reden. Der Vorgang wird sehr bildhaft ausgestaltet: ein Brausen vom Himmel ertönt, Feuerzungen setzen sich auf die Jünger. Die Menge – Festpilger, die zum Wochenfest aus aller Herren Länder nach Jerusalem gekommen sind – läuft zusammen und ist bestürzt; hört sie doch jeder in seiner Muttersprache reden. Gegen den Vorwurf der Trunkenheit – und das am frühen Morgen, zur dritten Stunde, also etwa gegen neun Uhr –

setzt sich Petrus in seiner Predigt (Apostelgeschichte 2, 14-36) zur Wehr. Er verweist auf die Verheißung des Geistes durch den Propheten Joel (3, 1-5) und auf die Psalmen (16, 8-11; 110, 1) und verkündet Tod und Auferweckung Christi. Die Menge ist ergriffen und fragt: »Was sollen wir tun?« Petrus fordert zur Umkehr und zur Taufe auf. Dreitausend – so wird berichtet – lassen sich an diesem Tag auf den Namen Jesu taufen (Apostelgeschichte 2, 41).

Pfingsten ist, so läßt sich zusammenfassend sagen, die Erfüllung der Fünfzig Tage, die durch die Freude über die Auferweckung Jesu und das in ihr erschienene neue Leben bestimmt sind. Die Sendung des Heiligen Geistes ist dabei kein isoliertes Geschehen. In ihr kündigt sich vielmehr an, in welcher Weise der Auferstandene künftig den Jüngern erscheinen und mit ihnen Gemeinschaft halten, wie er die Glaubenden an seinem Hinübergang durch Leiden und Tod ins Leben teilhaben lassen will. Was der Pfingstbericht schildert, ist äußerer Ausdruck solcher Christusgemeinschaft im Geist: Die Kraft, von der die Jünger ergriffen werden, aus der heraus sie mit einem Male die Botschaft öffentlich verkündigen, ist Ausdruck des neuen, in der Auferstehung Jesu erschienenen Lebens. Die Vielsprachigkeit, von der die Rede ist, darf begriffen werden als Erfüllung von Jesu Versprechen: »Wenn aber jener, der Geist der Wahrheit, kommen wird, wird er euch in alle Wahrheit führen« (Johannes 15, 13). Das heißt: Die Christusgeschichte ist nicht mit Himmelfahrt und Pfingsten abgeschlossen. Sie setzt sich fort in der Glaubensgeschichte des Volkes Gottes und jedes einzelnen Christenmenschen. Vermittelt durch den Geist, vollzieht sich diese Geschichte in den höchst unterschiedlichen Situationen und Sprachwelten, in denen Menschen leben. Der Geist ist der Mittler, durch den auch spätere Generationen an dieser Geschichte teilhaben können.

So begeht die Kirche an Pfingsten zu Recht den Tag ihrer Begründung im Heiligen Geist – wenn man so will, ihren Geburtstag. Sie begeht ihn als den Tag, an dem die neue, geistvermittelte Christusgemeinschaft buchstäblich zum Vorschein kommt, sich zu Wort meldet, eine soziale Gestalt gewinnt. Zu Pfingsten sind die Geschenke am geringsten? Der Spruch läßt sich auch anders wenden:

5. Kirchenjahr

Hat Gott doch an diesem Tag der Welt die Kirche geschenkt – als Modell erneuerter, versöhnter, lebendiger Gemeinschaft. Auch damit wird – ähnlich wie zu Weihnachten und Ostern – ein großes, bleibendes Menschheits- und Lebensthema angesprochen, auch wenn ein unmittelbarer Bezug zum Naturjahr und zum individuellen Lebenszyklus fehlt. Für die Kirchen und Christen käme es wohl darauf an, diesen wahrhaft sozialen Sinn dieses Festes stärker als bisher zur Darstellung zu bringen.

Karl-Heinrich Bieritz

Karl-Heinrich Bieritz, Das Kirchenjahr. Feste, Gedenk- und Feiertage in Geschichte und Gegenwart, München 1998; *Jens Herzer*, Ostern. Himmelfahrt. Pfingsten. Weihnachten. Was wissen wir über die Ursprünge des Christentums?, Berlin 2000.

Wenn man am Sonntagmorgen die Kirche betritt und sich auf dem Altar sowie auf den Stufen davor Brot, Früchte, Getreidegarben, Trauben und andere Lebensmittel türmen, dann spätestens weiß man: Es ist wieder Erntedank.

Das Erntedankfest verfolgt das Ziel, wenigstens einmal im Jahr der Bitte um das tägliche Brot aus dem Vaterunser den Dank dafür hinzuzufügen, daß dieses tägliche Brot auch gegeben wird. Schon in antiker Zeit hatten die Menschen dieses Anliegen. Im Judentum etwa dienen bis heute das Wochen- und das Laubhüttenfest einem ähnlichen Zweck, wie 2. Mose 23, 16 und 34, 22 (»Das Wochenfest sollst du halten mit den Erstlingen der Weizenernte, und das Fest der Lese, wenn das Jahr um ist.«) verdeutlichen. Das Laubhüttenfest dauerte etwa eine Woche.

Auch die bäuerlichen Germanen feierten tagelang, hielten ihren herbstlichen Gerichtstag (Herbst-Thing) und opferten Gott Odin; hier wurde oft die letzte Getreidegarbe stehengelassen oder zu einer menschlichen Figur zusammengebunden, um die Götter milde zu stimmen, das Letzte zu sichern und damit die Ernte für das nächste Jahr zu garantieren.

Die römische Sitte von vier verschiedenen Erntefesten ermöglichte es dem christlichen Mittelalter, das Erntefest nicht an einem bestimmten Tag zu feiern. Erst 1773 wurde von Preußen der Sonntag nach dem 29. September (Michaelistag) als allgemeiner Erntedank-Tag festgelegt. Viele der heidnischen Bräuche (etwa Erntekranz, Fruchtsäule u.ä.) wurden auch im christlichen Bereich, vor allem natürlich in ländlichen Gegenden, übernommen. Überhaupt zeigt sich, daß es kaum ein anderes Fest gibt, an dem »Kirche« und »Welt« sich so nahe kommen wie beim Erntedankfest, da oftmals mit dem christlichen Fest Dorf- und Stadtteilfeste verbunden sind. Da an diesen Festen natürlich auch viele kirchenferne Bürger teilnehmen, kann Kirche hier die Gelegenheit wahrnehmen, auf die christlichen Inhalte aufmerksam zu machen und für sich bzw. für die sie begründende »Sache« zu werben.

Denn es gibt kaum eine schönere Gelegenheit, über Schöpfer, Schöpfung und eigene Geschöpflichkeit nachzudenken, als bei diesem Fest. Die Gaben der Natur und die Möglichkeiten, den Lebensraum Erde in förderlicher Weise zu nutzen, sind nicht als Selbstverständlichkeit hinzunehmen, sondern in einem größeren Zusammenhang zu betrachten. Daran will und soll Erntedank erinnern. Dazu gehört auch, über das eigene Wohlergehen all die nicht zu vergessen, denen es nicht gut geht, die nicht jeden Tag am gedeckten Tisch sitzen, sondern darauf hoffen, daß einige Krümel für sie herunterfallen. In den knapp 1.400 Einträgen, die im Internet zum Stichwort Erntedank begegnen, finden sich etliche Gebete, die genau diese Verantwortung ansprechen für all die, die Hunger leiden, nichts zu ernten haben und auf unsere Hilfe angewiesen sind.

Beide Aspekte, der Dank und die Mahnung, begegnen in den für das Erntedankfest vorgesehenen liturgischen Texten. Die Evangeliumstexte bei Lukas (12, 15-21; Gleichnis vom reichen Kornbauern) und bei Matthäus (6, 19-23) warnen eindringlich davor, Schätze zu sammeln, die angehäuft in den Scheunen niemandem etwas nützen. Jesaja 58 mahnt im zentralen Vers 7 die Geschwisterlichkeit aller Geschöpfe an: »Brich dem Hungrigen dein Brot, und die im Elend ohne Obdach sind, führe ins Haus! Wenn du einen nackt siehst, so kleide ihn, und entzieh dich nicht deinem Fleisch und Blut!«

Auch die Briefliteratur (2. Korinther 9, 6-15; 1. Timotheus 4, 4f. und Hebräer 13, 15f.) spricht vom Wechselspiel des guten Werks des Menschen und den Gaben Gottes: Das liebende Werk Gottes am Menschen soll diesen zur guten Tat provozieren, und umgekehrt soll der Mensch, der in der Lage ist, anderen Gutes zu tun, nicht vergessen, wem er selbst seine Güter zu verdanken hat.

Gefeiert wird das Erntedankfest heute dann, wenn es draußen langsam wieder etwas kühler wird und ein stärkerer Wind an den bunt gefärbten Blättern zerrt – im Herbst, in der Regel am ersten Sonntag im Oktober. Die Ernte ist dann allerdings meist schon längst eingefahren, und die Scheunen sind mit den Gaben der Erde angefüllt. Doch ist zu diesem Zeitpunkt auch der modernen, eher städtischen Gesellschaft ersichtlich, daß die Natur ihre Früchte jährlich neu schenkt: wenn nämlich in den Regalen der Supermärkte die »Neue Ernte« angepriesen wird.

Häufig wird heute ein in der Form relativ freier Familiengottesdienst gefeiert, um zum Ausdruck zu bringen, wie vielfältig Gottes Schöpfungsgaben sind und wie ungebunden Kirche und Gemeinde auch vom konkreten Kirchraum sind. Das Fest ist sicher eines der buntesten im Jahresfestkreis, doch könnte seine tiefe theologische Bedeutung noch deutlicher zum Ausdruck kommen. Vorbildhaft könnte dazu der *Thanksgiving Day* (gefeiert am letzten Donnerstag im November) sein, der in den USA neben Weihnachten das bedeutendste und größte Familienfest ist.

Erinnern Weihnachten und Ostern an das gnadenhafte Handeln Gottes am Menschen in seinem Sohn Jesus Christus, dann könnte das Erntedankfest verstärkt dazu genutzt werden, an die Geschöpflichkeit jedes einzelnen und an seine Verantwortung für seine Mitgeschöpfe zu mahnen.

Athina Lexutt

Karl-Heinrich Bieritz, Das Kirchenjahr. Feste, Gedenk- und Feiertage in Geschichte und Gegenwart, München 1998; *Erhard Domay* (Hg.), Erntedankfest/Reformationsfest. Gottesdienste – Feiern – Predigten – Ideen zur Gestaltung, Gütersloh 1998.

Reformationstag

Ein kalter Herbstmorgen in Wittenberg. Ein Augustinermönch macht sich auf zur Schloßkirche. Morgen ist Allerheiligen, da wird wieder einiges in der Stadt los sein. Da werden Litaneien gebetet, alle möglichen Heiligen angebetet und darauf gehofft, daß das »Bitte für uns« auch ankommt. Überhaupt, die Heiligen. Hier ein Backenzahn, dort ein Stoffetzen – Reliquien (allein in Kursachsen sind es über 500) und der Kult darum wachsen und gedeihen. Und daran angeschlossen die von der Kirche eröffnete Möglichkeit, vor dem Weltenrichter besser dazustehen, wenn man zu diesem Backenzahn und dem Stoffetzen hinpilgert; ja, man kann sogar für bereits Verstorbene etwas tun, Ablaß für sie kaufen und damit ihre Zeit im Fegefeuer verkürzen. Der Augustinermönch schüttelt sich. Zeit, dagegen etwas zu unternehmen. An der Schloßkirche angekommen, holt er aus seinem weiten Umhang ein paar Nägel und einen Hammer hervor und schlägt an die Kirchentür Thesen an, in denen er diese Ablaßpraxis anprangert und die Gelehrtenwelt zu einer Diskussion darüber anstacheln will.

Die Geschichte ist fast frei erfunden. Historisch korrekt ist daran einzig, daß der Augustinermönch Martin Luther im Jahre 1517 zu einer wissenschaftlichen Auseinandersetzung über den Ablaß aufrufen wollte und dazu 95 lateinische Thesen verfaßte, die sich gegen seine Absicht mit rasender Geschwindigkeit verbreiteten und damit das auslösten, was wir heute »Reformation« nennen. Der 31. Oktober, der allerdings wegen des darauffolgenden Allerheiligentages sehr gut der Provokation gedient hätte, ist erst 1667 zum 150. Jubiläum als Gedenktag der Reformation festgesetzt worden. Von dort aus setzte sich der Termin in den meisten Landeskirchen durch. Zuvor wurde an verschiedenen Tagen der Reformation gedacht: am Geburtstag Martin Luthers (10. November), am Martinstag (dem Tauftag Luthers) oder – vor allem im süddeutschen Raum – auch am Tag der Übergabe des Augsburger Bekenntnisses (25. Juni); mancherorts wurde auch die Kirchweihe als Festtag genutzt. Diese unterschiedlichen Daten spiegeln die verschiedenen Inhalte wider, die seit jeher mit dem Begriff »Reformation« verbunden sind.

Auffällig ist die Konzentration auf die Person Martin Luthers; nie wurde überlegt, das Reformationsgedenken mit Johannes Calvin, Huldrych Zwingli oder anderen Reformatoren in Verbindung zu bringen. Die reformatorische Bewegung ist in der Tat ohne die Person Luthers undenkbar. Zwar hat es bereits vor ihm reformerische Tendenzen gegeben; zu denken ist etwa an Jan Hus und John Wyclif, vor allem an den mit Luther etwa zeitgleichen Humanismus, der mit scharfer Kritik und beißendem Spott die kirchlichen Mißstände anprangerte. Doch geht der Protest Luthers tiefer. Von daher ist die Festsetzung auf den 31. Oktober nicht unproblematisch, denn damit wird zum »Beginn« der Reformation jenes Ereignis stilisiert, das Luthers erstes öffentliches Auftreten als Kritiker der Kirchenpraxis markiert. Dabei wird aber oftmals vergessen, daß diese Kritik bereits ein Resultat der reformatorischen Erkenntnis um die Rechtfertigung des Sünders war. Die »Reformation« entzündete sich nicht an der Kirche der Zeit, sondern an dem ihr zugrundegelegten Gottes- und Menschenbild, das nach Luthers Ansicht nicht dem Zeugnis der Heiligen Schrift entsprach.

Ein weiteres Problem des Reformationstages ist, daß er kein durch den Staat geschützter Feiertag ist. Dadurch ist er nicht so sehr im Bewußtsein wie andere kirchliche Feste, und er hat kaum noch eine Bedeutung für eine Bildung oder Festigung eines protestantischen Bewußtseins – zumal durch die Unterzeichnung der »Gemeinsamen Erklärung zur Rechtfertigungslehre« in Augsburg 1999 das Datum gewissermaßen ökumenisch uminterpretiert wurde. Die große Zeit der Reformationsjubiläen (1617, 1717 und besonders 1817, wo viele Impulse zum Unionsgedanken gegeben wurden) ist heute wohl vorbei. Durch die Medien geschürt und durch das, was in den meisten Geschäften an Kürbisköpfen und Gespensterfiguren feilgeboten wird, verbinden gerade Jugendliche mit dem 31. Oktober viel eher Halloween als ein Grunddatum der Reformation. So sind oftmals am eigentlichen Reformationsfest die Kirchen so leer, daß sich manche Gemeinden dazu entschließen, eine zentrale Reformationsfeier in einer Kirche des Kirchenkreises stattfinden zu lassen oder des Ereignisses am vorhergehenden oder darauffolgenden Sonntag zu gedenken.

Die liturgischen Texte (Matthäus 5, 2-20 mit den Seligpreisungen, Matthäus 10, 26b-33 mit dem Stichwort des Bekenntnisses, Jesaja 62, 6-12 mit dem des Wächteramtes, Römer 3, 21-28 mit dem Aufweis von Gottes gerecht machender Gerechtigkeit, Galater 5, 1-6 mit der Betonung der aus Christus gewonnenen christlichen Freiheit und Philipper 2, 12f. mit der Rückbindung alles Wollens und Vollbringens des Menschen an das Wirken Jesu Christi) sprechen zentrale Themen der reformatorischen Erkenntnis an. Es wird wichtig sein, in Zukunft an diese protestantischen Charakteristika zu erinnern und sie in ihrer den Menschen in seiner ganzen Existenz betreffenden Tiefe auszuloten. Dabei darf es nicht darum gehen, sich irgendeinem konfessionellen Dünkel hinzugeben. Entscheidender ist, an das Anliegen der Reformation zu denken, den Menschen aus den Ängsten und Nöten mit dem Wort des Evangeliums zu befreien, ihm Wege zu zeigen, wo er keinen Ausweg mehr sieht. Daß der Mensch an einer ihn in seiner Mitte treffenden Stelle von der Last des »Ich-muß-es-selber-machen-und-schaffen« befreit ist, daß es vor Gott nicht um Leistung geht – das ist die bleibende Botschaft der Reformation, an die es am Reformationsfest zu denken gilt bei aller Phantasie zur liturgischen und homiletischen Gestaltung. So kann gerade am Reformationstag eine sinnvolle und fruchtbringende Ökumene (etwa durch einen Kanzeltausch am 31.10. und am 1.11.) geprobt werden.

Athina Lexutt

Karl-Heinrich Bieritz, Das Kirchenjahr. Feste, Gedenk- und Feiertage in Geschichte und Gegenwart, München 1998; *Erhard Domay* (Hg.), Erntedankfest/Reformationsfest. Gottesdienste – Feiern – Predigten – Ideen zur Gestaltung, Gütersloh 1998.

Novemberfeiertage

Im November stehen Feiertage im Kalender, die uns auf den ersten Blick nicht so sehr zum Feiern einladen, weil ihre Themen – Buße, Trauer und Tod – eher ernst und traurig stimmen. Das Kirchenjahr neigt sich dem Ende zu. Volkstrauertag, Buß- und Bettag und Totensonntag folgen dicht hintereinander und schließen das Kirchenjahr ab.

Volkstrauertag ist stets der vorletzte Sonntag im Kirchenjahr. 1952 wurde er als nationaler Gedenktag eingeführt. Gedacht wird der Opfer des Nationalsozialismus und der Gefallenen beider Weltkriege, darüber hinaus aber auch der Opfer von Krieg und Gewalt unserer Tage. Der Volkstrauertag hat als nationaler Gedenktag eine politische Dimension. Der Bundestagspräsident Wolfgang Thierse formulierte es 1999 so: Die Toten »verlangen von uns, Gewaltherrschaft abzuwehren, Zivilcourage und Toleranz zu üben und den Krieg als Mittel der Politik zu ächten«. In den Gottesdiensten am Volkstrauertag wird an die Versöhnung als Tat Gottes (2. Korinther 5, 1-10) erinnert und die Verirrung und Erlösungsbedürftigkeit des Menschen (Jeremia 8, 4-7) beim Namen genannt.

Seit 1980 – der Impuls kam aus den Niederlanden – beteiligen sich viele Gemeinden in der Zeit vom drittletzten Sonntag des Kirchenjahres bis zum Buß- und Bettag an einer ökumenischen Friedensdekade, in der durch Gespräche, Gottesdienste und Aktionen das Engagement der Kirchenmitglieder für Friedensfragen gestärkt werden soll.

Der *Buß- und Bettag* ist seit Mitte der 90er Jahre – bis auf das Bundesland Sachsen – nicht mehr staatlich geschützter Feiertag. In Abendgottesdiensten wird er aber dennoch in vielen Gemeinden gefeiert.

Es gab und gibt in vielen Religionen allgemeine Bußtage, deren Ziel es ist, das gestörte Verhältnis zur Gottheit wiederherzustellen.

5. Kirchenjahr

Der Buß- und Bettag, den wir heute begehen, hat vor allem im heidnischen Rom seine Wurzeln. Denn dort wurden außerordentliche Feste vom Staatsoberhaupt angeordnet, wenn etwas geschah, was auf die Ungnade der Götter schließen ließ. Kriege, Seuchen, Unwetter und Teuerungen sind solche Anlässe, die nicht nur einzelne, sondern gleich viele Menschen, ein ganzes Volk gar, existentiell bedrohen.

Schon 1532 gab es einen ersten evangelischen Bußtag in Straßburg. Vor allem im 17. Jahrhundert kam es durch die Schrecknisse des 30jährigen Krieges und der Türkenkriege zu einer großen Ausbreitung von vielen, über das ganze Jahr verteilten, einmaligen oder regelmäßig wiederkehrenden, öffentlichen Buß- und Bettagen.

Seit 1893 ist ein allgemeiner Buß- und Bettag auf den Mittwoch vor dem letzten Sonntag nach Trinitatis festgesetzt. Zwar gibt es im Laufe des Kirchenjahres immer wieder die Gelegenheit zum Innehalten, das eigene Leben zu überdenken und Gott um Orientierung zu bitten. Und jeder Gottesdienst bietet die Möglichkeit, das, was uns beschwert, was wir versäumt und falsch gemacht haben, vor Gott zu bringen und aus der Zusage seiner Vergebung neue Kraft zu schöpfen.

Die Besonderheit des Buß- und Bettages liegt in der gemeinschaftlichen Besinnung auf das öffentliche Wohl einer ganzen Gesellschaft, nicht nur des einzelnen oder der christlichen Gemeinde. Ein solches Nachdenken, das auch mit dem Eingeständnis von Schuld und einem Neuanfang verbunden ist, ist nicht nur in akuter Not notwendig. Denn, so der Wochenspruch des Buß- und Bettages, »Gerechtigkeit erhöht ein Volk, aber die Sünde ist der Leute Verderben« (Sprüche 14, 34).

Der *Totensonntag* hat viele Namen. Am 24. April 1816 ordnete Friedrich Wilhelm III. für Preußen, vermutlich vor dem Hintergrund der Befreiungskriege, ein »Totenfest« an, an dem der Verstorbenen des letzten Jahres und überhaupt der Toten gedacht werden soll.

Der Totensonntag ist als »Gedenktag der Entschlafenen« in das Kirchenjahr eingegangen und fällt auf den endgültig letzten Sonntag der Trinitatiszeit und ist damit der letzte Sonntag im Kirchenjahr überhaupt. Dieser Sonntag wird auch Ewigkeitssonntag genannt, weil an diesem Tag die Hoffnung auf die Auferstehung der Toten und ein ewiges Leben entfaltet wird. Das Anliegen des Totensonntags (Andenken an die Verstorbenen) und das Anliegen des Ewigkeitssonntags (Leben nach dem Tod) fallen mit der Datierung auf ein und denselben Sonntag zusammen. In manchen Gemeinden werden daher zwei Gottesdienste gefeiert, um beiden Anliegen gerecht zu werden.

Das Andenken an die Toten und die Hoffnung auf eine Auferstehung von den Toten lassen sich aber auch miteinander verbinden. Denn nach christlichem Verständnis ist an den Tod nicht zu denken, ohne zugleich auch an die Auferstehung zu denken: zuerst an die Auferstehung von Jesus Christus, die wir Ostern feiern. Mit dem Gedenken an seine Auferstehung verbinden wir die Hoffnung darauf, daß auch die Toten, an die wir denken, und auch wir selbst später nicht im Tod bleiben werden, sondern zu neuem Leben auferweckt werden.

Hoffnung und Erinnerung gehören zusammen. Die Hoffnung auf ein Leben nach dem Tod betrifft uns nicht erst in der Zukunft irgendwann einmal, sondern eröffnet uns schon jetzt eine neue Perspektive: auf die Vergangenheit, die Erinnerung an das Leben mit denen, die uns jetzt durch den Tod entrissen sind, die wir aber wiederzusehen hoffen, und auf die Gegenwart, in der wir nicht nur in den Tag hineinleben, sondern klug werden, weil wir wissen, daß auch wir sterben müssen. Mit dem Wissen um unsere Sterblichkeit können wir leben, weil wir auch wissen, daß der Tod nicht das letzte Wort haben wird.

Die auf den ersten Blick so düstere Stimmung der Novemberfeiertage erweist sich beim näheren Hinsehen als alles andere als düster. Der christliche Glaube verdrängt Unglück, Verirrung und Schuld, Trauer und Tod nicht. Er verleiht selbst Dingen, die uns eigentlich sprachlos machen müßten, Ausdruck und bindet sie ein in eine Weltsicht, die weder oberflächlich ist noch alles grau in grau sieht.

5. Kirchenjahr

Mit den Worten des Wochenliedes zum Totensonntag: »Wer will mir den Himmel rauben / den mir schon Gottes Sohn beigelegt im Glauben?« (EG 370)

Birgit Weyel

Karl-Heinrich Bieritz, Das Kirchenjahr. Feste, Gedenk- und Feiertage in Geschichte und Gegenwart, München 1998; *Erhard Domay* (Hg.), Volkstrauertag, Buß- und Bettag, Ewigkeitssonntag. Gottesdienste, Predigten, liturgische Stücke mit einer pastoralsoziologischen Einführung von Karl-Fritz Daiber, Gütersloh 2000.

6.
Religionen

Caspar David Friedrich (1774-1840): *Wanderer über dem Nebelmeer*, um 1818, Öl auf Leinwand, 74,8 x 94,8 cm; Kunsthalle, Hamburg.

In der Romantik erfährt die aufklärerische Wertschätzung des Individuums, des selbstdenkenden Menschen eine Wendung: Das Ich, sein subjektives Empfinden treten in den Vordergrund; das Gefühl und die daraus geborene Vorstellungskraft werden zur Grundlage einer jeden Kunst erhoben. Die Welt wird als eine allein dem Fühlen sich offenbarende Erlebniseinheit aufgefaßt. Mit der Hinwendung zur Natur will man dem Göttlichen in ihr nachspüren.

Die Natur als Spiegel der Seele und Ausdruck der Grenzenlosigkeit ist Thema auch der Landschaftsbilder von Caspar David Friedrich. Mit dem gestalterischen Element der Rückenfigur, die auch den Betrachter des Bildes in die Rolle des distanzierten Beobachters zwingt, drückt der Maler die Suche des Menschen nach der Weltseele, seine Sehnsucht nach Erfassen des Ewigen aus, wie sie sich in der Natur spiegelt.

Wenngleich Friedrichs künstlerischem Werk das christlich geprägte Weltbild zugrundeliegt, so sind seine Bilder im Sinne der individuellen Sinnsuche, wie die Romantik sie vertrat, doch auch als Ausdruck der Suche des Menschen nach dem Sinnstiftenden zu sehen – und damit gerade für den Menschen unserer Tage modern.

Religion

Schon Goethes Faust hat auf die als Gretchenfrage bekanntge-wordene Bitte: »Nun sag: wie hast du's mit der Religion?« um persönlich-intime Selbstpreisgabe mit einer Reihe interessanter Aus-künfte reagiert:

»Für meine Lieben ließ ich Leib und Blut, will niemand sein Gefühl und seine Kirche rauben«, lautete sein erstes Bekenntnis, das jedoch für Margarete unbefriedigend blieb. Nicht um eine Thematisierung von Selbsthingabe, aufopfernder Liebe, Toleranz und Gefühl ging es ihr, sondern um Sakramente, Glauben, Messe, Beichte und Gott. Diesen wiederum wollte Heinrich Faust – in seiner zweiten Antwort – zwar als Allumfasser und Allerhalter anerkennen, zugleich aber auch als ein mit Worten nicht zu bezeichnendes Geheimnis wahren: »Nenn's Glück! Herz! Liebe! Gott! Ich habe keinen Namen dafür! Gefühl ist alles«. Entsprechend wurde auch Gretchens vermittelnder Einwand, daß der Pfarrer ja ähnlich rede, von Faustus kommentiert: »Es sagen's allerorten alle Herzen unter dem himmlischen Tage, jedes in seiner Sprache; warum nicht ich in der meinen?«, was der nunmehr völlig Verunsicher-ten nur noch die Möglichkeit einer hilflos-schroffen Absage lassen konnte: »Du hast kein Christentum!«

Wo Religion zum Thema wird, geht es zumeist recht kontrovers und spannend zu. Der eine möchte sie von menschlichen Regungen und Gemütsgestimmtheiten her begreifen und beschreibt sie als Gefühl des rätselhaft-heiligen Geheimnisses oder als Sinn und Geschmack für das Universum; die andere hingegen trägt den ihr bekannten Zeremonien, Dokumenten, Institutionen und Glaubenslehren stärker Rechnung und bringt die vertrauten Begriffe von Gott, Kirche und Christentum mit ins Spiel. Sie neigt dazu, ihr Religionsverständnis mit Hilfe der gewach-senen *Kultur*traditionen zum Ausdruck bringen, während ersterer sei-nem Recht zur persönlich-freien Gefühlsartikulation auch im Blick auf die Religion Geltung zu verschaffen sucht.

6. Religionen

Diesen Möglichkeiten der Religionsthematisierung entsprechend gibt es eine Reihe von Wissenschaften und Wissenschaftszweigen, die sich den Facetten des Religionsbegriffes ausführlich gewidmet und den Versuch unternommen haben, eine angemessene Definition vorzulegen. Doch auch diese Definitionen unterscheiden sich in ihrem Resultat je nach Ausgangslage; eine Analyse religiöser Phänomene oder Gefühle führt eben zu anderen Resultaten als eine Beschreibung der bestehenden Satzungen und Gebräuche einer institutionalisierten Religionsgemeinschaft. Kurzum: Die Bedeutung des Begriffes bleibt schillernd, weil sich der Terminus Religion – ungeachtet jeglicher näheren wissenschaftlichen Entfaltung – sowohl auf die seelisch-geistige Ausrichtung des sinnstrebenden Individuums als auch die gesellschaftlich etablierten Glaubensgemeinschaften beziehen kann. Läßt sich vielleicht ein Konsens dadurch erzielen, daß man die Religionen als kulturell bedingte Ausgestaltungen der menschlichen Religion an sich begreift? Und was bedeutet überhaupt »Religion« dem Wortsinn nach?

Eine erste Antwort erhält, wer bei der Suche nach der Herkunft des Begriffes dem lateinischen Substantiv *religio* begegnet, das sich sowohl von *relegere* (sorgfältig betrachten, pflegen), von *religari* (sich binden an etwas) als auch von *rem legere* (eine Sache lesen bzw. deuten) herleiten läßt. Denn gerade die Vokabel *religio* verweist in ihren unterschiedlichen Verwendungszusammenhängen auf eine Vielfalt von Aspekten: Da ist erstens das menschliche Bedürfnis, sich an etwas zu binden, das überlegen und mächtig scheint. Da ist zweitens die menschliche Neigung, Welt und Leben mit einer Deutung zu versehen, die einen Sinnzusammenhalt gewährt. Und da ist drittens die menschliche Praxis, sich die Gunst dieser überlegenen und sinngewährenden Mächte so zu sichern, daß die je eigene Existenz innerhalb dieses Sinngefüges zu stehen kommt.

Versucht man also den Religionsbegriff von *religio* her mit Bedeutung zu füllen, so darf er in der Tat sowohl auf gewisse menschliche Bestrebungen, Gefühle, Deutungen, Sehnsüchte (etc.) als auch auf bestimmte kulturell erarbeitete und tradierte Praktiken und Lehren bezogen werden. Zu einer These verknüpft könnte dies bedeuten, daß sich hinter allen Religionen lediglich kulturell bedingte Symbolsysteme verbergen, die in Bezug auf die Religion als allgemein-menschliches Phänomen funktionieren. Zumindest arbeiten an einer Ausarbeitung und Prüfung solcherlei Überlegungen die Kultur-, Geistes-, Human- und Religionswissenschaften, indem sie über die »religiöse Anlage« des Menschen, über Sinn, Recht und Grenzen der Rede von religiöser Erfahrung, über den funktionalen, besser: sinngewährenden und identitätstiftenden Aspekt von Religion, über Werte voll transzendentaler Bedeutung und über die sozialen Ausgestaltungen von Religion nachdenken.

Doch inwieweit muß die Religion theologisch Beachtung finden? Muß sie sich an Friedrich Daniel Ernst Schleiermacher orientieren, der genial formulieren konnte: »Nicht der hat Religion, der an eine Heilige Schrift glaubt, sondern der, welcher keiner bedarf und wohl selbst eine machen könnte«? Oder muß sie sich eine radikale Abwertung gefallen lassen, weil sie eben nur »eine Angelegenheit des Menschen« ist und im Zweifelsfalle sogar auch ohne Gott auskommt?

Bekanntlich hat schon Martin Luther in seinem *Großen Katechismus* die Ausführungen zum Ersten Gebot mit der Bemerkung begleitet, daß Gott für einen Menschen dasjenige ist, woran er sein Herz hängt und worauf er sich verläßt – um sogleich zu monieren, daß dieser Gott zugleich ein Götze und Abgott sein kann. Die Art des Glaubens ist es, die für Luther den wahren Gott vom falschen unterscheidet. In heutiger Sprache würde man vielleicht eher anmahnen, daß – um es an einem gefälligen Beispiel zu veranschaulichen – Fußballfanatismus oder Nationalstolz zwar leicht den Geschmack von Religion bekommen können, keineswegs aber mit dem Glauben an Gott verglichen werden dürfen.

In diesem Sinne hat auch Karl Barth den Religionsbegriff als Kampfbegriff gebraucht und Religion dem Selbsterlösungsstreben des Menschen zugeordnet, der sich dem in Jesus Christus und dem Wort der Heiligen Schrift offenbarenden Gott nicht zu stellen bereit ist. Wenngleich ihm der Vorwurf gemacht werden kann, daß er bewußt ignoriert hat, inwieweit das Christentum selbst wieder nur ein kulturelles Religionsgebilde darstellt, so muß doch zugestanden werden, daß er der Sicht des christlichen Glaubens überzeugend Geltung verschafft hat: Die christlich-religiöse Lebensdeutung ist der in Jesus Christus anschaulich gewordene Gott, und die maßgebliche Antwort der christlichen Religion an den sinnsuchenden Religionsmenschen ist definitiv das in Jesus Christus zu höchster Dichte gekommene Gottesbewußtsein.

Ob Faust also recht hatte oder Gretchen? Wohl alle beide. Nur aneinander vorbeigeredet haben sie!

Frank Thomas Brinkmann

Hans Freudenberg/Klaus Goßmann, Sachwissen Religion. Ein Begleit- und Arbeitsbuch für den Religionsunterricht in der Sekundarstufe II und für die Erwachsenenbildung, Göttingen ⁴1995 (dazu: *Klaus Goßmann* (Hg.), Sachwissen Religion – Texte. Textband zum Begleit- und Arbeitsbuch, Göttingen 1989); *Theo Sundermeier*, Was ist Religion? Ein Studienbuch, Gütersloh 1999.

Buddhismus[*]

Es wird berichtet, Buddha habe seine Lehrtätigkeit nach einer großen »Erleuchtung« – eine rationale Einsicht und zugleich spirituelle Erfahrung – mit den »Vier Edlen Wahrheiten vom Leiden« begonnen. In seiner Lehre dreht es sich immer wieder um das Eine: Wie kann der Mensch sein Leiden beenden? Darauf antworten die sogenannten Vier Edlen Wahrheiten.

Die erste Edle Wahrheit: »Das Leben ist Leiden« meint: Alles im Leben ist leidbehaftet. Wenn wir uns genau beobachten, dann entsteht auch in einem großen Glücksmoment ganz schnell auch die Furcht, das Glück könne bald wieder vorbei gehen: Beide entstehen gleichzeitig, Glück und Zweifel.

Ein anderer Aspekt von »Leiden«, den der Buddha beschreibt, ist, daß der Mensch sich ganz tief im Innern nie wirklich zu Hause fühlt. Es gibt keinen Moment, in dem es nichts – aber auch wirklich nichts – zu tun gibt, in dem vollkommene Zufriedenheit herrscht. Statt dessen erleben wir uns von morgens bis abends umgetrieben, immer etwas nachjagend, was wir gerne haben wollen, oder darauf bedacht, etwas Unangenehmes zu vermeiden. Das meint »Leiden«: Den Augenblick – die Wirklichkeit – nicht vollständig erleben können.

Die zweite Edle Wahrheit: »Es gibt eine Ursache des Leidens«. Die Ursachen werden als Gier, Haß und Verblendung bezeichnet. Gier und Haß meinen, daß wir in jedem Augenblick etwas begehren, was uns angenehm erscheint, und zu vermeiden versuchen, was unangenehm ist. Verblendung meint folgendes: Wir betrachten uns selbst immer

---

[*] Der Wunsch nach dem Dialog von Evangelischer Theologie mit anderen Religionen kommt in diesem Artikel beispielhaft zum Ausdruck; er ist von einem Buddhisten und deutschen Zen-Meister eigens für den ETK verfaßt worden.

in der Weise, daß wir eine Person sind, ein Ich sind oder haben, und alles um uns herum ist getrennt von uns, ist Nicht-Ich.

Im Zen-Buddhismus lautet die Kardinalfrage an jeden Übenden: Zeig mir dein wahres Ich! Wenn es das gibt, dann mußt du es irgendwie fassen können. Und jeder, der ernsthaft und viele Jahre sucht, wird irgendwann zu der gleichen Erkenntnis kommen wie der Buddha: Dieses Ich gibt es gar nicht, es ist eine Illusion.

Diese Illusion aber, diese Aufteilung der Welt in Ich und Nicht-Ich, ist der Grund allen Übels, allen Leidens. Sie bewirkt nämlich, daß der Mensch sich immer als »irgendwie von dieser Welt getrennt« erlebt.

Der zweite Aspekt von Verblendung folgt daraus: Diese Ich-Perspektive macht es unmöglich, zu erkennen, wie mein Leben wirklich funktioniert, und ich falle immer wieder auf alle Strategien herein, die mir das Fernsehen, die Werbung, der Konsum und meine besten Freunde anbieten, nämlich Wünsche erfüllen zu wollen, anstatt mich von ihnen zu befreien.

Die dritte Edle Wahrheit: »Es gibt ein Ende des Leidens«. Der Buddha lehrt, daß das Leiden vollständig und umfassend beendet werden kann: Es ist beendet, wenn wir keine Wünsche und keine Abneigungen mehr haben und die Welt nicht mehr in Ich und Nicht-Ich aufspalten.

Aber was bleibt dann, wenn es keine Wünsche mehr gibt – endet das nicht in Fatalismus, in Gleichgültigkeit? Die Erfahrung ist eine andere: Wünsche, Abneigungen und Vorstellungen sind wie eine dichte Wolkendecke, die den »wahren Menschen« verdeckt – seine »wahren« Eigenschaften aber erscheinen, je mehr Gier, Haß und Verblendung überwunden werden. Dann verändert sich das Denken, Reden und Handeln; es wird in der Vollendung vollkommen neu, nämlich ausschließlich bestimmt von Liebe und Zuneigung, von Mitgefühl, Mitfreude und Gleichmut. Gleichmut meint, daß es dem Menschen nicht mehr um sich selbst geht. Der Antrieb jedes Denkens und Handelns ist in jeder Situation Harmonie und Freiheit von Angst zu fördern. Dazu gehört das intuitive und spontane Wissen darum, was dazu geeignet ist. Und dieses Wissen kann nur entstehen, wenn es nicht um mich geht. So lange es allerdings noch um mich selbst geht, kann ich nicht wirklich wissen, was für mich und für andere gerade heilsam ist.

Die vierte Edle Wahrheit: »Es gibt einen Weg zum Ende des Leidens«. Wenn das Ende des Leidens darin besteht, Gier, Haß und Verblendung aufzugeben, dann ist natürlich die Frage: Wie macht man das? Der Buddha hat dazu den »Edlen Achtfachen Pfad« gelehrt: Entwickeln von *rechter Erkenntnis* über die Gesetzmäßigkeit, wie diese Welt, wie der Geist funktioniert. Ein besonders wichtiger Aspekt ist dabei das Gesetz von Ursache und Wirkung (*Karma*), daß jeder nämlich alles, was er heute erlebt, durch Gedanken, Worte und Handeln in der Vergangenheit selbst in die Welt gesetzt hat. Und die heutigen Gedanken und Taten setzen die Ursachen für das, was er morgen erlebt und fühlt.

Weiter zu nennen sind die *rechte Absicht* – Heilsames und Hilfreiches zu tun, was mehr Freiheit, Offenheit und Glück bewirkt – *rechte Rede, rechte Tat, rechter Lebenserwerb, rechte Anstrengung* und *rechte Achtsamkeit*. Letzteres meint: Wir können nur erfahren und wissen, wie diese Welt funktioniert, wie unsere Gefühle, Gedanken und Handlungen entstehen, wenn wir jeden Augenblick wach und klar wahrnehmen. Das ist der Kern der Übungen im Zen-Buddhismus. Das letzte Glied des »Achtfachen Pfads« ist *rechte Sammlung*: In der Meditation können die tieferen Schichten des Geistes bewußt erfahren werden.

Manche sagen, Buddhismus ist keine Religion, weil es im buddhistischen Weltbild keinen Gott gibt. Wer aber die spirituellen Übungen der Buddhisten im Fernsehen oder in einem asiatischen Land selbst gesehen hat – Rezitationen, Niederwerfungen, Gebetsmühlen, Opfergaben und vieles mehr –, möchte eigentlich nicht glauben, daß es da keine Götter gäbe, die verehrt werden und zu denen gebetet wird.

Der Buddha war nie an philosophischen und weltanschaulichen Fragen interessiert, ob es einen Gott gibt, wer die Welt erschaffen hat, woher das Böse kommt, was nach dem Tod geschieht usw. Und wenn er oder seine Nachfolger doch solche Vorstellungen angeboten haben, dann nur als Hilfsmittel, um seine Lehre verständlich zu machen und Hilfen für die Übung zu geben. Letztlich bedeutet Befreiung jedoch, alle Vorstellungen, Konzepte und Übungen über Bord zu werfen: sie zwar zu benutzen, wenn sie hilfreich sind, aber an keinem zu hängen.

So haben sich im Laufe der 2½ Jahrtausende seit dem Wirken des historischen Gautama Buddha viele buddhistische Schulen mit Betonungen unterschiedlicher Aspekte der Lehre des Buddha gebildet, die auch verschiedene Übungen und Vorstellungen als Hilfe auf dem Weg zur Befreiung benutzen, zumeist auch sehr geprägt von der jeweiligen Kultur und Religion des Landes.

Schon wenige Jahrhunderte nach dem Tod Buddhas gab es die erste Spaltung der Buddhisten in *Theravada* (Schule der Älteren bzw. Hinayana, kleines Fahrzeug) und *Mahayana* (großes Fahrzeug).

Die *Theravadin*, deren Tradition seit Mitte des 19. Jahrhunderts in Europa in weiteren Kreisen bekannt wurde, haben zumeist keine philosophisch-religiösen Modelle formuliert, sondern sich auf verschiedene Wege zur Erleuchtung konzentriert wie die Entwicklung von Klarblick bzw. Achtsamkeit und tiefes Wissen um die vier Edlen Wahrheiten, Nicht-Selbst und die Vergänglichkeit alles Existierenden.

Das *Mahayana* hat dagegen ein hoch differenziertes Weltmodell mit Göttern, Geistern, Höllenbewohnern etc. entwickelt, das so zu verstehen ist, daß es die uns allen bekannte Zustände des eigenen Geistes symbolisiert, die wir erst einmal kennenlernen und akzeptieren müssen, um uns dann aus der Abhängigkeit von ihnen befreien zu können. Und die buddhistische Übung und die Praxis im Alltag benutzen diese Symbole und rituellen Handlungen, um den eigenen Geist zu erkennen und zu reinigen.

Als Mahayana-Richtungen sind in Europa vor allem Zen-Buddhismus (etwa seit 60 Jahren) und der tibetische Buddhismus oder Lamaismus (seit etwa 30 Jahren) in weiten Kreisen bekannt und haben viele Anhänger gefunden. Während der tibetische Buddhismus Symbole explizit für die Beförderung der Übung nutzt, um letztlich doch die Leerheit alle Begriffe und Vorstellungen zu erkennen, besteht der Übungsweg im Zen darin, von vornherein zu lernen, alle Symbole, Konzepte und Vorstellungen loszulassen.

Die hartnäckigsten aller Konzepte sind für Buddhisten das Ich und der Glaube an ein außerhalb und unabhängig von uns wirkendes Schicksal oder eine göttliche Macht. In vielen Schulen des Buddhismus hat sich der Glaube an real existierende Buddha-Inkarnationen etabliert, die um Hilfe gebeten werden, und an Buddha-Welten, in die man wiedergeboren werden möchte, um von dort aus leichter vollständige Befreiung erlangen zu können. Alle Buddhisten sind sich jedoch darin einig, daß das Ich – die Person – eine Illusion ist, aber die Frage, wer oder was denn dann wiedergeboren wird, wird von den verschiedenen Schulen sehr unterschiedlich beantwortet.

Es mag folgender Ausspruch des Buddha sein, der auch im Westen so viele Menschen zu Anhängern des Buddha macht: »Glaube nichts, auch mir nicht, sondern nur das, was Du selbst erfährst und herausfindest.« Und Buddhismus ist letztlich lediglich ein Weg, die relative und absolute Wahrheit zu erfahren, sie selbst zu verwirklichen um allen anderen fühlenden Wesen zu helfen.

Michael Sabaß

Garma C. Chang, Die Praxis des Zen, Braunschweig ²1993; *Michael von Brück/Karl Pichler*, Was jeder vom Buddhismus wissen muß, Gütersloh 2000.

Hinduismus

Ich nenne mich einen Sanatani Hindu, weil ich an die Veden, die Upanishaden [...] und alles, was zu den Hindu-Schriften gehört, glaube, und darum auch an *avataras* (d.h.: Herabkünfte der Gottheit) und an Wiedergeburt. Ich glaube an *varnashrama* (d.i.: die Ordnung der Kasten und der Lebensstadien) [...] Ich glaube an den Schutz der Kuh in einem viel umfassenderen als dem üblichen Sinne. Ich verwerfe die Bilderverehrung nicht [...]

Ich glaube, daß die Bibel, der Koran und der Zend-Avesta ebenso göttlich inspiriert sind wie die Veden. Mein Glaube an die Hindu-Schriften zwingt mich nicht dazu, jedes Wort und jeden Vers als göttlich inspiriert anzunehmen [...] *Varnashrama* ist [...] der menschlichen Natur angeboren [...] Ein Mensch kann sein *varna* (= Farbe/Kaste) nicht durch eigene Wahl ändern [...]

Die Einteilung bestimmt Pflichten, sie verleiht nicht Privilegien [...] Alle sind dazu geboren, um der Schöpfung Gottes zu dienen – der *Brahmane* durch sein Wissen, der *Kshatriya* durch seine Kraft, der *Vaishya* durch seine kommerziellen Fähigkeiten und der *Shudra* durch körperliche Arbeit. Das heißt aber nicht, daß ein *Brahmane* nicht körperliche Arbeit verrichten oder sich und andere beschützen muß [...] Andererseits kann den *Shudra* nichts daran hindern, sich all das Wissen zu erwerben, das er wünscht [...]

Varnashrama ist Selbstbeherrschung, Erhaltung und Einteilung von Energie [...]

Im Mittelpunkt des Hinduismus jedoch steht der Schutz der Kuh [...] Für mich bedeutet die Kuh die ganze nichtmenschliche Schöpfung. Durch die Kuh ergeht an den Menschen der Auftrag, seine Einheit mit allem, was lebt, zu verwirklichen. Es ist für mich ganz klar, warum die Kuh für diese Apotheose erwählt wurde. In Indien ist die Kuh der beste Freund, sie war das Füllhorn. Sie gab nicht nur Milch, sie machte die Landwirtschaft erst möglich. Die Kuh ist ein

Gedicht des Mitleids [...] In Indien ist sie die Mutter von Millionen. Schutz der Kuh heißt Schutz der ganzen stummen Kreatur Gottes. Dies ist das Geschenk des Hinduismus an die Welt.«

Dieses Zitat von Mahatma Gandhi läßt etwas ahnen von der Weite und Vielfalt des Hinduismus, der auch buddhistisches und in der Neuzeit sogar christliches Gedankengut in sich aufnehmen konnte. Es läßt etwas ahnen von den Werten der Selbstbeherrschung und der Opfergesinnung, die man immer wieder in der indischen Religion findet, aber auch von der Kompliziertheit des Kastensystems und von der eigentümlichen Verbundenheit mit allem Lebendigen, die aller Ausbeutung der Schöpfung entgegensteht. Will man ein wenig tiefer eindringen in das Wesen der Religion, so wird man nicht mit einer Vereinfachung des Bildes von ihr, sondern mit einer Differenzierung und Komplizierung rechnen müssen: hinsichtlich der Erlösungsvorstellungen, die im Hinduismus herrschen, hinsichtlich der Götterwelt (man spricht von nicht weniger als 360 Millionen Göttern im Hinduismus), hinsichtlich der Kasten (die Wirklichkeit ist hier noch weit von Gandhis Idealvorstellung entfernt), hinsichtlich der Ordnung der Lebensstufen (die einem sinnvollen Lebensaufbau und der Vorbereitung einer besseren Wiedergeburt dienen sollen). Aber auch die Kontraste des modernen Indien sind in den Blick zu nehmen: Hunger, Unterentwicklung, soziale Ungleichheiten einerseits, Bewegungen wie die hinduistische Ramakrishna-Mission (mit ihren Schulen, Waisenhäusern, Musterfamilien) oder die von Gandhi inspirierte Landschenkungsbewegung des *Vinoba Bhave* andererseits. Und schließlich ist der Erneuerungsimpuls für östliche und westliche Kultur zu bedenken, der aus dem sog. Neo-Hinduismus hervorgeht. Dabei bedeuten weniger solche Bewegungen wie die (weitgehend verwestlichte) »Transzendentale Meditation« oder die (eher hinduistisch-orthodoxe) Krischna-Gesellschaft eine Herausforderung für das Abendland als vielmehr solche Reformer und Denker wie *Gandhi, Radhakrishnan, Aurobindo* oder der Versuch, einen Yoga für Christen zu entwickeln, wie es etwa der Benediktinerpater *Déchanet* unternimmt. Zum gegenwärtigen Bild Indiens gehören allerdings auch die bleibenden kastenmäßigen und religiösen Gegensätze (etwa zwischen Hindus, Muslimen und Sikhs) und ein politisierter Hinduismus, der den Subkontinent nicht zur Ruhe kommen läßt.

Bei einem Besuch in Benares, der heiligen Stadt der Hindus am Ganges, wurde einem Europäer von einem Inder die Frage gestellt, weshalb er hier weile. Er antwortete, daß er das Leben der Hindus kennenlernen wolle. Darauf entgegnete der Inder: »Wollen Sie mit einem Becher einen Ozean austrinken?«

In dieser Entgegnung steckt ein gutes Stück Wahrheit: In der Tat können die fernöstlichen Religionen wie ein Ozean wirken, so unendlich sind ihre Erscheinungen. Dabei stellen sie sich oft fast widersprüchlich dar – von höchster Geistigkeit bis zu scheinbar primitivstem Aberglauben – und treten in verschiedenen Regionen sehr unterschiedlich auf. Wir können hier also nur hoffen, daß auch der »Becher« ein wenig von dem Geschmack des Ozeans vermittelt, wenn wir einige Grundlinien dieser Religion andeuten.

Schon der Name Hinduismus ist eigentlich ungenau, da er nicht dem Selbstverständnis der indischen Hauptreligion entspricht, sondern von den Muslimen für die Bewohner des Indusgebietes gebraucht wurde, die nicht der Religion des Propheten angehörten. Die Bezeichnung, die Hindus selbst für ihre Religion verwenden, ist *Sanatana Dharma* – das ewige Weltgesetz oder die »ewige Ordnung«. Sie verweist auf Grundmerkmale, in denen sich Hinduismus und Buddhismus vom Denken in den westlichen Religionen (Judentum, Christentum, Islam) vollkommen unterscheiden.

Diese kommen in drei zentralen Lehren zum Ausdruck: der Lehre von der Wiedergeburt (*Samsara*), der Lehre von der Wiedervergeltung (*Karma*) und der Lehre von dem Nicht-Sein als dem Zustand höchster Glückseligkeit (*Moksha* im Hinduismus, *Nirvana* im Buddhismus).

Im Unterschied zu den westlichen Religionen, für die das Leben eines jeden Menschen, einer jeden Kreatur einmalig ist und (außer beim Gottesgericht am Ende der Welt) nicht wiederkehrt, ist für Hinduismus und Buddhismus alles Leben eingespannt in einen unendlichen *Kreislauf des Entstehens und Vergehens*. Diesem Gesetz unterliegen alle Wesen der Welt: Teufel, Dämonen, Tiere und Menschen, ja selbst die Götter.

Miteinander verbunden sind die Wiedergeburten durch das *Gesetz des Karma*. Es besagt, daß jede Tat, jede Handlung vergolten wird: Die gute Tat wird gut vergolten, die böse Tat wird mit Schlechtem vergolten – und zwar in diesem oder einem späteren Leben; jetziges Wohlergehen hat seine Ursache in einem früheren guten Verhalten, und jetziges schlechtes Ergehen hat ebenso seine Ursache in einem früheren schlechten Verhalten. Von hier aus ist es für den Hindu und Buddhisten auch leicht zu erklären, wieso es gegenwärtig guten Menschen schlecht und schlechten Menschen gut gehen kann: Das alles geht eben auf früheres Verhalten zurück.

Das höchste Erstrebenswerte für den Hindu und Buddhisten ist, das Ende des Kreislaufes der Wiedergeburten zu erreichen, dem Gesetz des immer neu Leben-Müssens zu entrinnen. *Moksha* bzw. *Nirvana* sind dabei nicht ein bloßes Nichts (im Sinne des Nihilismus), sondern als das Nicht-Sein die Auflösung alles leidvollen Lebens, die höchste Freiheit, die es geben kann.

Dieses »ewige Weltgesetz«, das sich über Jahrtausende durch alle Erscheinungsformen der großen fernöstlichen Religionen zieht, wird in den heiligen Schriften der Hindus – den *Veden* (Wissen), die etwa von 1400-400 v. Chr. niedergeschrieben wurden, und vor allem in den *Upanishaden* (Texte philosophischer Dichtung) – entfaltet. Das Wissen um dieses Gesetz und das hinter allen Erscheinungen stehende Absolute (*Brahman*) kann dem Hindu-Leben eine Gelassenheit geben, die nicht aus der einen, gegenwärtigen Existenz alles Heil oder Unheil erwartet. Gleichzeitig wird auch das besonders achtungsvolle Verhältnis, das der Hindu aller nichtmenschlichen Kreatur entgegenbringen soll, verständlich, da diese ja den gleichen Gesetzen unterliegt wie die Menschen.

Die Schwierigkeiten, auf dem indischen Subkontinent kurzfristig gesellschaftliche Veränderungen zu erreichen, hängen u.a. hiermit, vor allem aber mit dem tiefen Eingewurzeltsein des Kastenwesens zusammen. Auf der anderen Seite hat eine so revolutionäre Gestalt wie die Mahatma Gandhis ihre Kraft aus eben den Grundlagen des

6. Religionen

Hinduismus geschöpft, der denkerische Weite, Toleranz und Selbst-
disziplin zu seinen Kennzeichen zählt.

Johannes Lähnemann

Ram Adhar Mall, Der Hinduismus. Seine Stellung in der Vielfalt der
Religionen, Darmstadt 1997; *Axel Michaels*, Der Hinduismus. Geschichte und Gegenwart, München 1998.

Der Islam, »Ergebung« (in Gottes Willen), ist die einzige Weltreligion, die nach dem Christentum entstand; sie ist deshalb für den Christen am schwersten zu akzeptieren. Doch auch der Islam entstammt der gleichen abrahamitischen Tradition wie Judentum und Christentum.

Sein Stifter Muhammad wurde um 570 in Mekka geboren; mit etwa 40 Jahren erfuhr er erste Offenbarungen, deren Inhalt er seinen Landsleuten verkündete: Erwartung der Auferstehung und des Jüngsten Gerichts, Notwendigkeit der Nächstenliebe und Fürsorge und den Glauben an einen Gott, Schöpfer, Erhalter und Richter, Allah. Nach dem Tod seiner Gattin Chadidscha, die ihn immer unterstützt hatte, zog Muhammad 622 mit seinen verhältnismäßig wenigen Anhängern in das nördlich gelegene Yathrib, bald Medina, »die Stadt (des Propheten)« genannt. Diese »Auswanderung« (*hidschra*) wurde zum Beginn der islamischen Zeitrechnung, die aus reinen Mondjahren zählt. Nach einigen Kämpfen zog der Prophet, der die politischen Gegensätze in Medina überwunden hatte, 630 im Triumph in Mekka ein; er starb zwei Jahre später in Medina. Die Muslime eroberten bald weite Gebiete; 711 hatten sie im Westen Andalusien erreicht, wo sie eine blühende Kulturlandschaft schufen (Cordoba, Granada usw.), bis sie 1492 aus ihrem Restgebiet in Spanien vertrieben wurden. Im gleichen Jahr 711 erreichten sie Transoxanien (das heutige Afghanistan und die angrenzenden Landstriche), wo bald wichtige Zentren der islamischen Kultur entstanden; und wiederum 711 kamen die ersten Muslime nach Sind, dem Süden des heutigen Pakistan; damit beginnt die Islamisierung großer Teile Indiens.

Die Grundlage des Glaubens ist der Koran (*qur'an*), »Rezitation«, der für den Muslim das buchgewordene Wort Gottes ist (wie für den Christen Christus das fleischgewordene Wort Gottes ist).

6. Religionen

Der Koran wurde unter dem dritten Kalifen (Nachfolger Muhammads) Othman aus den auf den verschiedensten Schreibmaterialien notierten Offenbarungstexten zusammengestellt. Die 114 *Suren*, »Kapitel«, sind in absteigender Länge, nicht chronologisch, geordnet. So ist Sure 2, die längste, chronologisch eine der spätesten Offenbarungen. Ihr voraus geht die *Fatiha*, »Eröffnende«, ein kurzes Gebet. Den logischen Abschluß bildet Sure 112: »Sprich: Gott ist Einer, der Ewige. Er hat nicht gezeugt und ist nicht gezeugt, und Ihm gleich ist keiner.« Es folgen noch zwei Schutzgebete.

Die sprachliche Schönheit und die Rezitation des Korans bewegt jeden Muslim; die Auslegung der Offenbarung hat immer wieder neue Facetten erhalten, Worte des Propheten und Berichte über seine Handlungen (*hadith*) dienen zur Erklärung zum Koran; doch können nicht alle Hadithe trotz sorgfältiger Prüfung auf ihn zurückgehen, daher lehnen einige Modernisten das hadith ab.

Es gibt fünf Grundpflichten, »Säulen des Islam«: 1. das Glaubensbekenntnis: »Es gibt keine Gottheit außer Gott; Muhammad ist Sein Prophet«; 2. das Ritualgebet (*salat, namaz*), fünfmal am Tage zu festgelegten Zeiten im Zustand körperlicher Reinheit zu verrichten; es besteht aus Zyklen von Stehen, Niederwerfen, Knien, Sich-Beugen, während derer koranische Texte rezitiert werden; 3. die Armensteuer (*zakat*); sie ist für festgelegte Gruppen von Menschen bestimmt; 4. Fasten während des gesamten Monats Ramadan, in dem die erste Offenbarung des Korans stattgefunden hatte (vom Beginn der Morgendämmerung bis zur Vollendung des Sonnenuntergangs sind Nahrungsaufnahme, auch Injektionen, und Sex verboten; so wird das Fest des Fastenbrechens am Beginn des nächsten Monats besonders gefeiert); 5. die Pilgerfahrt (*hadschdsch*), zu Beginn des letzten Mondmonats, die Pilger und Pilgerinnen im Weihezustand (*ihram*) vollziehen; Sex, Jagd, Töten sind verboten; die Männer tragen zwei ungenähte weiße Tücher, die Frauen ein langes Gewand, doch keinen Schleier. Zur Pilgerfahrt gehören die Umkreisung der Kaaba, zu der man sich auch bei jedem der täglichen Gebete wendet, der Lauf zwischen den Hügeln Safa und Marwa, vor allem das Verweilen auf der Hochebene Arafat, Steinwerfen bei Mina und am

Ende das Schlachten des Opfertieres, das an Abrahams Opfer erinnern soll. Eine »kleine« Pilgerfahrt (*umra*) ohne die letztgenannten Pflichten kann jederzeit vollzogen werden. Der *dschihad*, »sich auf dem Wege Gottes bemühen«, unrichtig als »Heiliger Krieg« übersetzt, gehört nicht zu den »Säulen« des Islam.

Im Laufe der Zeit bildeten sich vier Rechtsschulen, die sich jedoch nur geringfügig unterscheiden. Polygamie bis zu vier Frauen ist erlaubt unter der Bedingung, daß die Frauen in jeder Hinsicht gleich behandelt werden, was nach Meinung vieler Modernisten Monogamie impliziert.

Juden und Christen sowie einige andere Gruppen gelten als »Schriftbesitzer«, die ein offenbartes Buch besitzen; gegen Zahlung einer Schutzsteuer verwalten sie sich selbst unter ihrem religiösen Oberhaupt; ihnen stehen alle Berufe offen, außer dem des Staatsoberhauptes.

Die Trennung von *Sunniten* und *Schiiten* geht auf die Nachfolgestreitigkeiten nach dem Tode des Propheten zurück; die Sunniten erkannten die vier ersten Kalifen an, während die Partei (*schi'a*) Alis der Meinung war, nur dieser sei als Vetter und Schwiegersohn Muhamads sein legitimer Erbe. Im Laufe der Zeit entwickelten sich verschiedene schiitische Gruppen, von denen die Zwölferschia seit 1501 in Iran Staatsreligion ist. Zentral ist in ihr der Glaube an die 12 Imame, deren letzter, jetzt in der Verborgenheit lebend, am Ende der Welt erscheinen wird, »um die Welt mit Gerechtigkeit zu erfüllen, wie sie jetzt mit Ungerechtigkeit erfüllt ist«.

Wichtig sind die Gedenkveranstaltungen für den 680 in Kerbela getöteten Prophetenenkel Husain, an denen man sich verwundet oder in dramatischen Schilderungen des Leidens von Imam Husain und seiner Familie gedenkt. Ein besonderer Zweig der Schia sind die *Siebenerschiiten*, Ismailis, deren größter Teil unter dem Aga Khan organisiert ist.

Schon früh entwickelten sich mystische Strömungen; der *Sufismus* (von *suf*, »Wolle«, d.h. die wollene Kutte der Asketen) beginnt im 8. Jahrhundert und wird durch eine Frau, Rabia von Basra († 801), in echte Liebesmystik umgeformt, die ihren schönsten Ausdruck in der wunderbaren Dichtung persischer Sufis gefunden hat. Auch die intellektualistische Theosophie des Andalusiers Ibn al-Arabi († 1240) zieht neuerdings viele in ihren Bann. Die Sufi-Orden mit ihren verschiedenartigen Schwerpunkten habe sehr viel für die friedliche Ausbreitung des Islam in die früheren Randgebiete (Bengalen, Indonesien, China, Westafrika u.a.) getan, in denen sich jetzt eine weitaus größere Zahl von Muslimen findet als in den ursprünglichen Zentren. Der Sufi pflegt neben den Pflichtgebeten vor allem das Gottgedenken (*dhikr*), die Wiederholung eines Gottesnamens oder einer religiösen Formel Tausende von Malen. In einigen Orden, wie bei den Mevlevi, wird Musik und Reigen gepflegt. Infolge der Sufi-Bewegungen hat auch die Zahl der Muslime im Westen zugenommen.

Das Zentrum des Islam ist die absolute Hingabe an den unerforschlichen Willen Gottes, der am besten weiß, was seinen Dienern gut tut, und der alles hört und sieht. Zahllose Engel umgeben den Frommen, schützen und kontrollieren ihn. Neben dem Vertrauen auf den einen und einzigen Gott steht die innige Liebe zum Propheten, der nicht nur das »schönste Beispiel« (Sure 33, 21) für den Gläubigen ist, sondern auch der Vollkommene Mensch, das Ziel der Schöpfung. Ihn – und alle ihm vorausgegangenen Propheten – zu beleidigen, ist ein Sakrileg.

Vieles, was heute als »islamisch« gilt, läßt sich nicht aus dem Koran ableiten, sondern ist das Ergebnis späterer, z.T. lokal bedingter Entwicklungen und sich immer mehr verengender Interpretationen.

Annemarie Schimmel

Was jeder vom Islam wissen muß, Gütersloh [5]1996; *Annemarie Schimmel*, Kompaß Islam/compass Islam. Deutsch-englisch, Hannover 1998.

Sekten

Wer über »Sekten« vorschnell die Nase zu rümpfen geneigt ist, der sollte bedenken, daß das Christentum selbst seinen Weg als »Sekte« begonnen hat. Im Neuen Testament meint der zugrundeliegende Begriff manchmal wertneutral die Schulrichtung einer Philosophie oder Religion. So benennt auch das lateinische Wort »secta« generell bestimmte Denk- und Handlungsweisen, denen man sich anschließen kann, insbesondere Schul- und Parteirichtungen religiöser Art. Aber schon neutestamentlich klingt auch das Disqualifizierende, der Vorwurf der Abtrennungstendenz an. Von daher entwickelt sich frühkirchlich ein kritischer Klang im Begriff der »Sekte«, der sich mit biblischen Warnungen vor Untreue im Glauben verbindet und bei den Kirchenvätern fortsetzt.

Solche Sondergemeinschaften bieten die Wärme der Überschaubarkeit, verbindlich zu praktizierende Lebensregeln und eine klare Weltanschauung. Das macht sie anziehend und läßt sie meist im Wachstum begriffen sein – im Gegensatz zu den »Volkskirchen«, deren institutionelle Kälte und diffus wirkende Offenheit religiöses Engagement mitunter eher zu behindern statt zu fördern scheinen.

Landläufig denkt man bei »Sekte« an eine kleinere religiöse Gemeinschaft, die sich von einer größeren abgespalten hat und seitdem gegen diese Mission betreibt. Doch das trifft keineswegs auf alles zu, was etwa in einem Sekten-Lexikon an Gruppen beschrieben wird. Beispielsweise bilden die *Mormonen* keine Abspaltung, sondern sind eigenständig entstanden. Die *Christengemeinschaft* läßt Doppelmitgliedschaft zu. Und die *Neuapostolische Kirche* zählt zu den ausgesprochen großen christlichen Gruppen. Im übrigen ist klar, daß keine Gemeinschaft sich selbst als »Sekte« bezeichnet: Mit diesem Ausdruck sind immer die »anderen« gemeint.

Soll damit vielleicht gesagt sein, daß man den Begriff »Sekte« am besten gar nicht mehr gebraucht? In diese Richtung weist tatsächlich die Handlungsempfehlung, die der Abschlußbericht der vom Deutschen Bundestag eingesetzten Enquête-Kommission »Sogenannte Sekten und Psychogruppen« vorgelegt hat: Es möge wegen drohender Mißverständlichkeit »im Rahmen der öffentlichen Auseinandersetzung mit neuen religiösen und ideologischen Gemeinschaften und Psychogruppen auf die weitere Verwendung des Begriffs »Sekte« verzichtet« werden.

Wenn in der »öffentlichen Auseinandersetzung« jedoch nicht mehr von »Sekten« die Rede sein soll, wenn der Sektenbegriff schlechthin auf dem Forum der Öffentlichkeit unmöglich geworden ist, dann ist einem neuen Mißverständnis Tür und Tor geöffnet. Der Eindruck macht sich breit, die Kategorie religiös motivierter Abgrenzung, ja Verurteilung sei als solche »out«. In dieser Hinsicht muß sich kirchlicher bzw. theologischer Protest erheben, solange die christlichen Kirchen zu ihrem Glaubensbekenntnis stehen.

Insofern gilt es aber heutzutage, sich kirchlicherseits nicht nur gegenüber »Sekten«, sondern auch gegenüber einem zu unspezifischen Sektenbegriff abzugrenzen. Im Gefolge der sogenannten »Jugendreligionen«, die in ihrer teilweise schockierenden Fremdheit eine Ausweitung des traditionellen Sektenbegriffs auf die neuen Phänomene gewissermaßen nahelegten, wurde bald auch von »Jugendsekten« gesprochen. Damit ging der Sektenbegriff tendenziell auf alles »Fremdreligiöse« überhaupt über, sofern es obendrein den Anschein des moralisch Anrüchigen erweckte. Namentlich die in ausländischen Sekten geschehenen Massen-Selbstmorde, die 1978 und dann wiederholt in den 90er Jahren die internationale Öffentlichkeit aufschreckten, lenkten den Blick zunehmend auf Berichte über menschenverachtende Methoden in religiösen Extremgruppen. Tatsächlich kommen in manchen dieser Gemeinschaften bewußtseinsverengende oder -kontrollierende Methoden zum Zuge, zum Beispiel eine intensiv gepflegte Insider-Sprache, deren spezifische Begrifflichkeit der Abschottung nach außen dient. Kritiker der »Sekten« sind zwischenzeitlich nicht mehr nur die Kirchen, die ihre eigenen »Sektenbeauftragten« installiert haben, sondern ebenso politische Sektenbeauftragte – und darüber hinaus Journalisten jeder

Couleur. Ihnen allen ging und geht es primär um Menschen- und Bürgerrechte bis hin zum möglichen »volkswirtschaftlichen Schaden« und zu »gesellschaftlichen Folgekosten« von Sekten.

Die Ausbildung eines solch profanen Sektenbegriffs ist unschwer nachvollziehbar. Doch man muß sehen, daß er in seiner moralisch disqualifizierenden Verwendungsabsicht querliegt zu seinem ursprünglichen kirchlich-theologischen Sinn. Wenn beispielsweise besagte Enquête-Kommission tagte, so hatte sie letztlich andere Motive und Absichten als etwa eine Tagung landeskirchlicher Sektenbeauftragter. Es ging ihr als politischem Gremium primär um ethische und juristische Aspekte, etwa um den Schutz der Menschenwürde und der staatlichen Verfassung – und nicht um Glaubensfragen, die unter das Grundrecht der Religionsfreiheit fallen. Bedenklich ist diese Situation nicht zuletzt deshalb, weil der profanisierte Sektenbegriff in seiner pauschalisierenden Anwendung bisweilen zur Diskriminierung auch von christlichen Gruppen oder Freikirchen führt, die weder theologisch noch sozialethisch als problematisch zu gelten haben.

Eigentliches Reden von »Sekten« hat im Kern nicht Abweichungen von moralischen Normen, sondern von Glaubensinhalten im Blick. Theologie und Kirchen sollten sich mit dem überdehnten Sprachgebrauch in unserer Gegenwartskultur nicht einfach abfinden. Vielmehr gilt es, innerhalb des religiösen Pluralismus die christlichen Grundwahrheiten in aktueller Auslegung festzuhalten und gegen ihre Verzerrungen zu verteidigen, wozu auch ein entsprechend bestimmtes Reden von »Sekten« gehört. Ein normativer, also wertender Begriff zur Bezeichnung von Sondergemeinschaften, die ein »anderes Evangelium« lehren, ist unerläßlich. Johannes Wirsching hat deshalb recht: »Die Notwendigkeit, Wahrheit von Irrtum abzugrenzen, bleibt auch angesichts gesellschaftlich gleichberechtigter Glaubensgemeinschaften bestehen, und man kann ihr nicht dadurch entgehen, daß man sich einer (scheinbar) unbelasteten Begrifflichkeit bedient«. Sogar die Enquête-Kommission hat – wie es an einer weniger hervorgehobenen Stelle ihres Abschlußberichts heißt – am Ende nichts dagegen, daß »in klar umschriebenen Zusammenhängen (etwa theologischer oder religionswissenschaftlicher Art)« der Sektenbegriff gebraucht wird. Das aber bedeutet letztlich, daß er auch aus dem öffentlichen Diskurs, in dem sich Kirche, Theologie und Religionswissenschaft immer wieder zu Wort melden, keineswegs eliminiert werden darf.

Nach wie vor haben daher Gruppen wie z.B. *Jehovas Zeugen*, die *Kirche Jesu Christi der Heiligen der Letzten Tage* (Mormonen) und andere aus der Sicht der Kirchen, deren gemeinsame Grundlage die Heilige Schrift und das Bekenntnis zum dreieinigen Gott bilden, als Sekten zu gelten – weil sie sich jeweils als die einzig wahren Kirchen geben, die ihre Lehren, Praktiken und/oder Ämter als mehr oder weniger exklusiven Weg zum (obersten) Heil verstehen.

Werner Thiede

Werner Thiede, Sektierertum – Unkraut unter dem Weizen? Gesammelte Aufsätze zur praktisch- und systematisch-theologischen Apologetik (R.A.T. 12), Neukirchen-Vluyn 1999; *H. Gasper/J. Müller/F. Valentin* (Hg.), Lexikon der Sekten, Sondergruppen und Weltanschauungen. Fakten, Hintergründe, Klärungen, Freiburg i.Br. [6]2000.

Der Begriff »Esoterik« geht auf den Magier Eliphas Lévi (1810-1875) zurück, der auch den Ausdruck »Okkultismus« geprägt hat. Beide Worte bezeichnen letztlich dasselbe, nämlich die Überzeugung, daß die sichtbare Welt nicht die einzige und ganze Wirklichkeit ist, sondern von einer größeren, übersinnlichen Welt umschlossen wird – wobei zwischen beiden Welten enge Analogien bestehen und Kommunikation möglich, ja wünschenswert ist. Während der lateinische Wortstamm von »Okkultismus« auf das Geheime als das »verborgene« Tun oder die »verborgene Wirklichkeit« hinweist, hebt der aus dem Griechischen herkommende Begriff »Esoterik« auf das Geheime als das »Innere«, etwa auf Geheimzirkel, in erster Linie aber auf die geistseelische Innenwelt ab. Nachdem der Okkultismus-Begriff infolge christlich-religiöser Kritik vor allem mit seiner schwarzmagischen Seite und dämonologischen Interpretationen verknüpft wird, ziehen heutige Vertreter bei weitem den Begriff der Esoterik vor.

Eine ganze Generation lang stand Esoterik nicht nur am Rand unserer Gesellschaft. Mittlerweile glaubt die Mehrheit der Deutschen einer neueren Umfrage der Zeitung *Die Woche* zufolge an übersinnliche Erscheinungen und Kräfte. Dementsprechend setzt die Esoterik-Branche hierzulande mehrere Milliarden Mark jährlich um. Bereits 1992 konstatierte die einschlägige Fachzeitschrift *esotera*, daß sich jedes sechste in Deutschland verkaufte Buch mit einem Thema aus dem Dunstkreis des Spirituellen und der Esoterik befaßt. Inzwischen sind die Zahlen weiter gestiegen. Selbst christliche Verlage haben sich dieser mächtigen Geistesströmung längst geöffnet. Fast jede größere Buchhandlung verfügt über eine eigene Abteilung »Esoterik«, in der dann oft der kleine Bestand an christlicher Literatur mit untergebracht wird. Auf ein Literaturereignis läßt sich die esoterische Bewegung freilich nicht reduzieren. Das breite Spektrum gelebter Praxisbezüge darf man keineswegs unterschätzen. Esoterik versteht sich als angewandte Spiritualität auf der Basis eines mehr oder weniger magischen Weltbilds.

Es sind aber nicht nur Dummheit und Naivität, sondern verständliche, höchst menschliche Wünsche, die die esoterische Bewegung beleben. Je technisch vollkommener und emotional kälter die moderne Welt geworden ist, desto mehr hat die Sehnsucht nach Esoterik zugenommen. Anders als die Religionen, die mit Gott oder dem Göttlichen meist das erhabene, womöglich unnahbare, jedenfalls nicht zu kontrollierende Transzendente meinen, hat die Esoterik eine hier und jetzt erlebbare Wiederverzauberung der Welt im Blick, eine magisch-kontrollierbare Wirklichkeit, deren Erkenntnis das Dasein in angenehmere Farben taucht. An die Stelle von Sinnlosigkeitsgefühlen und Alltagsfrust setzt sie Affekte der Harmonie, läßt sie Schwingungen des Kosmischen treten. Im Vordergrund stehen für sie weniger die Fragen nach Gott selbst als vielmehr die Mysterien des Menschen, seiner Engel, seiner Heilung und Unsterblichkeit. Und ihre Antworten legen das Gewicht nicht aufs Logische, sondern aufs Mythologische. Darum ist mit Esoterikern so schwer zu streiten.

Im Grunde läßt sich die moderne Esoterik rundweg als Wiederbelebung archaischer Denkmuster im Gewand der Neuzeit bezeichnen. Astrologie, Hexenzauber, Feenglaube, Götter- und Satanskulte, Totenbeschwörungen mit und ohne moderne Apparatetechnik – in all dem drückt sich eine »Rückkehr zum Mythos« aus. Der neuzeitliche Denkrahmen korrigiert allerdings das mythische Schema von der ewigen Wiederkehr bzw. vom zyklischen Geschehen: Durch das Einbringen einer evolutionistischen Sicht ermöglicht er einen spiritualistischen Fortschrittsglauben, der geeignet erscheint, den zerbrochenen Mythos des neuzeitlichen Fortschrittsglaubens abzulösen. Auf diese Weise wird etwa der Seelenwanderungsgedanke aus seiner Negativität im östlichen Denken abendländisch in ein »erfreuliches« Konzept umgemünzt.

Die Zeit vom 6. Juli 2000 äußert harte Kritik: »Geisterseherei, Pendelschwingerei, Numerologie, Alchemie, Tarot, Steinheilerei,

Astrologie, Handlesen, Ufologie, Wahrsagerei, Schamanismus, Satanismus, Mondsucht, kollektives Urin-Trinken, Turbo-Tibetanismus – jede esoterische Mustermesse zwischen Amulettprophylaxe und Aromatherapie zeigt es: kein Quatsch, der nicht geglaubt würde. Kein Geschäft, das nicht zu durchsichtig wäre. Kein Guru, der nicht seine Klientel fände. Kein Jünger, dem es zu dumm würde. Und keine Hoffnung, die nicht verhöhnt würde.«

Neben der externen Kritik gibt es auch diverse interne an der Esoterik. So liest man etwa bei Franz Binder: »Heute ist Esoterik gleichbedeutend mit einem gewaltigen Supermarkt der Metaphysik, in dem sich Millionen von Menschen aus den unterschiedlichsten Motiven nach Gutdünken bedienen. [...] Die Prophezeiung für die Wassermann-Ära, daß das ehemals geheime esoterische Wissen über Sein und Schöpfung vielen Menschen zugänglich gemacht werden wird, hat sich erfüllt. Nicht vorausgesagt wurde jedoch die homöopathische Verdünnung dieses Wissens in einer Lösung aus Irreführung, Verfälschung und platten kommerziellen Interessen.«

Wer freilich definiert gültig, wo Verdünnung, wo Irreführung und wo ein abstraktes oder konkretes Mehr an Wahrheit anzutreffen sein soll? Ein gewisser »Pluralismus« der Weltanschauungen findet sich eben auch innerhalb der Esoterik selbst – nur wird er in ihrem Horizont solange nicht als störend empfunden, wie er bestimmte esoterische Grunddaten nicht sprengt. Diese lassen sich als die Eckdaten einer spiritualistischen Einheitssicht beschreiben: Die Wirklichkeit wird insgesamt als Einheit auf geistiger Basis gedeutet. Von daher kommt es auch zu der esoterischen (aber religionswissenschaftlich unhaltbaren) Behauptung einer angeblichen Ur-Religion, die alle Religionen unterirdisch verbindet, so daß es auf bunte Vermischungen nicht ankommt.

Auf der Basis solcher Einheitssicht werden die meisten Religionen dann verzerrt beschrieben. Beispielsweise wird die christliche Lehre vom Sühnopfer Christi am Kreuz esoterisch gern aufgrund der Unterstellung mißbilligt, hier sei von einem strafenden, rach- und opfersüchtigen Gegenüber-Gott die Rede. In Wahrheit faßt das Neue Testament den Tod als Dahingabe von Gottes Seite selbst auf, die alles Strafdenken auflöst. An diesen und anderen Punkten lohnt es sich, das Gespräch mit esoterisch Gesinnten zu suchen und darin um die Wahrheit des Evangeliums so zu ringen, daß man dessen theologische Tiefe anvisiert. Wer verstanden hat, daß das Reich Gottes längst nahe herbeigekommen ist und daß nichts uns trennen kann von der Liebe Gottes, der bedarf keines esoterischen Mystikzaubers mehr, der hofft nicht mehr auf erneute Reinkarnationen; der vermag vielmehr das Kreuz der Wirklichkeit in der Gewißheit der verheißungsvollen Gegenwart und Zukunft des Auferstandenen zu tragen.

Werner Thiede

Hans-Jürgen Ruppert, Theosophie – unterwegs zum okkulten Übermenschen, Konstanz 1993; *Werner Thiede*, Esoterik – die postreligiöse Dauerwelle (R.A.T. 6), Neukirchen-Vluyn 1995.

7.
Alltag

Umberto Boccioni (1882-1916): *Der Lärm der Straße dringt ins Haus*, 1911, Öl auf Leinwand, 100 x 100,6 cm; Niedersächsisches Landesmuseum, Hannover.

Für den Italiener Boccioni als Vertreter des Futurismus waren Bewegung, Schnelligkeit und Technik zentrale Themen seiner Malerei. Die Faszination für die Geschwindigkeit und die Vielfalt der Eindrücke des modernen Zeitalters setzt Boccioni in seinem farbenprächtigen Werk mittels sich überschneidender, sich brechender und stürzender Linien und der Durchdringung einzelner Flächen um, so daß der Betrachter die Gleichzeitigkeit der vielen auf die Frauenfigur einstürzenden Eindrücke und Geräusche nachempfinden kann.

Wenngleich wir heute Dynamik und Lärm nicht mehr mit der Begeisterung Boccionis, sondern eher kritisch werten, spiegelt das abgebildete Werk doch weiterhin das Verhältnis des modernen Menschen zu seiner Umwelt.

Solange die Welt um uns herum überschaubar erscheint, sie also sicher wirkt, erschrecken wir nur vor bestimmten konkreten Ereignissen. Wir können uns dann zwar grundsätzlich orientieren, werden aber durch ganz bestimmte Gegenstände oder Situationen, die uns nicht vertraut sind, verunsichert. Als entsprechendes Gefühl stellt sich die Furcht oder bei noch intensiverer Verunsicherung oder Bedrohung die Angst mit ihren körperlichen Begleitumständen ein. Je unsicherer und unüberschaubarer uns die Welt erscheint, um so stärker macht sich ein diffuses, an nichts Bestimmtes gebundenes Gefühl der Angst in uns breit, dessen Ort und Anlaß nicht genau zu bestimmen sind.

Die Philosophen des Abendlandes nannten und nennen diese Angst die allgemeine Daseinsangst. Man unterscheidet darum auch zwischen Furcht und Angst. Furcht, so wurde definiert, sei immer die Furcht vor etwas ganz Bestimmten, das man benennen kann, Angst dagegen sei ein Grundgefühl, das das ganze Leben durchziehe. Wenn man sich an diesem Muster orientiert, dann könne man lernen, die Furcht, sofern sie offensichtlich nicht wirklich berechtigt ist (z.B. Furcht vor Spinnen oder Mäusen) durch ein bestimmtes Training zu überwinden. Angst dagegen sei ein Grundgefühl, das während des ganzen Lebens zu diesem dazugehöre.

In der christlichen Religion wird dieses allgemeine Grundgefühl bereits durch Jesus beschrieben: »In der Welt habt ihr Angst, aber seid getrost, ich habe die Welt überwunden.« (Johannes 16, 31). Dieses Gefühl der Angst, von dem Jesus und die Philosophen reden, durchzieht die Geschichte Europas seit dem Altertum. Der jeweilige Auslöser für dieses Gefühl, so daß wir es im Alltag spüren, wechselte im Lauf der Geschichte.

In der frühen Christenheit hatte man vor allem Angst vor dem unmittelbar bevorstehenden Weltende und damit vor dem Gericht

Gottes, dem man entgehen wollte. Im Mittelalter beherrschte die Menschen die Angst vor einer Bestrafung durch Gott im Gericht am Ende der Tage. Diese Strafe war gedacht als Vergeltung für die in diesem Leben begangenen Sünden, und den Ort der Bestrafung stellte man sich im Jenseits als Hölle vor. In der Neuzeit, vor allem in den letzten 150 Jahren, veränderte sich diese Angst zu einer Angst vor dem drohenden Chaos, das durch keinen Fortschritt in den Wissenschaften und in der Entwicklung des einzelnen Menschen auf Dauer besiegt werden kann. Damit hängt die Angst zusammen, die sich im Leben des einzelnen häufig als Gefühl der Sinnlosigkeit äußert.

Wieweit diese in westlichen Gesellschaften verbreitete Angst »normal« oder nicht ist, läßt sich durch die wissenschaftliche Psychologie nicht erweisen. Sie kann das Vorhandensein solcher Ängste nur feststellen und die durchschnittliche Gefühlsstärke in einer Gesellschaft zur Norm erheben. Gar nicht vorhandene oder extrem stark ausgeprägte Angst, die das Leben des einzelnen zu lähmen droht, gilt dann als therapiebedürftig.

Geht man davon aus, daß ein nicht zu definierendes Maß an Angst als Warnfunktion zur menschlichen Existenz grundsätzlich dazugehört, dann stellt sich vor allem die Frage nach der Überwindung übermäßiger Angst, die sich in den verschiedensten Lebensbereichen negativ und das Leben beeinträchtigend auswirken kann. Bestimmte Formen der Erziehung, des Fremd- und Selbsttrainings und der Therapie durch geschulte Fachleute sind dabei die eine Möglichkeit. Das zu erlernende Vertrauen in einen gütigen Gott, der die Welt erschaffen hat und erhält und der sich in Jesus zu erkennen gegeben hat, ist die durch das Christentum angebotene Möglichkeit. In der Kirchengemeinde und in kirchlichen Beratungsstellen sucht man die Lebenshilfe durch Glaubenshilfe mit therapeutischen Ansätzen zu verbinden.

Dabei geht es um Glauben und Vertrauen, das die Angst vor Schuld oder vor der Sinnlosigkeit des eigenen Lebens in sich hineinnimmt. Dies kann in der Regel in der frühen Kindheit, aber auch in den anderen wesentlichen Beziehungen des späteren Lebens als selbstverständliches Vertrauen in die Zuverlässigkeit anderer und der eigenen Person gelernt werden. Normalerweise geschieht das gleichsam automatisch in einer Eltern-Kind-Beziehung und wird später durch andere, für das Kind wichtige gefühlsmäßige Beziehungen weiterentwickelt. Die Ausbildung dieses Gefühls nennt man die Entwicklung des Grund- oder Urvertrauens. Wo diese Entwicklung gelingt, kann das Gefühl generalisiert und auf Gott übertragen werden, so daß ein grundsätzliches Gefühl der Lebenssicherheit entsteht. Wenn der Glaube von Friedrich Schleiermacher (1768-1834) als das »Gefühl schlechthinniger Abhängigkeit« bezeichnet wurde, dann ist Glaube angstüberwindend auch das Gefühl schlechthinniger Geborgenheit, dessen sich Menschen nicht immer, aber in Krisensituationen, als Glaubende bewußt sind.

Michael Künne

Fritz Riemann, Grundformen der Angst. Eine tiefenpsychologische Studie, München [14]1979; *Johannes Fischer/Ulrich Gäbler* (Hg.), Angst und Hoffnung. Grunderfahrungen des Menschen im Horizont von Religion und Theologie, Stuttgart 1997.

Freiheit

Jeder genießt das »Recht auf freie Entfaltung der Persönlichkeit«, heißt es im Grundgesetz der Bundesrepublik Deutschland. Um dieses Grundrecht zu gewährleisten, werden unter anderem Glaubensfreiheit, Meinungs- und Pressefreiheit, Versammlungsfreiheit und freie Berufswahl verfassungsrechtlich garantiert. Diese Freiräume bedürfen jedoch im alltäglichen Zusammenleben der bewußten Gestaltung und des Schutzes vor Mißbrauch. Individuelles Freiheitsverlangen muß sich mit den eigenen biologischen Gegebenheiten und gesellschaftlichen Prägungen auseinandersetzen und konkret die Freiheitsbedürfnisse anderer und darin die Grenzen der eigenen Entfaltung anerkennen. Darüber hinaus werden zunehmend die Anstrengungen deutlich, die die freiheitlich-demokratische Grundordnung und die durch sie ermöglichten vielfältigen Lebensstile und Lebensdeutungen den einzelnen Menschen abverlangen. Die Entscheidungsfreiheit in vielen Lebensbereichen, die früher durch Traditionsvorgaben klarer bestimmt waren, zwingt die Individuen, sich zu informieren, zu orientieren und dann zu wählen. Die »Freiheit von etwas« und die »Freiheit zu etwas« gehören untrennbar zusammen. Man könnte auch sagen, die menschliche Freiheit ist niemals absolut, sondern nur im Gegenüber zu dem, was den einzelnen begrenzt, lenkt und bindet, sinnvoll zu bestimmen. Das gilt auch für das christliche Freiheitsverständnis, das einerseits zur Entfaltung der beschriebenen Aspekte des an den Menschenrechten orientierten Freiheitsbegriffs beigetragen hat und andererseits immer wieder neu an ihrer kritischen Interpretation mitwirken kann.

Die Evangelien erzählen in vielen verschiedenen Formen davon, wie Jesus Christus die Menschen durch seine Predigt vom Reich Gottes und durch sein heilendes Handeln von lähmenden Bindungen (von einengend verstandenen religiösen Traditionen, von Schuld und Leiden) zu einem neuen Gottes-, Selbst- und Weltverhältnis befreit hat. In der nachösterlichen Verkündigung der Auferstehung Christi drückt sich schließlich der alle Lebensvollzüge befreiende Glaube aus, daß die unbedingte Zuwendung Gottes zu den Menschen, die Jesus bezeugt hat, über den Tod hinaus reicht.

Der Apostel Paulus hat diese christliche Glaubenserfahrung in vielen Wendungen aufgenommen und auf den Begriff gebracht: »wo aber der Geist des Herrn ist, ist Freiheit.« (2. Korinther 3, 17) oder: »Zur Freiheit hat uns Christus befreit« (Galater 5, 1). Daß christliche Freiheit dabei jedoch nicht mit Willkür und Freizügigkeit gleichgesetzt werden darf, sondern inhaltlich bestimmt ist und als Aufgabe verstanden werden kann, verdeutlicht der Apostel im selben Zusammenhang: »Denn ihr seid zur Freiheit berufen, [...] Nur lasset die Freiheit nicht zu einem Anlaß für das Fleisch werden, sondern dienet einander durch die Liebe!« (Galater 5, 13)

In Anlehnung an Paulus (1. Korinther 9, 19 und Römer 13, 8) hat Martin Luther (1483-1546) dieses Ineinander von christlicher Freiheit und christlicher Liebe, das aufs engste mit der Lehre von der Rechtfertigung verbunden ist, in seiner Schrift »Von der Freiheit eines Christenmenschen« ausgelegt: »Ein Christenmensch ist ein freier Herr über alle Dinge und niemandem untertan. Ein Christenmensch ist ein dienstbarer Knecht aller Dinge und jedermann untertan.« Zur Erläuterung unterscheidet Luther zwischen dem inneren Menschen in seiner Glaubensbeziehung zu Gott und dem äußeren Menschen, der in der Welt handeln und bestehen muß. Der innere Mensch gewinnt seine Freiheit, die ihm durch nichts Äußeres gewährt oder genommen werden kann, im alleinigen Vertrauen auf Gottes Gnade, die ihn annimmt und ihm seine Würde verleiht. Er wird in diesem Glauben frei von dem Zwang, sich selbst durch sein Handeln in seinem Personsein begründen zu müssen. Der so von der Sorge um sich selbst befreite Mensch kann in seinem nach außen gewandten Tun auf die Nöte anderer eingehen und so als »dienender Knecht aller Dinge« die zuvor empfangene Liebe Gottes weitergeben. Allerdings wird diese liebende Zuwendung zum Nächsten immer wieder durch Widerstände und Schuldigwerden durchbrochen, so daß der Mensch einerseits ein Leben lang auf den Zuspruch der geschenkten Freiheit, die im Glauben erfahren wird, angewiesen bleibt und andererseits auch der weltlichen Rechtsprechung und Vernunft bedarf, um das soziale Leben friedvoll und freiheitlich zu gestalten.

Im Zuge der Aufklärung, die die Mündigkeit und Selbstbestimmung des vernünftigen Subjektes ins Zentrum des Interesses rückte, kam es zu einer Neuformulierung des christlichen Freiheitsverständnisses. Weil der Mensch sich trotz aller Fähigkeiten zur vernünftigen Selbst- und Weltdeutung bzw. Weltgestaltung niemals absolut frei fühlen kann, sondern sich in einem unauflöslichen Ineinander von Freiheit und Abhängigkeit immer schon vorfindet, beschrieb Friedrich Schleiermacher (1768-1834) das fromme Selbstbewußtsein als Gefühl schlechthinniger Abhängigkeit, in dem Gott als transzendenter Ermöglichungsgrund menschlicher Freiheit erfahren wird und als das »Woher unseres empfänglichen und selbsttätigen Daseins« angesprochen wird. Indem Freiheit weiterhin als verdankte Freiheit verstanden wird, bleibt im Blick, daß deren Herausforderungen auch nicht angenommen bzw. schuldhaft verfehlt werden können. In diesem modernen Verständnis gewinnt entsprechend der Begriff der Verantwortung an Gewicht, der die Bereitschaft zum Ausdruck bringt, im Sinne der von Paulus und Luther entfalteten christlichen Liebestätigkeit »die Verbindlichkeit zum Tun des Guten zu übernehmen« (Trutz Rendtorff) und darüber vor Gott und den Menschen Rechenschaft abzulegen. Um verantwortlich handeln zu können, müssen die jeweilige Situation und ihre Anforderungen sowie die zu erwartenden Folgen des Handelns – soweit das bei vielschichtigen Problemstellungen möglich ist – bedacht werden. Wie schwierig das sein kann, zeigt sich gegenwärtig beispielsweise an den hochbrisanten Themen der Gen- und Informationstechnologie, die ein argumentatives Abwägen verschiedenster Faktoren und ein Gespräch zwischen verschiedenen gesellschaftlichen Interessenverbänden bzw. unterschiedlichen Normensystemem verlangen. Christinnen und Christen sollen ihr Verständnis von Freiheit und damit unauflöslich verknüpft von der Würde der Person in den offenen, gesellschaftlichen Dialog einbringen. Die Bemühungen um individuelle Selbstbestimmung, freie Überzeugungs- und Gewissensbildung und aktive Teilhabe an sozial-politischer Freiheit können unterstützt und gestärkt werden, aber dies in dem Bewußtsein der Grenzen endlicher Freiheit und mit der entsprechenden Warnung vor einer ethischen Überforderung des Menschen.

Martina Kumlehn

Trutz Rendtorff, Theologie in der Moderne. Über Religion im Prozeß der Aufklärung, Gütersloh 1990; *Eberhard Jüngel*, Zur Freiheit eines Christenmenschen. Eine Erinnerung an Luthers Schrift, München ³1991.

Glück

Das Wort Glück wirkt etwas fremd in kirchlich theologischen Gefilden. Bezeichnenderweise fehlt es im Neuen Testament (Lutherbibel) völlig. Im Alten Testament dagegen lesen wir von Joseph in Ägypten: »Was er tat, dazu gab ihm der Herr Glück« (1. Mose 39, 23). Im Psalm 122, 6 heißt es: »Wünschet Jerusalem Glück!«, und in dem Buch des weisen Sirach finden wir: »Es kommt alles von Gott: Glück und Unglück« (11, 14).

Nun ist es aber nicht so, daß es im Neuen Testament nicht Sätze gäbe, wo man das Wort glücklich als Übersetzung ansetzen könnte. Es steht da nur das Wort »selig«.

So vor allem in den Seligpreisungen, neun an der Zahl, die den Anfang der Bergpredigt ausmachen (Matthäus 5, 3-11). Manche sind sehr bekannt wie: »Selig sind, die da geistlich arm sind, denn ihrer ist das Himmelreich« (3) oder: »Selig sind, die Frieden stiften, denn sie werden Gottes Kinder heißen« (6). Solche Seligpreisungen finden sich nicht nur in der Bergpredigt. Es heißt z.B. auch an anderer Stelle: »Selig sind, die nicht sehen und doch glauben« (Johannes 20, 29).

Seligpreisungen sind eine Sprachform, die unseren heutigen Glückwünschen oder Gratulationen entspricht. Ein neueres Kirchenlied fängt denn auch so an: »Hört, wen Jesus glücklich preist!« Hier stoßen wir auf den möglichen Unterschied der Wörter selig und glücklich. Ist Seligkeit nur das himmlische Glück, Glück aber eine irdische Seligkeit? Glück ein Thema für die Philosophen, die in der Tat immer wieder über das Glück der Menschen nachgedacht haben, Seligkeit die Grundfrage des Glaubens und der Theologie? Erschrocken fragten die Jünger Jesus, als er die Schwierigkeiten eines Reichen für das Himmelreich vor Augen stellte: »Ja, wer kann dann selig werden?« (Matthäus 19, 25). Wir kennen im Deutschen auch das Wort »Glückseligkeit«. Übersetzen wir richtig?

Das entscheidet sich an den Inhalten. Was ist mit Glück gesagt und gemeint? Hat Dorothee Sölle recht, wenn sie Jesus für den »glücklichsten Menschen« hält?

Das deutsche Wort Glück ist leider in seiner sprachlichen Herkunft noch nicht völlig geklärt. Vielleicht ist es eine Bedeutungsübertragung eines altfranzösischen Wortes, das soviel wie Schicksal bedeutete. Sachlich ist es sinnverwandt mit Gelingen. Etwas glückt, etwas gelingt. Darin klingt an, daß dies nicht selbstverständlich so sein muß. Etwas Zufall ist dabei: Glück fällt uns zu. Leistung allein genügt öfters nicht, man muß auch Glück haben. Glück hat auf die Dauer nur der Tüchtige, wird allerdings tröstlich verkündet, damit das Leben nicht nur ein Lotteriespiel ist, aber das Glück spielt doch eine wenig berechenbare Rolle, man sieht es auch an dem Neid der anderen.

Die alten Griechen verehrten eine Glücksgöttin, Tyche war ihr Name, und es war eine Anstrengung der Philosophie, das Glück, das alle erstreben, stattdessen an die eigene Tüchtigkeit, die seelische Befindlichkeit der Zufriedenheit oder Gelassenheit zu binden. Letztlich zielte das auf die Freiheit von dem Schicksal als das wahre Glück, unabhängig von den Schicksalsschlägen oder äußeren Gütern. Glück ist also philosophisch oft ein Thema der Ethik, des rechten Lebens, warum nicht auch theologisch?

Wir entdecken zwei Grundbedeutungen. Zum einen Glück als eine im Zufall wirksame Macht – darin steckt ein theologisches Problem –, zum andern Glück als ein erstrebenswerter Zustand der Lust und Freude, der Zufriedenheit und Ruhe, des Spitzengenusses, leider oft nur kurz; denn wir wissen: »Glück und Glas, wie leicht bricht das.«

Glück ist ein Thema der Liebe (»Glücklich allein die Seele, die liebt«) und damit auch der Ehe und Trauung. Glückwünsche und Segen hängen zusammen.

Glück ist ein Thema der Seelsorge: Ist es allen verheißen, glücklich zu sein? Sigmund Freud, der Begründer der Psychoanalyse, war da skeptisch: Überhaupt ist »die Absicht, daß der Mensch glücklich ist, im Plan der Schöpfung nicht enthalten.«

7. Alltag

Glück ist ein Thema der Politik. In der amerikanischen Verfassung ist »the pursuit of happiness« als berechtigtes Ziel festgehalten. Amerikanische Philosophen sehen die Aufgabe des Lebens darin, von *pleasure* über *joy* zur *happiness* fortzuschreiten. Zur Zeit gibt es notwendige Diskussionen, ob wir in einer Spaßgesellschaft leben (wollen) – fit for fun –, uns »zu Tode amüsieren«, so Neil Postman, der amerikanische Kulturkritiker besonders des Fernsehens. Andererseits haben Christen, oft zu Unrecht, das Vergnügen eher mißbilligt als gefördert.

Bertolt Brecht hat in dem »Lied von der Unzulänglichkeit des menschlichen Strebens« (*Dreigroschenoper*, Dritter Akt) ein Paradox des Glücks sehr treffend erfaßt: »Ja, renn nur nach dem Glück/ Doch renne nicht zu sehr!/ Denn alle rennen nach dem Glück/ Das Glück rennt hinterher.« Es ist also eine gewisse Einstellung zu lernen, die auch darüber aufklärt, daß das Glück das Element der freien Selbstbestimmung ohne Hast in sich hat und niemand zu seinem Glück gezwungen werden soll noch kann. Das gemeinsame Glück verweist auf die Fähigkeit, Beziehungen in Freiheit intensiv wahrzunehmen. Erziehungslehre ist auch hier Beziehungskunde. Dazu gehört freimütige Kommunikation, die nichts erzwingt, weil Glück und Freiheit verwandt sind.

Wie kommen Hans im Glück und Adam samt Eva jenseits von Eden, wie Mensch in Glauben und Gnade zusammen? Am ehesten, indem sie die Wirklichkeit des Segens wahrzunehmen lernen. Das Alte Testament ist die hohe Schule des Segens. Unsere Gottesdienste leben davon, Segen zu bringen, die stetige Kraft, in den Passagen des Lebens, an den Schwellen und Übergängen auch in die Fremde zu gehen, ohne die Heimat vor uns zu verlieren.

So kann Glück auch ein Grundwort der christlichen Ethik sein, erst recht natürlich einer christlichen Ästhetik des Wohlgefallens, wenn auch erkannt wird, daß im Kontrast zum bequemen selbstgerechten Glück ein Gegenglück existiert. Gnade als unverdientes großes Glück der Rettung vor sich selbst, trotz Angst und Neid, ist solch ein Gegenglück. Segen als das Glück, ermutigt und selig gepriesen zu werden mit Fingerspitzengefühl, erleuchtet zur Aufklärung über sich selbst, ist solch ein Gegenglück. Es bedarf keiner Drogen und keiner Glücksindustrie, um Glück, das trägt, zu spüren.

In dem Psalmruf: »Wünschet Jerusalem Glück!« (122, 6) steht für Glück das bekannte hebräische Wort *schalom*. Schalom als der Zustand, in dem alle zu ihrem wahren Recht kommen und damit der Frieden beständiges Glück ohne Langeweile hervorruft, dahin zielt Leben im Geiste Christi. Gottes Wohlgefallen bestimmt diese nicht herstellbare, aber erfahrbare Wohltat erneuerter Schöpfung. Eine gute Einübung ist das alttestamentliche Buch des Predigers, Kohelet, in dem es unübertrefflich heißt, trotz der Flüchtigkeit alles Strebens: »Ein lebendiger Hund ist besser als ein toter Löwe« (9, 4) und: »Süß ist das Licht, und es tut den Augen wohl, die Sonne zu schauen« (11, 7).

Es ist verschuldetes Unglück, wenn die Frage nach dem Glück, insbesondere auch nach dem Glück des anderen, in Glauben und Leben erlischt, denn in dieser Frage ist die Antwort von Gnade und Freiheit verborgen.

Henning Schröer

Dorothee Sölle, Phantasie und Gehorsam. Überlegungen zu einer künftigen christlichen Ethik, Stuttgart 1968; *Ricarda Winterswyl*, Das Glück. Eine Spurensuche, München 1995.

Hoffnung

Unter Hoffnung verstehen wir diejenige menschliche Haltung, die von der Zukunft etwas grundsätzlich Positives erwartet. So hoffen wir etwa bei Krankheit auf Genesung oder angesichts sozialer Ungerechtigkeiten auf Besserung der Verhältnisse. Hoffen – wortgeschichtlich womöglich mit »hüpfen« verwandt – »springt« also gewissermaßen aus der Gegenwart in eine bessere Zukunft, benennt ein prinzipiell gutes, erstrebenswertes »Noch-Nicht«. Diese Dimension des Menschseins, nämlich daß wir mit unserer vorfindlichen Wirklichkeit nicht einfach identisch sind, daß es also immer noch ein »Darüberhinaus« gibt, äußert sich auf durchaus verschiedene Weise.

Etwa in der Sehnsucht oder im Tagtraum des Menschen, also in dem Wunsch, sich wenigstens in der Phantasie einem begehrten Ziel zu nähern, wie es zum Beispiel im Verliebtsein elementar erfahrbar wird. Beide, Sehnsucht und Tagtraum, sind bereits wichtige Signale des Sich-nicht-Abfindens, des Ahnens von Alternativen, und enthalten insofern – entgegen ihrer bekannten Unschädlichmachung etwa durch die Schlagerbranche – durchaus kritisches, veränderndes Potential.

Davon zu unterscheiden sind Vision und Weissagung, beide vor allem im religiösen Kontext begegnend. Unter Vision (lateinisch *visio*, »Gesicht«, »Schau«) verstehen wir eine Art Gesichtshalluzination im Wachzustand. Sie kann künstlich herbeigeführt werden, etwa durch Meditation, bestimmte Atemtechniken, Fasten oder psychedelische Drogen. In ihr tauchen Bilder, eben »Visionen«, auf, die dann auf die Realität bezogen werden. In vielen Religionen gibt es solche Visionäre, »Seher«. Im alten Israel z.B. galt das Wort: »Kommt, laßt uns zu dem Seher gehen!« (1. Samuel 9, 9). Damit ist die Vision eng benachbart mit der Weissagung. Im Unterschied zur Vision geht es hier primär um das Wort. In der Bibel kommt dieses

Wort stets von woanders her, von Gott. Weissagungen sind zukunftsgerichtete Botschaften Gottes an sein Volk, in der Regel vermittelt durch Propheten: »Der Herr redet, wer sollte nicht weissagen?« (Amos 3, 8).

Ein wiederum benachbarter Begriff ist der der »Utopie«. Abgeleitet vom griechischen *ou topos* (»nicht Ort«) versteht man darunter ein konkretes Denkmodell, das als Alternative zur Gegenwart fiktiv durchgespielt wird, eine Art Szenario. So entwickelte z.B. der britische Staatsmann Thomas Morus 1516 die Idee einer »Insel Utopia«, auf der im Gegensatz zur englischen Gesellschaft der damaligen Zeit für Gerechtigkeit und das soziale Wohl aller gesorgt war. Ähnlich können wir Martin Luther Kings berühmtes »I have a dream« von 1963 verstehen, in dem er fiktiv, aber durchaus realitätsbezogen eine Gesellschaft ohne Rassendiskriminierung beschrieb.

In der Theologie war die Hoffnung lange Zeit nicht mehr als eine individuelle christliche Tugend unter anderen, etwa neben dem Glauben und der Liebe (vgl. 1. Korinther 13, 13). Durch einen Anstoß von außen, nämlich den Philosophen Ernst Bloch mit seinem bahnbrechenden Werk *Das Prinzip Hoffnung* (1959), in dem das »Noch-Nicht« als grundlegende Kategorie des menschlichen Seins begriffen wird, kommt es auch zu einer theologischen Wiederentdeckung der Hoffnung vor allem durch Jürgen Moltmann (*Theologie der Hoffnung*, 1964). Seither sind mehr und mehr die großen Zukunftsvisionen der Bibel wieder in den Blick gekommen und mit ihnen in neuer Weise die Frage nach dem, was kommt, nach einem »neuen Himmel und einer neuen Erde« (Jesaja 65, 17), »in denen Gerechtigkeit wohnt« (2. Petrus 2, 13). Damit erweitert sich der traditionell mehr individualistische Horizont der Hoffnung etwa auf eine persönliche Auferstehung (vgl. 1. Korinther 15) zu einem weltumfassenden Blick auf eine gänzlich neue Schöpfung, das noch ausstehende Reich Gottes, in dem – so die Hoffnung des Glaubens – allenthalben »kein Tod mehr sein wird, noch Leid noch Geschrei noch Schmerz« (Offenbarung 21, 4).

Der gängigen Volksweisheit, daß Hoffen und Harren manchen »zum Narren hält«, ist also christlicherseits heftig zu widersprechen.

7. Alltag

Gerade aus dem von Gott Verheißenen und in Jesus Christus bereits sichtbar Gewordenen, gerade aus dem noch Ausstehenden und also aus ihrer Hoffnung schöpft die christliche Gemeinde ihre besondere Kraft, die Verhältnisse, so wie sie sind, gerade nicht hinzunehmen, sondern tatkräftig an ihrer Veränderung zu wirken und damit schon jetzt sowohl im persönlichen als auch im gesellschaftlichen, politischen, wirtschaftlichen oder ökologischen Bereich »Zeichen der Hoffnung« zu setzen. Das wären dann Verhaltensweisen und Handlungen, die geeignet sind, etwas von jener anderen, noch ausstehenden Wirklichkeit auch und gerade einer nichtchristlichen Öffentlichkeit gegenüber anzudeuten, die solche Hoffnung allerdings bitter nötig hat. Denn: »Ein Volk ohne Vision geht zugrunde« (Sprüche 29, 18).

Okko Herlyn

Johannes Fischer / Ulrich Gäbler (Hg.), Angst und Hoffnung. Grunderfahrungen des Menschen im Horizont von Religion und Theologie, Stuttgart 1997; *Jörg Zink*, Eine Handvoll Hoffnung. Was uns auch morgen tragen soll, Stuttgart 1999.

298

Leiden

Warum mußte das Flugzeug abstürzen? Warum mußte die Mutter von zwei Kindern unheilbar an Krebs erkranken? Die Warum-Frage – und in einer Zuspitzung die »Warum ich?«-Frage – ist eine der stärksten Infragestellungen des Glaubens: Wie konnte Gott dies und das zulassen, wie kann er Leid zulassen? Es geht um die Frage nach der Rechtfertigung Gottes (*Theodizee*; zuerst von Gottfried Wilhelm von Leibniz, 1646-1716, gebraucht) angesichts des Leidens. Ist Gott der Initiator unseres Leidens? Wenn er allmächtig und gut ist, dürfte er kein Leiden zulassen. Wenn er gut ist, aber nicht allmächtig, dann kann er nicht Gott sein. Wenn er allmächtig ist, aber das Leid nicht verhindert, kann er nicht gut sein.

Das Thema »Leiden« zieht sich wie ein roter Faden durch das Alte und das Neue Testament. Alle Dimensionen des Leidens kommen dort vor: die soziale wie die psychische, die geistige wie die körperliche. In den alttestamentlichen Texten fällt auf, daß es keinen festen Begriff für das Leid gibt. Vielmehr ist von Bedrängnis, Mühsal oder Krankheit die Rede. Im Neuen Testament wird das Leiden Jesu, der Gemeinde und des Paulus berichtet. Jesu Hinwendung zu den Leidenden steht im Zusammenhang mit der Ankündigung, daß das Reich Gottes, seine Herrschaft, angebrochen ist. Sie ist schon jetzt spürbar, hat sich aber noch nicht endgültig durchgesetzt. Und die Teilhabe an diesem Reich wird gerade den materiell Armen verheißen, den Hungernden, Weinenden, Trauernden. Zugleich ist aber auch die Erfahrung des Heils hier und jetzt möglich: Trost, Hoffnung und die Gemeinschaft der Glaubenden gibt es schon jetzt. Die Erfahrung der neutestamentlichen Gemeinden ist diese: Das Leiden isoliert nicht, sondern es stellt in die Gemeinschaft mit den leidenden Menschen und mit dem leidenden Gottessohn.

Hiob, die Psalmen und Klagelieder, aber auch die Evangelien des Matthäus, Markus und Lukas stellen die Theodizeefrage – und zwar

7. Alltag

in aller Offenheit: Wenn Gott gerecht ist, warum muß der Fromme leiden, und warum geht es den Gottlosen gut? Wie kann Gott treu sein, wenn er es zuläßt, daß sein Volk schließlich zerstreut wird? Und schließlich ruft Jesus selbst am Kreuz mit den Worten von Psalm 22, 2: »Mein Gott, mein Gott, warum hast du mich verlassen?« (Markus 15, 34)

In der Bibel finden sich auf die bedrängende Frage nach dem Sinn des Leidens ganz unterschiedliche Antworten. Die eine: Es gibt das Böse, das sich Menschen selbst zuzuschreiben haben. Das Leiden ist eine natürliche Folge der bösen Tat. Denn wer Unheil tut, muß auch die Folgen seines Handelns tragen. Eine andere biblische Zuordnung: Nicht nur der Ungerechte leidet, sondern auch der Gerechte, zum Beispiel Hiob. Wie geht er damit um? Er bewahrt sein Gottvertrauen, indem er selbst in der Klage an seinem Gottesverhältnis festhält und sich schließlich in Demut ergibt. Aber auch Gott leidet am Verhalten der Menschen, an der Untreue seines Volkes.

Die Warum-Frage hat sich in der Neuzeit noch verschärft. Sie stellte sich für die Menschheit angesichts des Erdbebens im Jahre 1755 in Lissabon, als damals Zehntausende starben, in bislang nicht genannter Radikalität. Die Massenvernichtung in den Konzentrationslagern des Nationalsozialismus, aber auch die Atombombenabwürfe der US-amerikanischen Streitkräfte in Japan haben im vergangenen 20. Jahrhundert die Frage nach der Rechtfertigung Gottes zum verzeifelten Schrei werden lassen. Ist Gott tot? Kann man nach Auschwitz noch an Gott glauben?

Der jüdische Psychotherapeut Viktor E. Frankl, der selbst in Auschwitz interniert war, sagte in einem Interview auf diese Frage: »Der Glaube an Gott ist entweder ein bedingungsloser, oder es handelt sich nicht um einen Glauben an Gott. Ist er bedingungslos, so wird er auch standhalten, wenn sechs Millionen Menschen dem Holocaust zum Opfer gefallen sind, und ist er nicht bedingungslos, so wird er – um mich der Argumentation Fjodor Dostojewskis zu bedienen – angesichts eines einzigen unschuldigen Kindes, das im Sterben liegt, aufgeben; denn handeln können wir mit Gott nicht, wir können nicht sagen: Bis zu sechstausend oder von mir aus einer

Million Holocaust-Opfer erhalte ich meinen Glauben an dich aufrecht; aber von einer Million aufwärts ist nichts zu machen, und – es tut mir leid – ich muß meinen Glauben an dich aufkündigen. Die Fakten sprechen dafür, daß sich ein Aphorismus von La Rochefoucauld bezüglich der Auswirkung der Trennung auf die Liebe variieren läßt: Gleich dem kleinen Feuer, das vom Sturm gelöscht wird, während das große Feuer von ihm angefacht wird, wird der schwache Glaube von Katastrophen geschwächt, während der starke Glaube aus ihnen gestärkt hervorgeht.«

Warum es Leid gibt – auf diese Frage findet sich in der Bibel keine Antwort. Wir wissen es nicht. Aber wir wissen trotzdem davon, daß das Leiden Menschen in die Arme Gottes treiben kann. »Not lehrt beten«, so ist diese Erfahrung volkstümlich zusammengefaßt. Martin Luther hat einmal im Blick auf den Verlauf der Geschichte gesagt, daß die Welt eine der Larven Gottes ist. Wir erleben oft den »verborgenen Gott« (*deus absconditus*), den wir nicht begreifen. Manches Mal erfahren wir seine Freundlichkeit, ein anderes Mal widerfahren uns Schicksalsschläge. Deshalb soll man aus der Geschichte auch keine Heilshinweise ablesen, rät der Reformator. Was wir wissen sollen: Gott liebt durch den leidenden und gekreuzigten Christus. Darauf sollen wir vertrauen. Gott ist der Adressat, der in der Auferweckung Jesu einen neuen Anfang gesetzt hat.

Die Mystikerin Catarina von Siena klagte Gott einmal in ihren Gebeten an: »Mein Gott, wo warst du, als mein Herz in Finsternis und Todesschatten war?« Und sie vernahm in dieser Klage die Antwort: »Meine Tochter, hast du es nicht gespürt? Ich war in deinem Herzen.« Gott ist solidarisch und leidet mit den Verzweifelten. Das ist der christliche Trost und die Hoffnung im Leiden.

Udo Hahn

Dorothee Sölle, Leiden, Stuttgart 1973; *Ulrich Eibach*, Der leidende Mensch vor Gott. Krankheit und Behinderung als Herausforderung unseres Bildes von Gott und dem Menschen, Neukirchen-Vluyn 1991.

Liebe und Sexualität

Gibt es etwas Privateres als die Erfahrung des Liebens und Geliebt-Werdens? Gibt es etwas Intimeres als das Erleben von Sexualität? Wohl kaum – und doch sind Liebe und Sexualität durchaus nichts ausschließlich Privates und Intimes. Sie sind immer auch gesellschaftlich geprägt. Wie wir die Liebe und die Sexualität erfahren, bewerten und gestalten, hängt von der uns umgebenden Gesellschaft ab, von ihren kulturellen, religiösen, ethischen Werten und Normen. Diese Normen sind uns nicht angeboren. In dem lebenslangen Prozeß der Sozialisation werden sie uns durch Eltern und andere Bezugspersonen, aber zum Beispiel auch durch die Medien vermittelt. Wir eignen sie uns an und werden so zu einer eigenständigen, zugleich mit der uns umgebenden Gesellschaft verbundenen Persönlichkeit. Wir gewinnen eine persönliche Identität, die auch die Wahrnehmung unseres Körpers, unseren Umgang mit Lust und Leidenschaft, unsere Liebesfähigkeit, unser moralisches Empfinden, unser Verständnis von Weiblichkeit und Männlichkeit umfaßt.

Es gibt nicht nur eine Form von Liebe und Sexualität. Historische und kulturvergleichende Forschungen zeigen eine Fülle von unterschiedlichen Verständnissen und Gestaltungsmöglichkeiten, die auch die gleichgeschlechtliche Liebe umfassen. Trotz der biologisch gegebenen Basis läßt sich menschliche Sexualität nicht auf Hormone und Triebe, Zeugung und Reproduktion reduzieren. Die geringe Ausstattung des Menschen mit Instinkten führt zu einer Vielfalt an Handlungs- und Erlebnismöglichkeiten.

Das Verständnis von Sexualität und Liebe, die damit verbundenen Wertvorstellungen, Normen und Tabus, werden in allen bekannten Gesellschaften verknüpft mit der Regulierung von gesellschaftlich erwünschten oder erlaubten Lebensformen. Dabei finden sich am häufigsten – aber durchaus nicht zu allen Zeiten und überall – Gesellschaften, in denen heterosexuelle Paar-Gemeinschaften die

Basis von formell geschlossenen Ehen und dauerhaft angelegten Familienverbänden bilden. Die uns heute selbstverständliche Erwartung, daß diese Formen des Zusammenlebens auch die Dimension der Liebe einschließen, ist historisch relativ jung. Sie ist erst im 18. und 19. Jahrhundert mit der Auflösung der in erster Linie ökonomisch begründeten Haushaltsgemeinschaften der vorindustriellen Gesellschaft entstanden.

Häufig gehen Liebe und Sexualität in eins, doch Liebe ist nicht in all ihren Formen mit Sexualiät verknüpft. Sowohl als aktives Lieben wie als passives Geliebt-Werden ist Liebe eine starke gefühlsmäßige Bindung, in deren Mittelpunkt der Wunsch nach Einheit und Vereinigung beziehungsweise Wiedervereinigung von Getrenntem steht. Sie richtet sich meistens auf andere Personen (Partner, Eltern, Kinder). Doch auch abstrakte Größen (Musik, Heimat) oder bestimmte Werte (Gerechtigkeit, Frieden) können geliebt werden.

Die antike griechische Philosophie wie auch das Christentum unterscheiden verschiedene Formen der Liebe: »Eros« (sinnliche Liebe), »Philia« (Freundesliebe) und »Agape« (Gottes- und Nächstenliebe). Das Verhältnis dieser Liebesformen zueinander wird unterschiedlich definiert, z.B. als Einheit von erotischer und spiritueller Liebe, aber auch als Gegenüber oder gar als Entgegensetzung.

Die daraus entstehende Geringschätzung der erotischen Liebe war in der Antike verbreitet in der Philosophie des Neuplatonismus, aber auch bei dem Kirchenvater Augustin (354-430). Sie hat von daher auch in der Geschichte des Christentums ihre Wirkung gehabt. Gut ist Sexualität in diesem Verständnis nur, soweit sie der Fortpflanzung dient und ausschließlich in der Ehe gelebt wird. Alle anderen Ausdrucksformen von Sexualität erscheinen dann als Sünde. Nur im künstlerischen Ausdruck war zu allen Zeiten ein freierer Umgang mit Sexualität, Liebe und Leidenschaft erlaubt.

Dieses überlieferte Verständnis von Sexualität wurde mit der Philosophie der Aufklärung teilweise überlagert durch das Leitbild des unabhängigen und selbstverantwortlichen Individuums, das allerdings bis weit in das 20. Jahrhundert hinein ausschließlich auf männliche Individuen bezogen wurde. Frauen galten dagegen als abhängige und nicht der Selbstbestimmung fähige Wesen, die auch in sexueller Hinsicht über den Mann definiert wurden und dabei zugleich aber als Hort des Gefühls und damit der Liebe galten. Zur Abwertung der weiblichen Sexualität trug auch die männerdominierte Medizin bei.

Heutige Auffassungen von Sexualität und Liebe sind u.a. gekennzeichnet durch die Lösung von religiösen Bindungen (Säkularisierung), durch naturwissenschaftlich-medizinische Einflüsse (Empfängnisverhütung, Reproduktionsmedizin) und durch das Aufbegehren von Frauen (innerhalb und außerhalb der Frauenbewegungen) gegen patriarchale Bevormundung. Einerseits sind dadurch viele negative Folgen der allzu engen Sexualmoral früherer Jahrhunderte überwunden worden, die sich unter anderem in psychischen Erkrankungen, in offener und versteckter sexueller Gewalt oder auch in einer weit verbreiteten bürgerlichen Doppelmoral niedergeschlagen hatten. Andererseits sind auch neue Probleme und Herausforderungen entstanden:

1. Den Machbarkeitsvorstellungen des naturwissenschaftlich-technischen Denkens entsprechend wird Sexualität zunehmend von den Beziehungen, in denen sie erlebt und gelebt wird, abgetrennt, als Wert an sich angesehen und funktionalisiert. Häufig werden deshalb sexuelle Störungen nicht nach ihrem Sinn befragt, sondern als Nicht-»Funktionieren« wahrgenommen, die es zu reparieren gilt. Auch der verbreitete unkritische Umgang mit der Reproduktionsmedizin gehört zu diesem Problembereich.

2. Die für moderne Gesellschaften typische Kommerzialisierung aller Lebensbereiche hat gravierende Folgen für den Umgang mit Sexualität und Liebe. Dazu gehören eine mangelnde Achtung vor Privatsphären, die Hemmungslosigkeit eines Teils der Medien, Kinderpornographie, Sextourismus und Frauenhandel. Gerade dabei wird deutlich, wie stark Sexualität mit Macht und Herrschaft zu tun haben kann, wenn sie von der Liebe abgekoppelt wird.

3. Die Pluralisierung von Lebensformen in der modernen Gesellschaft stellt das Monopol von Ehe und Familie in Frage. Um so wichtiger sind ethische Kriterien und auch rechtliche und politische

Rahmenbedingungen für die verantwortliche Gestaltung von dauerhaften Lebensgemeinschaften.

Die Auseinandersetzung mit diesen Problemen führt zu grundsätzlichen Anfragen an das Zusammenleben in modernen Gesellschaften, z.B.: Wer darf, kann oder muß, und in wessen Namen, normative Feststellungen treffen? Was bedeutet die Selbstverpflichtung der modernen Gesellschaft, Menschenwürde und Menschenrechte zu achten, für die Gestaltung von Sexualität und Liebe? Was ist die Aufgabe des Gesetzgebers? Wo beginnen und wo enden die Verantwortung des einzelnen und die Privatsphäre? Wie verbindlich und für wen sind christliche Normen?

In diesen öffentlichen ethischen Diskurs haben sich die Evangelische Kirche in Deutschland sowie einzelne Landeskirchen mit unterschiedlichen Verlautbarungen, u.a. zur Frage der gleichgeschlechtlichen Lebensgemeinschaften, eingebracht, die davon zeugen, daß die gesellschaftlichen Zerreißproben auch innerkirchlich spürbar sind. Auch wenn solche Veröffentlichungen die einzelnen Christinnen und Christen nicht der eigenen Stellungnahmen entheben, sind sie ein wichtiger Beitrag zur individuellen wie zur innerkirchlichen und gesellschaftlichen Verständigung über die Grundlagen unseres Zusammenlebens. Je intensiver und offener um diese Verständigung gerungen wird, desto eher können erwachsene Christinnen und Christen einen Beitrag dazu leisten, die heranwachsenden Generationen zu einer verantwortlichen Gestaltung ihrer Biographie in einer komplexen Wirklichkeit zu befähigen. Insofern sind herkömmliche Sexualerziehung, Aufklärung, Prävention zwar weiterhin notwendig, müssen aber eingebettet werden in den größeren Zusammenhang der Lebensbewältigung unter den Bedingungen riskanter Freiheit.

Hildegard Mogge-Grotjahn

Ulrich Beck / Elisabeth Beck-Gernsheim, Das ganz normale Chaos der Liebe, Frankfurt 1999; *Peter Lauster*, Die Liebe. Psychologie eines Phänomens, Reinbek 2000.

Mensch

Jeder muß erleiden, Mensch zu sein. Zum Menschsein gehört, sich klar zu machen, daß wir sterblich sind. Weil wir daran nicht denken mögen, träumen wir davon, ewig mächtig zu sein, nämlich wahres Wissen und ewiges Leben zu haben (1. Mose 3). In unserer Sehnsucht wollen wir Gott sein. Wenn sich Menschen einbilden, Gott zu sein, halten sie ihr Wissen für unanfechtbar, ihre Macht für unbegrenzt, ihr Können für unnachahmlich, ihre Position für unbestreitbar, sich selbst für unersetzbar. Sie fühlen sich im Besitz der absoluten Wahrheit.

In der Sprache der Theologie heißt das: Sie achten nicht den Unterschied zwischen Mensch und Gott, weil sie an diesem Unterschied leiden. Aber die Differenz zwischen Gott und Mensch, nämlich die Sterblichkeit, ist kein Unheil, sondern eine Gnade. Der Glaube an Gott schützt davor, sich selbst zu überschätzen. Menschen können nicht menschlich leben, wenn sie nach Macht (Allmacht) und Ewigkeit streben. Sie zerstören dadurch persönliche und mitmenschliche Beziehungen. Jüdisch-christlicher Glaube erinnert an den Unterschied zwischen Schöpfer und Geschöpf, an die heilsam-leidvolle Sterblichkeit des Menschen. Diese Erinnerung ist der Lebens- und Körperfreude, der Lust und Sexualität nicht abträglich. Im Gegenteil, Menschen gewinnen keine Lebenskraft (Erotik), wenn sie den Tod vergessen wollen. Jeder kann genießen, Mensch zu sein. Aber er darf dabei nicht verdrängen, daß alles Leben begrenzt ist. Lebenslustig und nachdenklich sein gehören zusammen. Körper und Geist sind miteinander verbunden.

Die (natürliche) Sehnsucht nach Wahrheit und Ewigkeit darf nicht moralisch verurteilt werden. Sie bewegt Menschen, ihre Fähigkeiten zu erweitern, zu forschen und Neues zu entwickeln. Aber die Grenze des Menschen, die Sterblichkeit, kann nicht überschritten werden. Wer diese Grenze vergißt oder mißachtet, billigt fragwürdige und gefährliche Experimente. Sie verletzen häufig die Würde des Menschen, wie z.B. bestimmte gentechnische und biotechnische Experimente zeigen. Mensch ist auch ein Embryo, genau so wie ein Mensch, dessen Gehirn nicht mehr arbeitet.

Menschen gehen Beziehungen ein, indem sie sich ein Bild voneinander machen. Sie machen sich ein Bild vom anderen Menschen und von sich selbst – Bilder, wie sie sind, und Bilder, wie sie sein möchten. Menschenbilder spiegeln, was Menschen wünschen und was allgemein als gut oder erstrebenswert gilt. Jugendlichkeit ist z.B. der Wert, der vielen Bedürfnissen der Menschen und wirtschaftlichen Interessen entspricht. Damit wird verewigt, was vergänglich ist: Alter, Rückzug, Sterben werden verdrängt; sie haben wenig oder keinen Wert.

Aber das fehlerlose Menschenbild erschwert (nicht nur mit den vergehenden Jahren) das Leben, weil dadurch nichts oder kaum noch etwas ertragen werden kann, was belastend ist. Jedes Menschenbild entscheidet darüber, was als Menschen möglich und unmöglich gilt. So gesehen machen wir uns unumgänglich auch ein Bild von Gott. Menschen haben viele Bilder von Gott. Aber Gott ist nicht einfach das menschliche Bild von Gott. Keiner darf sein Bild als das einzig wahre allen anderen Bildern überordnen, alle Bilder (gewaltsam) vereinheitlichen und Abweichungen verurteilen. Das biblische Bilderverbot (2. Mose 20, 4-5) will die Menschen vor der Gewalt erzwungener Einheit schützen. Gemeinschaft heißt nicht Einheitlichkeit; im Gegenteil, die Unterschiede machen sie menschlich. Ohne soziale Beziehungen kann kein Mensch leben. Aber die Grundlage dieser Gemeinsamkeit ist die Unterschiedenheit, die Differenz. Darum wird Gemeinsamkeit nicht dadurch menschlich, daß Menschen gemeinsame Überzeugungen, Werte und Normen entwickeln, sondern durch die Art und Weise, wie sie mit Unterschieden, mit Abweichungen, mit dem Fremden umgehen, d.h. wie sie Beziehungen zu Fremden gestalten. Bilder einer solchen Beziehungskultur findet der Glaube vielfach in religiösen Überlieferungen, in der jüdisch-christlichen Tradition, in den biblischen Erinnerungen an das Leben Jesu und seine Botschaften. Glaubende haben hier die Beispiele für ihr eigenes Leben gewonnen. Aber das Risiko, sie in anderer Zeit, anderer Kultur und Lebenssituation als Orientierung zu wählen, läßt sich nicht umgehen. Glaube und seine Beispiele sind nicht eindeutig, sondern riskante Entscheidungen, die verantwortet werden müssen. Sie schließen stets Zweifel, Irrtum und Bedenken ein. Schon das Bild Jesu ist dem Glauben eine Zumutung, weil es am Ende unübersehbar das eines gekreuzigten Menschen ist. Dieses Bild ist auch die Frage, die nicht überhört werden kann: Was heißt Menschsein, wenn wir sterben müssen?

Wenn der Glaube Christus (2. Korinther 4, 4) und alle Menschen als Ebenbilder Gottes sieht (1. Mose 1, 26f.), dann ist Gott kein idealer Alleskönner. Menschen leben nicht davon, alles zu können, sondern im Scheitern und Nichtkönnen Trost zu finden und nicht die Hoffnung zu verlieren. Darum sind die biblisch-christlichen Menschenbilder keine Idealbilder, an denen jeder reale Mensch scheitern müßte.

Das Heil wird nicht dem idealen Menschen verheißen, sondern dem am Ideal scheiternden, der guten Willens allzu oft versagt und häufig erst hinterher weiß, daß er sich für das Falsche entschieden hat. Menschen werden ihren eigenen Ansprüchen nicht gerecht. Sie schämen sich und fühlen sich schuldig, wenn sie hier versagen. Die eigenen (verinnerlichten) Ansprüche sind unerbittlicher als jedes äußere Gesetz oder Verbot. Schuldgefühl und Scham lassen den Menschen nicht zur Ruhe kommen. Sie binden ihn an sein Versagen. Er findet keine Energie, weiterzumachen, wieder anzufangen, aufzustehen. Der Neuanfang gelingt nicht durch moralische Appelle (du sollst; du sollst nicht), nicht durch moralische Erziehung, sondern durch personale Beziehung, durch Solidarität, durch unaufhörliche Vergebung. So wird der Mensch Person. Hier spricht der christliche Glaube von der Rechtfertigung des Gottlosen. Keiner kann sie sich durch Leistung, durch Anpassung und Gehorsam verdienen. Sie ist umsonst, unverdient, geschenkt. Wer gerechtfertigt ist, kann sich verändern. Er ist zum Handeln befreit. Appelle verändern nichts. Menschen werden nicht anders, wenn sie sich verändern müssen.

Christlicher Glaube versteht das Leben nicht als eine Schule alter Art, die den Menschen ständig durch Leid, Unglück und schlechte Erfahrungen erziehen will. Diese Weise lebenslangen Lernens ist nicht heilsam. Es ist umgekehrt: Das Leben ist menschlich, wenn Menschen einander beistehen angesichts von befremdlichen, nämlich unbegreiflichen und unverstehbaren Geschehnissen. Im christlichen Menschenbild ist das Lernen kein Zwang. Es ist gelassen, auch wenn es manchmal etwas anstrengend ist. Öfter ist es spielerisch. Es ist vor allem von den unerbittlichen inneren Idealen befreit, die mit Schuld oder Scham zur Anpassung erziehen.

Dietrich Zilleßen

Paul Virilio, Die Eroberung des Körpers. Vom Übermenschen zum überreizten Menschen, Frankfurt am Main 1996; *Pascal Bruckner*, Ich leide, also bin ich. Die Krankheit der Moderne, Berlin 1997.

Trauer

Obwohl der Verstand sagt, daß irgendwann jedes Leben zu Ende geht, hält sich selbst jeder Mensch die meiste Zeit seines Lebens für unsterblich. Die Todesgrenze ist die radikalste Grenze im Leben des Menschen. Und dennoch hat sie immer auch Ähnlichkeiten mit den anderen Grenzen im Leben: mit dem Lebensbeginn, der Geburt, mit den Lebensübergängen und Wendepunkten.

Noch immer ist die Kirchengemeinde der soziale Ort, an dem Lebenskrisen eine zuverlässige Begleitung finden können. Aber immer seltener werden die angebotenen Möglichkeiten auch genutzt und wahrgenommen. So gilt es bis heute in ländlichen Gegenden als selbstverständlich, daß zum Sterben das gemeinsame Abendmahl der Angehörigen mit dem Sterbenden gehört.

Auch in Krankenhäusern wird diese Gestalt des Abschieds weitergeführt und angeboten. Aber der Gemeindepfarrer, die Gemeindepfarrerin in urbanen Bezirken wird selten noch um Sterbebegleitung gebeten. Eine gemeinsame Aussegnung im Sterbehaus war noch vor wenigen Jahrzehnten eine fast selbstverständliche Gewohnheit. In manchen Alten- und Pflegeheimen ist diese Tradition wieder aufgenommen und weitergeführt worden.

Vertraut ist in früheren Generationen auch, daß in den Tagen des Sterbens das gemeinsame Gebet, das gemeinsame Abendmahl, biblische Psalmen und vertraute Choräle eine hilfreiche Möglichkeit geboten haben, in dieser Lebenskrise vertraute Gestaltungen zu finden, die wirklich weitertragen. Weil diese Lebensformen im Alltag ungewöhnlich geworden sind, scheuen sich Menschen manchmal, in Lebenskrisen auf diese Hilfestellungen zurückzugreifen. Zudem will niemand wahrhaben, daß es um Abschied nehmen geht. Gegenseitig schonen führt jedoch manchmal zu einer Sprache gegenseitiger Täuschung und des Versteckens. Wenn es um die Wahrheit des Lebens geht, kann man niemandem etwas ersparen. Auch Trauer kann man sich und anderen letztlich nicht ersparen. Wer der Trauer ausweicht, wird von ihr unversehens überfallen, wenn er gerade nicht mehr mit ihr gerechnet hat.

Trauer bedarf der Vertrautheit. Gleichzeitig aber ist Trauern ein soziales Geschehen. Trauernde sind deshalb auf vertrauenswürdige Menschen angewiesen, auf Geborgenheit, Verständnis und Verschwiegenheit. Denn jeder erlebt Trauer als außerordentliche Schwächung und Verletzung. Niemand aber möchte sich in seiner Schwäche und Verletztheit veröffentlichen. Gleichzeitig aber braucht Trauern ein Gegenüber. Das eigentliche Gegenüber ist der Verstorbene. Er steht jedoch nicht in der bisher gewohnten Weise als Gegenüber zur Verfügung.

Und bevor wir uns wirklich mit dem Verstorbenen auseinandersetzen können, bedarf es vieler Stationen auf unseren Trauerwegen. Hier sind Begleiter und Stellvertreter unentbehrlich. Menschen in helfenden Berufen müssen häufig solche Stellvertreteraufgaben bewältigen. Dabei liegt ihre Chance in ihrer relativen Nichtbetroffenheit. Sie sind deshalb allerdings auch manchmal Objekt von aufsteigenden Aggressionen, die im Keim dem Verstorbenen gelten. Da sich der Verstorbene nicht wehren kann, verbietet sich der Trauernde zunächst, den Verstorbenen anzuklagen oder zu beschuldigen. Der helfende Begleiter muß realisieren, daß er ein Gegenüber für wechselnde Projektionen ist. Auch versöhnliche Empfindungen dem Verstorbenen gegenüber werden leicht auf den Begleiter übertragen.

Diesen wechselnden Übertragungen ist ein helfender Begleiter umso eher gewachsen, als er der Identifizierung und Nähe eben auch die Distanzierung hinzufügen kann. Beide, Trauernde und seine Begleiter, müssen einen langen und wechselvollen Weg gehen. Jede Trauer braucht Zeit. Trauer braucht Wiederholung. Der christliche Glaube hilft in der Begegnung mit Trauernden, weil er ein Glaube gegen den Tod ist; ein Glaube, der seine Wurzeln mitten in Tötung und deren endgültiger Überwindung hat. Die gemeinsame jüdisch-christliche Tradition gibt Sprachformen des Trauerns, die bis heute ihre Gültigkeit und Verläßlichkeit nicht verloren haben.

7. Alltag

Im Mittelpunkt stehen zum einen die Klagepsalmen, zum anderen die prophetischen Traditionen. »Gott, hilf mir! Denn das Wasser geht mir bis an die Kehle. [...] Ich habe mich müde geschrien, mein Hals ist heiser. Meine Augen sind trübe geworden, weil ich so lange harren muß auf meinen Gott. Die mich ohne Grund hassen, sind mehr, als ich Haare auf dem Haupt habe. [...] Ich aber bin elend und voller Schmerzen. Gott, deine Hilfe schütze mich!« (Psalm 69, 2-5 und 30). In diesen Klagepsalmen finden wir menschliches Leiden, Bedrückung und Verzweiflung zur Sprache gebracht. Oder Psalm 13: »Wie lange noch Herr? Hast Du mich ganz vergessen? Wie lange noch verbirgst Du dein Angesicht vor mir? Wir lange muß ich mich noch quälen jeden Tag mit Kummer im Herzen?«

Erfahrungen mit dem Sterben sind auch in den Stationen der Kreuzigung selber aufgehoben, in den Verdichtungen, die der Kreuzigung vorangehen und ihr folgen: Einzug in Jerusalem, die Nacht im Garten Gethsemane, das öffentliche Tribunal, die Krönung mit der Dornenkrone, die Verurteilung, der Schmerzensweg, dann aber auch und wohl am zentralsten die Geschichte der trauernden Frauen am Grabe Jesu. Auch die Auferstehungshoffnung des christlichen Glaubens ist in ihrem Ursprung ganz offensichtlich weiblicher Natur – alle männlichen Reinterpretationen haben diese Erfahrungen der Frauen am leeren Grab nicht wegdeuten können. Das Christentum ist eine Tod-und-Leben-Religion. Das Sterben Jesu ist gewaltsames, menschlich verursachtes Sterben, wird aber zugleich als göttliches Heilsgeschehen bekannt und geglaubt.

In der Begleitung Trauernder und Sterbender ist nicht jeder Tag wie der andere. Jedes Trauern, jedes Sterben ist anders. Es gibt nicht das richtige und das falsche Trauern. Aber es gibt Verstehenshilfen, die gerade bei denjenigen Menschen zu finden sind, die sich wiederholt auf die Begleitung Trauernder und Sterbender eingelassen haben.

Dazu gehört die oft schwer zu verkraftende Erfahrung, daß Menschen im Sterben nicht nur Zuwendung, Begleitung und Nähe suchen, sondern daß sie manchmal gerade auch das Gegenteil suchen: Einsamkeit, Zurückgezogenheit, Abstand. Es gibt vermutlich in jedem Leben eine Lebensstrecke, die allein gegangen werden muß. Das gilt besonders bei den Wendepunkten im Leben.

Zu den überraschenden Prozessen gehört manchmal, daß ganz friedliebende Menschen plötzlich aggressiv und verletzend werden können – ganz im Unterschied zu ihren sonstigen Lebensgewohnheiten. Jede Verletzung, jede Kränkung, vor allem das Wissen um den bevorstehenden eigenen Tod ruft Aggression hervor und die Frage: Wer ist eigentlich daran schuld? In der Trauer gibt es Phasen und Lebensabschnitte, mit denen Menschen vorher nie konfrontiert waren. Lebensfrohe Menschen können plötzlich apathisch und zurückgezogen werden, humorvolle Menschen können plötzlich zynisch oder verletzend reagieren.

Die Trauer geht Wege, die nicht leicht zu verstehen und zu begleiten sind. Zur Trauer gehört zuerst, den Tod zu bestreiten, ihn gerade nicht wahrhaben wollen. So unterscheidet man in der Trauerbegleitung zwischen dem ersten und dem zweiten Tod: Der biologische Tod (der erste Tod) wird erst dadurch wirklich verstanden und für wahr gehalten, wenn der soziale oder der kulturelle Tod (der zweite Tod) ihm gefolgt ist. Zum sozialen Tod gehört die Trauerfeier, der Weg zum Grab, das Absenken des Sarges in das Grab, die gemeinsame symbolische Forrn der Beerdigung, das Schließen des Grabes, der Weg zurück in das Trauerhaus, die Gemeinsamkeit nach der Beerdigung, der Abschied derer, die zur Beerdigung gekommen sind.

Oft zerbrechen in Trauersituationen menschliche Beziehungen, die vorher nicht den Hauch eines Konfliktes erkennen ließen. Wie häufig kommt es zu völlig unerwarteten Erbstreitigkeiten, die dann ein Leben lang Menschen einander fremd werden lassen?

Jede Trauer hat es mit der Frage nach Schuld zu tun. Die Seele kann nicht anders wahrnehmen, als bei einem Verlust sofort nach dem Schuldigen zu fragen – selbst wenn es keinen Schuldigen gibt. Diese Schuldsuche kann auch zur Selbstbezichtigung, zur Selbstbeschuldigung führen. Gerade damit sorgfältig und behutsam umzugehen, gehört zu den großen Aufgabenstellungen in der Trauerbegleitung. Doch andererseits berichten Frauen und Männer aus der

7. Alltag

Hospizarbeit von der Überraschung, daß im Leben an den Lebensgrenzen etwas von der Tiefe des Lebens spürbar wird, die sonst im Alltag nicht wahrzunehmen ist.

Trauern ist kein zeitlich fest umrissenes Ereignis, sondern ein Prozeß, ein langer Weg. Im Neuen Testament ist das der Weg von Gethsemane bis Emmaus. »Herr bleibe bei uns, denn es will Abend werden und der Tag hat sich geneigt.« Das ist die Sprache gelebter Traurigkeit, das ist die Sprache derer, die ein Gespür für Grenzen gewonnen haben. Bleiben – und enden, das ist der Zwiespalt der Trauer. Gefühle lassen sich nicht überreden. Gefühle müssen zugelassen werden, Raum gewinnen können. Dann können sie sich weiterentwickeln, verwandeln und zum inneren Wachsen helfen.

Michael Schibilsky

Michael Schibilsky, Trauerwege. Beratung für helfende Berufe, Düsseldorf ⁵1996; *Georg Schwikart*, Tod und Trauer in den Weltreligionen, Gütersloh 1999.

8.
Gesellschaft

Auguste Renoir (1841-1919): *Das Frühstück der Ruderer* (Ausschnitt), 1881, Öl auf Leinwand, 129,5 x 172,7 cm; The National Gallery, Washington.

Ende des 19. Jahrhunderts entdeckte die Pariser Gesellschaft den Reiz des Ländlichen und nutzte mit der halbstündlich nach Saint-Germain fahrenden Eisenbahn eines der wenigen öffentlichen Verkehrsmittel der Zeit, um einen Sonntagnachmittag an den Ufern der Seine zu verbringen.

Für die Künstler, die das Malen außerhalb des Ateliers im Freien für sich entdeckt hatten, boten sich hier viele Motive, um das gesellschaftliche Leben ihrer Zeit einzufangen. So schildert Renoirs Werk eine Umgebung, die dem Maler selbst bestens vertraut war, da er häufiger Gast und Betrachter im »Restaurant Fournaise« war, wo sich Mitglieder verschiedener gesellschaftlicher Schichten zu fröhlichem Zusammensein trafen und sich besonders gerne junge Ruderer präsentierten.

Renoirs Bild zeigt den Ausschnitt einer Terrasse am Seineufer; im Vordergrund sind einige junge Männer und Frauen um einen üppig gedeckten Tisch mit Wein und Früchten in zwanglos-scherzender Runde versammelt. Der Hintergrund zeigt weitere Figurengruppen, der sowohl Mitglieder der Aristokratie und des gehobenen Bürgertums als auch einfache Näherinnen angehören, in fröhlicher Unterhaltung. Lebensfreude und Geselligkeit sind die hier vermittelten Kennzeichen der Gesellschaft.

Die malerische Darstellungsweise mit dem verwischenden Pinselduktus sowie die reinen Farben, mit denen Renoir die Licht- und Schattenreflexe und die Atmosphäre des heißen Sommertages einfängt, lassen sein Bild zu einem Meisterwerk der impressionistischen Freilichtmalerei werden.

Wenn es in der evangelischen Kirche und ihrer Theologie ein Thema aus dem Bereich des Alltagslebens der Menschen gibt, dem traditionell und aktuell einige Aufmerksamkeit gewidmet wird, wenn auch immer noch zu wenig und zu einseitig, dann ist es die Arbeit des Menschen. Fragen der Wirtschaftsweise, des Wirtschaftssystems und der Wirtschaftsordnung dagegen sind erst in jüngerer Zeit zu Themen in Theologie und Kirche geworden. Der Protestantismus ist stärker bezogen auf Arbeits- und Berufsethik als auf Wirtschaftsethik.

In der Krise der Arbeitsgesellschaft seit Beginn der Massenarbeitslosigkeit Mitte der 70er Jahre ist noch einmal besonders drastisch und leidvoll deutlich geworden, welche zentrale Rolle die Arbeit als Erwerbsarbeit für das Leben der Mitglieder der »Arbeitsgesellschaft« spielt. Der Anteil der (Erwerbs-) Arbeit an den gesellschaftlich normierten Bemühungen um ein gelungenes Leben ist nahezu total. Vielfältig ist die Universalität der (Erwerbs-) Arbeit ausgedrückt worden: Arbeit bedeutet Existenzsicherung und Existenzentfaltung, Daseinsfristung und Daseinserfüllung, Selbsterhaltung und Selbstverwirklichung. Arbeit ermöglicht materielles Einkommen, soziales Ansehen, gesellschaftliche Teilhabe und individuelle Selbstachtung. Umgekehrt gilt dann die Erfahrung: Wer dem Menschen die Arbeit nimmt, nimmt seinem Leben die Existenzgrundlage und die Sinngebung. Darum ist in unserer Art von Gesellschaft das Recht auf Arbeit nahezu identisch mit dem Recht auf Leben.

An diesen Zusammenhängen wird die Tiefe der Krise der gegenwärtigen Arbeitsgesellschaft erkennbar, die Arbeit für alle nicht länger ermöglicht und niemals mehr wird ermöglichen können aufgrund der weitreichenden Folgen der modernen digitalen Rationalisierungstechniken. Eine wirkliche Reform der Arbeitsgesellschaft erfordert dementsprechend eine tiefgreifende Veränderung und Erweiterung des Verständnisses von Arbeit und Einkommen und neue Formen der Zuordnung beider. Die Herrschaft der Erwerbsarbeit über die anderen Formen der Arbeit wird beendet werden, ebenso wie die fast ausschließliche Bindung des Einkommens an diese Form der Arbeit. Die anderen Formen der Arbeit neben der Erwerbsarbeit werden das gesellschaftliche Bewußtsein zunehmend bestimmen: Bürgerinnenarbeit (vormals ehrenamtliche Arbeit), Eigenarbeit sowie die Haus- und Familienarbeit. Dazu sind die drei uns bekannten Formen des Einkommens in Beziehung zu setzen: Erwerbseinkommen, Kapitaleinkommen und Transfereinkommen. In dieser Betrachtungsweise gibt es ausreichend Arbeit und Einkommen für alle Menschen. Das dringend anstehende gesellschaftliche Reformprojekt im neuen Jahrhundert muß folgende Fragen neu beantworten: Welches Einkommen für welche Arbeit? Welche Arbeit ohne Einkommen? Welches Einkommen ohne Arbeit? Wie sind Frauen und Männer gerecht an Arbeit und Einkommen beteiligt? Wie müssen die Menschen ihre Arbeit tun, so daß die natürlichen Grundlagen allen Lebens weniger zerstört und mehr bewahrt werden?

Wenn es gelingt, hierzulande und in anderen wohlhabenden Industrieländern in der Krise der Arbeitsgesellschaft die formulierten Verteilungsfragen menschenwürdig neu zu lösen, dann besteht die berechtigte Hoffnung für eine neue Sicht auf die weltweiten Verteilungsungerechtigkeiten von Arbeit und Einkommen.

Für die evangelische Betrachtung der menschlichen Arbeit bleibt maßgeblich, was vielerorts für die »Summe« der biblischen Aussagen über die menschliche Arbeit gehalten wird:

Arbeit als Mandat. Nach den biblischen Schöpfungsberichten gehört der Auftrag zur Arbeit zur Würde des Menschen als Gottes Ebenbild. Die Erschaffung des Menschen ist die Erschaffung des arbeitenden Menschen als Mann und Frau, als Mitarbeiter und Mitarbeiterin der Schöpfung. Die außermenschliche Natur wird den menschlichen Geschöpfen vom Schöpfer anvertraut mit dem doppelten Auftrag, sich die Erde untertan zu machen (1. Mose 1, 28) und den Garten Eden zu bearbeiten und zu bewahren (1. Mose 2, 15). Da der Mensch als Geschöpf Gottes Mitarbeiter der Schöpfung ist, ist die menschliche Arbeit beides, Sicherung und Entfaltung menschlicher Existenz. Arbeit wird zur kreatürlichen Notwendigkeit und kreativen Möglichkeit.

Arbeit als Mühsal. »Im Schweiße deines Angesichts sollst du dein Brot essen« (aus 1. Mose 3, 17-19). Die Bibel deutet die uralte Menschheitserfahrung von den Schmerzen der Arbeit und unterstreicht also deren Doppelgesicht. Die Mühsal der Arbeit ist Folge der Verfluchung des Ackers (nicht der Arbeit) bei der Vertreibung aus dem Paradies und seit dem Beginn der Todverfallenheit des Menschen. Sterblichkeit des Lebens und Mühsal der Arbeit entsprechen einander. Die mühevolle Bearbeitung der Natur bewahrt den Menschen nicht vor seinem Untergang. Die Arbeit macht den Menschen nicht zum Schöpfer seines unendlichen Glücks. Sie ist notwendige Verrichtung zur Erhaltung des Lebens, kann ihm aber keine Elle zusetzen. Der Protestantismus hat den Mühsalcharakter der Arbeit einseitig überbetont. Zu erwähnen ist insbesondere Psalm 90, 10 in der Übersetzung Martin Luthers, die dem Urtext nicht entspricht, aber protestantischen Sinn gestiftet hat: »und wenn's köstlich gewesen ist, so ist's Mühe und Arbeit gewesen.«

Bei vielen Christen (gerade auch prominenten) und vielen Kritikern des Christentums (gerade auch prominenten) hat sich sogar der Gedanke festgesetzt, daß die Arbeit Fluch Gottes über den Menschen sei, erst Folge der Vertreibung aus dem Paradies, Strafe für die Sünde des Abfalls. Aber im Paradies wird gearbeitet. Das Paradies ist kein Schlaraffenland, sondern menschlicher Arbeitsplatz. Wie die Geschlechtlichkeit gehört die Arbeit zu den konstitutiven Dimensionen des menschlichen Daseins. Geschieht menschliche Arbeit im Paradies, so wird daran erinnert, daß die Arbeit des Menschen, also aller Menschen, etwas zu tun hat mit Lebensfreude, Schaffensdrang und Lust am Gelingen.

Arbeit als Dienst. Im Horizont des Christusgeschehens kann alle menschliche Arbeit als Dienst bezeichnet werden. Christus betont die Liebe und verwirft die Habsucht. In ihm werden Knechtschaft und Herrschaft im Miteinander von Schwestern und Brüdern aufgehoben. Vom neuen Sein der Kinder Gottes wird eben auch die Arbeit erfasst. Arbeit in Christus kann nicht schrankenloser Egoismus und Entfesselung der Konkurrenz im Kampf ums Dasein sein. Sie hat nicht nur das eigene Wohl zum Ziele, sondern auch das Wohl der Menschengeschwister. Vom Christusgeschehen und dem christlichen Verständnis des Menschen her besteht eine deutliche Affinität zu geschwisterlich-genossenschaftlichen Formen der Arbeit.

Arbeit und Ruhe. Der jüdisch-christliche Ergänzungsbegriff zur Arbeit ist die Ruhe (1. Mose 23, 12; 2. Mose 34, 21; 2. Mose 20, 8-11; 5. Mose 13-15), »eine der großen Innovationen in der Evolution der Menschheit« (Erich Fromm). Der Anteil der Arbeit an der Menschwerdung des Menschen ist nicht unbegrenzt. Jenseits der Besorgung und Gestaltung des menschlichen Daseins durch den Menschen ist Gott für den Menschen da. Gottes Heil ist nicht an menschliche Arbeit gebunden. Gott ruft den Menschen zum Leben, das sich nicht durch Arbeit definiert. Der Ruhetag ist der Tag der Arbeitsruhe und der Tag des Herrn, Atempause in der Auseinandersetzung zwischen Mensch und Natur sowie der Menschen untereinander, ein Tag des Schöpfungsfriedens, an dem wir uns daran erinnern lassen, daß wir Schwestern und Brüder sind, die das Leben als Geschenk feiern, die singen, beten, lieben, träumen, sprechen, essen und trinken. So ist der Tag der Ruhe von der Arbeit Erinnerung an die Schöpfung und Hoffnung auf das Reich, die das Arbeitsleben erfüllen. Die Christenheit ist nicht nur dazu aufgerufen, diesen Tag immer wieder neu zu durchdenken und neu zu erleben, sondern auch zum Kampf zur Erhaltung des arbeitsfreien Sonntags in Verbindung mit dem arbeitsfreien Wochenende gegenüber den Ansprüchen einer totalitären Ökonomie, der nun wirklich nichts mehr heilig ist.

Für die evangelische Betrachtung der menschlichen Arbeit bleibt neben der Schrift die reformatorische Tradition maßgebend.

Gegenüber der mittelalterlichen Konzeption der zwei Wege zum Heil, der »vita contemplativa«, zu der Geistliche und Ordensmitglieder besonders berufen werden (*vocatio*), und der »vita activa«, die das bürgerliche und bäuerliche Arbeitsleben der Masse meint, entwickelt Luther sein Arbeitsverständnis von der Rechtfertigungslehre her. Danach kann es keine unterschiedlichen Wege zum Heil geben. Es gilt die Gleichheit vor dem Herrn allein aus Gnaden durch den Glauben ohne Ansehen der Werke. Darum egalisiert Luther die beiden Wege. Er überträgt die besondere Berufung zur »vita contemplativa« auf alles menschliche Tun. So wird aus der *vocatio* einiger der Beruf aller.

Das bedeutet eine große Aufwertung der täglichen Arbeit (Arbeit als Gottesdienst) und eine völlige Gleichwertigkeit der unterschiedlichsten Arbeiten in den unterschiedlichen Ständen. Das Tun der Fürsten, Priester, Hausfrauen, Bauern, Knechte und Mägde ist gleichwertige Arbeit. Wird umgekehrt die Arbeit als Gottesdienst in den Beruf gefaßt, wird sie zum Feld ernsthaftesten Gehorsams, verantwortlicher Pflichterfüllung und rastloser Anstrengungen. Luther hat aus seiner Auffassung keine sozialreformerischen Konsequenzen gezogen, die hier nahe liegen, sondern dazu angehalten, gehorsam in dem Stande zu dienen, in den jeder berufen ist.

In der Folge entwickelt sich, was dann später protestantisches Arbeitsethos genannt wird. Die formale Ethisierung der Arbeit führt in erster Linie zur Ausbildung bezeichnender Arbeitstugenden, Erfüllung des Lebens als Erfüllung unserer Arbeitspflicht durch Fleiß, Treue, Redlichkeit, Sparsamkeit, Anspruchslosigkeit, Pflichtbewußtsein, Disziplin, Pünktlichkeit, Gehorsam. So heißt es im evangelischen Kirchenlied: »Gib, das ich tu mit Fleiß, was mir zu tun gebühret, wozu mich dein Befehl in meinem Stande führet« (EKG 495, 2); »Regiere mich durch deinen Geist, den Müßiggang zu meiden« (EKG 494, 5); »Frag nach der Ernte nicht, du darfst den Lohn nicht messen. Mußt Freud und Lust vergessen, nur sehn auf deine Pflicht« (EKG 387, 1; alte Ausgabe). Der Aspekt der Arbeitsfreude (vgl. Amos 9, 13) in lebendiger Erinnerung an die paradiesische Arbeit ist im Protestantismus leider unterentwickelt geblieben.

Die evangelische Betrachtung der menschlichen Arbeit ergibt ein facettenreiches Bild, von dem hier nur wenige markante Konturen aufgezeigt worden sind. Es ist heute vor allem an der fundamentalen

8. Gesellschaft

Tatsache festzuhalten, daß die Arbeit unaufgebbar zur Würde und Ebenbildlichkeit des Menschen gehört. Damit bleibt das Recht auf Arbeit hochrangiges Menschenrecht. Seit Beginn der alleinigen Vorherrschaft des radikalen Marktdenkens und der uneingeschränkten Gewinnorientierung im wirschaftlichen und politischen Handeln wird die menschliche Arbeit ausschließlich als Kostenfaktor ins Kalkül gezogen. Damit ist ein historischer Tiefpunkt der ethischen Würdigung der menschlichen Arbeit erreicht worden. Das biblisch-christliche Arbeitsverständnis ist demgegenüber nicht nur kritisches Korrektiv, sondern könnte auch Orientierungshilfen geben für die Begründung und den Vollzug der wirklichen Reformen der in die Krise geratenen Arbeitsgesellschaft, die oben ausgesprochen worden sind.

Dazu bedarf es auch einer ethisch fundierten Kritik des Wirtschaftssystems, das sich in Abkehr von der sozialen Marktwirtschaft in den letzten Jahrzehnten unter dem diffusen Schlagwort Globalisierung als entfesselter Kapitalismus ohne jeden politischen und gesellschaftlichen Widerstand entwickelt hat. Gute Ansätze einer solchen Kritik des schrankenlosen Kapitalismus finden sich in der ökumenischen Ausarbeitung »Für eine Zukunft in Solidarität und Gerechtigkeit. Wort des Rates der Evangelischen Kirche in Deutschland und der Deutschen Bischofskonferenz zur wirschaftlichen und sozialen Lage in Deutschland« (1997).

Wolfgang Belitz

Lukas Vischer, Arbeit in der Krise. Theologische Orientierungen, Neukirchen-Vluyn 1996; *Günter Meckenstock*, Wirtschaftsethik, Berlin 1997.

Erziehung

Erziehung ist ein heikles Geschäft, weil sich oft schwer unterscheiden läßt, ob sie anregt oder verführt. Erziehung beeinflußt Menschen und wirkt auf sie ein. Vielfach gelingt es nicht, junge (oder auch ältere) Menschen zu von Erziehenden gewünschten Erziehungszielen zu führen. Dann gelten sie als ungezogen oder unerzogen.

Aber es ist fraglich, ob Erziehung schon als mißlungen zu betrachten ist, wenn sie nicht den Erfolg hat, den Erwachsene sich wünschen. Kein Mensch kann nicht erzogen werden, da jeder von Geburt an vielen Einflüssen und Einwirkungen ausgesetzt ist. Sie prägen den Menschen innerhalb und außerhalb der Familie, im schulischen Unterricht, in jeder Ausbildung und Freizeit, ob sie von Erziehenden ausgehen und gewünscht sind oder ob sie sich aus den Umständen ergeben, aus zufälligen Begegnungen und Erfahrungen, aus dem Kontakt mit anderen Kindern und Jugendlichen, aus dem, was die Medien vermitteln, aus Beispielen, die andere Menschen vorleben. Manchmal hat das, was fehlt, eine größere erzieherische Macht als das, was da ist. Mangel erzieht. Keiner ist unerzogen.

Erziehung richtet sich nach Werten. Andere Werte, andere Wertungen: Was für die einen gut erzogen heißt, bedeutet für andere Menschen schlecht oder nicht erzogen. Darum bedarf Erziehung der Diskussion und Auseinandersetzung über ihre Ziele und Werte. Besonders wichtig ist, wie die Beziehung zwischen denen aussieht, die erziehen, und denen, die erzogen werden (sollen).

Im frühen Kindesalter lernt das Kind die umgebende Welt erkunden, ihre Zustände, Regeln und Gesetzmäßigkeiten. Seine unmittelbaren und seine weiteren Bezugspersonen geben ihm ihre Erfahrungen weiter. Dabei ermöglichen sie dem Kind, eigene Wege zu gehen, seiner Neugier zu folgen, eigene Erfahrungen zu machen. Oder sie führen und kontrollieren es streng. Aus diesen unterschiedlichen Erziehungsstilen ergeben sich weitreichende Konsequenzen. Kinder entwickeln Eigeninitiativen, machen Erfahrungen mit der fremden Welt. Oder sie werden zurückhaltend, suchen das Vertraute, meiden das Fremde.

Persönliche Zuwendung ist unumgänglich. Wenn Säuglinge und Kleinkinder sie entbehren müssen, werden sie für ihr ganzes Leben geschädigt. Aber persönliche Zuwendung ist das Gegenteil von Gängelung. Gängelung ergibt sich z.B. aus der Angst der Erziehenden, die Kinder könnten vom rechten Weg abkommen. Sie öffnet Kindern keine Freiräume der Selbständigkeit, weil sie ihnen nichts oder zu wenig zutraut. Erziehende haben sich nicht die Bedürfnisse der Kinder zu eigen zu machen, noch ihre eigenen Wünsche stellvertretend in den Kindern zu verwirklichen. Die Begeisterung der Kinder, ihr Leben zu gestalten, nimmt ab, wenn sie nicht angeleitet werden, gemeinsam und selbständig Wege zu finden, Fehler zu machen, Scheitern wahrzunehmen und Grenzen zu überwinden.

Erziehung kann den Kindern trauen, wenn sie Glauben hat. Christliche Erziehung glaubt, daß den Kindern Hoffnung und Zukunft (»Reich Gottes«) verheißen, Segen und Geist Gottes gegeben ist (Markus 10, 13-16). Deshalb kann Erziehung auf Idealbilder von Kind und Kindheit verzichten und doch gelassen sein. Ohne Gelassenheit müssen Erziehende sich überschätzen oder verzweifeln. Gelassenheit ist weise, weil sie gelernt hat, die eigenen Anstrengungen zu relativieren und auf das zu achten, was an der Zeit ist (Prediger Salomo 3, 1-8). Gelassen geben Erziehende einem Kind, was Erziehende nicht haben: das Rechte zur rechten Zeit.

Erziehung heißt, Kindern und Jugendlichen nahe zu sein, ohne ihnen zu nahe zu treten. Zur Erziehung gehören Nähe und Distanz, Begleitung und zurückhaltende Anleitung. Erziehung soll nicht belehren, sondern Leerräume schaffen, die Kinder und Jugendliche selbst ausfüllen und gestalten können. Sie lernen, indem sie Lebensformen und Umgangsstile von anderen wahrnehmen. Sie machen sich Werte zu eigen, indem sie sich an dem orientieren, was ihnen lebenswert erscheint. Sie prüfen das Vertraute und nähern sich dem Fremden. Darüber wollen sie dann auch sprechen, vielleicht sogar mit Erwachsenen. Erziehung, die das Fremde würdigt, ist befreiend. Sie trägt dazu bei, den anderen nicht zu vereinnahmen oder sich selbst zum Maß aller Dinge zu machen.

Natürlich kann Erziehung nicht alles tolerieren. Sie muß Grenzen deutlich machen. Aber sie hat auch ihre eigenen Grenzen zu achten. Kein Kind darf körperlicher oder psychischer Gewalt ausgesetzt werden. Es kann passieren, daß ein Mensch zornig wird, eine Mutter z.B. ihr Kind schlägt. Hält sie diese Erziehungsmethode grundsätzlich für richtig, macht sie Gewalt zum Erziehungsmittel. Eine solche Erziehung schließt Kindesmißachtung oder sogar Kindesmißhandlung ein.

Vielleicht ist der Mutter die Hand ausgerutscht. Sie reagiert schuldbewußt. Sie trägt einen nicht geringen Konflikt in sich aus. Wird die Mutter von anderen verurteilt, wird ihre Selbstkritik verdoppelt.

Erzieherisches Handeln bedarf der Solidarität und Vergebung. Sie allein befreien von Schuld und Scham. Menschen sind nicht perfekt; im Gegenteil, sie fühlen sich oft ziemlich ohnmächtig angesichts der Verwicklungen und Probleme des täglichen Lebens. Wer anderen bei jeder Gelegenheit mit Moral und Werten kommt, handelt moralistisch. Moralismus plädiert zwar für ideale Werte, aber er sieht nicht die Umstände des Lebens, die Krisensituation, die Dilemmasituation. Wenn (im Beispiel) die Mutter nicht verurteilt, sondern akzeptiert, sogar gerechtfertigt wird, könnte sie frei werden, in der nächsten Krisen- und Dilemmasituation gelassener zu sein, ihre Reaktion aufzuschieben oder etwas zu verzögern und auch ihrem Kind nicht mit Moral zu kommen, wo es Nähe braucht. Grundlage von (christlicher) Erziehung ist keine strenge Moral, sondern Gnade, nämlich Rechtfertigung der Gottlosen, also die (vergebende, rechtfertigende) Beziehung. Diese Erziehung verpflichtet sich einem Gott, der die Gottlosen rechtfertigt. Sie vergibt, solidarisiert sich, rechtfertigt diejenigen, die vor der Moral nicht bestehen können. Kein Mensch, ob er erzieht oder erzogen wird, muß sich vor einem moralischen Gott in seinem Innern verantworten. Er hätte es ständig mit seinem schlechten Gewissen, mit Schuldgefühl und Scham zu tun. Er selbst wäre unnachsichtig und unversöhnlich mit sich und anderen Menschen. Diese (Selbst-) Erziehung ist Zwang und Verführung, Anpassung und Unterdrückung.

Die andere (humane) Erziehung setzt nicht alles auf Moral, sondern auf Beziehung und Achtung des Fremden. Ihre Werte sind Partnerschaft, Solidarität, Unterschiedlichkeit, Verläßlichkeit, Nachhaltigkeit. Sie setzt Grenzen und gibt Raum, Abgrenzungen zu überprüfen, sich damit auseinanderzusetzen und vielleicht neu zu definieren. Sie sieht in Fehlern und Unvollkommenheiten Chancen. Ihre Grundlage ist die Rechtfertigung der Gottlosen. Ihr Menschenbild ist nicht der ideale, moralische Mensch, sondern der in seinen Fehlern gerechtfertigte. Auf die Rechtfertigung schließt sie sozusagen eine Wette ab, weil für diese Gnade keine (moralische) Leistung sorgen kann.

Dietrich Zilleßen

Bruno Bettelheim, Erziehung zum Leben, Göttingen 1993; *Janusz Korczak*, Wie man ein Kind lieben soll, Göttingen 1995.

Jeder Mensch hat Vorstellungen von »gut« und »böse« und gibt häufig Urteile über Handlungen, Handlungsregeln, die dadurch ausgelösten Folgen und/oder den Charakter, die Einstellungen der handelnden Menschen ab. Sind diese moralischen Urteile gerechtfertigt oder sind sie einfach nur »die Pose, welche man jenen gegenüber einnimmt, die man persönlich nicht leiden kann« (Oscar Wilde)? Aus welchem Grund unterlassen wir bestimmte Handlungen bzw. sind der Auffassung, daß man sie unterlassen sollte? Was sind die Kriterien ihrer Bewertung?

Ethik ist in unserer Tradition eine kritische Reflexionswissenschaft, d.h. ein theoretisches Bemühen, das sich in kritisch-bewertender Weise mit Hilfe intersubjektiver Kriterien auf die Praxis in ihren Wechselbeziehungen zwischen Wahrnehmen, Deuten und Handeln bezieht. Der Begriff der Moral hingegen hebt – ähnlich wie der des Ethos – vor allem auf die bereits verbreiteten, bewertenden und normativ aufgeladenen Einstellungen der Menschen ab. Ethik bezieht sich in kritisch-prüfender und projektiv-entwerfender Weise auf diese Moral, die auch die in rechtliche Regelungen, vor allem in die Verfassung eingegangenen normativen Voraussetzungen umfaßt. Die Vielfalt ethischer Themenfelder reicht von eher personalethischen über sozialethische bis hin zu Themen politischer Ethik (z.B. Ehe, Medizinethik, Rechtsethik), die einmal eher unter dem personalen Gesichtspunkt, ein anderes Mal eher unter dem strukturellen Gesichtspunkt der Regelbeurteilung gesehen werden können, sich aber vielfältig überlappen.

Insofern sich Ethik auf die Praxis als Wahrnehmen, Deuten und Handeln bezieht, läßt sich ihr Blick nicht auf die Beurteilung von Handlungen und Gesinnungen, Handlungsregeln und deren Folgen einengen; denn Handlungsherausforderungen, -möglichkeiten u.ä. sind wesentlich vom Wahrnehmen und Deuten des Handelnden bestimmt, die auch die Selbstdeutung des Agierenden einschließen. Zur Disposition stehen deshalb auch die Gelingensbilder, die die menschlichen Lebensformen begleiten, sie orientieren und ausrichten. Vorstellungen gelingenden Lebens hängen dabei substantiell mit unserem Menschenbild, unseren Hoffnungen und Glücksvorstellungen zusammen. Solche Rahmenvorstellungen können beispielsweise sehr harmonieorientiert sein, ohne die Zweideutigkeit und das Scheitern des Lebens ausreichend in den Blick zu fassen; umgekehrt kann das Menschenbild auch von einem tiefgreifenden, sich gegen den Mitmenschen abkapselnden Pessimismus bestimmt sein, der Handlungsmöglichkeiten verspielt, -anforderungen gar nicht erst wahrnimmt und Erfahrungen eines vorläufigen Gelingens des Lebens verpaßt.

Für die protestantische Tradition und ihre Entstehungsgeschichte im 16. Jahrhundert ist das theologische Verständnis von Moral substantiell. Moral darf nicht, so die Einsicht Luthers, zum selbstrechtfertigenden »Werk« des Menschen gegenüber Gott werden; das Verhältnis zwischen Gott und Menschen konstituiert sich ausschließlich durch den Glauben an Gottes Gnade und nicht durch die Leistung.

Aus dieser Perspektive läßt sich auch die Ambivalenz der Moral entdecken. Sie kann benutzt und mißbraucht werden, um andere oder sich selbst niederzudrücken und zu entwerten, wie auch umgekehrt sich gegenüber anderen aufzuspreizen. Die größten Untaten des 20. Jahrhunderts sind unter moralischem Vorzeichen geschehen. »Niemals tut man derart vollständig und heiter das Böse, als wenn man es mit gutem Gewissen tut« (Blaise Pascal). Aus diesem Grund ist ein überschwenglicher Moralismus, der häufig zwischen Selbstquälerei und Überheblichkeit hin- und herpendelt, gerade aus protestantischer Sicht kritisch zu beurteilen.

Diese protestantische Perspektive bestimmt auch den Umgang mit den biblischen Schriften. Sie sind nicht als ein Steinbruch von Regeln und Normen zu verwenden. Vielmehr sollten in den möglichen Aktualisierungen zunächst die grundsätzlichen Aspekte des Menschseins und Gelingensbilder menschlichen Lebens festgehalten werden; sie schließen sowohl das Angewiesensein auf Gott und den anderen als auch die Auseinandersetzung mit dem Leiden und der Ambivalenz menschlichen Lebens und Scheiterns ein.

Das Doppelgebot der Liebe (Lukas 10, 27) führt an das Beziehungsgeflecht zwischen Gott, Mensch und Mitmensch heran. Eine unmittelbare Handlungsanleitung können wir ihm nicht entnehmen. Derjenige, der meiner Zuwendung bedarf, muß als mein Nächster immer wieder entdeckt werden. Das Liebesgebot ist eher eine Art flexible Erfindungsregel, mit deren Hilfe wir abgeleitete Regeln wie Gebote im Hinblick auf ihre Menschenfreundlichkeit prüfen, überarbeiten, ggf. bewahren, abschaffen oder neue Regeln erfinden. Die das Gegenseitigkeitsprinzip festhaltende goldene Regel (Matthäus 7, 12) sollte dabei nicht vorschnell in einen Kontrast zum Doppelgebot – hier die »quasi-egoistische« Gegenseitigkeit, dort die »ganz am anderen« orientierte Liebe – gebracht werden.

Das Gebot der Feindesliebe (Matthäus 5, 44) ist insofern ein Prüfstein für das Doppelgebot der Liebe, als sich hieran die universale Bedeutung des Liebesgebotes – es bezieht sich auf jeden Feind – bewähren muß; der Nächste muß durch die Bearbeitung und Durchbrechung der Freund-Feind-Schemata als Geschöpf Gottes entdeckt werden. Da wir als soziale Wesen durch unsere Traditionen und Identitätsbildungen immer auch in besondere Zugehörigkeitsgefühle (Familie, Volk, Religion, Nation, Rasse usw.) verflochten sind, deren Dynamik sich durch Vorstellungen von/vom Fremden leicht zu gegenseitigen Freund-Feind-Festlegungen ausarbeiten kann, gehört die konstruktive Bearbeitung von Prozessen der Verfeindung zum Gebot der Feindesliebe hinzu. Meta-Normen wie das Liebesgebot wollen biblische Weisungen wie die Zehn Gebote (2. Mose 20, 1-17) nicht prinzipiell ersetzen, sondern den Sinn von Geboten entdecken helfen.

In einer säkularisierten Gesellschaft kann eine christliche Ethik nicht darauf verzichten, ihre spezifisch biblischen Perspektiven des gelingenden Lebens und ihre normativen Regeln in Kontakt und kritischer Auseinandersetzung mit der philosophischen Ethik vernünftig zu plausibilisieren, um so Rechenschaft von der biblischen

Botschaft zu geben (1. Petrus 3, 15). Daß es hierbei in normativer Hinsicht zu einer Reihe von Überschneidungen kommt, muß eine christliche Ethik nicht beunruhigen. Dies ist bereits in den biblischen Texten der Fall.

Wolfgang Maaser

Hans-Werner Dannowski/Irmgard Pickerodt/Jürgen Wolf (Hg.), Sachwissen Ethik. Ein Begleit- und Arbeitsbuch für den Unterricht in Ethik, Werte und Normen, Philosophie, Lebensgestaltung und Religion, Göttingen 1993; *Michael Klöcker/Udo und Monika Tworuschka,* Wörterbuch Ethik der Weltreligionen. Die wichtigsten Unterschiede und Gemeinsamkeiten, Gütersloh ²1996.

Feminismus

Daß Frauen Männern gegenüber gleiche Rechte beanspruchen, ist historisch keineswegs selbstverständlich. Erst 1949 wird in das Grundgesetz der Bundesrepublik Deutschland der Artikel 3 aufgenommen, niemand dürfe wegen seines Geschlechts benachteiligt werden; im selben Jahr nimmt die Verfassung der DDR den Gleichberechtigungsgrundsatz in Artikel 7 auf. Seit etwa Mitte der siebziger Jahre fordern Frauen im Kontext der Zweiten Frauenbewegung die Einlösung dieses Anspruchs. Bis dahin unterscheiden sich männliche und weibliche Normalbiographien grundlegend. Während Männer nach einer Ausbildung bzw. einem Studium berufstätig werden und den Unterhalt für die Familie verdienen, sind nur wenige Frauen nach dem in der Regel weniger qualifizierten Bildungsabschluß erwerbstätig und sorgen nach der Eheschließung, ohne über eigenes Geld zu verfügen und ohne das Recht, eigenständig beispielsweise einen Kühlschrank kaufen zu dürfen, für die Hausarbeit, die Kindererziehung, für kranke und alte Familienangehörige.

In den siebziger Jahren setzt ein gravierender Wandel des privaten und öffentlichen Geschlechterverhältnisses ein. Gegenwärtig erreichen Mädchen dieselben Schulabschlüsse und annähernd dieselben beruflichen Qualifikationen, fast alle sind vor der Ehe berufstätig. Die Erwerbsquote von Frauen erreicht etwa 60%. In Ehescheidungen werden seit den siebziger Jahren Frauen und Männer gleichgestellt.

Seit den neunziger Jahren werden Vergewaltigungen härter bestraft und ist Vergewaltigung in der Ehe strafbar. Schwangerschaftsabbrüche sind in den ersten drei Monaten nach einer Pflichtberatung zwar rechtswidrig, aber straffrei. Dennoch sind Frauen in leitenden Positionen des politischen, wirtschaftlichen, kulturellen und auch kirchlichen Lebens noch immer deutlich unterrepräsentiert, noch immer erledigen Frauen neben der Berufsarbeit den

8. Gesellschaft

größten Teil der Haus- und Familienarbeit, trotz eines gesetzlich gewährten Kindergartenplatzes ab drei Jahren müssen Frauen und nur selten Männer nach den ersten Jahren ihrer Berufstätigkeit zwischen Beruf und Kindern wählen. Alleinerziehende Mütter und deren Kinder stellen den größten Anteil der Sozialhilfeempfangenden, alte Frauen sind wesentlich stärker von Armut betroffen als alte Männer. Frauen und Mädchen werden noch immer Opfer sexueller Gewalt.

Die feministische Diskussion läßt sich in vier Phasen gliedern, in denen immer auch danach gefragt wird, was Frausein bedeutet. Zunächst geht es Feministinnen um »Gleichheit«, um ein Ende der Diskriminierung aufgrund ihres Geschlechts. Frauen wollen die »Hälfte des Himmels«. Sie fordern »gleichen Lohn für gleiche Arbeit« und das Recht auf Selbstbestimmung ihrer Sexualität einschließlich der Möglichkeit eines straffreien Schwangerschaftsabbruchs – beides wurde ihnen in der DDR gewährt – sowie Chancengleichheit in Bildung und Ausbildung sowie im beruflichen und öffentlichen Leben.

In einer zweiten Phase grenzen sich Frauen davon ab, sich Männern angleichen zu müssen, um gleiche Rechte zu bekommen. Frausein und Weiblichkeit in der Differenz zum Männlichen sollen gewürdigt werden. In der Debatte um die »andere« Moral von Frauen wird die Qualität und mögliche Überlegenheit weiblicher situationsbezogener Fürsorge gegenüber männlichen Gerechtigkeitsprinzipien hervorgehoben.

Feministische Untersuchungen zeigen, wie Geist und Leib, Rationalität und Gefühl, Gerechtigkeit und Fürsorge, Autonomie und Abhängigkeit, öffentlich und privat usw. mit Männlichkeit bzw. Weiblichkeit assoziiert und einander hierarchisch zugeordnet werden. Deutlich wird, daß die symbolische Geschlechterdifferenz, die Differenz des kulturell als weiblich zum kulturell als männlich Geltenden in ein Engagement für gleiche Rechte des Verschiedenen einbezogen werden muß. Sowohl die Gegensätze als auch ihre eindeutigen geschlechtsdifferenten Zuordnungen sollen überwunden werden.

Ein nächster Schritt problematisiert Differenzen unter Frauen. Armut und Reichtum, die Hautfarbe, das Alter, die sexuelle Orientierung, behindert oder nicht behindert, gesund oder krank, Mutter oder kinderlos zu sein, trennt Frauen möglicherweise mehr, als es sie verbindet. Darüber hinaus werden geschlechtliche »Ordnungen« kritisch analysiert, die in kulturellen Praktiken stets wiederholt werden; dazu gehören psychische Muster, Verhaltens- und Denkgewohnheiten, Kleider und Frisurenmoden sowie alltägliche Körperpraktiken.

In den neunziger Jahren konzentriert sich die feministische Diskussion auf die Frage, ob, wie manche Theoretikerinnen behaupten, nicht nur die kulturelle Geschlechterdifferenz »gender«, sondern auch die biologische Geschlechterdifferenz »sex« als Ergebnis einer kulturell erzeugten, immer wieder reproduzierten Praxis und Denkweise zu sehen ist, die letztlich der Aufrechterhaltung einer heterosexuell normierten Gesellschaft dient. Ohne daß ignoriert wird, daß gesellschaftlich Personen weiterhin nach Geschlechtern unterschieden werden, stellen manche die Frage, wieso nicht Merkmale wie Augenfarbe, Größe, Alter oder anderes statt der Geschlechtszugehörigkeit die Identität bestimmen könne. Eine »weibliche« Identität gilt einigen nur noch als Instrument einer traditionellen Geschlechterordnung. Angeregt durch lesbische Lebensentwürfe wird die Vorstellung des »queering« attraktiv, die kreativ die Geschlechterordnungen stören soll, damit auch »unnormale« Lebensentwürfe gesellschaftlich akzeptiert und die Fremdheit individuellen Personseins respektiert werden können.

Auch Kirchen, Gottesdienste, Gemeinden und die Theologie sind von der kirchlichen Frauenbewegung und der feministischen Theologie verändert worden. 1982 ließ die letzte evangelische Landeskirche Frauen zum Pfarramt zu. 1999 wählte zum zweiten Mal eine Landeskirche eine Frau zur Bischöfin. Der Anteil evangelischer Theologieprofessorinnen ist in den letzten Jahren auf knapp 10% gestiegen. Für Gottesdienste sind Liturgien entwickelt worden, die sich um eine »frauengerechte« Sprache bemühen. Frauen sollen nicht nur als Brüder, Jünger und Christen, sondern als Schwestern,

8. Gesellschaft

Jüngerinnen und Christinnen angesprochen werden. Alle Themen der Theologie werden im Hinblick auf ihr Verhältnis zur Geschlechterdifferenz untersucht. Feministische Theologinnen orientieren sich an Überlieferungen, daß Gott Frau und Mann in gleicher Weise als seine Bilder würdigt, daß sein Geist über Frauen wie über Männer ausgegossen wird, daß seine Versöhnung in Jesus Christus Frauen und Männer einschließt. Sie kritisieren Traditionen, nach denen Gott nur oder besser im männlichen Geschlecht symbolisiert werden kann und nach denen Frauen der Sünde näherstehen als Männer. Frauengestalten in biblischen Texten und in der Kirchengeschichte werden neu wahrgenommen. Über das Verhältnis von Weiblichkeit und Männlichkeit zu Gott, Sünde, Kirche, Erlösung, zu Geist und Leib, zu Ehe und Familie, zu Gewalt und Macht denken Frauen neu nach und berücksichtigen dabei ihre Lebens- und Glaubenserfahrungen als Frauen. Angesichts der neuen Entwicklungen in Medizin, Biologie und Gentechnologie fordern feministische Theologinnen die Achtung der Würde schwangerer Frauen und des ungeborenen Lebens und diskutieren intensiv ethische Fragen des Lebensbeginns sowie des Lebensendes.

Wie die Achtung der Gleichberechtigung von Frauen kein Frauen-, sondern ein gesamtgesellschaftliches Thema ist, geht die Verletzung der Würde der Gottesbildlichkeit einer Frau auch Männer an. Der Glaube an Gott, der Frauen *und* Männern seinen Geist, seinen Segen, seine Versöhnung und die Verheißung neuen ewigen Lebens schenkt, kann Frauen und Männer dazu bewegen, das ihnen Mögliche zu tun, damit die Praxis ihres Zusammenlebens diesen Gaben entspricht.

Helga Kuhlmann

Elisabeth Gössmann u.a. (Hg.), Wörterbuch Feministische Theologie, Gütersloh 1991; *Frauenarbeit der Ev. Landeskirche in Württemberg* (Hg.), Feministische Theologie. An-stöße, Stich-Worte, Schwer-Punkte, München 1992.

Mit der finanziellen Krise, die die Arbeit der evangelischen Kirche in Deutschland seit Jahren zunehmend unter Knappheitsvorbehalt stellt, wird das Geld zu einem zentralen Gegenstand der innerkirchlichen Kommunikation. Die Finanzierungsmöglichkeit von Personalstellen und Arbeitsbereichen ist ebenso betroffen wie der Zuschnitt von Gemeinden, Kirchenkreisen und übergemeindlichen Diensten, vor allem aber auch die Atmosphäre im Umgang zwischen Kirchenleitungen, Pfarrer/-innen und kirchlichen Mitarbeitern.

Über die Frage der Finanzierung kirchlicher Arbeit hinaus ist das Geld ein zentrales Thema theologischer und kirchlicher Arbeit. Grundlegend ist die Konkurrenz, ja die Alternative Gott oder Geld. Denn es gibt Parallelen im Verhältnis des Menschen zu Gott und zum Geld. Nicht zufällig sind die alltagssprachlichen Übereinstimmungen: gottesdienstliche und ökonomische Messe; Credo und Kredit; Schuld und Schulden. Martin Luthers bekannte Formulierung im *Großen Katechismus* – »woran du dein Herz hängst, das ist eigentlich dein Gott; es ist mancher, für den sind Geld und Gut Götter; Mammon = Geld ist der schlimmste Abgott auf Erden« – bringt die Alternative auf den Begriff und nimmt damit eine zentrale biblische Linie auf.

Zur Zeit des Alten Testaments entsteht mit dem Königtum in Jerusalem ein zentrales Machtzentrum in der bis dahin lokal organisierten Gesellschaft. In Jerusalem konzentrieren sich der Königshof mit Beamtenapparat und stehendem Heer; zugleich werden politische und religiöse Zentrale zusammengelegt (vgl. 2. Samuel 6). Im Gegensatz zur Umwelt Israels hat der israelische Tempel keinen eigenen Grundbesitz. Damit wird der Zehnte zum eigentlichen Finanzierungsinstrument. Mit der Institution des »Zehnten« wird jedoch der Tempelkult selbst bedroht. Propheten und Priester können in ihren Bescheiden von Geldzuweisungen abhängig werden. Diese Abhängigkeit wird von den Schriftpropheten wie Micha und Jeremia angeklagt. In der jüdisch-christlichen Religionsgeschichte finden sich seitdem immer neue Ansätze, die Wirkungen der Geldwirtschaft wenigstens zu mildern. Die Sozialgesetzgebung verbietet das Zinsnehmen (2. Mose 22, 24; 3. Mose 25, 35-38; 5. Mose 23, 20f.), sie verbietet, Lebensnotwendiges als Pfand zu nehmen (2. Mose 22, 25f.; 5. Mose 24, 6, 10-13 und 17) und die Felder, Ölbäume und Weinberge bis zum Letzten abzuernten und so den Bettelarmen das Überlebensnotwendige zu nehmen (3. Mose 19, 9f.; 23, 22; 5. Mose 24, 19-22). Eine Form des Wirtschaftens, die auf Profit aus ist und Menschen wie Lebensumwelt als Objekt der Ausbeutung ansieht, widerspricht dem Willen Gottes.

Im Neuen Testament werden Männer, die Jesus nachfolgen wollen, aufgefordert, auf Besitz zu verzichten und ihr Geld an die Bedürftigen zu geben (Markus 6, 8-13; 10, 17-22); Frauen, die Jesus nachfolgen, unterstützen die Gemeinde mit ihrem Geld, müssen also offenbar nicht in so radikaler Weise auf ihren Besitz verzichten (Lukas 8, 1-3). An der Frage »Gott oder Geld« entscheidet sich, wodurch Menschen ihr Leben bestimmen lassen. Wie die Propheten in Israel fordert auch Jesus eine Entscheidung: »Niemand kann zwei Herren dienen [...] Ihr könnt nicht Gott dienen und dem Mammon« (Matthäus 6, 24f.). Dabei hat Jesus in seiner Predigt von der nahen Gottesherrschaft bereits eine entfaltete Geldökonomie vor Augen: Geld ist eines der beständigen Themen in seinen Reich-Gottes-Gleichnissen (Matthäus 13, 44-46; Lukas 15, 8-10; 19, 11-27).

Von den frühkirchlichen Mönchsorden (in der Zeit, da sich die Großkirche zunehmend dem Lebensstil der gesellschaftlichen Umwelt anpaßt) bis ins Hochmittelalter gibt es immer neue Aufbrüche, die Lebensbestimmtheit durch das Geld durch ein Armutsgelübde zu überwinden. In der Reformation dann soll der »gemeine Kasten« die soziale Verpflichtung auf den gesamten gesellschaftlichen Lebenszusammenhang ausdehnen. Immer ist es so, daß die Religion gegen eine vorherrschende geldbestimmte Ökonomie mildernd eintritt, um den Armen Geltung zu verschaffen.

Die »Ökonomie der Religion« ist eine Ökonomie des Gabenaustausches, nicht des Warenaustausches. Der entscheidende Unterschied besteht darin, daß die Gabenökonomie eine Wirtschaftsform ist, in der die am Austauschprozeß Beteiligten in einer Beziehung wechselseitiger Verpflichtung stehen. Die Gabenökonomie ist die vorherrschende Ökonomieform der alten Gesellschaften, und in der heutigen spätkapitalistischen Gesellschaft ist sie – unter der Vorherrschaft der Warenökonomie – dort lebendig, wo es um das Hervorbringen und Bewahren von Leben geht: in den intimen Beziehungen zwischen Liebenden, zwischen Eltern und Kindern, aber auch zwischen Freunden und Nachbarn und auch in der Religion. Die Gabenökonomie bestimmt nach der Bibel auch die Beziehung zwischen Gott und seinen Menschen: Gott hat alles Leben gegeben, die Verheißung, das lebensfördernde Gesetz; er stellt dadurch die Menschen in eine verpflichtende Beziehung.

Jesu Aufforderung »Sorgt nicht!« ist eine bündige Zusammenfassung der biblischen ökonomischen Logik. Gott hat das Leben in Fülle gegeben. An Gott glauben heißt glauben, daß für alle genug da ist, daß Gott für alle seine Lebewesen sorgt. Dagegen ist Sünde, ist der Bruch der Beziehung zu Gott gerade dadurch gekennzeichnet, daß das Bewußtsein des Mangels vorherrschend wird: Jeder will möglichst viel für sich sichern und herausholen.

Die evangelische Kirche kann aus dem Skizzierten für ihren Umgang mit Geld Orientierung gewinnen. Fatal wäre, biblische und kirchengeschichtliche Erinnerungen zu verdrängen. Im Umgang mit Geld zeigt sich, gegenüber wem die Kirche Jesu Christi verpflichtet ist, woran sie glaubt. Gegen die Wahrnehmung der Kirche als Unternehmen, das die Bedürfnisse von Kunden zu befriedigen hat, ist immer wieder neu nach einer Übersetzung des »Priestertums aller Glaubenden« zu suchen. Das schließt die wechselseitige Verpflichtung aller Beteiligten zur Wahrnehmung und Achtung des unverwechselbaren Gesichts des anderen ein. So etwas gelingt am besten in überschaubaren Einheiten. Die Zusammenlegung kleiner Gemeinden, Kirchenkreise und Einrichtungen aus finanziellen Gründen ist darum mit Skepsis zu betrachten.

8. Gesellschaft

Das Finanzierungssystem der evangelischen Kirchen beruht auf den Kirchensteuern und auf den freiwilligen Gaben (Kollekten, Sammlungen). Bislang dominiert das Kirchensteuerwesen. Gegenüber den meisten Kirchen in der ökumenischen Christenheit handelt es sich um einen Sonderweg, der in der spezifischen Konstruktion des deutschen Staatskirchenrechtes begründet ist. Die Kirchensteuer gehört rechtlich zu den gemeinsamen Angelegenheiten von Staat und Kirchen. Der Kirchensteuersatz beträgt in der Regel 9% von der Lohn- bzw. Einkommenssteuer. 4% der erhobenen Kirchensteuersumme erhält der Staat für die Amtshilfe der Finanzämter (das erhöht sein eigenes Steueraufkommen also um 0,36%). Aufgrund der Kirchenaustritte, Wandlungen in der gesellschaftlichen Alterspyramide, Arbeitslosigkeit und Veränderungen im Steuerwesen wird wahrscheinlich zukünftig die Wichtigkeit freiwilliger Beiträge zunehmen. Die engere Verbindung mit dem Engagement der Menschen vor Ort wird erhebliche Konsequenzen für die Strukturen der Kirche haben. Denkbar wäre etwa die folgende Umgestaltung: Die Landeskirchenämter finanzieren aus den (deutlich geringeren) Kirchensteuern für alle Mitarbeitenden und die Gemeinden (je nach Größe) einen Sockelbetrag. Das Weitere ist freiwillig aufzubringen. Die Mitgliedschaft in der Ortsgemeinde würde dann auch verbindliche finanzielle Beteiligung einschließen.

Hans-Martin Gutmann

Christoph Deutschmann, Die Verheißung des absoluten Reichtums. Zur religiösen Natur des Kapitalismus, Frankfurt/Main, New York 1999; *Franz Segbers*, Die Hausordnung der Tora. Biblische Impulse für eine theologische Wirtschaftsethik, Luzern 1999.

Kultur

Die Rede von Kultur gehört längst schon zum allgemeinen Wort- bzw. Sprachgebrauch. Schon an der alltäglichen Verwendungsvielfalt (Hochkultur, Kulturszene usw.) läßt sich ablesen, daß der Begriff inflationär gebraucht wird. Ursprung und Sinn sind kaum noch erkennbar.

Der in der deutschen Sprache verwendete Begriff Kultur ist gebildet nach dem lateinischen *cultura*, abgeleitet wiederum von dem Verb *colere*. Eine einzige »korrekte« Übersetzung gibt es nicht; je nach Verwendungszusammenhang läßt sich *colere* – und entsprechend *cultura* – übertragen wiedergeben mit bebauen und bewohnen, aber auch mit gestalten, veredeln oder huldigen. Dennoch haben diese unterschiedlichen Bedeutungen eine grundsätzliche Gemeinsamkeit; sie betonen den Sachverhalt, daß aus einer bestehenden Vorgabe etwas gemacht bzw. mit dieser Vorgabe auf eine besondere Weise umgegangen wird. Man kommt diesem Sinn näher, wenn man mitbedenkt, was bebaut, bewohnt, veredelt wird: die *natura* nämlich.

Und tatsächlich muß *cultura* als Gegen- und Ergänzungsbegriff zu *natura* – im Sinne von Wesen, Art, Charakter, Naturell – aufgefaßt werden. Gerade die Gegenüberstellung von Kultur und Natur vermag zu verdeutlichen, daß der Mensch mit seiner Geburt (lateinisch *natus*, geboren) in ein Regelwerk von Konventionen und Werten, von Sitten und Gebräuchen eingelassen wird, aber auch, daß der natürliche Mensch stets vor der Aufgabe steht, sein Leben unter bestimmten Rahmenbedingungen selbständig zu gestalten, zu deuten und zu meistern. Um eine Redensart aufzunehmen: »Natürlich betritt, kultürlich verläßt man die Welt!«

Diese Ausrichtung des Kulturbegriffes läßt sich anschaulich machen, wenn man einmal von den sogenannten transkulturellen Faktoren – von allgemeinmenschlich-natürlichen Konstanten und kreatürlichen Vorgaben – ausgeht. Aber was gehört grundlegend zur Kreatur? Zuallererst wohl die »natürlichen« Bedürfnisse (Nahrung, Fortpflanzung, Geselligkeit usw.) und Fähigkeiten (Sinneswahrnehmung, ästhetisches Empfinden, religiöses Erleben usw.) des Menschen, sodann die dem Menschenleben »natürlich« gesetzten Grenzen (etwa Tod und Endlichkeit). Zuletzt wahrscheinlich auch ein gewisses Streben, denn schließlich sind die Bedürfnisse nicht nur da, sondern eifern nach Befriedigung, so, wie eben auch die Fähigkeiten, Eindrücke und Gefühle nach Ausdruck verlangen und die Grenzen nach Bewältigung.

Doch solches Eifern und Streben geschieht keineswegs als Unternehmen im Vakuum, sondern als ein Leben und Handeln in der Welt und Umwelt. Hier nun werden einerseits der Beliebigkeit von Bedürfnisbefriedigung, Gefühlsausdruck und Grenzüberschreitung deutliche Grenzen gesetzt, andererseits – als Gesellschaft und Kulturraum – neue Gestaltungsmöglichkeiten bereitgehalten. Im Rahmen dieser Grenzen und Gestaltungsmöglichkeiten kann sich der Mensch nun als Kulturwesen Ausdruck verschaffen. Anders formuliert: Die Zukunft ist offen, der Sinn des Lebens unerklärbar.

Den Menschen jedoch drängt es offensichtlich dazu, dennoch sein Dasein zu meistern und sein Schicksal anteilig zu überschauen. Er will Vorstellungen haben von Ordnung, sucht nach Verbindlichkeiten hinsichtlich der Fragen nach gut und böse oder richtig und falsch. Er strebt nach Werten, Moralia, Normen und Idealen, nach Bezugspunkten, Orientierungsmustern und Sinnzusammenhängen. Er hält Ausschau nach Theorien und Praktiken, nach Worten und Antworten, nach Ritualen und Zeremonien, die ihm bei seiner Existenz in Welt und Gesellschaft, bei seiner Lebensgestaltung und Aufgabenbewältigung in Raum und Zeit behilflich sind. All dies tut er nun einerseits vor dem Hintergrund der Deutungsmuster, die seine Vorfahren gewonnen, ersonnen und tradiert haben, aber er tut es auch dadurch, daß er eigenmächtig auswählt und interpretiert – und so »seinen« Kulturhorizont findet. Mit anderen Worten: er leistet seine »persönliche« Kulturarbeit, indem er sich auf die konkrete Gesellschaft, den historisch gewachsenen Kulturraum einschließlich der verschiedenen Traditionen bezieht – und sich zugleich an ihnen abarbeitet.

Im Ergebnis stehen wir damit vor einem doppelt pointierten Kulturbegriff. Einerseits nämlich zielt dieser ab auf eine bestimmte Summe geistiger, künstlerischer, ökonomischer (usw.) Werke und Errungenschaften; sie können als Indianerkultur in einem Kulturladen verkauft, als Kulturdenkmäler im Kulturmuseum ausgestellt oder als Kulturgut in einem bestimmten Kulturraum gepflegt werden.

Andererseits aber sucht er auch das schöpferisch-tätige Wirken des Menschen einzubeziehen, der seinem Dasein Sinn und Ziel, seinem Leben Orientierung und Wert(e) zu geben sucht, indem er sich als Kulturwesen zeigt, mit seiner Umgebung kommuniziert, aber auch seinen Umgang in der Kneipenkultur sucht oder die Angebote der Filmkultur in bewußter Auswahl in Anspruch nimmt.

Diese beiden Pointen widersprechen sich keineswegs, sondern verdanken sich lediglich unterschiedlichen Perspektiven. Man kann ihre maßgeblichen Aspekte – Werke und Wirken, Vorgabe und Gestaltung – zusammenhalten, wenn man Kultur grundsätzlich begreift als selbstgesponnenes Bedeutungsgewebe von Menschen, als symbolisch gestaltetes Bedeutungsgefüge, das den Zweck hat, zwischen Einzelperson und Gesellschaft zu vermitteln, zwischen Dasein und Besonderssein, zwischen Leben und Sinn. In diesem Sinne darf der Kulturbegriff konkret bezogen werden auf alle historisch möglichen Lösungen der Frage, wie es gelingt, Angehörigen einer Gesellschaft geistige Lebensbedingungen einzurichten, zu erhalten und weiter zu entwickeln.

Wir haben es – empirisch gesehen – mit einem Pluralismus von Kulturen zu tun; Einzelkulturen realisieren zumeist nur begrenzte Aspekte menschlicher Möglichkeiten. Die Bindung an Kulturkreise, Gesellschaftsformen, Weltanschauungen und Lebensdeutungsmuster bedeutet zugleich Auswahl und Beschränkung. Die normativen Kernbereiche von Kulturen sind ihre identitätsstiftenden Inhalte, und der Nutzen einer Kultur hinsichtlich seiner sinngebenden und identitätsfördernden Qualität bedingt offensichtlich deren Dauer und Wertschätzung. So ist es zu begreifen, warum die Urteile über bestimmte Kulturtraditionen so unterschiedlich ausfallen können, und so ist auch zu erklären, daß Kulturen entstehen und vergehen, obwohl der Mensch grundsätzlich ein Kulturwesen bleibt.

Frank Thomas Brinkmann

H. Donner (Hg.), Kirche und Kultur in der Gegenwart, Hannover 1996, *Kirchenamt der EKD* u.a. (Hg.), Gestaltung und Kritik. Zum Verhältnis von Protestantismus und Kultur im neuen Jahrhundert (EKD Texte 64), Hannover, Frankfurt/Main 1999.

Der Medienbegriff ist vieldeutig. Dies zeigt sich schon im alltäglichen Sprachgebrauch, wo die ursprünglich aus dem Lateinischen stammende Vokabel *medium* sowohl als Fremdwort im Singular wie auch als eingedeutschter Plural (»Medien«) Verwendung findet. Dabei wird für den Singular *Medium* weitestgehend die wörtliche Übersetzung – *Mitte, Mittel, Vermittelndes* – zugrundegelegt. Der Terminus *Medien* hingegen dient gewöhnlich als Sammelbegriff. Er bezeichnet meist ein bestimmtes Ensemble von technischen Apparaten und vortechnischen Produkten, die als Lehr- und Lernmittel eingesetzt werden können (Folienschreiber, CD-Spieler, Diaprojektor, Bücher usw.), als Informations- und Datenträger dienen (PC, Tonband, Diskette etc.) sowie als Kommunikationsinstrumente zum Einsatz kommen (Film, Telefon, Radio etc.). Umgangssprachlich präzisiert wird dieser Sammelbegriff z.B. dadurch, daß man von »elektronischen Medien« oder »neuen Medien« spricht, wenn Kabel- und Satellitenfernsehen, Video und High-Tech-Geräte, Computer und Internet gemeint sind.

In den wissenschaftlichen Debatten freilich findet man den Medienbegriff ausführlicher reflektiert und entfaltet. Hier wird ein Medienverständnis entwickelt, das sich zwar am Wortsinn »Mittel« und »Vermittelndes« orientiert, aber darüber hinausgehend auch fragt, wozu diese Mittel förderlich sind bzw. wofür und für wen sie vermittelnd stehen. Aus dieser Perspektive heraus läßt sich etwa die doppelte These entwickeln, daß man unter »Medien« all dasjenige zusammenfassen kann, was einerseits der menschlichen Kommunikation und Interaktion, andererseits der Artikulation dient.

Auf der Basis dieser Argumentation wäre also schon »Sprache« ein Medium, zumal sie ein Mittel ist, auf das der Mensch zur – eben sprachlichen! – Entfaltung und Entäußerung seiner selbst zurückgreift. Auch Literatur, Malerei und Tanz, Zeremonien, Rituale und

8. Gesellschaft

kultische Traditionen, also Kunst- und Kulturprodukte allgemein, aber ebenso »Arbeit«, »Werkzeug«, »Fahrzeug« usw. lassen sich in diesem Sinne dem erweiterten Medienbegriff zurechnen, weil an ihnen abgelesen werden kann, wie sich der Mensch kultürlich »vermittelnd« verhält und zum Ausdruck bringen möchte. Den wohl diesbezüglich am großzügigsten gefaßten Medienbegriff findet man bei dem Amerikaner Marshall McLuhan; er umspannt neben den typischen Medien wie Druckerzeugnis, Telefon, Grammophon, Film, Kino, Radio, Fernsehen etc. auch Kleidung, Wohnung, Geld, Uhren, Spiel, Sport und vieles weitere mehr. Wo sein Ansatz konsequent durchgeführt wird, werden selbst Religion und Kirche den Medien zugerechnet – und zwar sofern sie einerseits den Menschen als Artikulationshilfe und Ausdrucksmittel religiöser Befindlichkeit, andererseits als Vermittlungsinstanz zwischen Gott und Welt bzw. zwischen Sinnsuche und Sinnantwort dienen.

Wer sich ein solches Medienverständnis aneignet, wird auch begreifen, inwieweit die Rede von einer »medialen Konstituiertheit von Gesellschaften und Kulturen« berechtigt ist. Sie besagt nämlich, daß der Mensch immer Medien zu Hilfe nehmen muß, um sich zu verständigen und zu artikulieren. Natürlich ist diese mediale Konstituiertheit von Gesellschaften und Kulturen nicht nur eine Tatsache der Moderne. Zu allen Zeiten haben Menschen bestimmte bedeutungstragende Zeichen, Objekte und Rituale als Medien in Anspruch genommen.

Dieser unumstrittene Sachverhalt macht es möglich, die Betrachtung von Medien in grundsätzliche Überlegungen zu *Kultur* einmünden zu lassen. Daran ändert sich auch dann nichts, wenn man sich aus praktischen Gründen darauf verständigt, doch dem »normalen« Sprachgebrauch zu folgen, den Aspekt der *Vermittlung* in den Vordergrund zu stellen und Medien vor allem unter diesem Gesichtspunkt als Botschaftsvehikel bzw. als Kanäle, Instrumente und Objekte zu analysieren. Denn auch für die »neuen« Medien gilt, was allen Verständigungs- und Ausdrucksmitteln eigen ist: Der Mensch als Kulturwesen gebraucht bestimmte Dinge und Vorgaben, erstens: um sich zu artikulieren, zweitens: um zu kommunizieren und zu interagieren sowie drittens: um sich eine Übersicht über den je eigenen Standort und Sinnhorizont zu verschaffen.

Medien werden auch konsumiert – und während des Konsums stellt sich eine Auseinandersetzung mit Form und Inhalt des medial Vermittelten ein. Indem sich der Mensch bestimmten Medien bzw. bestimmten medial transportierten Botschaften aussetzt, macht er sich diese Medien als Erschließungsforen seiner eigenen Gestimmtheit dienstbar. Mit einem Beispiel: Wer ins Kino geht, um sich einen Film anzusehen, kann sich a) als Kinogänger zum Ausdruck bringen, b) als Empfänger einer filmisch vermittelten Botschaft begreifen oder aber c) während des Filmgenusses seinen eigenen Standort im Leben und in der Welt vor der Leinwand neu überdenken.

Am Ende aber bleiben die »offenen Enden« des Medienbegriffes, die sich genau dort zu erkennen geben, wo die vielleicht bedeutsamsten Rückfragen gestellt werden müssen: Läßt sich an der medial konstituierten Moderne tatsächlich auch deren interpretierte Realität ablesen? In welchem Verhältnis stehen Medien und Wirklichkeit? Wird diese Wirklichkeit von Medien wiedergegeben, ermöglicht, reflektiert, verändert oder gar vollends kontrolliert?

Wer die medienpolitischen Machtkämpfe, die Strategiekonzepte der (Massen-) Medienmogule oder die Monopolisierungstendenzen in der Unterhaltungsindustrie allgemein in den Blick nimmt, wird gewiß eher die Meinungsbildung und Realitätsverzerrung der Medienapparate thematisieren; wer hingegen die kulturgeschichtliche Entwicklung medial konstituierter Gesellschaften analytisch durchdringt, wird den gegenwärtig vorfindlichen Medien zugestehen müssen, daß sie nicht der Realität gegenübergestellt werden dürfen, sondern vielmehr Teil davon sind.

Frank Thomas Brinkmann

Horst Albrecht, Die Religion der Massenmedien, Stuttgart 1993; *Marshall McLuhan*, Die magischen Kanäle, Basel 1994.

Medizin

Im Zentrum der Medizin steht der kranke oder von Krankheit bedrohte Mensch. Der Auftrag der Medizin besteht sowohl in Heilung oder Linderung gesundheitlicher Störungen und Krankheiten als auch im rechtzeitigen Erkennen von gesundheitlichen Gefahren.

Die naturwissenschaftliche Medizin hat insbesondere auf dem Gebiet der Bekämpfung der Infektionskrankheiten und der Säuglingssterblichkeit im 20. Jahrhundert große Erfolge errungen. Medikamentöse und chirurgische Behandlungsmethoden wurden so weiterentwickelt, daß sie im Zusammenhang mit der Verbesserung von Hygiene, Ernährung, Wohn- und Arbeitsbedingungen und der Verringerung von Armut zu einer deutlichen Verlängerung der Lebenserwartung geführt haben.

In der Weiterentwicklung der medizinischen Methoden sind die technikorientierten Diagnostik- und Therapieverfahren stark in den Vordergrund gerückt. In der Schulmedizin wird der menschliche Körper überwiegend als eine hochkomplexe physikalisch-biochemische Maschine angesehen. Störungen und Krankheiten werden als »Maschinenschaden« betrachtet, ein »Reparaturdenken« hat sich entwickelt. Organtransplantationen haben als Ausweis der Leistungsfähigkeit der Schulmedizin weltweites Aufsehen erregt.

Gesundheit und Krankheit ist weit mehr von der seelischen und sozialen Gesamtsituation des Menschen bestimmt. So ist die erweiterte Sichtweise notwendiger Bestandteil der hausärztlichen, klinischen und der psychosomatischen Medizin. Die psychosomatische Medizin versucht den Menschen und seine gesundheitlichen Probleme ganzheitlich zu verstehen, u.a. über einen biographischen Zugang.

Den Krankheits- und Genesungsprozeß im Zusammenhang mit der seelischen und sozialen Situation zu begreifen, wurde gerade in den letzten Jahren verstärkt wissenschaftlich begründet. Die Erkenntnis ist gewachsen, daß innere funktionale Abhängigkeiten zwischen dem Nervensystem, zuständig auch für unsere seelischen Reaktionen, und dem Immunsystem als vielschichtigem Abwehrsystem unseres Körpers bestehen.

Zwischen seelischen Veränderungen aufgrund von schwierigen Lebensereignissen, z.B. Verlust des Lebenspartners oder eines Kindes, und Blutbildveränderungen sowie der Entstehung chronischer Erkrankungen, die mit Schwächung des Immunsystems des Körpers zu tun haben, konnten Zusammenhänge wissenschaftlich nachgewiesen werden. Gesundheit wird ebenso wie Krankheit oder gesundheitliche Störungen als ein multidimensionales Geschehen betrachtet, in dem sich biologische, seelische und soziale Faktoren gegenseitig durchdringen. Eine erweiterte Aufgabe der Medizin besteht darin, von der Defektorientierung zur Ressourcenorientierung zu gelangen. Der Prävention von Krankheiten ist ein weit größerer Stellenwert einzuräumen.

Neuere medizinische Erkenntnisse und Techniken, wie z.B. Eingriffe am menschlichen Erbgut und am Embryo, stellen auch eine besondere Herausforderung an Ethik, Recht, Sozialwissenschaften und Theologie dar. Für die weitere Entwicklung der Medizin ist dieser Dialog unabdingbar.

Gesundheitsversorgungsmodelle, die die Integration von stationärer und ambulanter Behandlung favorisieren, warten auf ihre Realisierung. Zum Wohl des Kranken oder des von Krankheit bedrohten Menschen ist eine Verstärkung der interdisziplinären Zusammenarbeit in neuen Kommunikations- und Organisationszusammenhängen dringend erforderlich. Die Träger des Gesundheitswesens sollten sich für diese Modelle mehr öffnen, damit konkret deutlich wird, daß der Mensch im Mittelpunkt steht.

Die Ev. Kirche bzw. die Diakonischen Werke sind Träger zahlreicher stationärer und ambulanter Einrichtungen zur Behandlung akut erkrankter und chronisch kranker Menschen.

Besonders erwähnenswert ist der traditionsreiche Arbeitskreis »Arzt und Seelsorger«. Diesem Arbeitskreis gehören Menschen unterschiedlichster Disziplinen und beruflicher Tätigkeiten an. In diesem Arbeitskreis können aktuelle und brisante medizinethische Fragestellungen praxisnah und vertraulich behandelt werden. Der Arbeitskreis leistet einen eigenen Beitrag zur medizinischen, ethischen und juristischen Urteilsbildung und bezieht differenziert Stellung zu konkreten Fragen. Folgende Themenbereiche stehen bislang im Vordergrund: Sterbehilfe, Organtransplantation, Patientenverfügungen und die Bioethik-Konvention des Europarates.

Darüber hinaus unterhält die Ev. Kirche ein Institut für Sozialmedizin mit dem inhaltlichen Schwerpunkt »Gesundheitsforschung und Patienteninformation«.

Hans-Rudolf Drunkenmölle

Ulrich Eibach, Heilung für den ganzen Menschen? Ganzheitliches Denken als Herausforderung von Theologie und Kirche, Neukirchen-Vluyn 1990; *Ulrich Bach/Andreas de Kleine* (Hg.), Auf dem Weg in die totale Medizin? Eine Handreichung zur Bioethik-Debatte, Neukirchen-Vluyn 1999.

Gehört Gott ins Grundgesetz? Nach der Präambel der deutschen Verfassung soll politisches Handeln in der »Verantwortung vor Gott« geschehen. Als Niedersachsen sich eine neue Landesverfassung gab, wurde der »Gottesbezug« weggelassen – aus Rücksicht auf diejenigen Bürger/-innen, für die der Glaube an Gott keine Rolle mehr spielt bzw. die jede religiöse Bevormundung der Politik ablehnen. Doch dann entschied sich der Landtag für den »Gottesbezug«. Die Mehrheit der Abgeordneten hatte sich davon überzeugt: Es muß eine »Bezugsgröße« geben, der sich alle Politik jenseits der Zeitströmungen, Tagesfragen und Interessen verantwortlich weiß.

»Politik« kommt von *polis*, griechisch »Stadt«. Es geht um die Regelung aller Angelegenheiten, die die in einem Gemeinwesen lebenden Menschen gemeinsam angehen. Denn der Mensch ist ein *zoon politikon* (»ein politisches Wesen«; Aristoteles): auf Gemeinschaft angelegt und angewiesen. »Politik« ist überall dort, wo Menschen ihr Zusammenleben regeln (müssen), vom Wohnbezirk über die Dorf- bzw. Stadtgemeinschaft (Kommune) und den Staat bis zur Weltgemeinschaft.

»Politik« soll die Menschenwürde schützen, Freiheit bewahren, Frieden fördern, Gleichheit vor dem Gesetz garantieren und für Gerechtigkeit sorgen. Um entsprechende politische Vorhaben zu verwirklichen, braucht Politik Macht: die Fähigkeit, den eigenen Willen gegenüber dem Widerstand anderer durchzusetzen. Angesichts vielfältiger Interessen von Menschen gehört es zu den Grundvollzügen von Politik, Macht auszuüben. Eine gute politische Ordnung ermöglicht Machtgebrauch, verhindert aber Machtmißbrauch: Macht wird an Recht gebunden.

Aber auch das Recht ist unterschiedlichen Einflüssen und Schwankungen ausgesetzt. Im »Gottesbezug« erkennen die politisch Verantwortlichen eine Grenze ihrer Macht an: Sie wissen sich gegenüber einer ihnen übergeordneten Größe verantwortlich. Zugleich anerkennen sie, daß Würde sowie Anspruch auf Freiheit, Recht und Gerechtigkeit den Bürger/-innen nicht erst durch Politik gegeben wird, sondern ihnen bereits innewohnt.

Der »Gottesbezug« bevorzugt also keine religiöse Gruppe, sondern dient der Machtbegrenzung und der Ausrichtung an allgemein gültigen moralisch-politischen Grundwerten. Aus christlicher Sicht heißt das: Es wird anerkannt, daß jeder Mensch unabhängig vom Urteil anderer Menschen von Gott anerkannt ist und eine unverlierbare Würde hat.

Zu den Voraussetzungen von Politik, die naturgemäß Kampf um die Macht ist, gehört es, daß kein Mensch für einen anderen Menschen das höchste Wesen ist. Die »höchste Stelle« im politischen System muß frei bleiben – christlich gesprochen: Nur wo Gott Gott ist, bleibt der Mensch Mensch. Darum tritt der christliche Glaube für die Gewissens- und Religionsfreiheit ebenso ein wie für die Demokratie. Die Demokratie ist die Staatsform, in der politische Macht durch die Bürger/-innen immer nur auf Zeit verliehen wird und allen Totalitätsansprüchen Einhalt geboten wird und werden muß.

Um Machtbegrenzung geht es auch Martin Luther in seiner Schrift »Von weltlicher Obrigkeit – wie weit man ihr gehorsam sein soll« (1520). Luther will nicht, wie man oft mißverstanden hat, den Glauben von der Politik fernhalten bzw. politischen Gehorsam zementieren. Er betont gerade, daß Politik keine Macht über die Gewissen haben darf. So begründet Glaubensfreiheit politische Freiheit. Wo es aber um die Regelung der gemeinsamen Angelegenheiten im Sinne von Recht, Frieden und den Schutz des Lebens selbst geht, hat jeder einzelne Mensch Pflichten, sind Ordnungen bzw. Institutionen nötig und Regeln einzuhalten.

Dabei unterscheidet Luther zwischen zwei »Regierweisen Gottes«: Gott regiert in der christlichen Gemeinschaft durch das Wort und die Liebe, im staatlich verfaßten Gemeinwesen durch das Gesetz und, wenn es nicht anders sein kann, mit Mitteln der Gewalt. Diese ist sorgsam – mit dem Ziel, unkontrollierte und unrechtmäßige Gewalt einzudämmen und Frieden zu stiften – zu gebrauchen. Schon Luther ist für das an das Recht gebundene Gewaltmonopol des Staates eingetreten.

In der »Politik« geht es also um die Erhaltung der Welt, nicht um ihre Erlösung. Sie kümmert sich um Vorletztes, der Glaube um Letztes. Insofern der demokratische Staat korrektur- und reformfähig ist, also Ideen statt Menschen sterben läßt (nach Karl R. Popper), ist er die Staatsform, die dem christlichen Glauben konkurrenzlos nahe steht. Sie gehört zu den politisch-kulturellen Wirkungen der Reformation, auch wenn sich die Kirchen mit der Demokratie zunächst schwer getan haben.

Soll ein Christ, eine Christin überhaupt »in die Politik gehen«? Ja! Die politische Existenz gehört zum »Beruf« des Christen, in dem eine weltliche Aufgabe und die Verantwortung vor Gott zusammenkommen. »Politik« braucht in ihrem Gewissen an Grundwerte gebundene Menschen. Denn nur wer in der Lage ist, nicht ausschließlich, aber auch jenseits eigener Interessen für das Gemeinwohl zu handeln, kann gute Politik machen. Von Christen in der Politik wird erwartet, daß sie sich einerseits an Grundwerten wie Würde der Person und Toleranz orientieren, andererseits nach den Regeln der Angemessenheit, des Augenmaßes und der Vernunft entscheiden, also auf jede religiöse Überhöhung des politischen Geschäfts verzichten. »Je geistlicher ein Leben ist, desto weltlicher kann es werden, und je weltlicher es ist, desto geistlicher muß es sein.« (Heinz Zahrnt) Das führt zum guten Kompromiß in der Spannung zwischen den Visionen des Menschengerechten und dem hier und heute Menschenmöglichen.

Kein Gemeinwesen kann die Voraussetzungen schaffen, von denen es lebt. Darum ist es Aufgabe der »Politik«, die kleinen sozialen Netze und die mittleren Verantwortlichkeiten zu stärken. So lernen Menschen, ihre Bürgerrechte auszuüben und über den Eigennutz hinaus Gemeinsinn zu entwickeln. Im zusammenwachsenden Europa liegen hier besondere Herausforderungen an die Bürgernähe. Die kleinen Einheiten sind für große »Politik« zu klein, die großen Einheiten für kleine »Politik« zu groß.

8. Gesellschaft

Einige weitere lebenswichtige Fragen: Wie können Eigenverant-
wortlichkeit und Gemeinsinn, Bürgerbeteiligung und die Institutionen, die auch den Individuen Handlungssicherheit geben, gestärkt
werden? Wie können angesichts immer komplexer werdender Sach-
fragen – z.B. in der Biomedizin – die unterschiedlichen Ethikstile
und Rechtskulturen im Sinne der Menschenwürde miteinander verbunden werden? Wie kann »Politik« der Wirtschaft den nötigen
Freiraum lassen und gleichzeitig unversöhnliche soziale Gegensätze
verhindern? Wie kann »Politik« dem Weltfrieden dienen?

Die Kirchen wirken durch »Denkschriften« als Form öffentlicher
Politikberatung in den politischen Raum hinein. Sie wollen keine
»Politik machen«. Aber sie wollen durch Versachlichung und Orien-
tierung »Politik möglich machen«.

Hans Joachim Schliep

Hannah Arendt, Vita activa oder Vom tätigen Leben, München 1960;
Evangelische Kirche und freiheitliche Demokratie. Der Staat des Grund-
gesetzes als Angebot und Aufgabe. Eine Denkschrift der EKD, hg. v.
Kirchenamt im Auftrag des Rates der EKD, Gütersloh ⁴1990.

Im Gegensatz zu den Naturgesetzen enthält das Recht ein Sollensgesetz, das, wie der Rechtsphilosoph Gustav Radbruch schreibt, »den Bauplan einer besseren Welt zeichnet« und sich nicht mit dem Gegebenen zufriedengibt. Das Sollen allerdings kann auf Macht und Gewohnheit oder auch auf freier Einsicht in die Gerechtigkeit beruhen. Letztlich wird das Recht gemessen an dem Maß an Gerechtigkeit, das es verwirklicht. Das Recht kann vor allem zu Schutz und Nutzen des einzelnen gedacht werden – zu seiner Entlastung und zur Einräumung von Freiheit – oder auch als Dienst in erster Linie an der Gemeinschaft, am Staat. Der Unterschied ist für den dem Recht unterworfenen Menschen nicht unwichtig, da mit den Zielen auch die Mittel und Wege des Rechts jeweils andere sind.

An den einzelnen Menschen sind die Menschenrechte, wie das Recht auf Leben und körperliche Unversehrtheit, die allgemeine Handlungsfreiheit oder die Glaubens- und Gewissensfreiheit gebunden. Sie sind in unterschiedlichen Kulturen und zu verschiedenen Zeiten unterschiedlich ausgeprägt. Ihre Anerkennung hat zu tun mit der jeweils vorherrschenden Auffassung vom Menschen und vom menschlichen Leben, die häufig religiösen Ursprungs ist. Die Menschenwürde als Grund der Menschenrechte kommt nach christlicher und jüdischer Überzeugung her von der Erschaffung des Menschen nach dem Bilde Gottes. Die Auseinandersetzung um die allgemeine Verbindlichkeit der Menschenrechte und ihre Durchsetzung weltweit sind ein wichtiger Teil gegenwärtiger internationaler Politik.

Unter den verschiedenen Rechtsgemeinschaften, die ihr eigenes Recht setzen, ist der Staat die wichtigste. Unter ihm setzen auch einzelne Menschen im Rahmen der Vertragsfreiheit, Vereine, Gesellschaften, Gemeinden, aber auch Kirchen Recht. Rechtsträger und insoweit auch Rechtsetzer sind »natürliche Personen«, also einzelne Menschen, und »juristische Personen«, also Vereine usw. Die Rechtsetzung des Staates kann demokratisch durch Entscheidung der Bürger – über gewählte Parlamente oder Volksabstimmungen – erfolgen. Sie kann auch Sache eines einzelnen oder weniger sein, wie in einer Diktatur oder in einer Monarchie. In einem Rechtsstaat ist alles staatliche Handeln an Recht und Gesetz gebunden; alle Menschen sind vor dem Gesetz gleich und können ihr Recht vor den Gerichten durchsetzen.

Auch in der Demokratie kann die Mehrheit nicht alles entscheiden. Minderheiten – ob ethnisch, religiös oder kulturell oder wegen ihrer sexuellen Orientierung, sowie sozial Schwache oder körperlich und geistig Behinderte – müssen nicht nur durch die Menschenrechte, sondern auch durch besondere Grund- und Minderheitsrechte und soziale Schutzrechte vor einer Diktatur der Mehrheit geschützt werden. Ein freiheitlich verfaßter Staat räumt seinen Bürgern ein möglichst hohes Maß an wirtschaftlicher und persönlicher Handlungsfreiheit ein. Die Grenze für die Freiheit des einen ist dabei aber immer die Unfreiheit des andern. Der soziale deutsche Rechtsstaat ist außer der Freiheit seiner Bürger auch der Chancengleichheit und dem Schutz vor Armut und Ausgrenzung verpflichtet.

Die Beziehungen der Staaten untereinander, Krieg und Frieden und diplomatische Beziehungen, aber auch die Rahmenbedingungen für den Welthandel und die internationale Wirtschaft versucht das Völkerrecht zu regeln. Das Völkerrecht ist Gewohnheitsrecht oder Vertragsrecht. Besondere Gemeinschaften von Staaten können völkerrechtlich begründet werden, wie die Vereinten Nationen mit eigener internationaler Gerichtsbarkeit und die Europäische Union, die ihrerseits Recht setzt im Rahmen der ihr von den Mitgliedstaaten übertragenen Zuständigkeiten.

Die Haupteinteilung des Rechts geschieht üblicherweise in die Gebiete des Zivil-, Privat- oder bürgerlichen Rechts auf der einen und des öffentlichen Rechts auf der anderen Seite. Das bürgerliche Recht, in Deutschland im Bürgerlichen Gesetzbuch (BGB) von 1900 zusammengefaßt, gibt den Rahmen für das Handeln des einzelnen und seine »Privatautonomie« – das Vertragsrecht, das Handels- und Arbeitsrecht, das Familien- und das Erbrecht. Das öffentliche Recht regelt Rechte und Pflichten des Staates – die Staatsverfassung, das Strafrecht, das Verwaltungsrecht, einschließlich z.B. des Steuerrechts und des Baurechts, und das Sozialrecht, also den öffentlichen Versicherungsschutz und die Sozialhilfe. Die Hauptrechtsgebiete haben oft eigene Gerichte, in Deutschland die Amts-, Land-, Oberlandesgerichte und den Bundesgerichtshof für die Zivil- und Strafgerichtsbarkeit, die Arbeits-, die Finanz-, die Sozial- und die Verwaltungsgerichtsbarkeit und das Bundesverfassungsgericht.

Der eigentliche Unterschied der Rechtsgebiete liegt eher darin, wer jeweils für die Erfüllung des Rechts zu sorgen hat – der Staat oder der einzelne. Im Strafrecht z.B. ist es Aufgabe der Polizei und der Staatsanwaltschaft, sich um die Durchsetzung zu kümmern. Im Zivilrecht, bei der Erfüllung von Kaufverträgen, der Eintreibung von Miete, geschieht dagegen nichts, wenn nicht jemand sein Recht selbst, notfalls vor Gericht, wahrnimmt. Ebenso muß jeder selbst für die Abwehr unberechtigter Ansprüche sorgen, einen Rechtsanwalt beauftragen usw. Zwangsmittel zur Einhaltung des Rechts sind – wenn auch nicht überall in der Welt – in beiden Bereichen allein Sache des staatlichen Gewaltmonopols.

Ein besonderes Gebiet im Bereich des öffentlichen Rechts ist das *Kirchenrecht*. Der Staats- und Kirchenrechtler Erik Wolf nennt das Kirchenrecht einen »Grenzbezirk der Rechtsordnung«; es gelte in einem Bereich »sozialen Daseins, der nur teilweise dem Rechtsleben angehört und nur teilweise ihm verpflichtet sein kann.« Dennoch ist Kirchenrecht »normales« Recht. Es ist inneres Organisationsrecht der Kirchen und Religionsgemeinschaften und Staatskirchenrecht, das ihre Beziehungen zum Staat und zur Gesellschaft regelt. Die Kirchen und Religionsgemeinschaften handeln sowohl im allgemeinen Rahmen der Privatautonomie – z.B. bei der Gründung von Vereinen als Träger sozialer, diakonischer Einrichtungen – als auch auf besonderer, ihnen allein vorbehaltener Rechtsgrundlage.

Die Kirchen und Religionsgemeinschaften bemühen sich, im Rahmen der vorgegebenen Rechtsordnung ihre Arbeit so zu regeln, wie es ihrem besonderen Auftrag entspricht. Dieser Auftrag, die Botschaft des christlichen Glaubens öffentlich zu vermitteln, unterscheidet die Kirchen von anderen Organisationen. Das in die meisten Staatsverfassungen weltweit und so auch in die Allgemeine Erklärung der Menschenrechte der Vereinten Nationen und die Europäische Menschenrechtskonvention geschriebene Menschenrecht der Glaubens- und Gewissensfreiheit ist auch ein Grundrecht der Kirchen. Denn darin enthalten ist das Recht auf gemeinschaftliche Religionsausübung, d.h. auf Organisation in Gestalt von Kirchen und Religionsgemeinschaften. Das Staatskirchenrecht nimmt – mit geschichtlich bedingten Unterschieden von Staat zu Staat – den besonderen Auftrag der Kirchen, und in unterschiedlichem Maße auch anderer Religionsgemeinschaften, lediglich auf seine Weise auf und räumt ihnen besondere Rechte ein.

Dies geschieht zum einen mit Bezug auf die Autonomie der Kirchen, ihre Angelegenheiten selbst zu regeln. In der Rechtsordnung der Bundesrepublik Deutschland gilt, daß Kirchen und Religionsgemeinschaften sich ihre eigenen Ordnungen entsprechend ihren Glaubensüberzeugungen geben, wenn auch »innerhalb der Schranken des für alle geltenden Gesetzes« (Artikel 137 Absatz 3 der Weimarer Reichsverfassung von 1919, der unter Artikel 140 des Grundgesetzes der Bundesrepublik Deutschland fortgilt). Das heißt für die evangelische Kirche vor allem, die entscheidende Rolle des einzelnen Gläubigen, der Gemeinden und der Synoden deutlich zu machen, für die römisch-katholische Kirche daneben, aber auch darüber, die Bedeutung des Priester- und des Bischofsamtes für das Leben und den Zusammenhalt der Kirche hervorzuheben. Das besondere deutsche Staatskirchenrecht gibt den Kirchen – und, wenn sie es wollen und eine gewisse Organisationsgröße haben, auch anderen Religionsgemeinschaften – darüber hinaus den Status von Körperschaften des öffentlichen Rechts und damit eigene Gesetzgebung und Gerichtsbarkeit sowie eigene Steuerhoheit über ihre Mitglieder. Ein eigenes kirchliches Arbeitsrecht gestaltet in der evangelischen und in der katholischen Kirche im Sinne einer Dienstgemeinschaft die Rechtsbeziehungen zwischen kirchlichen Arbeitnehmern und Arbeitgebern. Zum andern regelt das Staatskirchenrecht in Deutschland die besondere Zusammenarbeit von Staat und

Kirche bei der Erfüllung öffentlicher Aufgaben – von der Erteilung des Religionsunterrichts an staatlichen Schulen über die Soldatenseelsorge und die Erhaltung von Kirchengebäuden bis zu den theologischen Fakultäten an staatlichen Universitäten. Regelungsinstrumente sind im Rahmen des Grundgesetzes unter der Kulturhoheit der Länder vor allem auch die Staatskirchenverträge, für die römisch-katholische Kirche auch die mit dem Heiligen Stuhl, dem Papstamt in Rom, abgeschlossenen Konkordate. Die Trennung von Staat und Kirche (in Europa weitgehend die Regel) ist in Deutschland in der Form der Partnerschaft verwirklicht.

Die Kirchen und Religionsgemeinschaften haben aber nicht nur ein ihnen vom Staat eingeräumtes Selbstorganisationsrecht und ihre jeweils besonderen Rechtsbeziehungen zu Staat und Gesellschaft auszufüllen. Nach ihrem Auftrag, Gottes Botschaft an die Menschen auszurichten, haben die Kirchen vielmehr auch die Aufgabe der kritischen Begleitung des »weltlichen« Rechts bis hin zum Widerstand und zur Fürsorge für die betroffenen Menschen, wenn Recht sich überwiegend in Unrecht verwandelt. Dies ist gemeint, wenn Kirchenrecht als »ein Grenzbezirk der Rechtsordnung« (s.o.) bezeichnet wird. Das Kirchenrecht steht nicht über anderem Recht – es ist ihm vielmehr eingeordnet. Es bezieht seine »innere Berechtigung« oder Legitimation aber nicht nur aus der staatlichen Rechtsordnung. Die Rechtsordnung des Staates ist »Gottes gute Ordnung«, aber wenn sie deutlich zu Unrecht wird, wie unter der nationalsozialistischen Diktatur in Deutschland, scheidet sich das an Gottes Auftrag gebundene Recht in der Kirche vom staatlichen Recht. Die »bekennende« evangelische Kirche hatte sich damals eine vom Staat als illegal bekämpfte Rechtsordnung gegeben.

Hans-Joachim Kiderlen

Albert Stein, Evangelisches Kirchenrecht. Ein Lernbuch, Neuwied ³1992; *Wolfgang Huber*, Gerechtigkeit und Recht. Grundlinien christlicher Rechtsethik, Gütersloh 1996.

Staat

Die Bestimmung, was der Staat ist, wird heute kontroverser denn je diskutiert: Welche Aufgaben hat er, welche Mittel darf er einsetzen, wie stark darf, wie stark muß er seine Bürgerinnen und Bürger unterstützen und / oder belasten? Kann der Staat diese Gesellschaft überhaupt noch regieren?

Der Staat bildet sich im Übergang zur Neuzeit zunächst in den norditalienischen Stadtstaaten heraus. Stark zunehmender Handel, die Notwendigkeit, die Handelswege zu schützen, die Herausbildung von Recht und Rechtspflege, das Eintreiben notwendiger Steuergelder sowie der Aufbau von Infrastruktureinrichtungen führten zu einer neuen Organisationsform politischen Handelns über einen der Gesellschaft gegenübertretenden Staat. Die mittelalterliche Doppelpyramide von Kaiser und Papst löst sich auf.

Martin Luther befreit den Staat aus kirchlicher Bevormundung und verleiht der weltlichen Herrschaft ein eigenständiges Gewicht: Der Mensch ist Christ – als solcher dem göttlichen Regiment untergeordnet – und Teil des irdischen Lebens – solchermaßen dem weltlichen Schwert unterstellt. Da diese Welt gefallene Welt ist, braucht sie das Schwert (»Notordnung«), deshalb ist dieser weltlichen Obrigkeit Gehorsam geschuldet, doch auch deren Handlungen unterliegen dem Gerichte Gottes.

Mit der Ausweitung insbesondere der Handelsverbindungen in Gesamteuropa entwickeln sich Vorstellungen, wie denn ein Gemeinwesen auf Grund eines Übereinkommens zwischen den Bürgern zustandekommen kann und daß sich alle Bürger den gemeinsam festgelegten Normen und Gesetzen ohne Ausnahme unterwerfen (John Locke: Gesellschaftsvertrag). Das Spannungsverhältnis zwischen Ordnung und Freiheit schlug sich in der Begrenzung und Teilung der Gewalt des Staates nieder (Rechtsstaat, Menschenrechte, Verfassungen). Mit Durchsetzung der kapitalistischen Produktionsweise wurde allerdings der begrenzte Schutzcharakter dieser liberalen Freiheitsrechte deutlich. Die aufkommende Arbeiterbewegung sah, daß der Staat zunehmend Aufgaben zur Stützung der Privatwirtschaft übernahm und forderte nun ihrerseits eine staatliche Intervention zu Gunsten der in weiten Teilen verarmten Industriearbeiter (soziale Grundrechte). Mit der Bismarckschen Sozialgesetzgebung übernahm der Staat erstmalig diese Aufgabe im größeren Stil (Sozialstaat).

Der Staat war zunächst auf nationaler Grundlage organisiert. Nach dem Ende des 2. Weltkrieges ist mit Gründung der Europäischen Wirtschaftsgemeinschaft (EWG, 1957) und deren Weiterentwicklung bis zur Europäischen Union (EU, 1992) ein Prozeß eingeleitet worden, nationale staatliche Strukturen in europäische zu überführen.

In den meisten derzeitigen Staatsverfassungen wird die Freiheit der Religionsausübung gewährt, zugleich aber die Trennung von Staat und Kirche festgeschrieben. Das Verhältnis von Staat und Kirche wurde in Deutschland mit der Weimarer Reichsverfassung neu geregelt (Artikel 135ff.), das Grundgesetz hat diese Regelungen übernommen (Artikel 140). Den Kirchen wird ein Sonderstatus als Körperschaften des öffentlichen Rechtes mit einem Selbstbestimmungsrecht eingeräumt. Auch erhalten sie das Recht, beim Militär, in Kranken- und Strafanstalten usw. seelsorgerisch tätig zu werden; Religionsunterricht ist ordentliches Lehrfach. Daneben wird verfassungsmäßig festgelegt, daß Kirchen Steuern einziehen können, wobei sie sich – gegen Kostenerstattung – des staatlichen Steuerapparates bedienen können. Darin sehen Kritiker eine zu enge Abhängigkeit vom Staat und von den steuerstarken Kreisen in der Gesellschaft. Übersehen wird dabei allerdings, daß die christlichen Kirchen nur so in der Lage sind, Aufgaben im gesellschaftlichen Bereich wahrzunehmen, die angesichts zunehmender Säkularisierung und – bezogen auf die Gültigkeit von Werten und Normen – Indifferenz wichtiger denn je sind.

Seit Beginn der Neuzeit haben sich neben absolutistischen oder konstitutionellen Monarchien und schließlich demokratischen Republiken zunehmend auch Regierungsformen herausgebildet, die als autoritär und/oder als totalitär gelten. Paulus' Feststellung in Römer 13, daß jede Obrigkeit von Gott sei, der man untertan zu sein habe, hat über lange Zeit Kritik an staatlichem Handeln und Staatsformen verhindert. Aber es war nicht erst der Kirchenkampf im Dritten Reich, der zur Frage führte, ob denn nicht dann, wenn sich ein Staat gegen fundamentale Prinzipien einer christlichen Ordnung vergeht, Widerstand erlaubt, vielleicht sogar geboten ist – und sei es im Martyrium. Denn schon die Offenbarung des Johannes beschreibt die Gefahr der Dämonisierung des Staates (Kapitel 13). In diesem Sinne stellt die Bekenntnissynode von Barmen 1934 fest: »Wir verwerfen als falsche Lehre, als solle und könne der Staat über seinen besonderen Auftrag hinaus die einzige und totale Ordnung menschlichen Lebens werden und also auch die Bestimmung der Kirche erfüllen.« (Barmen 5)

Der Übergang zu demokratischen Regierungsformen schien insbesondere vielen Vertretern der evangelischen Kirche Ordnung und Autorität in Frage zu stellen. Nicht zuletzt die Erfahrungen im Kirchenkampf und der Wiederanschluß an die Ökumene nach Beendigung des 2. Weltkrieg bewirkten hier eine Veränderung. Gerade in der demokratischen Regierungsform sieht man nun die Chance, die Mündigkeit des Christen (Dietrich Bonhoeffer), das Dienst- und Liebesgebot umzusetzen und zwar so, daß über politische Beteiligungsrechte und Gewaltenteilung die Gefahr des Machtmißbrauchs verringert wird.

Aufgabe des Staates ist es, Frieden und Ordnung zu schaffen. Schon Aristoteles sieht im Menschen ein staatenbildendes Wesen, das außerhalb eines Staates gar nicht leben kann. Bei Luther ist der Staat wichtige Voraussetzung dafür, daß der Mensch in seiner Sündhaftigkeit zu einem gerechten Verhalten angehalten werden kann. Gerechtigkeit und Frieden gehen – im Bezug zum Alten Testament (Psalm 85, 11) – als Staatszielbestimmung eine unauflösbare Verbindung ein. In diesem Sinne gewinnt die Beschreibung des weisen Fürsten durch Martin Luther Aktualität: »Ich bin des Landes und der Leute, ich soll's machen, wie es ihnen nütz und gut ist. Nicht soll ich suchen, wie ich hoch fahre und herrsche, sondern wie sie mit gutem Frieden beschützt und verteidigt werden.«

»Guter Frieden«, dies könnte heute heißen: »Gerechtigkeit, Frieden und Bewahrung der Schöpfung«. Der »Fürst« ist nun demokratischer Souverän. Im Spannungsfeld, daß Gerechtigkeit und Frieden immer nur bezogen auf das Reich Gottes relativ sind, zeigen sich hier christliche Maximen für staatliches und staatsbürgerliches Verhalten auch in der Demokratie, in der sich die Bürger verantwortungsbewußt um die Regelungen ihrer Angelegenheiten kümmern – sollen.

Ernst-Ulrich Huster

Ernst-Ulrich Huster, Ethik des Staates. Zur Begründung politischer Herrschaft in Deutschland, Frankfurt/New York 1989; *Evangelische Kirche und freiheitliche Demokratie*. Der Staat des Grundgesetzes als Angebot und Aufgabe. Eine Denkschrift der EKD, hg. v. Kirchenamt im Auftrag des Rates der EKD, Gütersloh ⁴1990.

Umwelt

Das Dach einer Kirche muß erneuert werden. Die Umweltgruppe der Gemeinde tritt für eine Solaranlage auf dem Kirchendach ein. Doch ist einerseits eine Solaranlage nicht zu teuer, die Technik zu unausgereift und beeinträchtigt sie nicht das geschlossene Erscheinungsbild der Kirche? Müssen nicht andererseits Energiequellen wie Sonne und Wind, die die begrenzten Vorkommen an Kohle, Öl und Erdgas sowie das Klima schonen, viel stärker genutzt werden? Einige fragen, ob Umweltschutz überhaupt eine kirchliche Aufgabe sei. Andere suchen nach einem »neuen Lebensstil«, einem anderen »Wohlstandsmodell« (Ernst-Ulrich von Weizsäcker).

Das Querschnitt-Thema »Umwelt« betrifft alle Lebensgebiete sowie alle Felder von Politik, Wirtschaft und Wissenschaft – von der Energiegewinnung und -nutzung über den Pflanzen- und den Tierschutz, den Städtebau und den Straßenverkehr, den Luft-, Boden-, Gewässer-, Lärm- und vor allem Klimaschutz, die persönliche Ernährung und Gesundheit bis zum täglich anfallenden »Müll«. Wie Menschen mit solchen konkreten Fragen des Lebensstils umgehen, hängt ab von ihrem offenkundigen und geheimen Lebensziel.

»Die Erde ist Gottes und was darinnen ist, der Erdkreis und die darauf wohnen.« (Psalm 24, 1) In diesem Wort des Glaubens fließt zusammen, was in den Erzählungen und Liedern von der »Schöpfung« (z.B. 1. Mose 1-2; Psalm 104) über die zu jeder Zeit gültigen Lebensvoraussetzungen ausgesagt ist und die Grundlage für einen christlichen Lebensstil bildet:

»Die Erde ist Gottes« – mit dankbarem Erstaunen über die Gewährung vielgestaltigen Lebens beginnt die »Ehrfurcht vor dem Leben« (Albert Schweitzer).

»Die Erde ist Gottes« – der Kosmos ist voller Spuren göttlicher Weisheit. Alles Leben ist Ausdruck der Kreativität Gottes, die täglich »die Gestalt der Erde erneuert« (Psalm 104, 29f.).

»Die Erde ist Gottes« – das schließt alles Geschaffene ein und zusammen. Das Geschöpf Mensch ist angewiesen auf die natürlichen Lebensgrundlagen, namentlich auf seine Mitgeschöpfe. Seine besondere Stellung als »Ebenbild Gottes« besteht in seiner Ansprechbarkeit für Gott und seiner Verantwortung vor Gott: Gerade den ebenso fähigen wie fehlsamen Menschen will Gott als Mitgestaltenden und Verantwortlichen für den Schutz und die Weitergabe des Lebens.

»Die Erde ist Gottes« – sie ist dem Menschen zur hegenden Erhaltung und weitergehenden Gestaltung anvertraut, doch seiner unumschränkten Verfügung entzogen. Der Auftrag, sich die Erde »untertan« zu machen und »zu herrschen« (1. Mose 1, 28), ist eingebunden in die Aufgabe, »zu bebauen« und »zu bewahren« (1. Mose 2, 15). So ist der Mensch dazu bestimmt, Hüter seiner Mitwelt zu sein.

»Die Erde ist Gottes« – und alle Kreatur wartet auf die Freiheit der Kinder Gottes (nach Römer 8, 18f.): daß der Mensch solidarisch ist auch mit der leidenden Kreatur, wie Jesus Christus solidarisch ist mit ihm in seinem kreatürlichen Leiden.

In biblischen Zeiten mußten Mittel zur Beherrschung einer undurchschaubaren Natur gefunden werden. Heute brauchen wir Wege zur Beherrschung der Mittel. Inzwischen reichen die Eingriffe in den Naturzusammenhang tiefer und wirken länger als jemals zuvor.

In der Gentechnik greift der Mensch in fremdes und in eigenes Lebensgefüge ein. Mit seinen wirtschaftlichen Interessen und technischen Mitteln gestaltet er bereits heute die Entwicklung des Lebens (Evolution) mit. Umweltschutz wird nicht ohne den Menschen und seine Technik möglich sein. Gerade deshalb ist es aus christlicher Sicht entscheidend, daß der Mensch

– sich nicht als losgelöstes Gegenüber, sondern als verantwortungsbewußte Umwelt seiner Mitwelt versteht;

– zu tieferen Erkenntnissen in das Lebensgefüge gelangt, aus denen Dankbarkeit für die Gabe und die Gaben des Lebens ebenso erwächst wie Voraussicht, Vorsicht und Rücksicht;

8. Gesellschaft

– jenseits von Allmachts- und Unendlichkeitsphantasien (»sein wollen wie Gott« – 1. Mose 3, 5) sowie überzogenen Glücks- und Heil(ung)s- oder Machbarkeitsversprechen seine Entwicklungen beherrschbar, korrekturfähig macht und sich, irrtumsanfällig wie er ist, für neue Einsichten offen hält;

– bei allen Entscheidungen prüft, ob sie international verträglich sind und die Lebenschancen der nachfolgenden Generationen gewahrt bleiben;

– frische Luft, klares Wasser, fruchtbaren Boden und andere Lebensgüter und -vorräte (»Ressourcen«) nicht als beliebig vermehrbares, kostenloses Gut gering achtet, den Eigenwert insbesondere von Tieren anerkennt und die Artenvielfalt mindestens erhalten hilft;

– Lösungen anwendet, die Schäden von vornherein vermeiden, statt sie nachträglich mit hohen Kosten beseitigen zu müssen, und die mit der Entsorgung keine größeren Probleme als mit der Versorgung entstehen lassen;

– der Einsicht folgt, daß Wirtschaftlichkeit nur mit umweltschonenden, also die wirtschaftlichen Grundlagen erhaltenden Maßnahmen erreicht werden kann;

– im Blick auf den Sabbat, auf den Gottes Schöpfungshandeln zuläuft, die lebensdienlichen Zeitrhythmen für Mensch und Natur beachtet (»Ökologie der Zeit«).

Ökologie ist die Lehre von der guten Hauswirtschaft. Kein Frosch trinkt den Teich leer, von dem er lebt. Also sind die »Grenzen des Wachstums« zu achten. Der gleichnamige Bericht des *Club of Rome* (1972) bleibt, trotz nötiger Korrekturen, wegweisend. Den christlichen Beiträgen aus der Frühphase der Diskussion, auch dem »Konziliaren Prozeß für Gerechtigkeit, Frieden und Bewahrung der Schöpfung« entspricht die Agenda 21 der »UN-Konferenz für Umwelt und Entwicklung« (Rio 1992). Armut ist der größte Feind der Umwelt; Reichtum geht derzeit auf Kosten der Natur und der Mehrheit der Menschen. Also gehören Umwelt-, Entwicklungs-, Wirtschafts- und Sozialpolitik zusammen. In der Leitidee der »Nachhaltigkeit« (»sustainable development«), nach der im Grundsatz nur verbraucht werden darf, was ersetzt wird, trifft sich christliche Umweltethik mit vernünftigem politischen Handeln.

Der Einsatz für die »Umwelt« ist »Diakonie an der Schöpfung«. Aber Handeln braucht Vertrauen, vor allem wenn trotz besten Bemühens unerwartete Folgen auftreten. Was Martin Luther zum 1. Artikel des Glaubensbekenntnisses erklärt, macht Mut zur ökologischen Erneuerung: Der Mensch ist geschaffen samt allen Kreaturen, und alles zum Leben Gegebene wie alles daraus vom Menschen Gestaltete ist Geschenk Gottes und bleibt in Gottes Hand.

Hans Joachim Schliep

Ernst-Ulrich v. Weizsäcker, Erdpolitik. Ökologische Realpolitik an der Schwelle zum Jahrhundert der Umwelt, Darmstadt [3]1992; *W. Wegner/K. Nagorni/K. Barner* (Hg.), Im Haus der Schöpfung leben. Die ökologische Frage in der Evangelischen Kirche, Frankfurt am Main 1998.

Anhang

Autorenverzeichnis

Bargheer, Friedrich Wilhelm, Jahrgang 1938, Dr. theol., Professor für Praktische Theologie am Fachbereich Religions- und Gemeindepädagogik der Evangelischen Fachhochschule Rheinland-Westfalen-Lippe Bochum.

Barth, Ernst-Martin, Jahrgang 1959, Pfarrer der Ev. Kirchengemeinde Buer-Middelich in Gelsenkirchen.

Baumgarten, Jörg, Jahrgang 1943, Dr. theol., Pfarrer, Regionalkoordinator Deutschland der Vereinten Evangelischen Mission in Wuppertal.

Belitz, Wolfgang, Jahrgang 1940, Pfarrer im Sozialwissenschaftlichen Institut der EKD in Bochum.

Bieritz, Karl-Heinrich, Jahrgang 1936, Dr. theol., Professor für Praktische Theologie an der Theologischen Fakultät der Universität Rostock.

Bitter, Stephan, Jahrgang 1942, Dr. theol., Pfarrer der Ev. Erlöser-Kirchengemeinde Bad Godesberg und Superintendent des Ev. Kirchenkreises Bad Godesberg-Voreifel.

Brinkmann, Frank Thomas, Jahrgang 1961, Dr. theol., Privatdozent für Praktische Theologie an der Evangelisch-Theologischen Fakultät der Ruhruniversität Bochum und Pfarrer der Ev. Kirchengemeinde Oespel-Kley in Dortmund.

Clasen, Winrich C.-W., Jahrgang 1955, Studium von Romanistik, Evangelischer Theologie und Kunstgeschichte in Bonn; Verleger in Rheinbach.

Crüsemann, Frank, Jahrgang 1938, Dr. theol., Professor für Altes Testament an der Kirchlichen Hochschule Bethel.

Degen, Roland, Jahrgang 1935, Dr. h.c., Pfarrer, zuletzt Leiter der Berliner Arbeitsstelle des Comenius-Instituts Münster, seit 1999 Ruhestand in Dresden.

Drunkenmölle, Hans-Rudolf, Jahrgang 1953, Dr. med., Professor für Soziale Medizin mit dem Schwerpunkt Sozial- und Neuropädiatrie und Psychosomatik im Kindes- und Jugendalter im Fachbereich Heilpädagogik an der Evangelischen Fachhochschule Rheinland-Westfalen-Lippe in Bochum.

Engemann, Wilfried, Jahrgang 1959, Dr. theol., Professor für Praktische Theologie an der Evangelisch-Theologischen Fakultät der Westfälischen Wilhelms-Universität Münster.

Falkenroth, Christof, Jahrgang 1938, Kirchenmusikdirektor am Institut für Aus-, Fort- und Weiterbildung, Bereich Arbeitsstelle Gottesdienst und Kirchenmusik, der Ev. Kirche von Westfalen in Schwerte-Villigst.

Fußbroich, Helmut, Jahrgang 1935, Dr. phil., Studium von Kunstgeschichte, Archäologie und Pädagogik in Köln und Bonn; Kunsthistoriker in Köln.

Gebhard, Dörte, Jahrgang 1972, Dr. theol., Wiss. Assistentin im Fach Praktische Theologie an der Evangelisch-Theologischen Fakultät der Rheinischen Friedrich-Wilhelms-Universität Bonn.

Geldbach, Erich, Jahrgang 1939, Dr. theol., Professor für Ökumene und Konfessionskunde an der Evangelisch-Theologischen Fakultät der Ruhr-Universität Bochum.

Gutmann, Hans-Martin, Jahrgang 1953, Dr. theol., Professor für Religionspädagogik und Kirchengeschichte am Fachbereich I Philosophie, Geschichte, Geographie, Religions- und Gesellschaftswissenschaften der Universität Paderborn.

Hahn, Udo, Jahrgang 1962, Pressesprecher und Referent für Öffentlichkeitsarbeit der Vereinigten Evangelisch-lutherischen Kirche

Deutschlands (VELKD) und des Deutschen Nationalkomitees des Lutherischen Weltbundes in Hannover.

Hauschildt, Eberhard, Jahrgang 1958, Dr. theol., Professor für Praktische Theologie an der Evangelisch-Theologischen Fakultät der Rheinischen Friedrich-Wilhelms-Universität Bonn.

Herlyn, Okko, Jahrgang 1946, Dr. theol., Professor für Ethik, Anthropologie und Theologie an der Evangelischen Fachhochschule Rheinland-Westfalen-Lippe in Bochum (Fachbereich Heilpädagogik) und Privatdozent für Praktische Theologie an der Evangelisch-Theologischen Fakultät der Ruhruniversität Bochum; literarischer Kleinkünstler.

Huster, Ernst-Ulrich, Jahrgang 1945, Dr. phil., Professor für Politikwissenschaft und Rektor an der Evangelischen Fachhochschule Rheinland-Westfalen-Lippe in Bochum.

Karle, Isolde, Jahrgang 1963, Dr. theol., Pfarrerin in Stuttgart und Privatdozentin für Praktische Theologie an der Evangelisch-Theologischen Fakultät der Rheinischen Friedrich-Wilhelms-Universität Bonn.

Kiderlen, Hans-Joachim, Jahrgang 1943, Konsistorialpräsident der Ev. Kirche der Kirchenprovinz Sachsen in Magdeburg.

Kinzig, Wolfram, Jahrgang 1960, Dr. theol., Professor für Kirchengeschichte (Schwerpunkt Alte Kirchengeschichte) an der Evangelisch-Theologischen Fakultät der Rheinischen Friedrich-Wilhelms-Universität Bonn.

Künne, Michael, Jahrgang 1942, Dr. phil., Pastor und Dozent am Religionspädagogischen Institut der Evangelisch-lutherischen Landeskirche Hannover in Loccum.

Kuhlmann, Helga, Jahrgang 1957, Dr. theol., Professorin für Systematische Theologie und Ökumene am Fachbereich I Philosophie, Geschichte, Geographie, Religions- und Gesellschaftswissenschaften der Universität Paderborn.

Kumlehn, Martina, Jahrgang 1966, Dr. theol., Wiss. Assistentin im Fach Praktische Theologie (Abt. für Religionspädagogik) an der Evangelisch-Theologischen Fakultät der Rheinischen Friedrich-Wilhelms-Universität Bonn.

Kunz, Ralph, Jahrgang 1964, Dr. theol., Pfarrer in Seuzach bei Winterthur/Schweiz.

Lähnemann, Johannes, Jahrgang 1941, Dr. theol., Professor für Religionspädagogik und Didaktik des evangelischen Religionsunterrichts an der Erziehungswissenschaftlichen Fakultät der Friedrich-Alexander-Universität Erlangen-Nürnberg.

Lexutt, Athina, Jahrgang 1966, Dr. theol., Wiss. Assistentin im Fach Kirchengeschichte und Studieninspektorin am Ev.-Theol. Stift (Hans-Iwand-Haus) der Rheinischen Friedrich-Wilhelms-Universität Bonn.

Lübking, Hans-Martin, Jahrgang 1948, Dr. theol., Direktor des Pädagogischen Instituts der Evangelischen Kirche von Westfalen in Schwerte-Villigst.

Maaser, Wolfgang, Jahrgang 1955, Dr. theol., Professor für Sozialphilosophie/Theologische Ethik an der Evangelischen Fachhochschule Rheinland-Westfalen-Lippe in Bochum.

Meyer-Blanck, Michael, Jahrgang 1954, Dr. theol., Professor für Praktische Theologie (Abt. für Religionspädagogik) an der Evangelisch-Theologischen Fakultät der Rheinischen Friedrich-Wilhelms-Universität Bonn.

Mogge-Grotjahn, Hildegard, Jahrgang 1953, Dr. rer. soc., Professorin für Soziologie an der Evangelischen Fachhochschule Rheinland-Westfalen-Lippe in Bochum.

Ruddat, Günter, Jahrgang 1947, Dr. theol., Professor für Praktische Theologie am Fachbereich Religions- und Gemeindepädagogik der Evangelischen Fachhochschule Rheinland-Westfalen-Lippe in Bochum.

Sabaß, Michael, Jahrgang 1944, Diplom-Physiker, Planer an der Universität Bremen, Zenmeister.

Sauter, Gerhard, Jahrgang 1935, Dr. theol., Drs. theol. h.c., em. Professor für Systematische und Ökumenische Theologie und Direktor des Ökumenischen Instituts an der Evangelisch-Theologischen Fakultät der Rheinischen Friedrich-Wilhelms-Universität Bonn.

Schibilsky, Michael, Jahrgang 1946, Dr. theol., Professor für Praktische Theologie am Institut für Praktische Theologie der Evangelisch-theologischen Fakultät der Ludwig-Maximilians-Universität München.

Schimmel, Annemarie, Jahrgang 1922, Dr. phil. Dr. sc. rel., Drs. h.c. mult., Professor of Indo-Muslim Culture (Harvard) emer., Honorarprofessorin für Islamwissenschaft an der Philosophischen Fakultät der Rheinischen Friedrich-Wilhelms-Universität Bonn.

Schliep, Hans Joachim, Jahrgang 1945, Pastor am Ev. Kirchenzentrum Kronsberg in Hannover, Direktor des Amtes für Gemeindedienst (1990-1999) und Umweltbeauftragter (1990-2000) der Evangelisch-lutherischen Landeskirche Hannovers.

Schmidt, Werner H., Jahrgang 1935, Dr. theol., em. Professor für Altes Testament an der Evangelisch-Theologischen Fakultät der Rheinischen Friedrich-Wilhelms-Universität Bonn.

Schmidt-Rost, Reinhard, Jahrgang 1949, Dr. theol., Dipl. psych., Professor für Praktische Theologie an der Evangelisch-Theologischen Fakultät der Rheinischen Friedrich-Wilhelms-Universität Bonn.

Schneider, Nikolaus, Jahrgang 1947, Vizepräses der Ev. Kirche im Rheinland im Landeskirchenamt Düsseldorf.

Schröer, Henning, Jahrgang 1931, Dr. theol., em. Professor für Praktische Theologie an der Evangelisch-Theologischen Fakultät der Rheinischen Friedrich-Wilhelms-Universität Bonn.

Schroeter-Wittke, Harald, Jahrgang 1961, Dr. theol., Privatdozent für Praktische Theologie an der Evangelisch-Theologischen Fakultät der Rheinischen Friedrich-Wilhelms-Universität Bonn; Pfarrer z.A. im Ev. Kirchenkreis Bad Godesberg-Voreifel.

Stock, Konrad, Jahrgang 1941, Dr. theol., Professor für Systematische Theologie an der Evangelisch-Theologischen Fakultät der Rheinischen Friedrich-Wilhelms-Universität Bonn (Außenstelle Köln).

Thiede, Werner, Jahrgang 1955, Dr. theol., Privatdozent für Systematische Theologie an der Theologischen Fakultät der Friedrich-Alexander-Universität Erlangen-Nürnberg.

Welker, Michael, Jahrgang 1947, Dr. theol., Professor für Systematische Theologie und Direktor des Internationalen Wissenschaftsforums an der Universität Heidelberg.

Wengst, Klaus, Jahrgang 1942, Dr. theol., Professor für Neues Testament an der Evangelisch-Theologischen Fakultät der Ruhr-Universität Bochum.

Weyel, Birgit, Jahrgang 1964, Dr. theol., Wiss. Assistentin im Fach Praktische Theologie an der Theologischen Fakultät der Humboldt-Universität Berlin.

Wilcke, Hans-Alwin, Jahrgang 1936, Dr. theol., Professor für Biblische Theologie (AT/NT) an der Evangelischen Fachhochschule Rheinland-Westfalen-Lippe in Bochum.

Wolter, Michael, Jahrgang 1950, Dr. theol., Professor für Neues Testament an der Evangelisch-Theologischen Fakultät der Rheinischen Friedrich-Wilhelms-Universität Bonn.

Zilleßen, Dietrich, Jahrgang 1937, Dr. phil., Professor für Evangelische Theologie und ihre Didaktik (Religionspädagogik mit Schwerpunkt Systematische Theologie) an der Erziehungswissenschaftlichen Fakultät der Universität Köln.

Bibelstellenregister

Anhang

Sachregister

85, 90, 95,
101f., 118, 122,
142, 170, 172,
195, 202, 259,
275f., 287,
291f., 297f.,
306, 319, 335f.,
349f.
Tod 36, 60, 70, 87,
89, 106, 125,
132, 142, 147,
164, 177, 182,
185, 189, 203,
206-208, 220,
225, 228-232,
237, 239, 247,
249, 261f., 269,
279, 289, 297,
306, 311-314,
342
Toleranz 155, 247,
255, 268, 353
Tora 127, 136,
143, 340
Trauer 7, 33, 206-
208, 230f., 247,
249, 310f.,
313f.
Trauung 6, 22,
102, 166, 180,
200-205, 208,
293

Umkehr 46, 118,
128, 239

Umwelt 8, 81, 96,
134, 282, 337f.,
342, 364-367
Urgeschichte 115

Vaterunser 6, 137-
139, 141, 180,
184f., 241
Vergänglichkeit 60,
62, 71, 125,
164, 231, 262
Vergebung 5, 38,
65, 75, 89, 91-
94, 125, 127,
141, 178f., 182,
248, 308, 327
Verkündigung
25f., 38, 41,
44f., 56, 77,
124, 134-136,
156, 161, 171,
174f., 202, 207,
221, 225, 289
Versöhnung 127,
247, 336
Versuchung 91,
137f., 140f.,
223
Vertrauen 35, 38,
68, 71, 78, 118,
140, 201, 272,
286f., 289, 301,
367
Vision 143, 149,
184, 296, 298

Volk 45, 64, 67-70,
83, 113, 115,
126, 135, 169,
189, 215, 231,
248, 297f., 300,
331
Volkskirche 21, 50,
198

Wahrheit 24, 38,
59f., 66, 122,
239, 259-261,
263, 266, 275,
279f., 306, 310
Wasser 125, 177,
179f., 190, 225,
232, 312, 366
Weihnachten 6, 16,
22, 217-224,
227, 232f., 236-
238, 240, 243
Wein 46, 102, 152,
182-185, 225,
316
Weisheit 82, 116,
224, 364
Weltbild 252, 261
Weltbund 51, 53,
85
Werte 121, 257,
303, 307, 325-
328, 332
Widerstand 69, 89,
104, 324, 351,
359, 362

Anhang

Bitte beachten Sie auch die folgenden Seiten.

Stephan Bitter
Hans-Heinrich Gurland (Hg.)
Unsichtbare Kirche
Rudolf Gurlands Erleben
des Bolschewismus
und des Nationalsozialismus

2. verbesserte Auflage

ISBN 3-87062-042-0
496 S., 15 Abb., 13,5 x 21 cm, DM 48,–

Rudolf Gurland (1886-1947), Sohn des bekannten Rudolf Hermann Gurland, dessen Weg vom Rabbiner zum evangelischen Theologen in dem oft aufgelegten Werk "In zwei Welten" beschrieben ist, war zunächst wie sein Vater Pastor im Baltikum. Nach achtwöchiger Gefangenschaft in bolschewistischen Gefängnissen im Jahre 1919 verließ er seine kurländische Heimat, um zunächst Reiseprediger des Gustav Adolf-Vereins und Pastor in Gödringen (Hannoversche Landeskirche) zu werden. 1930 trat er ein Pfarramt in Meine bei Gifhorn an. Hatte er 1919 sein baltisches Pfarramt infolge der bolschewistischen Revolution verlassen müssen, so verdrängte ihn 1939 der Nationalsozialismus aus dem Pfarramt in Meine.

Am Ende des 20. Jahrhunderts hat sich die Aufmerksamkeit der Kirchenhistoriker zunehmend der Konfrontation der evangelischen Kirche mit den beiden Terrorsystemen des Jahrhunderts zugewandt. So gehört diese Edition in den Zusammenhang der neueren baltischen Forschungen und der Erforschung des Kirchenkampfes wie der Geschichte des Antisemitismus in der sog. "intakten" Hannoverschen Landeskirche. Dabei sind die hier vorgelegten autobiographischen Zeugnisse so unmittelbar dem persönlichen und allgemeinen Geschehen der Zeit verbunden, daß der Leser sie nur ungern aus der Hand legen wird.

Durch die zahlreichen Anmerkungen der Herausgeber werden die Zeitgeschichte und ihre Personen verständlich. Ein umfangreiches Register und eine ausführliche Bibliographie ergänzen den Text.

"Bewegend, beschämend, imponierend; wie gut, daß das Buch nun da ist."
Landesbischof i.R. D. Horst Hirschler

"So ist das Werk ein lebendiges Lesebuch der Auseinandersetzung zwischen Bolschewismus und Christentum sowie der Geschichte des Antijudaismus in der sogenannten 'intakten' Hannoverschen Landeskirche."   Der Protestant 8/1999

"Spannend wie ein Roman."   Hildesheimer Allgemeine Zeitung v. 28.2.2000

CMZ-Verlag • Kallenturm 2 • 53359 Rheinbach
Tel. 02226-9126-26 • Fax 02226-9126-27 • info@cmz.de

Fermor / Gutmann / Schroeter (Hg.)

THEOPHONIE

25 ● Gott ist ein DJ

Grenzgänge
zwischen Musik und Theologie

cmz

Hermeneutica 9

Gotthard Fermor / Hans-Martin Gutmann
Harald Schroeter (Hg.)
Theophonie
Grenzgänge zwischen Musik und Theologie

ISBN 3-87062-037-4
340 S., 13,5 x 21 cm, DM 48,–

Musik steckt voll Religion, Religion steckt voll Musik. Der Begriff der "Theophonie" macht darauf aufmerksam. In der Kunst der Hermeneutik spielt die Kreativität eine unverzichtbare Rolle. Musikschaffende sind darin besonders geübt. Wer über Musik und Religion reden will, muß auch auf die horchen, deren Musik auf das Verhältnis zur Religion befragt wird.

Die Diskussion innerhalb des Grenzlandes von Musik und Theologie ist durch Vielfalt gekennzeichnet: so gibt es in diesem Band Hörproben auf Unerhörtes (*Dietrich Zilleßen*) neben historiographischen und systematischen Horizontvermessungen (*Gustav Adolf Krieg*). Aktuelle Pop- und Rap-Stars sprechen über ihre (Musik-)Religiosität (*Matthias Schröder*). Am Beispiel des Jazz kann man produktive Schnittfelder für Musikwissenschaft und Theologie studieren (*Hans-Martin Gutmann*). Mendelssohns *Elias* kann in seiner Relevanz für heutige bibliodramatische Kulturtheorie, d.h. den Bibelgebrauch in der Postmoderne, genauso entdeckt werden (*Harald Schroeter*), wie Händels *Messias* als Popmusik Anlaß ist, erneut über geistliche Musik nachzudenken (*Gotthard Fermor*). Die Wahrnehmung von Techno wirkt auch für eine systematisch-theologische, insb. ethische Kriteriologie von Musik an- bis aufreizend (*Peter Bubmann*). Die spezifische Religiosität der popularmusikalischen Szene nötigt dazu, sich grundsätzlich über den theologischen Umgang mit ihr zu verständigen (*Hubert Treml*), und aus der geschichtlichen Zuordnung von Musik- und Religionspädagogik läßt sich ungeheuer viel für ihr heutiges Verhältnis lernen (*Manfred Pirner*). Das Nachdenken über Klang läßt aufhorchen für die hermeneutischen Herausforderungen an die Praktische Theologie (*Hans-Günter Heimbrock*). Musikalische Unterhaltung quer durch alle Milieus und ihre Interpretationen werden zu einem eigenen Wert im praktisch-theologischen Diskurs über Kasualien (*Eberhard Hauschildt*) – was in die Frage mündet: Wie musikalisch kann Theologie werden? (*Henning Schröer*). "Haste Töne?" ist zum Schluß eine treffende Frage, um die eigenen Erfahrungen mit der spirituellen Dimension von Musik zu bedenken (*Bianca Tänzer*).

Theophonie bringt den Schwung heraus, der in der Theologie steckt, und das Schöpferische, an dem die Musik teilhat. Theophonie fordert das Verstehen, die hermeneutische Bemühung heraus. Die Bandbreite reicht von klassischer bis zu moderner und von gebildeter bis zu populärer Musik. Musikschaffende und Theologen haben daran mitgearbeitet, und die meisten sind in beiden Welten zuhause.

CMZ-Verlag • Kallenturm 2 • 53359 Rheinbach
Tel. 02226-9126-26 • Fax 02226-9126-27 • info@cmz.de

Hermeneutica 8

Bettina Brinkmann-Schaeffer

Kino statt Kirche?

Zur Erforschung der sinngewährenden
und religionsbildenden Kraft
populärer zeitgenössischer Filme

ISBN 3-87062-036-3

253 S., 13,5 x 21 cm, DM 38,–

Ist Kino die Kirche von heute? Ist Kino der Ort, wo nicht nur Religion zitiert, sondern Religion gemacht wird? Macht das Kino nun die Arbeit der Kirche?

Hermeneutik bleibt, wie man im vorliegenden Buch feststellen kann, nicht begrenzt auf die Analyse von Hochkulturprodukten. Religion, christliches Leben spielt sich auch abseits eines bildungsbürgerlichen Milieus ab. Das Verstehen von alltäglichen Gegenständen und ihrem Gebrauch ist eine spannende und alles andere als triviale Angelegenheit. Damit hängt dann zum anderen zusammen: Wenn der Alltag interpretiert werden soll, ist zugleich nicht mehr allein das Verstehen durch die Experten der zuständigen Fachwissenschaft relevant. Praktisch-theologische Hermeneutik kann eben auch von einer Filmwissenschaftlerin durchgeführt werden; daß und wie sie es durchführt, auch wie sie es anders durchführt als Theologen, bereichert die Hermeneutik. Es gilt Abschied zu nehmen vom Diktat der Fachleute. Es gilt auch, die in einer alltäglichen Hermeneutik selbst Tätigen wahrzunehmen und ernstzunehmen in ihren so ganz anders sich äußernden Interpretationsprozessen.

Filme bieten einen nicht nur aus Worten, sondern auch aus Tönen und Bildern bestehenden Medienverbund. Um ihn zu verstehen, entscheidet sich Bettina Brinkmann-Schaeffer für die "dichte Beschreibung", ein aus der Erforschung der Sinnwelten fremder Völker gewonnenes Verfahren, das die Subjektivität des Beobachtenden nicht aus-, sondern entschieden einschließt. Beobachtend und teilnehmend zugleich sollen wir mitentscheiden, wie Filme Sinn gewähren und Religion produzieren. Sie führt uns zu Tod und Liebe, Schuld und Erlösung, Endzeit und Genuß in der Welt des Films. Eine ganze Reihe der großen oder populären Filmwerke der letzten Jahre wird durchgearbeitet: neben dem *König der Löwen* auch *Ghost*, *Flatliners*, *Das Schweigen der Lämmer*, *Und täglich grüßt das Murmeltier*, *Schlaflos in Seattle*, *Forrest Gump*, *Eraser* und *Independence Day*. Schließlich ist auch noch – verfaßt von Frank Thomas Brinkmann – eine Analyse des Films *Titanic* hinzugekommen.

Kinofilme enthalten auch durch Religion geprägte Zeichen; sie thematisieren neben anderem auch die Inhalte der etablierten Religionen; sie rufen Stimmungen hervor, die üblicherweise mit religiöser Terminologie bezeichnet werden. Am Ende steht eine hermeneutische Antwort, die der Theologie einiges aufgibt.

CMZ-Verlag • Kallenturm 2 • 53359 Rheinbach
Tel. 02226-9126-26 • Fax 02226-9126-27 • info@cmz.de